新时代
〈管理〉
新思维

洞见
数字化时代领导力跃迁

INSIGHT

IMPROVE LEADERSHIP IN THE DIGITAL AGE

张宏杰 著

清华大学出版社
北京

内 容 简 介

没有永久的企业，只有时代的企业。每隔二三十年，世界上总有一批伟大的企业在旧时代巨人倒下的废墟上诞生，随之产生相应的管理哲学、策略与方法。本书是一部原创性著作，围绕建立生命型组织的主题，旨在帮助各级管理人员成功实现数智化转型。本书分上下两篇，上篇总结了管理百年历史上5次大的范式转移，着重论述了第五代管理范式12个方面的思想和方法，下篇阐述了与第五代管理范式相对应的"分布式"领导力，其中除了涉及一些历久弥新的领导力原则之外，本书将重点放在个人成长方面，详述了一个职场新人如何通过数年的历练和提升，成长为一个具有战略眼光和导师风范的卓越领导者的故事。

本书适合企业各级管理人员及职场精英阅读，也可作为高校经管类研究生课外参考书。

本书封面贴有清华大学出版社防伪标签，无标签者不得销售。

版权所有，侵权必究。举报：010-62782989，beiqinquan@tup.tsinghua.edu.cn。

图书在版编目（CIP）数据

洞见：数字化时代领导力跃迁 / 张宏杰著 . —北京：清华大学出版社，2023.4（2023.7重印）
（新时代·管理新思维）
ISBN 978-7-302-61835-5

Ⅰ.①洞… Ⅱ.①张… Ⅲ.①企业管理－数字化－研究 Ⅳ.① F272.7

中国版本图书馆 CIP 数据核字 (2022) 第 172503 号

责任编辑：刘　洋
封面设计：徐　超
版式设计：方加青
责任校对：王荣静
责任印制：宋　林

出版发行：清华大学出版社
　　网　　址：http://www.tup.com.cn，http://www.wqbook.com
　　地　　址：北京清华大学学研大厦 A 座　　邮　编：100084
　　社 总 机：010-83470000　　邮　购：010-62786544
　　投稿与读者服务：010-62776969，c-service@tup.tsinghua.edu.cn
　　质 量 反 馈：010-62772015，zhiliang@tup.tsinghua.edu.cn
印 装 者：小森印刷霸州有限公司
经　　销：全国新华书店
开　　本：170mm×240mm　　印　张：24.25　　字　数：432 千字
版　　次：2023 年 4 月第 1 版　　印　次：2023 年 7 月第 3 次印刷
定　　价：99.00 元

产品编号：093420-01

谨以此书
献给我的母亲

这本书姗姗来迟，从产生想法到完稿，花了大约10年的时间。作为一名专业的管理咨询顾问，这10年来，我主要把精力放在3件事情上：读书、工作、写作。这三者相辅相成。读书的目的之一是探寻真知，寻找更有成效的管理思想和方法，并将其运用到实际工作中，及时总结和改进，同时通过不间断的写作将这些管理实践和感悟记录下来，既是对自己和团队的提醒，也留给更多像我一样的各级管理者作为参考。

本书的写作风格是站在理论和实践的交汇处，既不过于强调个人观点而流于随意，也不过于理论化而不接地气，努力呈现给读者一幅严谨性与实用性相结合的当代管理长轴画卷。书中所有的理论、案例和观点都有明确的出处，这些出处涵盖如下几种类型：一流咨询机构严谨的研究报告，全球顶尖公司的实际做法，还有管理大师们一些历久弥新的洞见。仅仅本书最后对这些出处进行的标注和整理，就花了我大约4周时间。书中一些可供各类企业和个人借鉴的管理思想、工具和方法，也都是行之有效的适应数字化时代要求的通用方法。

以MBA为代表的工商管理教育，如果从1908年诞生于哈佛大学商学院算起，至今已有110多年的历史，已经形成了一套包括战略、财务、信息管理、市场营销、生产、人力资源等企业各项经营活动在内的完善的教育体系。但是，这套教育体系中的各项内容就像一个个深井，深井之间并不互通和连接，而每一个深井又自成体系，庞大而复杂，即使那些最聪明、最有活力的管理者学习了这套体系之后，在面对实际管理工作时依旧感到困惑：究竟哪个更重要？先从哪方面入手？深入到什么程度？标杆企业的做法是否适合本企业？为什么我按照这套体系做了，累得筋疲力尽也不见起色？目前的业务是该放弃还是再坚持一下？组建一个团队就可以开展另一项业务了吗？说实话，这些问题并不容易回答，需要我们具备丰富的经验、广博的知识、深度思考的能力和行动的勇气。事业成功的基础不仅建立在是什么（What）、为什么（Why）的基础上，更需要知道怎么做（How）、由谁来做（Who），所以，对于各级管理者和职场人士而言，我们需要一本综合的、打通各个"深井"、具有时代特征的管理与领导著作，用来指导我们的管理实践。

时代性是本书最重要的一个特点，我们无法用过去的思想和方法打造今天的成功组织，也无法依据过去的经验成长为一个具有时代洞见的领导者。正如埃里克·施密特在2001年担任谷歌CEO时所指出的那样："有关管理策略，当时我们唯一确定的就是，我们在20世纪所学的东西有一大部分都是错误的，现在到了颠覆过去、重新开始的时候了。"那么管理和领导的时代性具体指什么呢？我带着好奇心展开探索这趟之旅，花费了数月时间，再次仔细阅读了管理学奠基者——彼得·德鲁克的大部分著作，重温了自20世纪50年代以来，尤其是近三四十年来一流管理学者、商学院、企业和咨询机构公开出版的作品，结合现实，观察了二三十年来众多知名企业的兴衰成败，发现在横跨两个世纪、长达100多年的企业管理史上，有5次明显的转向，每一次转向都由那些最具时代探索精神的企业家引领，以创造性破坏的方式开启新的管理范式。今天我们正处在第五代管理范式的中期，这一波管理浪潮由当前世界市值排名最高的"MAMAA"引领，影响遍及全球。这些探索，事实上也在回答一个今天普遍关注的问题：为什么要数字化？数字化实质内容是什么？

第五代管理范式发生在数字化时代背景之下，它具有一些之前各个阶段从未有过的特征或概念：平台指数型组织、赋能、灰度管理、技术+商业的创意精英、敏捷等，同时它也具有一些长期不变的共性特征，这些特征共同指向了企业家和管理学者一直梦想建立的组织型态——生命型组织。生生不息，创建者希望能够按照自然界生命进化的法则，建立一个可以不断进化、基业长青的伟大公司。这些生命型组织以系统论的观点来看，至少具备3个特征：自组织、层次性和适应力。"自组织"是指一个单细胞能够通过自我繁殖构成生命，反映在组织中就是企业家精神，通过不断激发和培养人员身上的创业能量，从一个小型创业团队快速发展成为一个"独角兽"企业。"层次性"体现了生命体在神经中枢、各个系统、子系统及末梢终端实现信息传递的有效结构，反映在组织中就是根据组织规模、行业特征等因素决定的组织结构、管控模式和运行机制等。"适应力"就是生命体面对外部环境突变反馈调节自我调整的能力，反映在组织中体现为两个方面：一是组织具有高效快捷的评估和调整体系；二是有快速学习、不断成长的员工。本书正是从系统的3个特征，即企业家精神、组织和人员，展开第五代管理范式的论述。

从20世纪80年代开始，"停止管理，开始领导"的说法就被人们普遍接受。实际上，那是以金字塔结构为特征的第二代管理范式终结的年代，人们期望通过领导变革僵化的组织，摆脱日益严重的"大企业病"。管理并未消亡，它在第三代范式中以新的面目出现，而"停止管理，开始领导"的提法则将领导及领导科学研究推到了前台，时至今日，有关领导力的讨论依旧是一个热门话题。为了应对今天快速变化和充满不确定的时代，各类组织纷纷提倡"人人都是领导者"的理念。那么，如何学习和发挥每个人身上都具备的领导力潜质呢？这正是本书下半部分论述的主题。

另外需要说明的是，尽管书中所举案例大多是世界知名企业的例子，这些企业从营业额和利润方面来看，的确是巨无霸，例如谷歌公司 2021 年营收 2576 亿美元，净利润 760 亿美元，但和苹果公司一样，他们宣称自己是一家"小"公司，这种"小"体现在以众多小型团队作为推进各项事业高速发展的基本单元，是组织结构上的"轻"，因此这些公司的典型做法也适用于各种类型的团队和小微企业。

以上是对本书相关写作背景和内容的简要介绍，原本这本书可以更早地出现在读者面前，然而在 2021 年本书最后修改阶段，命运却给了我重重的一击：我最亲爱的母亲在 2021 年 6 月 11 日遇到意外车祸，永远离我而去。整整半年时间，我无法面对这残酷的现实，也无法集中精力修改书稿，难以摆脱的悲痛情绪将我淹没，使得最终的成书时间也一拖再拖。那么善良、健康、美丽而聪慧的母亲，怎么会说走就走，永远离开我呢？这不公平！当我打开母亲生前常读的一本书，期望获得某种时空连接的精神启示时，一段被母亲画线标注的话语映入我的眼帘："他使我躺卧在青草地上，领我在可安歇的水边。他使我的灵魂苏醒，为自己的名引导我走义路。我虽然行过死荫的幽谷，也不怕遭害，因为你与我同在。你的杖，你的竿，都安慰我。"看到这些有生命力的文字，我的悲痛似乎缓解了一些，母亲像在冥冥中告诉我，她已经在天堂安歇，让我不要太过悲伤。

在长达近 10 年的写作过程中，需要感谢的人很多。最应该感谢的是读 MBA 时的导师王稼琼校长，他高标准的、严谨的治学之道和温润如玉的君子之风，是我 20 年来坚持研究和实践的力量之源。感谢清控金信总裁曹达兄的推荐，感谢清华大学出版社刘洋主任对书稿的认可和建议，感谢宋亚敏编辑对书稿的编校以及提出的诸多修改建议。感谢好友吴向京，那场 10 年前有关领导力的探讨，播下了我写作本书的种子。感谢我在敏行数智的同事，他们的实践构成了我观察的样本之一。感谢郑振佑博士，作为亚洲唯一一位同时拥有 ICF 国际教练联盟和 IAC 国际教练协会认证的大师级教练，他激发了我后半生的个人愿景。感谢阿里巴巴副总裁纪纲先生和著名经济学家何帆教授在百忙之中对本书的阅读和推荐。他们都是我 20 年前结交的朋友，很多在生命早期遇到的优秀的人，尽管此后联系不多，但都一直关注，为彼此叫好。"相濡以沫，不如相望于江湖。"在人生中的某个重要时刻我们会再度相逢，依旧熟悉。

最后我想说的是，管理这项工作并不轻松，甚至非常枯燥，日复一日，年复一年，当它与命令、监督和控制紧密联系在一起时，似乎已经寿终正寝。然而管理工作和管理科学，是人类的社会本能，从人类建立第一个氏族部落开始，甚至更早，管理功能就已经存在并发展完善，它从未死去或消失，只是被时代赋予了全新的含义。从这个意义上说，管理的范畴是有关整个人类社会的。事实上，这本书仅是 10 年来所完成书稿的一半，是探索世界、国家、企业、个人发展之路的一部分。另外一半书稿也已经完成，适当时机也将和读者见面。

张宏杰

2022 年夏于北京

注：2021 年，随着微软的再度崛起，脸谱网的改名，CNBC 主持人 Jim Cramer 又创造了一个新词"MAMAA"，代表的是 Meta(原 Facebook)、苹果 (Apple)、微软 (Microsoft)、亚马逊 (Amazon) 和谷歌母公司 Alphabet。

目录 · CONTENTS

上篇 组织发展与第五代管理

第一章 常识与新知：公司管理百年演变 / 6
第一节 管理史上 5 次范式转移 / 6
第二节 新旧世界的分水岭 / 16
第三节 第五代管理新范式：探寻生命型组织 12 个要素和结构 / 18

第二章 新时代的创业精神：风险最低的冒险 / 27

第三章 使命和战略新范式：打造改变世界的极致产品 / 31
第一节 未来发展趋势 / 34
第二节 市场竞争分析 / 38
第三节 产品战略思维 / 38

第四章 创新：把想法放大 10 倍 / 43
第一节 给予创新充足的时间 / 44
第二节 受资源所限的框架内创新 / 45
第三节 从流行的边缘开始 / 45
第四节 宽容努力后的失败 / 46
第五节 建立不同组合的多样性团队 / 47
第六节 通过制定大胆目标逼迫创新 / 48

第五章 时代的组织文化：成长与赋能 / 50
第一节 文化阶梯模型 / 51
第二节 文化把战略当早餐一样吃掉 / 53
第三节 从华为和阿里看企业文化的构成 / 54
第四节 不断更新的企业文化新范式 / 59
第五节 变革重塑企业文化 / 67

第六章　智能时代领导力：自组织＋分布式＋变革的人人领导力 / 69

第七章　公司治理体系：共创共担共享 / 74

第一节　员工持股委员会 / 75
第二节　"去精英思维"的合伙人制 / 78
第三节　衰落的董事会 / 86
第四节　继任高管团队 / 87

第八章　重新定义人才：A 类人才的招募、培养和激励 / 89

第一节　A 类人才的招聘选拔 / 91
第二节　创意精英的培养发展 / 98
第三节　一流人才的激励赋能 / 111

第九章　规模的幻觉：大和小一样脆弱 / 123

第一节　规模过大的危险性 / 124
第二节　生命体的规模标度率 / 125
第三节　《财富》500 强有关公司规模的启示 / 127
第四节　亚线性增长的员工人数与销售额之比 / 130

第十章　组织形态：自组织、团队与伙伴关系 / 133

第十一章　信息系统：从 IT 到 DT / 139

第十二章　工作机制："灰度"管理与动态敏捷 / 144

第一节　"灰度"管理的提出与实践 / 144
第二节　动态敏捷的工作机制 / 149

第十三章　衡量：平衡当下与长远的艺术 / 155

第一节　基于平衡计分卡的综合评估系统 / 155
第二节　基于关键行为的过程评估体系 / 159

第十四章　第五代管理范式的组织自测与提升路径 / 163

第一节　12 维度 36 要素分析 / 163

第二节　提升路径：保持战略定力 聚焦关键目标 明确实施要素 持续改善提升 / 167

第三节　解构平安集团 / 171

下篇　个人成长与领导力跃迁：自我认知、领导力准则与阶梯式发展

第十五章　时代思维模式：成长型思维模式 / 184

第一节　在不确定的世界确定性地成长 / 184

第二节　意识能量水平是个人成长的标志之一 / 192

第十六章　自我的探寻：未来取决于深刻地认识自己 / 195

第一节　天生性格 / 196

第二节　独特优势 / 205

第三节　激情与梦想 / 220

第四节　情绪觉察 / 222

第五节　打造个人 IP / 229

第十七章　情境领导力：东亚儒家文化的领导力原型 / 237

第一节　领导力范式演变：变化与共性 / 237

第二节　仁爱的狮子：儒家文化的领导力原型 / 242

第三节　亚文化领导力风格：时代呼唤意识不断向上变迁的领导者 / 244

第十八章　领导力六维准则 / 248

第一节　直面现实，满怀希望 / 248

第二节　真诚谦逊，品格基石 / 251

第三节　自我反思，持续成长 / 253

第四节　聚焦重点，保持专注 / 258

第五节　快速行动，韧性征途 / 263

第六节　成就他人，发挥所长 / 266

第十九章　10 年历练与跃迁：不同阶段的领导力发展 / 270

第一节　第一阶段：责任、激情与解决问题的能力 / 274

第二节　第二阶段：快速学习、项目管理与团队管理能力 / 289

第三节　第三阶段：识人育人、设计思维和产品开发能力 / 304
第四节　第四阶段：洞见、韧性与变革重塑能力 / 339
第五节　第五阶段：向导师与智慧型领导者迈进 / 359

附录　领导力开发行为清单 / 365

参考文献 / 369

上篇
组织发展与第五代管理

让混沌丛生,然后掌握混沌。　　　　　——安迪·格鲁夫

当今世界最大也是最普遍的组织，不是工业革命之前的庄园、神学院或宗教组织，而是公司。公司规模庞大，堪比一个国家。2020年，《财富》500强排名第一的沃尔玛全球收入达到5239.64亿美元，其规模相当于经合组织统计的全球排名20位左右的国家的全年GDP。过去二三十年，中国国力的增长也直接体现在入榜《财富》500强的企业数量上：1997年，中国大陆只有4家企业入榜；随着2001年中国加入世界贸易组织，中国经济也迎来了快速增长时期，GDP先后超过德国、法国、英国和日本；与此同时，中国大陆企业《财富》500强数量迅速增加，2020年达到124家，历史性地超过美国，上榜企业数量位居第一。

规模庞大的公司，像社会和国家一样，也是一个复杂的系统。这个复杂系统如果想要保持持续的竞争力和长久的生命力，也需要遵循"常态跃升"的基本法则。系统常态跃升如图I-1所示。

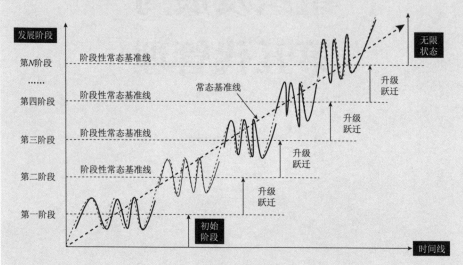

图I-1　系统常态跃升

如图I-1所示，横轴是时间轴，纵轴是阶段（或台阶）轴。总体而言，一个不断进化的具有很强适应力和生命力的系统会随着时间的推移而不断向上跃迁。**而每一个阶段的发展，则会围绕阶段性常态基准线上下波动，这就会有短期起伏，甚至下降的现象发生。复杂系统在波动的同时也在内部积累动能，为跃升做准备。**公司作为一个系统，不能一直处于摇摆不定的变化波动当中，在不断试错并找到可行的增长点之后，应该保持一段较为稳定的增长时期，实现利润、人员和知识的快速积累，以应对随时可能发生的外部环境剧烈变换，或为主动变革做好储备。随着时代变化的节奏越来越快，企业的稳定状态只是相对和暂时的,不稳定才是常态和永久的。

公司作为一个复杂系统想要实现整体跃升,必须在战略、人员和组织3个方面实现协调统一的升级。所有复杂系统都有一个内部结构,它确保了系统的稳定性和长期性,并使得系统的各种功能得以实现。而一个具有生命力的公司结构,正是由战略、组织和人资3个方面和十几个要素特征构成,如图I-2所示。

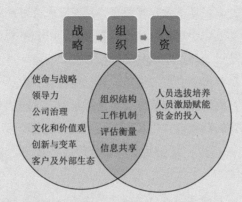

图I-2　具有生命力的公司结构和要素

第一个方面是从创始人及高管团队的创造性想法和精神发展而来的使命、愿景、价值观、战略、领导力及思维模式等要素,这也是公司成立并不断发展的源源不断的动力;第二个方面则是公司所拥有的资源,包括人、财、物等有形资源和品牌、专利、技术等无形资源,时代发展的整体趋势是无形资源越来越重要,一个公司今天所拥有资源最有价值的部分不再是厂房、土地等这些大工业时代的财富象征,而是优秀的人才、知识产权以及可挖掘的数字资产;第三个方面是对这些资源进行有效组织,比如组织设计、信息系统以及评估衡量系统等。上图一个简单的双环重叠模型,可以很形象地说明公司这种结构,图中的文字则是系统结构的一些关键要素。

复杂系统最大的特征之一就是具有不断学习、自我更新的能力,对于组织而言也不例外,尤其在"生命型组织""自组织"概念被广泛接受的今天,不断学习、自我更新的能力甚至成为组织最重要的能力。德内拉·梅多斯在《系统之美》一书中论述了系统的三大特征:**适应力、自组织和层次性**。"适应力"就是系统具有一组反馈回路,如果系统能够根据反馈结果进行自身修复和重建反馈回路,那么它的适应力就比较强。"自组织"指的是系统在进化过程中具有使自身结构更为复杂的能力。"层次性"是指系统在变得越来越复杂的过程中,为了其自身的稳定和适应力,会形成一定的层级或层次性。对于企业而言,系统的这三种特征都蕴含在由上述十几个要素组成的"双循环学习结构"之中。

一个公司最初由企业家精神、使命、战略和领导力驱动，这些要素和企业拥有的资源尤其是最初拥有的人才、技术等无形资产相结合，就形成了一个企业的初创基因。管理学家吉姆·柯林斯总结卓越公司的第一个核心特征就是"先人后事"——先找到合适的人，比去往哪里更重要。在此基础上形成了共同的思想、思维模式和基本战略。然后通过恰当组织和灵活工作机制，进行技术创新和产品开发，满足客户和市场需要，从而带来公司财务收入上的增长。基于公司利润的分配就会形成公司政治，它包括了权力结构、公司治理机制和制度等要素，在此基础上逐渐形成稳定的公司文化。而公司文化就会在人才吸引、战略等各个方面产生强有力的无形影响，这样就形成了一个单向循环。**随着循环的不断进行，组织结构越来越稳定甚至紧固，这时就会染上惯性思维和大企业病，形成固化的利益群体，从而限制了企业的创新活动和内部活力。**这时企业要想恢复系统活力，就必须打破旧有的循环结构，实现"双循环学习结构"。

现代企业的反馈回路通常体现在财务报表上，反映在季度和年度收入上。而在此之前，其实各种警示信号已经出现，比如公司制度僵化、治理不合理、分配不公、文化形同虚设，导致士气不振、精神萎靡、创新活动停滞、执行力下降等现象，直接的结果就是公司亏损或收入严重下滑。**此时打破旧有循环通常从"刷新"思维认知、"重启"新战略开始，凝聚公司高管团队和中坚力量的共识，形成内部分布式变革力量，点燃再次创业精神激情，然后吸引期待变革的精英人才加入，正式推出公司新的使命、愿景和价值观等文化体系。**进而打破原有公司政治和利益格局，形成新的治理体系和制度，逐渐激发内部活力，使得收入上升，从而有实力推动重大技术创新。这时当大部分企业员工都能感受到变革所带来的实际利益时，新的认知共识就会在公司内部形成，从而更快推动技术和产品创新，带来收入持续增长，变革成功！微软史上第三任CEO纳德拉上任时，微软内外交困、传统业务徘徊不前，错过了移动互联网时代。纳德拉做的第一件事情就是召集核心高管团队，进行一场以"共情"为主题的正念活动，继而确定公司"移动为先、云为先"的战略和新的使命，从革新旧文化开始，踏上了微软复兴的征途。

"双循环学习结构"最大的特点就是从企业心智模式层面去思考战略、创新、领导力、人才、制度和文化等要素，避免陷入类似集体无意识的漩涡而不能自拔（见图 I-3）。最初突破也不能是全员广撒网式的铺开，而是从点到面，首先以高管团队和各级中坚力量为核心达成共识，进行类似链式传播的分布式变革。"分布式变革领导力"是我提出的第五代管理范式中有关领导力的概念，其特征就是各级拥抱变革的中坚力量，在其周围形成一个个分布式变革中心，通过这些中心，带动整个公司的新一轮增长。

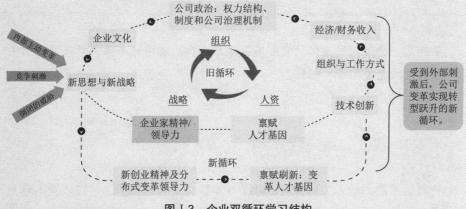

图 I-3　企业双循环学习结构

没有永久的企业，只有时代的企业。100年前和100年后的公司在结构要素的定义和概念上发生了很大变化，而最大的变化则是每个要素所具有的时代特征、它们之间的互动关系和所起的作用。每一次大变化都促成了企业管理范式的一次转移。库恩关于科学研究所提出的"范式转移"，作为一个术语，也可以用于企业管理领域。

第一章
常识与新知：公司管理百年演变

> 管理是一种跳跃式演化，它并不是从单一所有者演化而来，正好像骨骼不是从昆虫的硬壳进化而来一样。
>
> ——彼得·德鲁克

管理这项能力是人类所具有的社会性本能之一，古已有之，古埃及人建造金字塔，古代中国人建造万里长城，都体现了高度复杂的组织管理能力。随着社会的发展和文化的繁荣，尤其是20世纪技术革命所带来的信息传递效率和规模指数级增长，人类所能管理的组织也越来越庞大，管理职能也越来越重要。当代管理学正是伴随着现代信息技术的快速发展，伴随着组织规模的快速扩大，成为一门显学。

第一节 管理史上5次范式转移

1946年，彼得·德鲁克在《公司的概念》一书中首次明确提到组织的概念，自此之后，包括现代工商企业，非营利组织如学校、基金会及公益组织在内的各类组织迅速发展，一个由各类组织构成的人类社会全面形成。在此之前，人类社会最常见的组织形式存在于农庄、军队和各级政府之中。如何使现代工商企业的产出更高效，成为现代管理学研究的主要任务。德鲁克于1954年出版了《管理的实践》一书，宣告了当代管理学的诞生，此后影响全世界所有组织的概念、理论和实践探索，均能在其中找到根源：如目标管理与自我控制、知识工作者、管理者应该着眼于贡献和成果而不是时间等。

而在更早之前，19世纪末20世纪初，法约尔和泰勒已经建立了现代意义的科学管理。法约尔将公司的运作进行了职能化细分；泰勒则是通过自己的观察、研究并借助统计学工具，将工人的一个个任务动作进行细分，然后对此进行以"最省力高效"为原则的修正，从而明显地提高了工人的劳动效率，强调标准化和差别工资计件制的科学管理由此诞生。泰勒这样定义科学管理："诸种要素——不是个别要素——的结合，构成了科学管理。它可以概括如下：科学，不是单凭经验的方法。协调，不是不和别人合作，不是个人主义。最高的产量，取代有限的产量。发挥每个人最高的效率，实现最大的富裕。"

当我们纵观现代工商企业从诞生至今短短100多年的发展历史，我们能清晰看出来这样一个事实：企业通过一系列主要活动提供满足市场需要的产品和服务，这一过程伴随着巨大的效率提升，产业工人的效率在100年内提升了50倍；20世纪80年代信息化革命开启之后，构成企业的劳动力大军快速地从蓝领产业工人向技术、专业人才等知识工作者转变。那么，如何提高知识工作者的效率和效能，就成为当代管理的主要目标。而组织管理在每一个时代因技术革新产生重大转向之后，都具有鲜明的时代特征和主题，这就形成了属于每个时代的"管理范式"。就像技术从来不是线性演变而是跳跃性变化一样，管理范式也不是平滑移动，而是一种突变。正如德鲁克所说："管理是一种跳跃式演化，它并不是从单一所有者演化而来，正好像骨骼不是从昆虫的硬壳进化而来一样。"这意味着我们必须仔细研究和运用属于这个时代的"管理范式"，才能有效发挥组织效能。上一个时代的管理思维在今天已经滞后，没有长青的管理思想和实践，只有时代的管理思想和实践。

纵观现代公司和管理发展的百年历史，其中有5次明显具有代际性质的组织生产力大发展和管理范式转移。在其百年演变进程中，我们发现，管理实践和管理理论相伴发生、相互影响、彼此促进，引发了世界范围内一轮又一轮的组织和社会变革。管理史上5次大的范式转移如图1-1所示。

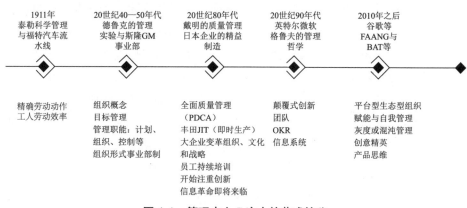

图1-1　管理史上5次大的范式转移

1. 第一次管理范式：泰勒的《科学管理》与福特的流水线

第一次管理范式大跃升发生在1911年，以弗雷德里克·温斯洛·泰勒发表《效率的福音》及同年出版《科学管理原理》为标志。两年之后，福特发明了世界上第一条汽车生产流水线，这不但变革了以往的工业生产方式，而且使得汽车成为一种大众产品，对现代社会和文化产生了巨大影响。到1927年，福特汽车生产的T型车在全世界卖了1500万辆，这一纪录保持了45年。早在1914年，亨利·福特就宣布公司开始实行8小时工作制，同时将最低日工资确定为5美元，取代了当时9小时2.34美元的平均日工资标准。泰勒的科学管理理念和福特的汽车流水线工厂所产生的影响，远远超过企业本身，在大幅度提高生产力的同时，也带来了巨大的社会结构变革和生活方式转变，以汽车业为代表的蓝领工人成为当时的中产阶级，周末郊区休闲度假成为时尚。这个时期的管理范式特征是通过标准化、规范化的作业和生产流程，大幅度提高工人的劳动效率和劳动报酬，维持良好的劳资关系，强调劳资的合作。第一次管理范式使得企业的劳动生产率有多大的提升呢？根据当时记者的报道，"把工资提高了61%，而工作量却提高了362%。"结合福特汽车工人工资前后几十倍的变化，科学管理和标准化生产流水线使得当时的劳动生产率提升了6～50倍以上。

2. 第二次管理范式转移：德鲁克的《管理的实践》与通用汽车事业部制

管理范式第二个重大转折发生在20世纪40—50年代，是由通用汽车的CEO斯隆和彼得·德鲁克推进的。 随着以大规模、流水线、标准化生产为特征的生产力革命的进行，企业的规模也在迅速膨胀。时间、空间和人员数量上的有效管理就成为突出的问题。阿尔弗雷德·斯隆作为职业经理人，在担任通用汽车CEO长达23年的岁月中，成功使濒临倒闭的通用汽车起死回生，并发展成为世界上规模最大、治理最好的公司，其中的重要原因之一就是斯隆建立了一套不同以往的全新组织结构："集中控制下的分权"事业部制。从此，事业部制就成为日后改造庞杂而分散的超大规模企业的范式，影响至今。在此期间，彼得·德鲁克受邀在通用汽车进行为期两年的观察和研究，他根据实地研究成果，写了《公司的概念》一书。此书连同8年后出版的《管理的实践》，奠定了当代管理学基础。管理，成为一种基于实践的技艺、一种组织必须拥有的职能，成为所有组织的通用语言。它有着普遍的原则，由一系列功能活动和任务构成，管理人员也成为一种普遍存在于各类组织中的职业。而管理这种技能，也是人人可以后天学习和掌握的。可以这样说，这个时期，斯隆和德鲁克联手将管理这一概念、实践和职能，将管理的精髓以及管理人员的修养和能力，贡献给了全世界所有的组织。

这个时期产生的管理范式依然是今天企业管理的基础，**它的核心是以控制和命令为基础，**包括计划、组织、决策、选人、控制、协调和领导等职能。管理成为一门学科。德鲁克指出，这门学科是"围绕着人与权力、价值观、结构和方式来研究，尤其是围绕着责任"。

3. 第三次管理范式转移：戴明全面质量管理（TQM）与丰田精益生产

管理范式第三个转折是由爱德华兹·戴明发起的全面质量管理（TQM）运动，高峰时期是 20 世纪 80 年代。在他的影响和帮助下，以丰田、索尼为代表的日本公司快速崛起，重构了战后的国际经济格局。以戴明命名的"戴明品质奖"至今仍是日本品质管理的最高荣誉。"质量无须惊人之举。"众所周知的戴明环 PDCA，秉持的理念就是将持续改进融入日常工作。质量管理强调每一个员工都是公司的主人，有权对产品和服务过程中产生的任何质量问题叫停。戴明的核心思想、观念和方法契合了当时日本企业的需求和日本的民族文化。日本文化的鲜明特征有员工终身制、对企业的忠诚、讲究细节、"禅"的专注，因此才能够将戴明的全面质量管理体系彻底贯穿到企业的方方面面，丰田的精益生产方式就是其中最典型的代表。提升质量就意味着降低成本和提高生产率，这是全面质量管理体系的理念基础。全面质量管理给日本企业带来了空前的成功：以丰田、本田为代表的汽车企业，以松下、东芝为代表的家电企业，用低价格和高质量的产品策略击败了美国企业，迅速占领了包括美国在内的世界市场。在战后的废墟上，在本土空间有限、资源短缺的情况下，从模仿到超越，日本仅仅用了 30 年时间，就达到了世界经济第二的规模，甚至还一度威胁到美国最为自豪的半导体产业，这不能不说是一个奇迹，也显示了全面质量管理的巨大威力。

相比较前两个时期，这个时期的管理范式有了根本性的改变，影响最大的因素有两个，一是专业知识工作者的崛起。他们具备一定的专业知识，同时还需要企业持续不断地培训，才能熟练掌握某种操作技术，这部分人就是德鲁克所说的知识工作者。他们代替了上一个时期数量庞大的蓝领产业工人，组成企业劳动力大军，这也标志着西方发达国家快速进入到知识型社会。第二个因素是严重的大企业病。"二战"后经济繁荣，企业经过三四十年的高速发展之后，规模急剧扩大，导致了严重的大企业病，主要表现为：官僚习气严重、市场反应缓慢、管理层傲慢、组织结构复杂且层级过多、信息不畅，这就导致了规模越来越不经济化。所以有关组织战略、组织变革、组织使命愿景、强调主人翁精神的企业文化、系统论就成为当时管理的热门词，研究成功企业的特征也成为热潮。1982年出版的《追求卓越》，由美国两位管理研究者托马斯·彼得斯和罗伯特·沃特曼创作，一经发行即风靡全球。该书通过访问美国62家大公司，总结出了优秀公司的八大特征：行动导向，接近顾客，自主与创业精神，以人为本，价值驱动，坚持本业，人事精简，宽严并济。实际上，上述这些特征和书中的总结，都和日本企业的成功经验类似。源于全面质量管理概念的"6西格玛"，直到90年代甚至21世纪初，依然是摩托罗拉、GE等知名公司的重要战略举措。

20世纪80年代是一个巨变的时代，总结这一时期的管理范式，就是围绕着全面质量管理（TQM）而展开的组织变革、建立主人翁文化以及对知识员工持续培训。

4. 第四次管理范式转移：格鲁夫OKR与克里斯坦森的"颠覆性创新"理念

第四个管理范式转折发生在20世纪90年代，以英特尔和微软的迅速崛起为标志。微软的Windows视窗操作系统和英特尔的X86处理器，联手攻占了世界上几乎每一台PC，加上第一代互联网的出现，宣告了信息时代的全面到来。每一个时代的后期都孕育了革命这个时代的力量，英特尔和微软正是如此。两者都是在上一个以硬件为主导的工业时代末期出现并迅速成长的信息产业巨头。英特尔成立于1968年，是半导体行业DRAM（动态随机存储内存）的鼻祖，然而在激烈的竞争中，败给了质优价廉的日本东芝、NEC等公司。1984年，时任英特尔总裁的安迪·格鲁夫召开记者会，挥泪宣布英特尔放弃DRAM市场，全力开发CPU中央处理器。到90年代末，短短十多年时间，英特尔就成为世界上最大的半导体制造商，进入世界500强，格鲁夫也成为1998年《时代周刊》评选的年度世界风云人物。

这一时期代表性的管理理论著作，就是哈佛商学院教授克莱顿·克里斯坦森所著的《创新者的窘境》。在书中他提出了"破坏性技术"的概念：一些开发出具有"颠覆性技术"的公司，它们以廉价和相对并不成熟的产品，从低端市场和边缘切入，逐步扩展，最终打入原有市场领导者长期占据、利润丰厚的高端市场，蚕食甚至吞并曾经高高在上的市场领导者。当时英特尔的CEO格鲁夫听取了克里斯坦森的建议，迅速向市场推出了定位低端的赛扬处理器。具有时代敏锐洞察力的管理大师彼得·德鲁克，早在80年代中期的时候就已经敏感觉察到，"创新"是根本的竞争力。在1985年出版的《创新和企业家精神》一书中，德鲁克大力赞扬了具有冒险和追求卓越特征的企业家精神，认为这种精神是创新的源泉。

另一个影响至今的重要事件,就是英特尔创始人摩尔根据经验阐述的"摩尔定律"。自1968年成立以来,英特尔公司几乎完美地将摩尔定律(每18个月半导体在价格不变的条件下性能提升一倍)执行了40年。这标志着人类所拥有的计算能力进入到一个不断加速的时代,这一重要的变化也昭示着现代知识更新迭代的速度越来越快。信息时代的来临,使得知识工作者成为构成企业劳动力大军的主要角色。在1900年,产业工人就是控制机器的代名词,到了20世纪50年代,蓝领产业工人已经成为发达国家人数最多的群体,在美国占到劳动力的2/5。自1980年以来,以各类技术人员、专业人员为代表的"靠双手和理论知识"工作的知识工作者,成为发达国家劳动力大军中增长最快的群体。曾经代表美国中产阶级的蓝领工人,到2010年仅占劳动力人口的1/10。因此,提高知识工作者的劳动生产率,成为企业最核心的管理问题。由于知识型创新工作成果具有难以衡量的特点,使得这一难题至今依然是企业管理研究的焦点。

第三个影响管理范式的重要因素是大型组织的官僚习气。这一时期大型企业的全球化加速,从上一个时期沿袭而来、且越来越严重的大企业病,成为高层管理面临的最大挑战。雪上加霜的是,不断的组织变革,带来不断累加的组织模式,每累加一次,复杂度就升几个量级。在纵向长达七八个层级的直线职能制上加上事业部制,在事业部制上又形成了矩阵式,组织结构又在本已复杂的基础上,叠加了众多的事业部性质的地域经营。大型企业的结构复杂程度,已经走到了失控的边缘。最典型的表现就是企业的高级管理层陷入到各种没完没了的沟通和事务工作之中,无暇清晰地思考企业的未来和洞察迫近的危机,常常导致决策失误,诺贝尔经济学奖得主科斯将这种现象称为"企业家功能的收益递减"。一些曾经辉煌的企业如IBM、GE都面临困境,条块分割、各自为政、反应迟缓、无视市场和客户需求变化等大企业病非常突出。破除这些弊病成为每一任企业CEO必须面对的艰巨任务。GE的韦尔奇、IBM的郭士纳开始领导各自企业走上了转型变革之路。他们首要面对的问题就是如何使大型企业能够做到像小型团队那样灵活,在继续保持庞大规模的同时,提高反应速度和适应力。后来众所周知的一些概念如"无边界组织""数一数二战略""末位淘汰的活力曲线"等,都是这一时期广为人知的管理实践。

整体而言,这一时期管理范式有4个鲜明特征:

第一是管理变革和技术创新。信息化时代来临,产生于工业的旧有企业文化、组织结构、领导力和信息传导方式,必须被打破重塑。1996年,约翰·科特的《领导变革》出版,他宣称,在所有的变革实施中,仅有30%成功。变革几乎成为所有大型企业必须要过的一道坎。德鲁克也惊呼，这是一个巨变的时代。除了领导和管理变革外，技术创新的重要性也再一次被广泛提及，创新不仅是上一个时期强调质量管理的持续性改善，更是克里斯坦森所说的"颠覆性技术"。"渐进性的变革不起作用。即使可能造成破坏，我们也必须彻底与过去决裂。"德鲁克所说的"破坏性增长"，克里斯坦森的"颠覆性技术"的观念，两者都表达了相同的意思。

围绕着颠覆式创新的研发，就诞生了这一时期管理范式第二个重要概念："团队"。"团队"这种组织形式的出现，和上文提及的知识工作者的崛起有关，也和破除复杂的官僚结构有关。以创新和解决各类重要任务为目的的"团队"组织形态，在企业界得到了广泛应用。团队的核心特征是小规模（一般由3～12个人组成），人员技能互补，围绕特定任务，依靠专业知识和激励而不是命令和权威进行领导。随着团队形式的广泛普及，这一时期的呼声是：**停止管理，开始领导**。

这一时期管理范式第三个特点是经理人的工作方式和观念发生了根本性改变。从过去的强调战略稳定性、长期规划、线性增长等观念，转变为快速调整应对变化、注重少数领域的关键成果、中短期实现10倍速的发展等观念。工作方式上，"走动式管理"风靡一时，包括高层管理在内的所有经理人都亲临一线，贴近客户。期间，英特尔的格鲁夫首创的OKR（Objectives and Key Results，目标与关键成果法）成为革命性的管理实践，它通过硅谷的高科技公司传遍全球。格鲁夫在《给经理人的第一课》中深刻认识到，在越来越快、越来越激烈的竞争中，时间成了制胜的关键，而各级经理人必须将有限的时间和精力投入到那些具有高杠杆率的管理活动上去。他有一个公式：经理人的产出 = 杠杆率 A× 管理活动 A+ 杠杆率 B× 管理活动 B……。格鲁夫的OKR思想是对德鲁克目标管理思想的发扬和改良。目标管理和OKR都是基于这样一种假设：对于强调创新的专业人士而言，远大的目标和阶段性的关键成果，是最大的激励因素之一。

这一时期管理范式的第四个特征是基于信息系统的知识共享、管理和决策。这一时期是信息社会的开端，ERP系统、电子邮件出现（格鲁夫称电子邮件的盛行改变了经理人的工作方式），人们的交流效率大大提高，无论是对人的考核，还是对事的决策，都有了更多的数据支持。基于此，德鲁克指出："信息是一种衡量的手段，是未来的行动基础……现在脱颖而出的公司是围绕着骨架发展的，这个骨架就是信息，是把公司整合在一起的新系统和公司的关节。"

5. 第五次管理范式转移：谷歌创意精英团队与杰出的产品

第五次管理范式转折发生在2010年之后。管理范式伴随着谷歌、苹果、亚马逊、脸谱网以及中国的阿里巴巴、腾讯、百度等互联网平台企业令人瞠目结舌的迅速扩张而发生转移。这次管理范式发生的背景是信息技术快速发展所产生的人与人之间关系的根本性革命。在技术基础设施层面上，处理器算力几何级增长，算法不断完善，网络速度倍速增长，云、大数据、物联网、移动计算、人工智能时代到来；在技术应用层面上，搜索、社交、零售、出行等需求全面爆发。伴随着技术革命，管理的范式也产生了根本性变革。谷歌是这一时期企业管理范式的典型代表，其创始人及CEO认为是时候重新定义公司、重新定义团队、重新定义人才甚至重新定义管理了。谷歌前任CEO施密特宣称："有关管理策略，当时我们唯一确定的就是，我们在20世纪所学的东西有一大部分都是错误的，现在到了颠覆过去、重新开始的时候了。"重复旧有的做法只会得到旧有的结果，在谷歌内部，从来不会依照哪个管理理论或者管理大师的说法来指导企业经营实践。这个由一帮绝顶聪明的软件工程师组成的公司，把每一项主要的管理活动都当成科学实验——通过对比参照，先试点，获得反馈数据后，和对照组比较，基于结果事实，再在公司全面推广。谷歌成功最重要的原因就是这家公司竭尽所能地招募、培养和激励他们称之为"创意精英"的人才。区别于德鲁克所说的传统知识工作者或专家，谷歌定义的"创意精英"是那些能将前沿技术、商业头脑及奇思妙想结合起来的人，这些人具备实践经验，认真努力，乐于挑战现状，敢于从不同的角度切入问题（谷歌前CEO施密特认为这是互联网时代取得成功的关键所在），然后围绕这些"创意精英"打造快乐文化，创建激动人心的愿景使命，激发创造力的沃土……而所有这些努力，最后的成果都落脚在一个个杰出的数字产品上。

总结这一时期的管理范式，就是在共享、开放、协作的大背景下，组织赋能一线创意精英，快速开发出影响全世界的杰出的数字产品。具有技术背景的创业者、企业家和高管人员，他们既是实践者也是理论家，这个时期没有哪个管理研究者能够超越这些创业者。这一时期管理范式有以下4个主要特征。

（1）平台型或生态型组织

生态型组织应该包括两层意思：内部的生态平台和外部的生态平台。如果说德鲁克是20世纪管理学的创建者，那么互联网时代的深刻观察者凯文·凯利，则是一个被低估了的21世纪的组织理论创建者。与德鲁克将目光聚焦到社会而获得管理洞见不同的是，凯文·凯利将目光聚焦到自然和科技发展上，他从那里获得了灵感，先后出版了《失控》《科技想要什么》《必然》三部曲，开启了当今世界范围内组织管理的新纪元。"我最终发现，想要得到和生命真正类似的行为，不是设法创造出真正复杂的生物，而是给简单的生物提供一个极其丰饶的变异环境。谁具有灵活的外在表现形式，谁就能获得回报——这正是进化的精髓所在。"凯文·凯利认为未来的创新不是组织刻意设计和调研开发出来的，而是在大量的失败之中"涌现"出来的。他将这种思想运用到组织当中："传统组织结构将置企业于死地，未来的企业组织会更类似于一种混沌的生态系统。"在产品条线复杂的腾讯公司，创始人马化腾认可并实践了这一组织理论。他认为：在传统机械型组织里，一个"异端"的创新，很难获得足够的资源和支持，甚至会因为与组织过去的战略、优势相冲突而被排斥，因为企业追求精准、控制和可预期，很多创新难以找到生存空间。要想改变它，唯有构建一个新的组织形态，这种组织形态就是生物型组织。那些真正有活力的生态系统，外界看起来似乎是混乱和失控的，其实是组织在自然生长进化，在寻找创新。那些所谓的失败和浪费，也是复杂系统进化过程中必需的生物多样性。生态型组织的内部表现形式就是给予资源和资金，鼓励内部创业和竞赛，实行合伙人制。华为、小米、阿里以及传统的房地产万科等都实行了合伙人制。生态型组织外部的表现形式就是建立一个网上的双边市场集市。当今世界上市值前五的企业，全部都是平台企业。他们仅用了十几年的时间，就迅速超越了那些有着上百年历史的汽车、能源、金融等行业巨头，其中发挥关键作用的就是网络效应。麦特卡夫定律指出，网络价值同网络用户数量的平方成正比，即 N 个连结能创造 N 的平方量级的效益。关于生态型组织，另外一个趋势是，这些组织广泛投资能够产生协同效应的大量创业型公司，围绕着他们自身，建立一个企业生态群。比如小米的生态链企业，推出的产品覆盖了耳机、移动电源、手环、插座、血压计、空气净化器、净水器、运动相机、平衡车、电池、床头灯、电饭煲等等，也开辟了华米、紫米、绿米、青米、智米、创米、蓝米、云米、万魔声学（imore）、i Health（九安医疗旗下）、纳恩博等众多子品牌。腾讯在 2019 年 2 月的投资年会上，晒出了 11 年来的投资成绩单：总计投资 700 多家企业，其中 63 家已经上市，122 家成为市值/价值超 10 亿美元的"独角兽"，整体资金规模超过千亿美元，所投企业遍布社交、数字内容、O2O、智慧零售、金融科技、人工智能等领域。马化腾宣称，腾讯有半条命是自己掌握，有半条命是众多所投资的公司给的。

（2）基于生态组织的"灰度管理"

清晰明了只是人在思维逻辑上的要求，而不是自然和社会生态的实际状况。在坚持清晰原则和方向的基础上，领导者应该容忍甚至鼓励某种程度上的混乱、失败和冗余。"灰度管理"概念首先由华为创始人任正非提出，对他而言，甚至清晰的方向也源于灰度，这和格鲁夫早前提出的"让混沌丛生，然后掌握混沌"如出一辙。马化腾高度认可这一说法，并总结出了互联网时代的灰度法则的 7 个维度：需求度（用户需求是产品核心）、速度（小步快跑、快速迭代）、灵活度（主动变化保持敏捷）、冗余度（容忍努力后的失败，允许适度浪费，鼓励内部竞争）、开放协作度（这是互联网的本质）、进化度（在没有控制的过程中拥有自我进化自我组织的能力）、创新度（创新不是源头而是生物型组织进化的产物，是跃迁和进化）。

（3）组织对"创意精英"的赋能及"创意精英"的自我驱动

激励那些能够被激励的人，从这个意义上说，今天的组织，成为这些创意精英实现自我价值的平台，而不是组织雇佣这些人才去赚取利润，利润只是这些创意精英在自我实现道路上的结果之一。组织的各级管理者就是想尽办法为这些"创意精英"提供好的软环境和硬环境。软环境方面包括：竭尽所能招募那些符合标准的"创意精英"，塑造"让世界变得更美好的文化和价值观"，根据事实和贡献公平地评价员工，对于精心准备的失败给予鼓励，高层管理和各级经理人作为教练赋能一线、一流的产品导向，鼓励不同业务部门之间的交流学习，公司设定的目标和员工自己设定的目标相互结合；硬环境方面包括：更加舒适、人性化、个性化的办公空间，团队的交界处设有各种美食和饮料，排队在 4 分钟以内的丰盛而免费的餐饮，甚至一些私人的宴请、婚庆、租车等服务。所有这些措施，都是为了让这些"创意精英"能够专注投入到令自己激动的工作中去，成为一个自我管理自我驱动的"自组织"。谷歌著名的"20%额外时间法则"即这种范式的典型案例，员工可以根据自己的兴趣用 20% 的时间研发与本职岗位工作无关的项目。但这 20% 的时间不是指占用正常上班时间，而是在晚上和周末的业余时间，一些员工为自己感兴趣的创意聚在一起进行自愿的研发。谷歌很多的重量级产品比如 GMAIL 就是这额外 20% 时间的成果。丹尼尔·平克在《驱动力》一书中提到了"自我管理的复兴"。他指出在传统的"胡萝卜加大棒"失效的时代，创造性人才最大的驱动力是 3 个要素：自主（我做什么，我决定）、专精（心流体验达到高效而愉悦的状态）和目的（实现自我和超越自我的理想目标）。

（4）开发聚焦用户需求的杰出产品

这一点在以往的几个时代都存在，比如斯隆治下的通用汽车开发出包括雪佛兰、林肯、别克等众多品牌在内的几十个汽车产品。但在今天，**"产品即战略"**

是这个时代最大特点之一。因为互联网指数传播效应，个人或小型团队开发的杰出产品可以冲破大企业的围堵，迅速被大众看到、接受和应用。今天的杰出产品以小型团队为主要组织形式，以敏捷迭代为开发主流理念，确保一流产品开发的速度、交付、完成度和成功率，开发人员的自我体验是打造杰出产品的重要途径。乔布斯将苹果的产品定位在：站在科技与人文艺术的交汇处。"微信之父"张小龙认为，好的产品不是调研出来的，而是开发人员亲身体验出来的。腾讯有一个"10/100/1000 法则"，即产品经理每月必须做 10 个用户调查，关注 100 个用户博客，收集反馈 1000 个用户体验。小米创始人雷军曾在 2014 年将小米的产品策略总结为"专注、极致、口碑、快"7 个字。事实上，无论是苹果公司的乔布斯、谷歌的创始人拉里·佩奇，还是腾讯的马化腾、张小龙或者小米的创始人雷军，都宣称自己是一个超级产品经理。借助互联网传播的指数级效应，杰出的产品在不超过半年时间内获得全球市场的认可，这可能是数字化时代最突出的成功模式。这是因为，时间成为决胜的核心。

至此，我们通过企业发展的百年变迁，大致梳理了管理百年的范式转移，可以用这样一句话来概括：在科技潮流的强大推动下，企业在提升内部资源效率，尤其是"人"的效率方面，产生巨大的转向，这种转向从最初关注工人的劳动生产率转向知识创造者的"效能"，同时围绕这一内部核心目标，企业在组织形式、信息传递、领导风格、工作方法等方面不断更新。如果我们用一个字来总结五代管理范式，那么第一代是"省"（意味着效率），第二代是"大"（意味着规模），第三代是"优"（意味着质量），第四代是"新"（意味着创新和变革），第五代是"轻"（意味着数字化和灵动的生命型组织）。处在 20 世纪工业大规模肇始时期的亨利·福特曾说，他需要的只是工人们的双手，而工人们却还带着脑袋。今天的情形正好相反，如何激发头脑的创造力，灵活适应复杂多变的外部环境，是管理的核心。大约 100 年前，泰勒在美国国会发表演讲，宣称他的"科学管理"建立在一场"全面的心理革命"基础之上。而在今天，当人类的自我意识普遍觉醒时，新的管理范式——第六次管理范式已显露端倪。这将是一场以心灵对话、心流体验、超越自我为特征的新管理范式。

第二节　新旧世界的分水岭

在百年管理范式的演变中，有一个阶段承上启下，那就是诞生于 20 世纪八九十年代的第四代管理范式。20 世纪 80 年代开启的信息技术革命，是奠定我们今天这个时代的基础，而英特尔的格鲁夫则是那个时代的伟大人物，他所倡导的管理理念构成了我们今天组织管理新范式的基础，他本人则是企业管理领域新旧世界的分水岭式人物。

我们可以从两个角度来看待管理，一是把管理作为一门指导实践的理论学科，这方面彼得·德鲁克在20世纪的贡献最大，他将组织的管理纳入整个社会的范围内考量，并且明确提出了这样的看法：管理是一种实践，其本质不在于"知"而在于"行"；其验证不在于逻辑，而在于成果。德鲁克是普遍存在于组织中的各类管理问题的提出者、观察者和思考者，却不是实际问题解决者。站在研究的角度，基于大量现实观察提出好的问题，是所有一流研究者的特征。德鲁克当年提出的5个问题：我们的使命是什么？我们的顾客是谁？我们的顾客重视什么？我们追求的成果是什么？我们的计划是什么？时至今日，它们依旧有效，依旧重要，也依旧难以回答。

另外一个角度，就是从实践的角度来看待管理。无论是取得的实际成果，还是所在行业影响力，英特尔的前任CEO安迪·格鲁夫都是堪称新旧管理范式转换的标志性人物。他来自于电气化时代，而引领了全球信息化时代，并通过硅谷的公司深刻影响了今天的互联网和数字化时代。格鲁夫站在新旧经济交汇点，抛弃旧有的传统大企业官僚作风，启动了信息时代新的管理范式。这个管理范式的核心就是：**在混沌时代，时间是决胜关键，管理者只有关注那些少数高杠杆率的活动，才能获得组织最大的产出。**"让混沌丛生，然后掌握混沌。"这句话被格鲁夫奉为圭臬。如何去掌控？格鲁夫指出："**管理的艺术在于如何在那么多看似都很重要的活动中，挑出一两项或者三项最重要的，然后全心全意地去做……而这一艺术的基础便是能辨认具体哪种情况较为严重的直觉。**"

抱着对上一个时代管理理念的严重怀疑，谷歌公司从一开始就摒弃市面上常见的各种管理理论，却拥抱了格鲁夫的OKR原则和方法。作为技术先驱公司，他们相信事实和数据，几乎所有的管理活动都是先在公司内部进行试点，获得实际数据支持后，反复完善很多次，才在全公司推广实行。对传统管理理论的怀疑导致谷歌曾经一度把经理人阶层去掉，随即发现组织陷入混乱之中，于是仅仅数周之后便恢复了经理人职位。从注重数据验证的角度而言，谷歌的做法，似乎是基于数据的"科学管理"的复兴，但和泰勒的"科学管理"根本不同的是，泰勒在不遗余力地提高体力劳动者的效率，而谷歌则一直在竭尽全力地提高知识工作者的创造效能。格鲁夫关于"直觉是管理艺术基础"的洞见，强调了实践数据和人的直觉两方面相结合。这也是人工智能时代的管理洞见。简而言之，对于今天的管理者而言，数据和直觉并重，把数据交给机器，把算法思想和机器的分析结果交给人。

或许在今天，诞生于大工业时代的"管理"概念，已经无法准确描述今天各种组织所进行的活动。当组织所有的资源都从机器的效率转到人的创造时，管理的概念就应该以"赋能"的概念替代。赋能组织将持续健康地成长。那么"赋能"的时代内涵是什么呢？我们接下来通过逐一分析构成企业3个方面的十几个要素来阐述。随着时代的变迁，这些要素概念的名词可能变化不大，但内涵却完全不同。十几个要素各自有各自的时代特征，但如果用一个字来形容，就是"轻"。如表1-1所示。

表1-1 第五代管理范式的要素及特征

要素	概念内涵或特征
资产	轻资产：数据、专利、人才、技术
战略	动态战略
领导力	教练式、分布式领导力
产品创新	快速迭代
组织规模	化整为零、小型化、收入大的"小公司"
组织结构	前中后台、液态组织、自组织、团队、轻型伙伴
工作方式	自我管理、敏捷、动态
人才标准	核心岗位人员是创意精英，其他兼职或外包
人才培养	自我开发、自我驱动
公司治理	合伙人、全员持股
信息系统	云、SAAS、轻部署
企业文化	成长、赋能
评估衡量	注重事实和数据，注重贡献和结果，短期与长期结合的平衡艺术

第三节 第五代管理新范式：探寻生命型组织12个要素和结构

1. 健康比短期利润更重要

第五代管理范式是围绕着"平台型、生命型、生态型"这些概念展开的。那么对于生命型组织的这样一个系统，其内部结构和要素是什么呢？这些要素如何定义？它们之间的关系怎样？我们是否遗漏了某些要素？哪些要素更为重要？这些要素的时代特征是什么？想要回答这些问题并不容易。就像一个人去做健康体检一样，现代医学经过数百年发展才使得全面健康检测变得快速便捷，医疗机构会从消化系统、呼吸系统、心肺等各方面进行全面检查和诊断。那么对于组织而言，是否也有一些需要遵循的系统诊断方面的依据呢？尤其在今天，组织是"活的有机体"已经成为广泛共识，从组织健康和持续经营的角度来系统审视组织也广被接受。以往一些专家学者只关注某一个方面，过分夸大自己研究领域的作用，而忽视组织应该是由各种要素组合在一起并有其内在结构的有机系统。想要回答上面一系列有关健康组织的难题，我选择了一种研究方法，没有直接调研企业，而是研究不同权威机构和人员的精心研究成果，通过分析和整合，试图打开新时代背景下企业健康发展的神秘"黑匣子"。

最早系统认识这一问题的人是彼得·德鲁克。20世纪80年代他从当时管理所关注的各个不同主题着手分析。他指出，数十年来，管理一直关注着组织的几个重大主题分别是：工作开展的系统化研究；组织结构的系统化研究；成果、产品和业绩的系统化研究；管理会计；组织的微观经济学研究；管理人员的责任；人与人的关系及人的地位；高层管理的责权与决策；组织的社会和政治生态。[1]

德鲁克以他敏锐的观察对上述这些组织要素进行了定性的分析。而到80年代初，麦肯锡两名顾问在大量的数据分析基础上，通过对财富500强公司中表现最佳的43家进行了定量研究，总结出了公司发展的7S模型。他们指出，企业在发展过程中必须全面地考虑7个方面因素，它们分别是：结构（structure）、制度（system）、风格（style）、员工（staff）、技能（skill）、战略（strategy）、共同的价值观（shared values）。这些研究成果形成了《追求卓越》一书，获得了巨大的成功，并掀起了研究企业成功要素的热潮。1994年，吉姆·柯林斯在分析18家成功公司的基础上，经过21位研究员的参与，花费6年时间，最终的研究成果形成了《基业长青》一书。这些研究成果是否经得住时间检验？仅仅十多年之后，到2006年，这些优秀公司中的20%即不复存在，46%苦苦挣扎，只有33%保持了原有风采。[2]

这些经过千辛万苦研究得出的成果，到底对实践有多大参考作用？在2010年左右，麦肯锡另外两位资深董事合伙人，通过对500多家组织、超过60万名员工的健康指数调查，研究6800名高管、100多个项目数据，查阅900多份图书和学术文献，并对30位CEO进行深度访谈后，得出**组织健康比业绩更重要的核心观点**。组织健康意味着"组织具备比对手更快调整、执行和自我更新的能力"。也就是说，吉姆·柯林斯和汤姆·彼得斯的研究，在选择成功公司的样本方面出了问题。简单讲，**企业长期健康比短期内股票市场价值更值得关注。两位研究者总结出健康组织的3个关键属性和九大要素**。这3

个关键属性是：**内部一致性；高质量执行力；自我更新能力**。九大要素支撑了这3个属性，分别是：支撑内部一致性的发展方向、领导力、文化和氛围3个要素；支撑高质量执行力的责任及衡量体系、协调与管控、领导力、能力和动力5个要素；支撑自我更新能力的外部导向、领导力、创新与学习3个要素。其中领导力这个要素支撑着健康组织的每一个关键属性。这九大要素的不同组合，就形成了两位作者总结的37个管理实践。健康组织3个关键属性九大要素如表1-2所示。

表1-2 健康组织3个关键属性九大要素

健康企业关键属性	支撑关键属性的九大要素
内部一致性	发展方向
	领导力
	文化
高质量执行力	责任及衡量体系
	协调与管控
	领导力
	能力
	动力
自我更新能力	外部导向
	领导力
	创新与学习

研究得出，一个组织想要达到健康状态，不需要其实也不可能在37个管理实践上都占优，只需要6项以上得分位于前1/4，那么他就有80%的可能性位于前1/4，并且这37项管理实践的得分，都要高于后1/4的水平。两位研究者同时给出了37个管理实践组合的4个健康组织的原型，分别是：**领导力驱动、执行力驱动、市场导向和知识核心**。两位研究者还将以往那些有名的研究者的研究成果归到某个原型中，称这些研究者试图"将一个特殊的原型作为适合所有情况的解决方案"。比如约翰·科特的《领导力革命》是以领导力驱动为原型，《基业长青》和《执行》则是隐含了执行能力的原型，而克莱顿·克里斯坦森的《创新者的窘境》等大多讨论的是市场导向原型，而马库斯·白金汉的《现在，发现你优势》则是以知识核心为原型的思考。两位作者宣称，有4/5的健康组织能把一种原型做得很好，就可以在任何行业都取得成功。需要记住的是，**一个组织想要改变原型，比在原型内由不健康状态提升到健康状态要困难得多**。这就是我们通常所说的"组织基因"，这项研究也表明了"组织基因"的确存在。[3]

另外一项关于长青企业的研究，专家历时5年，研究了160家公司10年来所运用的200多种管理实践，结果发现：企业只要在4个首要管理实践上表现卓越，并做好4个次要管理实践中的2个，便能成功在握，基业长青。研究者将这个发现命名为"4+2"企业成功法则。在这一研究报告中，专家将各种管理实践进行了归类——**把战略、执行、文化和组织结构称为首要的管理实践，而把人才、创新、领导力和兼并合称为次要的管理实践**。实践证明，超过90%的基业长青企业都是坚持使用这一法则的。这一研究可能的弊端在于，仅仅盯住10年内的企业作为研究对象，患了"研究近视症"，当下的时髦概念难以概括未来和过去的成功企业的特征。

关于企业健康的另外一个值得关注的是克里斯多夫·沙尔克的研究成果。他在德国政府的资助下，展开了一项宏大的研究计划：**寻找那些能够提升组织绩效的普遍原理，到底什么能够带来组织成长**。他通过对六大洲60个国家3万个组织的调查研究，分析了1.38亿份数据资料（这些资料连在一起，相当于绕地球两周半），最终发现了促进组织健康成长的8种共同特征。为了验证，他把这8个原理特征应用到组织中，85%的组织有了不同程度的发展。这威力十足、符合健康型组织的8个特征分别是：**赋予能量的领导力，基于才干的工作分配，充满热情的组织行为，功能完善的组织结构，鼓舞人心的文化，形成整体的团队，客户至上的市场活动，相互信赖的人际关系**。

最后一个进入我们视野的生命型企业研究是壳牌公司的研究。服务于荷兰皇家壳牌长达38年的阿里·德赫斯，在20世纪80年代接受了一项内部研究任务，研究的主题是：那些比壳牌资历更老、主导产业更重要的公司，是什么重要的因素，让它们在长长的发展历史中经历了周围世界的根本性变化而地位依然基本没变？根据研究的样本标准，研究团队挑出了40个这样的公司，对其中的27家进行了详细研究，最后发现这些长寿公司都具有4个共同的关键要素：一是对周围的环境敏感，表明了它们具有非常强的创新和适应能力；二是它们内部都具有较强的凝聚力和员工认同感；三是它们都是充分授权且宽容的，避免集权化管理，对公司边缘化行为和大胆尝试给予鼓励；四是较为保守的财务策略，节俭，以古老的方式对待现金。研究人员将这些公司命名为"生命型组织"。这些组织与公司的资产、从事的行业以及所在的国家没有关系，如美国的杜邦、日本的三友、欧洲的德意志银行。这些长寿公司分布在销售、制造、农业、商业服务和能源等多个行业。

2. 组织12要素的整合研究

我们将上面的基于大数据和专家研究的成果进行整理归纳，得到第一次到第五次管理范式的基本特征，如表1-3所示。

表 1-3 1-5 次管理范式的 12 项要素特征

研究来源	高层团队和企业家精神						资源：人、资金与机器		恰当地组织			
	公司治理	使命战略	组织文化	领导力	创新	客户及外部生态	人员的选拔培养	人员激励赋能	组织结构	工作机制	评估衡量	信息系统
百年梳理												
麦肯锡7S		战略	共同价值观	风格			人员技能		结构	制度		
健康组织		发展方向	文化和氛围	领导力	创新与学习	外部导向	能力	动力	协调与管控	责任		
4+2研究		战略	文化	领导力	创新	兼并	人才		组织结构	执行		
沙克研究		客户至上的市场营销	鼓舞人心的文化；相互信赖的人际关系	赋予能量的领导力			基于才干的工作分配	充满热情的组织行为	功能完善的组织结构	形成整体的团队		
壳牌研究		财富积累	凝聚力和员工认同		环境敏感		保守的财务					
第一次管理范式	集中权力	财富积累	模糊	命令管控	流水线机器的创新	弱	工人的体力	物质和安全	职能制	简单生产指标下派	产量	纸质
第二次	分权	财富积累	模糊	授权与管控	组织和管理结构的创新	弱	产业工人的工作效率	良好的人际关系	事业部制	管理的基本职能：计划、组织、协调和控制	市场规模	电子报表

续表

研究来源	高层团队和企业家精神					资源：人、资金与机器		恰当地组织		信息
	明确的使命和战略	组织文化概念显现	领导		强	尊重需求	主人翁精神			
第三次	高管股权激励的公众公司	明确的使命和清晰的战略	组织文化概念显现	情境领导	流程再造	强	尊重需求	主人翁精神和持续的职业培训	矩阵和各种小组	PDCA、目标管理	财务指标杜邦分析	信息
第四次	高管股权激励的公众公司	明确的使命和变革战略	明确的组织文化系统	停止管理开始领导	技术上颠覆性创新	强	成功与成就	专业的知识工作者、专业技术人员和管理人员经渭分明	自我管理与高效团队	KPI及平衡记分卡	线性增长、平衡记分卡、明确的绩效评估系统	ERP、OA
第五次	合伙人员工持股	激动人心的伟大产品和动态平衡战略	赋能的文化和价值观指导一切	分布式教练领导力	放大10倍、艺术与科技结合的伟大产品	非常强：一半自己一半伙伴	成长、贡献与自我实现	兼具技术、实践和洞见和商业头脑的创意精英	自组织、敏捷团队、平台型与生态型组织	OKR及敏捷方法	指数增长、实施在线或很难预测	云、共享、平台化和数字资产

3. 健康组织的双循环学习结构

经过上文详尽地分析组织健康发展的各种理论模型，以简要而无遗漏为原则，将诸多的组织成功要素整合为3个方面：战略、人员及资源、组织如序言中图 I-2 所示。这个模型包含了 12 或 13 个要素，战略方面涉及 6 个要素，组织方面 4 个，人员及资源方面 2～3 个。鉴于人力资本在当代企业所具有第一位的至关重要的作用，本书只论述人员的两个方面，而忽略资金的要素。

当我们审视公司这一由人组成的系统本质时，我们应该看到，把数量众多的人组织到一起，持续地通过内部活动取得市场认可的外部成果，是各种组织之所以存在的根本原因。是谁把这些人组织在一起？毫无疑问是创始人，创始人及团队基于最初的使命和战略，更深层来讲是基于内心具有冒险冲动特征的企业家精神，把周围有限的人、财、物、知识资产进行有效组织，以实现宏伟的目标。所以一个企业存在的首要方面就是源于企业家精神所形成的目标，这会涉及：战略、领导力、公司文化、治理结构、创新及外部生态等要素。企业存在的第二个方面则是为了实现组织战略所有投入的资源，包括：人力资源、财物资源和知识资源等。随着时代的变迁，拥有技术和商业的高创造力人员，成为企业最昂贵的资源。如何把这些资源有效组织运作起来实现战略目标，则是系统的第三个方面，包括：组织形态或者结构、工作方式、评估衡量和信息共享等要素。

和所有有生命力的系统特征类似，这些要素之间不是彼此隔离互不相干的，而是紧密联系、相互影响，它们共同协作，支撑系统有效运作。我们有必要再回顾图 I-3 所示的十几个要素构成的组织"双循环学习结构"，它是健康组织的全部秘密。

在内层的黑线显示单循环模式中，公司的萌芽源于一个想法，这就是战略雏形。在企业家精神和领导力的推动下，它影响吸引不同的人才聚集在周围，这些最初的人才和思维认知共识，就形成了企业先天禀赋。人员加上财、物、知识资源，经过组织协作和特定的工作方式，从而实现了技术创新和生产竞争力的产品，给公司带来了稳定持续的收入，保证公司得以运转下去。任何一个由人类所组成的系统，都是经济基础决定上层建筑。对公司财务的控制权和利润的分配，会体现在公司政治上；公司政治的表现形式就体现在公司权力结构、重要制度和治理机制上。随着公司政治的逐渐稳固，无形的企业文化也在逐渐形成，继而形成强大的无处不在的影响力，深刻地影响了公司整体和员工个人的思想和战略。如德鲁克所说，企业文化可以把战略当成早餐一样吃掉。

正如所有的系统初期都需要稳定一样，度过了初创动荡阶段，公司在走上快速增长的快车道的同时，也走上了一条惯性之路。不断紧箍的循环使得创业精神消退、人员老化、技术创新越来越难，而与此同时，公司政治则越来越官僚固化，这就使得企业文化缺少活力，整体思想僵化，缺乏明晰的战略。即使面向未来的战略，内部活力缺失和较差的执行力也无法将其实现，此时，变革在所难免，新一轮的双循环学习需要启动。

双循环学习起始于公司的整体思想认知和战略情境的重新审视，诱因可能是竞争的刺激、濒临倒闭的威胁或者居安思危的主动变革。高层领导和公司建设性的中坚力量认识到决定存亡的变革势在必行，这样公司内部再次形成了创业意识和氛围。变革成功单靠高层领导者和一两个人是无法完成的，需要我所提出的"分布式变革领导力"，像分布式中心一样，变革的种子也分布在公司的各个层面各个地方，这样的变革才有可能成功。仅有思维认知改变、再次创业意识和分布式变革领导力也无法完成新一轮变革的成功。接下来的关键，就是改变公司的成功原型模式，就是要改变公司的禀赋。这主要体现在人才结构上，新的重要岗位人才带来新的技能和理念，如果从根本上改变了公司的基因，而这正是公司转型变革所需要的话，那么变革就会成功，从而引发新的组织方式和工作机制的建立，形成不同以往的具有未来前景的全新技术和产品，带来新增加的收入，形成公司新的政治生态和文化，此时公司就会脱胎换骨，形成新的结构。双循环学习结构的关键在于从思维认知和战略层面开始学习反思、继而形成群体的危机感，于是变革开始，而新的成功的决定性一步则是大量吸引、选拔、培养那些面向未来战略和新思维的重要岗位上的人才。

接下来，我们逐一介绍构成第五代管理范式的十几个要素的时代特征。

》案例 1-1：黯然离场的 GE 前 CEO

20 世纪的明星企业，通用电气董事长兼 CEO 的杰克·韦尔奇选择伊梅尔特担任千禧年的 CEO，韦尔奇是这样评价他的："他在我们的医疗器械部门取得了很多出色的成绩，重要的是（医疗器械部门）将成为通用电气未来的营运模范。我觉得他拥有智慧和协调能力。"但是世界已经转向，需要的不是过去的典范，而是未来的畅想；需要的不是传统精益求精的运营，而是"从 0 到 1"的技术＋商业的互联网大数据对所有行业的重塑。

伊梅尔特乃至整个 GE 显然缺乏数字化时代的人才基因，尽管他做了各种努力，并自认为任期内取得了诸多成就，比如 GE 核心业务的收入增加了 3 倍；

从 2012—2017 年其市场份额冲破了纪录，财务表现超过了所有同行；在其任期内，GE 分红比 GE 的 110 年历史上加起来还要多。然而，资本市场还是抛弃了这个"慷慨的巨头"，GE 市盈率从 2007 年的 40∶1 下跌到 2017 年他离任时的 17∶1。

资本是面向未来的，正如你真正的竞争对手不会出现在你现有的名单中一样，从大工业时代而来的 GE 未能具备互联网数字化的基因。新时代商业模式和思维模式完全不同，一直到伊梅尔特离任，GE 都未能完成其称之为工业数字化的战略变革。并不是 GE 和伊梅尔特没有意识到数字化时代的到来，而是没有数字化的人才与文化基因。

举一两个例子：1996 年时候，伊梅尔特就在其领导的 GE 医疗系统内部落实数字化战略，然而这次转型他选用的人还是 GE 内部的人员。转型失败了，为此伊梅尔特反思了 10 年。他坦承自己所犯的错误是让 GE 内部人员负责医疗 IT 业务，而对外界关注不足。"数字工业化"是 GE 不能输掉的未来，也是迄今为止最大的战略变革。在开始时，从微软过来的技术人员建议 GE 像微软的 Windows 一样，建立一个工业领域的平台时，遭到了伊梅尔特的拒绝，他不无嘲讽道："嘿，做好你自己的事就行了。我们现在手头忙得够多了。"而他在 2017 年离任时坦承，GE 必须建立自己的生态系统，对合作伙伴、开发者、顾客和非顾客保持开源，并让行业接受这一点。后来搭建的 Predix 平台，目标是让其成为工业互联网的操作系统，并为此投入了数十亿美元。当意识到这些后，GE 在伊梅尔特的带领下加速变革，从 2009 到 2016 年，GE 从外部聘用的人才每年以 60% 多的速度增长（不包括收购）。而且从外部招聘的高管人数翻了一番多，达到 160 人；建立了一个数千人的软件队伍。他拜访了数字化时代的企业领袖：亚马逊的贝佐斯、微软的萨蒂亚、英特尔的欧德宁和 Salesforce 的贝尼奥夫等，他承认《为何软件正在蚕食世界》以及《精英创业》改变了他的认知。

然而，作为一个百年产业巨人的 CEO，其思维模式转变还是慢了很多，更何况那些一生都在 GE 工作且占据重要岗位的其他管理者呢？

想要实现组织数字化，必须迅速从领导者、管理层、重要岗位人员开始入手，如果不能彻底转变，那就只能大换血。改变组织基因从人才开始，把企业交到数字化一代的手中去。今天这个时代 3-5 年换一届 CEO 是恰当的选择，像 GE 那种长达 20 年的 CEO 任期传统，伴随着工业时代的落幕而遭到抛弃。

第二章
新时代的创业精神：风险最低的冒险

> "那些想要获得领导地位并将认真承担领导责任的人，在其追求过程中都难逃'挣扎'或者自己主动引发的挣扎，但他们追寻的是'伟大的挣扎'。这是一个需要并值得全力以赴的目标和挑战，这将测试出他们的能力和性格特征，并帮助他们过上最为珍视和渴望的生活！"
>
> ——小约瑟夫·巴达拉克《伟大的挣扎》

现代文明是以普世价值掩盖、装扮或者平衡了自然界的物竞天择的丛林法则，而强者生存的本质并未改变，而且在经过二三百年的资本主义黄金发展之后，这种现象不仅没有延缓或减弱的迹象，反而越来越呈现出了加速、分化和固化的趋势。

强者愈强。美国人在金融危机之后发起的占领华尔街运动中，举起的标语就是：1%的富人对99%的普通人。国际慈善机构乐施会（Oxfam）发布报告，包括比尔·盖茨、巴菲特在内的全球八大富豪的财产，相当于地球上36亿穷人的财产总和。有学者感叹，以资本主义、民主政治、科学和技术为四大特征的人类当代文明，已进入到秋季，呈现出颓废和衰败之相。在此背景下，国家之间的竞争背后，依然是一定规则之下的丛林法则。国家之间参与竞争的主体就是企业。著名经济学家凯恩斯曾说："是企业创造并增加了世界的财富。当企业顺利运作时，无论人们是否节俭，社会财富都会随之集聚起来；而当企业停滞不前时，无论人们如何节俭，社会财富都会逐渐坐吃山空。"是什么引领着企业赢得优势呢？凯恩斯从人性的深处洞察到，是一种因乐观情绪而采取行动的精神。这种乐观情绪显然不是纯粹理性的计算和逻辑推导的必然，而是一种全身投入所带来的快乐。正如乔布斯所认为的那样，历史的进步大都是那些疯狂地认为自己能够推动社会进步的人所推动的。这种在大部分人看来是大胆而疯狂的想法，可能正是一些企业家自我驱动的内在动力，也就是他们的"梦想"。这是一种人类对抗平庸单调生活的创造性本能，这种本能对于人类社会而言极为重要，也是人类进步和繁荣的基础。如凯恩斯所言，在经济前景并不明朗时，投资家和企业家们为乐观的情绪所催生的勇气或冒险精神，在相当意义上决定着经济景气、摆脱低迷、步入再度繁荣的走向。熊彼得最先命名了这种带来经济扩张的创业精神，他称之为"企业家精神"。

创业精神或者企业家精神，是资本主义社会几乎所有组织的原动力。继马克斯·韦伯阐述了新教徒把创富的资本主义行为和新教信仰结合在一起之后，20世纪初，奥地利著名的经济学家熊彼得提出了"企业家精神"这个概念，将其和"创造性破坏"联系在一起，认为正是"企业家精神"推动了资本主义社会的大发展。从20世纪初期的杜邦、洛克菲勒、摩根、卡内基、福特到当代的比尔·盖茨、乔布斯、贝索斯，他们都是企业家精神的代表。他们创建的企业帝国改变了整个世界的面貌，也改变了人类的生活和工作方式。在《繁荣与衰退》一书中，前美联储主席格林斯潘和《经济学人》记者伍尔德里奇，把20世纪初这些企业家称为商业巨人，他们奠定了美国在20世纪强大的基础。这些商业巨子带来社会变革的同时，也带来了人性的革命。两位作者写道："这场革命的核心人物无一例外都是一些充满活力野心勃勃的巨人，他们执掌的权力在人类历史上只有君王或知名将领才能比拟。令人诧异的是，大多数对美国社会产生重要影响的社会机构，从芝加哥大学到斯坦福大学，从洛克菲勒基金会到福特基金会，也都是这些伟人创建的，他们年龄相仿，都出生于19世纪30年代。"这些商业奇才，把美国这片少受传统羁绊的土壤，变成了人类历史上最雄心勃勃的创造性破坏实验室。值得注意的是，他们并非传统意义上的善良的人，[1]而是无休止的工作狂和铁石心肠的强人，甚至不惜牺牲自己和家人的生命，只要能使他们所创建的企业帝国不断发展壮大。这种兼具慈善和强硬的混合特质，一直延续到今天。很多研究认为，特立独行的个性是驱动公司进步的引擎。和大多数人认为的优秀形象相反，成功的创始人不是各方面表现完美的理想人物，他们都是一些处在人群中正态分布曲线两边的特殊组合，充满矛盾，表现极度聪明或极度愚笨，像个局内人或局外人，大胆设想与小心谨慎，魄力十足和战战兢兢，信心与焦虑。著名管理学者吉姆·柯林斯将这类领导者定义为第五级领导者，他们身上具有鲜明的组合：谦逊品质与坚定意志。总体而言，他们都韧性十足，破除常规，拒绝平庸，通常站在大众看法的另一面思考问题。硅谷的投资教父级人物彼得·蒂尔将这种思考方式用一个问题来表达："在什么重要的问题上，你与其他人有不同的看法？""大多数人相信X，但事实却是X的对立面。"创新和创业相伴而生，一旦停止创新，也就意味着创业活动的停止。

企业家精神不等于冒险，甚至是风险最低的成长之道。诚如德鲁克观察到的："需要确定性的人不可能是好的企业家……我们应该相信企业家精神的风险比锦上添花的最优化更小。事实上，没有比优化各领域的资源更有风险的了，因为在这些领域中，正确而有利可图的途径就是创新。从理论上说，企业家精神应该是风险最低的而不是最高的行为。"这种精神，不仅仅是那些聚光灯下耀眼的大企业家具有，在众多的普通人身上也有。这种精神，也注定会带来一些或大或小的失败，尤其在经验、资源都不太具备，而又满怀激情的创业初期的时候——这大多是一个人二三十岁左右比较年轻的年龄，如果能够迈过这个坎，坚持不懈，不断学习，吸取经验教训，终能有所成就。有报道指出，创业成功的企业只有30%，大部分的企业撑不过3年，撑过3年以后就比较稳定。企业家精神就是面对大概率失败的创业创新活动，孤独而坚韧地前行。大约在2010年，我出差到上海，期间和一个经营了数年的信息技术公司的CEO通电话。在此之前，这个年轻的CEO激情满怀，言必称腾讯、网易，一脸傲娇。而这次的通话却让我感到意外，他已经把自己的公司暂停了，正在给一个企业打工。我问他之前借朋友的200万如何还？他在电话那头依然语调平静地回答着我的提问。但当时以我的经验和内心历程而言，此时陷入创业困境的他，内心非常渴望得到周围人的支持和认可，以便给自己保留一丝东山再起的希望。而在家人的面前，在所有亲朋好友的面前，大部分的创业者都会故意表现得很轻松：你们放心，一切都会迅速好起来的！其实，能不能迅速好起来，谁也不知道，他自己也不知道。但他心里清楚，这是让自己不至于沉沦下去的一种精神和心理暗示。毕竟，只要努力，总会有机会出现。当时我以我的经验给了他一些安慰的话："你应当庆幸，在自己年龄只有30岁的时候，有了这次创业失败的教训。你从这个事件中吸取的、学习的，可能是一辈子从书本和别人那里学不到的。你应当静下来首先问自己：什么是我想要的？我的优势是什么？欲速则不达，慢慢来，一定会有机会，也一定会成功的！"

　　没有长夜痛苦过的人，不足以语人生；没有创业过的人，不足以语勇气。创业过程中，艰辛而无援的时刻，周围人讥讽的时刻，亲人不解的时刻，失败时不足为他人道、强装无事的时刻，以及在聚光灯下荣耀的时刻，个中滋味，酸甜苦辣，一言难尽。如此多的困难，没有点英雄主义是无法长久支撑下去的。现代社会的创业，就是一场个人在商业文明社会里的英雄主义的冒险。我们都是普通人，这种敢于冒险的英雄主义情怀，有的表现在企业经营方面，有的表现在知识学术方面，有的甚至表现在承担责任的家庭生活方面。无论怎样，对于个人来讲，每一次重大的变动、挑战和承受，都是一种内心的挣扎。这种挣扎，对于每个普通的人而言，都不是那么容易走过的，我们都是自己故事的主角,是自我心目中的英雄。这种挣扎,是一种伟大的挣扎。发生在企业家身上的故事,每天也在我们的生活里,以不同的形式、不同的规模上演。

在这个时代,几乎每一个独立的自主谋生的知识创造者,其实也都是一个创业者——在组织内部创业。企业家精神对每一个人都适用,几个特征不变:一是乐观的积极进取的态度;二是不断提升自己,否定和超越过去的自己,提升服务他人的专业能力;三是与组织内外部的客户密切沟通协调,建立共创、共赢、共享的生态式合作关系。企业内部的创业理念,在一些互联网公司已经不是新鲜事,但在一些从工业时代走来的巨型组织中,鼓励内部创业、企业内部购买知识和创意服务的市场机制才刚刚开始。创业精神是一种内嵌到日常生活工作的时代精神,一些生活中的哲理同样也适用于创业活动。

我们能预见到未来的技术趋势,但我们能预见到自己创业的结局吗?创业者想要获得有意义、有成就、有质量的企业和个人命运,不仅要有胆量去顺应趋势、顺势而动,也需要在低谷时有勇气直面现实的挑战,更需要在拥有很多机会、资源和金钱的时候作出决断,有所取舍,把握机会。更多时候,作为一个创业者,我们能够预见到趋势和机会,但却往往因为机会太多而面临险境。

不是每个人都可以成为乔布斯和马化腾、马云,也不是每家创业企业都可以成为苹果、阿里巴巴和腾讯。对于创业者而言,应该谨记的是:创业活动不是生命的全部,工作时全力投入,但不要让它在工作之外依然侵占你的全部生活。创业是个理性的过程,不是一场赌博,是一场在众多机会面前的"断舍离",不要轻易地学那些伟大而偏执的创业者"All In One","幸福地创业"的成功者也比比皆是。

还记得我给上海那位暂时失败的年轻 CEO 最后的建议,这些建议也是我在第一次创业失败后的总结:一是自己冲在一线,多和客户接触,了解客户真正的需求,而不要整天坐在办公室构想战略,安排他人执行;二是设定期限如半年之内,让公司产生持续的现金流收入,这对于自己和团队初期树立信心非常重要;三是"和创造财富的人分享财富"。但这些的前提是,你的梦想是什么?你能做什么?你擅长做什么?这就是使命和战略。

第三章
使命和战略新范式:打造改变世界的极致产品

> "战略必须接受一个全新的基本原则,即任何组织(不只是企业)必须按照业内表现优异的企业(无论在世界的哪个地方)设定的标准对自己进行评估。"
>
> ——彼得·德鲁克《21世纪的管理挑战》

我将使命和战略放在一起论述,使命说明了组织为什么存在,而战略则宣示了组织如何去实现使命。两者紧密相连,不可分割。只有使命的组织是苍白空洞的,而只有战略的组织则没有"灵魂"。

使命是我们的安身立命之本,彼得·德鲁克经典五问中第一个问题就是:我们的使命是什么?(经典五问中其他4个问题:我们的顾客是谁?我们的顾客重视什么?我们追求的成果是什么?我们的计划是什么?)

确定个人和组织有效的使命,我们需要知道下面3个原则。

首先,一份有效的使命应该是简短而明确的。它"完全可以印在一件T恤衫"上。"彼得,您花费了大量的时间去帮助组织确定其使命。那么,您的使命是什么呢?"全球排名第一的高管教练马歇尔·戈德·史密斯有幸和彼得·德鲁克探讨关于使命的问题。德鲁克的回答很直接:"我的使命就是帮助人们和组织实现自己的目标。"随后德鲁克笑着补充道,"这些目标总得符合伦理道德吧。"**其次,就像小米创始人雷军曾坦承的,"真爱"是小米的竞争力。**那些看似变态的极致追求,一遍遍地打磨每个细节,一天工作十几个小时甚至通宵达旦地加班,都是源于真爱。他这样解释"真爱":真诚,不欺人也不自欺;热爱,全心投入并享受这些。真诚与热爱,简称"真爱"。甚至雷军认为"真爱"是小米建立的真正壁垒和永续的动力,从优秀到卓越,关键是"真爱"。**最后,永远不要为了金钱而放弃自己的使命。**这是德鲁克的箴言,他本人很好地践行了这一原则。他早年放弃了得心应手、报酬丰厚的投资银行的工作,而致力于组织和人的发展。他也放弃了哈佛等一流名校教授和院长的职务,只为了他能够拥有更多自由、获得更多参与咨询从而独立观察企业和社会的机会。而具有讽刺意味的是,尽管德鲁克获得企业界的一致认同,但在学界则应者寥窘。他的卓越成就和声誉，直到 2002 年 94 岁高龄时，才凭借《卓有成效的管理者》和《21 世纪的管理挑战》最终确立并获得总统颁发的自由勋章。

关于战略这个话题，战略大师和企业经营者都有一大堆高深的理论要讲。哈佛历史上最年轻的教授之一迈克·波特，是 20 世纪众所周知的战略大师。他提出行业竞争"五力模型"，从供应商的议价能力、购买者的议价能力、潜在竞争者进入的能力、替代品的替代能力和行业内竞争者的竞争能力 5 个方面进行竞争分析。迈克·波特认为一个行业的好，意味着这个行业有着更少的竞争，最少竞争的行业被他称为"五星行业"。企业在制定战略时，分析完行业竞争后，就进行战略制定。迈克·波特随后给出了关于企业的 3 个一般战略：差异化、低成本和聚焦（利基市场）。这些经典的战略理论，至今依然是商学院战略学教师授课的主要内容。按照波特的理论，企业无论采取何种战略，经过不长一段时间之后，竞争者之间相互学习模仿，最终趋同并且都会陷入激烈的价格竞争中。于是大约在 2005 年前后，欧洲工商管理学院的 W. 钱·金（W. Chan Kim）和莫博涅（Mauborgne）提出"蓝海战略"。"蓝海战略"的目标是避免企业陷入大打价格战激烈厮杀的"红海"，而是通过价值链分析，通过增、减、改、补等一系列的战略行动实现价值创新，引领企业进入无人的广阔"蓝海"领域。"蓝海战略"的本质是通过产品的价值创新，重新定义产品的市场边界，比如传统电视机可以重新定义为互动大屏，传统宴会的红酒可以被定义为欢乐畅饮的聚会用酒。重新定义的市场边界就是"蓝海"，企业开发的新产品需要在这片区域提供独特的价值，才能被消费者接受。"红海"是一片竞争激烈的战场，而"蓝海"的战略制定者，则是想要创造一片全新的广袤区域。"蓝海"战略的起点是分析产品的成功要素，然后以一种完全不同的组合，对几个要素进行增加、减少、剔除等动作，从而形成完全不同的产品解决方案。比如在竞争激烈的美国葡萄酒行业中，有 7 个要素在影响产品的销售，分别是：每瓶酒的价格；包装上的形象标识，包括标签上的获奖声明，神秘的酿酒工艺术语，后者强调制酒的艺术性和科学性；高投入的营销方式，以在拥挤的市场中提高该品牌的认知度，并鼓励经销商和零售商为该品牌的酒提供显眼的摆放位置；酒的酿造品质；葡萄酒园的声望和历史渊源（为此列出庄园和城堡的名称，以及建立酒厂的历史年代）；酒味道的复杂性和高雅性，包括单宁工艺和橡木发酵等；各种葡萄酿造的不同口味的酒，以满足顾客的不同喜好。

那么如何从这种竞争激烈的局面脱颖而出，打造一款基于"蓝海"战略的创造性产品呢？来自澳洲的黄尾酒，通过 7 个要素的增、减、删、提等动作，形成了全新的产品设计方案。澳洲黄尾酒不再强调葡萄酒的标识奖项、陈酿质量、高投入的市场营销、酒味的复杂性和酒庄历史,而是增加了酒的易于饮用、易于选择和趣味性,从而迅速打开了美国市场。黄尾战略布局图见图3-1所示。

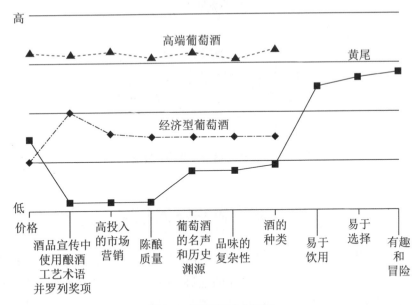

图3-1 黄尾战略布局图

价值创新是"蓝海战略"的基石。企业降低成本的同时在为客户创造价值,从而获得企业价值和客户价值的同步提升。客户价值源于企业以较低的价格向客户提供更高效用的产品,而企业价值取决于价格和成本结构,因此价值创新只有在整个企业所提供产品的效用、价格和企业成本正确地整合为一体的时候,才会摆脱"红海"厮杀,驶入无人之地的广袤"蓝海",快速成长为一流企业。

过去二三十年,通过引入战略咨询而实施企业战略的,是企业失败案例的重灾区。对于创始人和高管团队而言,战略制定必须是亲力亲为的要事,战略必须遵从于自己和组织的使命,每当面临环境变化而需要制定战略时,一定要问问自己的内心,什么是自己真正想要实现的,什么是一直激励我的?如果说使命是发自内心的向往,那么战略更多是技术性的理性分析。总体上来讲,战略涉及3个关键要素:趋势、赛道和禀赋,趋势是指环境与行业的未来趋势,赛道是根据市场竞争程度选择进入或退出的领域,禀赋就是企业自身资源和能力,三者匹配才可能是一个好的战略。企业战略制定三要素如图3-2所示。

图 3-2　企业战略三要素：趋势、赛道、禀赋

第一节　未来发展趋势

涉及和管理相关的趋势，我们不妨看看彼得·德鲁克在《21世纪的管理挑战》一书中，谈到的未来三五十年的趋势，时至今日，依然值得思考。德鲁克指出："战略就是投入今天的资源实现明天的希望，这也是战略的真正意义所在。在所有重大变化中，越来越低的人口出生率是最惊人的和最意想不到的，也是史无前例的。"在他详细论述的5个趋势中，除了"发达国家越来越低的人口出生率"，还有如下几种趋势：可支配收入分配上的变化；产生不同的绩效定义；需要具备全球竞争力；经济上的全球化与政治上的分裂显得越来越不协调。

第一个趋势是发达国家越来越低的人口出生率。德鲁克认为到21世纪末，像日本及所有南欧国家，其人口出生率已经降至不足以补充人口更替的程度。他称之为"不知不觉地会走上全民族的'集体自杀'之路"。[1]这会带来以下几点重要的影响：除非大量移民空前涌入，否则发达国家的适龄劳动力人口将急剧下降；未来的二三十年中，发达国家的退休年龄将不得不提高到79岁；而大规模的移民会引发极大的政治情绪和重大社会动荡等。因为老龄化，有可能在美国产生新型的雇佣关系，即更多的组织与越来越多的老年知识工作者建立的关系。在这种关系中没有等级之分，也不是传统意义的每天上班的雇员。而这些组织将因此拥有巨大的竞争优势。同时在所有发达国家中，老年人将会是整个社会中最富有的一群人。

第二个趋势是可支配收入分配上的变化。德鲁克认为，在20世纪有4个行业或部门保持了高速增长：政府、卫生保健、教育和休闲产业。其中休闲产业是世界上仅次于军火行业发展最快的市场,其规模可能是政府、卫生和教育的总和。但是他基于人口的统计和变化趋势,预测未来卫生保健和教育将有更大的发展。在20世纪最后30年,他认为全世界增长最快的行业不是信息产业,而是金融服务业。他非常肯定地表示,一些金融巨头涉足个人理财领域,如果愈来愈多依赖他们所说的"自营业务",将会带来灾难。一语成谶,2008年席卷全球的金融危机在美国爆发。德鲁克也预见到图书出版市场的快速增长一点都不逊色于电子计算机行业。借助于先进技术和优质服务,图书和电子信息整合后,将成为引领行业发展潮流的风向标。[2]

第三个趋势是企业将产生不同的绩效定义。德鲁克根据当时的现实,发现一些退休养老金的机构,拥有美国所有上市公司至少40%的资产,大型上市公司的比例则超过60%。这些掌握庞大养老金的机构不仅在美国,在英国、德国、法国和日本也都进行了上市公司的广泛投资。财富的转移带来权力的转移,这就产生了一个很重要的企业伦理问题,即这些企业该代表谁的利益？德鲁克研究发现,在日本、德国和斯堪的纳维亚半岛,大企业的主要任务是创造和保持"和谐社会",其主要代表的为传统的体力劳动者的利益。而随着知识经济的来临,体力劳动者的角色越来越不重要,所以他认为传统的"和谐社会"的绩效目标也将变得不再重要了。他认为,需要发展出新的评价标准,一些非财务的评价标准,使得绩效的定义能够适合知识工作者的特点,如采用价值回报而非财务的衡量手段。德鲁克关于绩效的预见性,在今天正在变成现实。对于一个创意人才而言,你很难用季度甚至年度的财务指标来衡量,甚至一个没有带来任何收入的失败项目,其对企业的贡献也可能是巨大的,因为企业在其中学习到的,能避免更大范围的失败(对于创意人才的绩效衡量,后面我们会进一步论述)。从退休养老金衍生的另一个值得关注的事情就是这种情况不可持续,当养老金成为上市公司的主要权利者时,他们必须要求所投资的公司至少要保持三四十年的生命力,那些投资者才能在达到退休年龄时领取养老金,而在德鲁克看来,这是一个不太现实的理想化目标。

第四个趋势是需要具备全球竞争力。德鲁克从劳动生产率出发,认为未来体力劳动者的成本在总成本中的比例将越来越小,仅有1/8甚至更低。所以廉价的劳动力成本不再带来优势,甚至无法抵消较低的劳动生产率所消耗的成本。因此,那些依靠制造业和庞大的廉价劳动力的新兴国家,要想参与全球竞争,必须依靠领先的技术,或提高到世界上较优秀企业的劳动生产率的水平。德鲁克预见到,未来几十年里,保护主义的浪潮很可能席卷全球。他说道:"在遭遇湍流时,我们的第一反应就是筑起一道防护墙,将外面的冷空气挡在自家花园之外。但是，对于没有达到世界标准的组织和企业来说，这种防护墙不再具有保护作用，只会更多地暴露它们的弱点。"

第五个趋势是经济上的全球化与政治上的分裂显得越来越不协调。德鲁克认为，今天的组织，已经面对着3个相互重叠又相互冲突的领域：货币和信息流动的全球化经济体系，人才、商品和服务流动的区域经济体系，国家及地方的政治体系。在这种经济和政治趋于分化的情况下，德鲁克建议遵循"两要两不要"的准则。关于"两个要"，第一个是日益需要与位于其他政治区域的组织组成联盟、建立合作关系、组建合资企业和结成其他各种关系。德鲁克认为今后的组织发展将以各种合作关系为基础，那些拥有全部所有权及命令与控制的方式已经过时，这主要是因为需要合作伙伴应对当地的政治现实。第二个是企业要学会控制因不同货币所产生的汇率风险。关于"两不要"，第一条是不要做任何与经济现实背道而驰的事情，即不要因为各种优惠条件或短期利益诱惑而投资设厂；第二条是不要采用收购的方式，在全球范围内扩张或发展业务。

除了上面正在变成现实的趋势，今天对企业战略影响最大的因素，可能莫过于技术发展的趋势。未来学家约翰·纳斯比特在《掌控大趋势》一书中指出：技术正在改变经济的先决条件，进而改变社会结构，它已经成为一种强有力的政治工具。互联网时代预言家凯文·凯利在他的互联网三部曲的《必然》一书中，描绘正在我们身边发生并愈演愈烈的科技趋势。凯文·凯利说："如果互联网科技是一个新生物，我们每个人都将在这个新物种的身体里展开我们的生命历程。如今正是这个时代的开端，在未来30年里涌出更多的智能，更多的形成、流动、共享、追踪、使用、互动、屏读、重混、过滤、知化、提问、开始等。"他将这12种趋势称为科技的"必然"。整体而言，世界将变得越来越轻，使用而不是占有，科学技术基本向免费发展。过去140年，实体商品每年降1%。12种趋势会将人类带入一个宇宙级别的实时在线互动的数据洪流中，由此形成的智能世界将人类包裹。面对这种"必然"，凯文·凯利建议人们"以一种警醒的态度拥抱"，而人类真正具有价值创新带来经济增长的地方，"重混"是重要的方式，即对已有事物的重新排列和再利用，正如经济学家保罗·罗默所说："真正可持续的经济增长并非源于新资源的发现和利用，而是源于将已有的资源重新安排后使其产生更大的价值。"凯文·凯利认为，在未来的30年里，最重要的文化产品和最有影响力的媒介将是重混现象发生最频繁的地方。当大部分简单机械和复杂智能的管理运算交给机器后，对于人类而言，真正有价值的是每个人的个性化体验，我们在不同场景投入的情感弥足珍贵。与此同时，我们的注意力也变得珍贵，我们会为自己喜欢的东西免费创作，也会不喜欢的东西即使免费也不愿多看一眼。最后凯文·凯利指出：只有40%的内容是以商业形式创造的，那些支撑人们创造其余部分的，不是责任，就是激情。一个参与的世界全面来临。我们生活已经变得越来越复杂，我们似乎永久处于分离状态。网络实时的过滤系统让我们变得更机敏，我们将必然适应。

和德国的工业4.0战略类似，《中国制造2025》行动纲领也是面向未来科技发展趋势，用信息化和工业化"两化"深度融合来引领和带动整个制造业的发展，在十大领域取得突破。这十大领域包括新一代信息技术产业、高档数控机床和机器人、航空航天装备、海洋工程装备及高技术船舶、先进轨道交通装备、节能与新能源汽车、电力装备、农机装备、新材料、生物医药及高性能医疗器械等。

案例3-1：凯文·凯利认为12个必然到来的趋势

形成：机器将会更新自己，随时间慢慢改变自己的功能。

知化：把人工智能置入普通事物之中才能带来真正的颠覆。

流动：想要在全新的领域中成功，就要掌握新出现的流动性。

屏读：屏幕无处不在，持续扩展人类的阅读量和写作量，世界上所有的书籍终将由互联的词语和理念连接起来。

使用：对事物的使用比占有变得更为重要。

共享：将从未被共享过的东西进行共享，或者以一种新的方式来共享，是事物增值最可靠的方式。未来30年最大的财富会出现在这一领域。

过滤：内容扩张得越多，就更需要过滤以便使得注意力聚焦。注意力流到哪里，金钱就跟到哪里。

重混：对已有的事物重新排列和再利用，未来30年最重要的文化产品和最有影响力的媒介将是重混现象发生最频繁的地方。

互动：未来所有的设备都需要互动，如果有什么东西不能实现互动，它就会被当作"坏掉"了。

追踪：自我追踪的范畴将涵盖人类的整个生活。

提问：答案变得廉价，而问题将变得更有价值。提问比回答更有力量。

开始：这个新物种已经开始了，当然，也仅仅是个开始。

第二节 市场竞争分析

被誉为"20世纪最伟大的CEO"的杰克·韦尔奇，在20世纪最后的20年时间里，领导GE创造了耀眼的辉煌成果：GE的市值从130亿美元上升到4100亿美元，涨幅达到31倍之多。他奉行的就是竞争思维，无论是在内部实施的10%末位淘汰，还是在市场竞争中强调的每项业务的"数一数二"策略，都是将战略竞争思维发挥到极致的体现。

杰克·韦尔奇任内，GE做了该公司历史上最大的兼并收购。在《杰克·韦尔奇自传》中，他向世人分享了这种战略的制定过程。他说战略制定只需要回答5张幻灯片提出的问题，不需要像一些理论大师说得那么复杂。他的第一张幻灯片提出的就是：今天的竞技场是什么？主要是竞争对手分析，包括：都有些什么样的竞争对手？这些企业各自占有多大的份额？每个竞争者的优势和劣势都有哪些？主要顾客有哪些？其企业文化在多大程度上是业绩导向的？第二张幻灯片提出的问题是关于行业分析的，如：各个竞争对手都有哪些可能改变市场格局的举动，这些可以改变游戏规则新产品、新技术或者新的销售渠道吗？第三张幻灯片是关于自身评价的，如：你是否失去了过去的某些竞争优势，比如一位杰出的销售经理、一种特殊产品，或者一项专有技术？第四张是关于对市场未来潜伏的变量的预测的，如：在下一年，你最担心什么，竞争对手有没有可能做出什么事情把你封杀出局？第五张是你应对变化的决策，如：你能做些什么来改变竞争格局，企业兼并、新产品还是全球化？

竞争战略成功的前提假设是：市场是稳定或线性增长的，未来可以通过过去预测。而过去20年的事实证明了彼得·德鲁克所说的："在动荡的时代里最大的危险不是变化不定，而是继续按照昨天的逻辑采取行动。"基于市场竞争分析的战略，有待和公司自身优势资源结合，采取面向未来的全新的战略思维模式。

第三节 产品战略思维

今天看韦尔奇时代关于竞争的战略思维，或多或少已有些陈旧，竞争思维是将企业的资源和精力放到对手身上，而忽视了最大化利用自身资源聚焦目标实现飞跃。竞争战略思维最大的缺陷是：真正颠覆你的对手，不会出现在你现有的名单中。颠覆马车制造商的，不是另一家马车制造商，而是福特的流水线汽车；对中国移动公司电话语音及短信业务造成重创的是腾讯微信，而不是其他电信运营商；对银行业传统业务构成巨大挑战的是线上购物平台而不是其他传统金融公司。基于过去经验而得来的市场分析和预测，在未来巨大变动面前变得越来越不可靠。**不确定性成为常态，预测未来的最好方式就是创造未来，新的战略思维模式就是集中公司重要资源打造几款改变世界的产品。为产品赋予人类的梦想和希望，正是创造未来的最佳方式**。吴晓波在《腾讯传》中感叹："在相当长的时间里，中国的互联网企业家往往阔谈趋势、战略、时代责任，却从来没有人以'产品经理'的姿态，对产品本身进行如此专注和颠覆性的阐述。"

聚焦于杰出产品，产品即战略，可以说是第五代管理范式一条重要法则。乔布斯重返濒临倒闭的苹果公司并将其带领至巅峰，很好地诠释了"产品即战略"这一思维模式。10年前当乔布斯推出第一代iPhone时，他宣称："每隔一段时间，就会出现一种革命性的产品，它将改变一切。"他追求极致的产品体验，当他在1982年搬到新家时，由于对家具过于挑剔，致使家中大多数地方都空着。这种极致产品的思维，同样反映在苹果手机和系列产品上。乔布斯认为，消费者不知道自己想要什么，直到你把产品摆在他的面前。关于苹果产品一个经常被引用的故事，是乔布斯不顾成本压力和技术人员的反对，坚持把麦金塔电脑内部的线路设计整理得整洁漂亮。他的理由是，虽然顾客看不见，但他自己能看见。他认为产品不应仅仅满足功能性需要，更需要激发人们无限可能的创造和想象力。他希望自己站在科技和人文的交汇点，尽他所能，创造伟大的发明，而不是赚钱。将此生"放回历史和人类思想的长河"中，是乔布斯思考自己、思考所创办公司、思考所开发产品的参照系。他的思想深深植入苹果公司，成为其内在基因：一部手机不应该只是添加很多功能，而应该是用起来极其简单、漂亮，妙不可言。苹果公司1997年的"非同凡想"广告语是这样的：那些疯狂到以为自己能够改变世界的人，才能真正改变世界。的确如此，乔布斯和苹果公司改变了世界，从苹果手机产生到今天短短的十几年时间里，人类和智能设备的连接，审美水平、生活艺术以及工作的丰富多彩，都得到了很大的提升。

苹果手机的案例，无论在商业还是人类科技进步史上都具有里程碑意义。它不仅是一款产品，它也改变了整个世界的产业格局，甚至通过对智能终端的重新定义改变了人类的生活和工作方式。苹果公司完美诠释了"少即是多"的理念，彻底结束了工业时代重视市场份额的简单规模扩张思维。在这个重新定义的万亿美元的产业里，中国科技公司成为重要的一支力量。这些公司的创始人将乔布斯和苹果公司奉为偶像，将简单、极致的美学思想植入到产品战略之中，将蕴含于产品中的产业互联、纵向一体化、企业联盟的生态思维，通过软硬一体化APP，统合到小小的手机屏幕上。德鲁克在21世纪初感叹信用卡公司才是最大的零售银行，短短20年后，今天手机支付已经替代了信用卡。

为什么产品战略思维今天如此重要？简要回顾企业管理在过去50年几次大的流行趋势，我们会发现，造成"产品即战略"思维的主因，正是数字化浪潮推动的结果。过去50年，组织经营管理的主题处在不断变化之中，大致分为3个阶段，第一个阶段是发生在20世纪最后20年，整个管理研究围绕着当时最为重要的"变革"主题展开。企业界也围绕着变革，从组织结构、文化、技术革新和领导力等方面进行了一系列实践和研究。90年代中期约翰·科特的《领导变革》一经刊登，立即跃居《哈佛商业评论》重印文章榜首。当时企业界最有名的变革例子是IBM在郭士纳带领下的"浴火重生"。之所以变革的主题受到普遍的重视，是因为经过战后三四十年的高速发展，《财富》500强中巨型企业已经变成身躯臃肿、官僚作风十足、行动缓慢的庞然大物。实际上，早在70年代，美国经济呈现滞涨局面，"铁锈地带"出现，那时的美国正如格林斯潘在《繁荣与衰退》中所说："70年代美国与20世纪初的英国有惊人相似之处。外国竞争对手不仅摧毁汽车、钢铁等老牌工业，而且日本和德国也在接管高科技行业。"与此同时，美国开启下一个时代的种子已经发芽。1975年微软成立，1976年苹果成立。随着里根政府的上台，一场从理念到政策的狂热复兴企业家精神的运动，从政府向整个社会蔓延。"大象"成为那一时期大公司的隐喻，低效傲慢的官僚作风严重削弱了组织的竞争力，新一轮激发活力的变革势在必行。伴随着变革，领导从传统的管理职能中分离出来，体现了变革、引领等一系列更重要的价值。约翰·科特区别了管理和领导，指出两者在三方面的根本不同：制定计划与预算VS确定方向；组织与调配人员VS号召员工；控制与解决问题VS激励员工。

第二阶段大约发生在2000年前后，全球化扩张、产业转移引发新一轮的增长。随着被誉为"20世纪最伟大的CEO"的杰克·韦尔奇的卸任，GE在他带领下20年的增长奇迹，受到企业界和管理学界的强烈追捧。20年间，韦尔奇将一个弥漫着官僚主义气息的公司，打造成一个充满朝气、富有生机的企业巨头。在他的领导下，公司盈利能力也从全美第十上升到全球第一。随着《杰克·韦尔奇自传》的出版，推动了GE内部一系列战略性变革措施如"无边界组织""6西格玛""360评估"等做法在全球企业界的普及。这一时期全球企业界和资本市场经历了世纪初第一波电子商务、互联网泡沫破灭的阵痛，新旧交织，增长动能转换，无论企业还是国家，都在寻求新的增长机会。全球化扩张和产业转移接棒，以2005年出版的《世界是平的》一书为标志，"全球化"

成为了这一时期体现组织变革的核心方式。

第三阶段的起始是以谷歌公司成立为标志，使得狂热追求"创新"成为时代的主题。信息技术的加速发展带来的加速回报定律，给那些全球领先的技术公司带来了巨大的竞争优势，使得谷歌、苹果成为世界上市值最大的公司。对比今天和10年前的全球公司市值排名榜，最大的变化就是代表新经济的公司如谷歌、苹果、亚马逊、脸谱网等强势取代了传统的能源和金融公司。技术尤其是大数据和人工智能技术成为决定性的影响因素，时至今日，这一趋势愈演愈烈。"创新"成为时代的核心概念。其实创新一直很重要，但没有哪个时代像今天这样，因为技术创新所带来的巨大"数字鸿沟"难以逾越。这就意味着，企业的效率和竞争力不再以组织规模大小和人数多少，而是以创造性技术的持续研发能力作为最重要的衡量标志。创新的体现就是产品，几个人组成的创意精英团队研发的颠覆性产品，可以给上百人、上千人甚至上万人的大公司带来致命威胁。正如谷歌前CEO在《重新定义公司》一书中所说："这种巨变的结果是，提供出类拔萃的产品是企业成功的关键，产品甚至比掌握信息、垄断渠道和强力营销更重要。"[3]亚马逊创始人杰夫·贝佐斯也表达过类似的观点，以前人们会花30%时间打造优质服务和产品，70%时间用于大张旗鼓宣传。而现在，情况正相反。支撑出类拔萃产品的，是谷歌所说的"创意精英"和提供创意的文化土壤。

实际上，不论大公司，还是两三人的初创企业，基于自身能力打造的极致产品思维，是数字化时代奉行的典型战略。之所以如此，主要原因是互联网的透明性、放大效应和指数传播，无论好坏，都将纤毫毕现，传播迅速。好的产品自己会说话。正如"微信之父"张小龙所说："微信的历史上，我们一直不强调运营，也是这个原因。系统和规则会比运营的效率高太多了。"应该这样说，乔布斯是数字化时代产品战略思维的"标志性"人物，他的激情所在是打造一家可以传世的公司，而这家公司始终将创造伟大产品排在第一位。为了打造世界上最好的产品还是为了赚钱，这两种思维有着微妙的区别，它决定了公司和个人行为的出发点。乔布斯总结过硅谷企业的模式，那些以赚钱盈利为目的的公司，后来大多会有销售或市场出身的CEO掌舵，但毫无例外都衰落了；而那些致力于打造伟大产品的公司则能传世。乔布斯说："它们进行创新，成为或接近成为某个领域的垄断者，然后产品的质量就变得不那么重要了。这些公司开始重视优秀的销售人员，因为是他们在推动销售，改写了收入数字，而不是产品的工程师和设计师。因此销售人员最后成为公司的经营者。IBM的约翰·埃克斯是聪明、善辩、非常棒的销售人员，但是对产品一无所知。同样的事情也发生在施乐。做销售的人经营公司，做产品的人就不再那么重要，其中很多人就失去了创造的激情。斯卡利加入后，苹果就发生了这样的事情，那是我的失误；鲍尔默接管微软后也是这样。苹果很幸运，能够东山再起，但我认为只要鲍尔默还在掌舵，微软就不会有什么起色。"乔布斯的预言是准确的，正是在鲍尔默下台之后，微软迎来新的 CEO 才重新焕发了活力。

以往有关战略的环境趋势、客户、竞争分析成为一种常识，产品思维不是不关注竞争对手，而是不过分地将人员宝贵的注意力和企业资源消耗在竞争对手身上。硅谷传奇投资人彼得·蒂尔，创办 Paypal 并以 15 亿美元出售后创建基金，成为 Facebook、特斯拉、领英等企业的早期投资人。他认为"失败者才去竞争，创业者应当选择独占"。他极力反对竞争，认为正是长期教育催生的"成绩排名"这种竞争机制摧毁了人们的创造力。竞争让人忽视了真正重要的事情，使人出现幻觉，徒劳去抓一些并不存在的"机会"。彼得·蒂尔说："如果你能看出竞争不能带来价值的提升，而是充满破坏力，那你就比大多数人要理智。"他给出的建议就是极致产品思维，**先以独到产品占领小市场，在自己的市场占据独特地位**。他认为，任何大的市场都是错误的选择。那些想占 1000 亿市场中 1% 份额的思路行不通，因为残酷的竞争会吞噬全部的利润。一旦企业成功创造了利基市场，就需要扩大，逐步打入相关大一些的市场，正如亚马逊从图书开始到全品类零售，京东从电器到全品类零售。彼得·蒂尔指出："企业家低估了循序渐进发展市场的意义，市场需要有纪律的逐步扩大。"独到产品的关键是独特的创新，事实上，彼得·蒂尔关于竞争的看法，和克里斯坦森的颠覆性创新非常类似，下一章我们就来重点谈谈如何创新。

第四章
创新：把想法放大 10 倍

"世界上最有创意的公司同时也是最有原则的公司，你必须对所有的基本原则有绝对控制力，然后才能真正开始创新。"

——乐高 CEO

人类的历史就是一部创新的历史，尤其从 19 世纪初工业革命以来，创新成为人类健康、财富、文明的核心动力，并呈现出愈演愈烈、加速创新的趋势。可能在 19 世纪之前，创新并不是一个大众的词汇。在中国，创新的概念被广泛提出也只是最近一二十年的事情。2015 年，中国将"创新、协调、绿色、开放、共享"确定为国家的发展理念。创新，从 20 世纪 80 年代后成为企业管理的主题。前文提及的麦肯锡顾问汤姆·彼得斯以当时最优秀的 43 家标杆企业为样本，总结出了成功企业的 8 项要素，其中一项就是"自主创新"，另外 7 项包括：崇尚行动，贴近顾客，以人助产，价值驱动，不离本行，精兵简政，宽严并济。尽管打造优秀企业从来不是纸上总结归纳那么简单，但这些简单原则还是迎合了企业领导者普遍性焦虑背后的需求，他们似乎看到了希望，认为只要这么做，就可以成功。从此之后的数十年，有关组织如何创新的研究，数不胜数，其中堪称里程碑的研究，当属哈佛大学的克莱顿·克里斯坦森的《创新者的窘境》，几乎成为每一位管理人员和企业家的必读书。每一代创新者都会被后来者颠覆，就像他们曾经颠覆过之前的行业龙头老大一样。而每一代颠覆的模式是如此相似：创新最初从行业龙头瞧不上的边缘低利润目标市场开始，然后快速以低价策略进行野蛮扩张，在行业龙头打盹或者傲慢或者看不上的短暂时间内，颠覆者迅速向上，向高利润的市场领域和客户挺进，最后占据中央，当行业龙头发觉时为时已晚。边缘者之所以最后能够胜出并赢得高价值高利润的客户，最重要的是他们采取了完全不同的价值链创造模式，也因为两者的动机完全不同：一个是拼命为了生存下去，一个是在骄傲中改善。在克里斯坦森的诸多案例中，颠覆者起初都是自下而上的初级产品，但随着技术的进步不断迭代，最后能够以较低的价格、最大化的便利性提供客户所需的核心功能，快速赢得了原有竞争格局下头部企业的主流客户。QQ 赢得 MSN，拼多多的快速崛起等都是这样的案例。克里斯坦森关于创新的研究，直接推动了英特尔低端处理器赛扬的诞生。克里斯坦森的重要贡献在于，其彰显了管理等软科学领域中理论的强大作用，仅仅因为其"颠覆性创新"的理论，就使得那些最先认识到该理论重要性的美国企业引领国际竞争数十年，若说该理论价值数万亿美元并不为过。

创新与创造力每个人身上都有，但其被限制的原因有很多，固化思维则是创新的最大障碍。马克·吐温曾经说过："我从来没有让上学这件事干扰我的教育。"如何最大化发挥组织创新能力，下面一些原则方法是任何时代都通用的，另一些则是今天这个时代探索出来的独特方法。

第一节　给予创新充足的时间

每一个创新最后的结果，都需要在时间中得到验证。市场是否会为那些伟大的发明埋单，取决于很多因素。在时间中积累，让市场去证明。在发展变化呈现快速迭代的今天，留给创新被市场所接受的时间越来越短：收音机用了 38 年达到 5000 万的听众，电视用了 13 年就达到 5000 万观众，互联网用了 4 年就达到了这个数字，而微信只用了 10 个月就达到 5000 万手机用户，在 433 天之内完成用户数从零到一亿的增长。对于组织而言，留给创新充足的时间是多少呢？我们从产品层级的创新和整个企业战略层级的创新两个方面来思考这个问题。对于产品层级的创新，整个时间大致在 6~12 个月。2009 年，被谷歌寄予厚望、堪称内部创新典范的 Wave 应用，在产品推出后，尽管团队不断努力进行产品的更新改进，但仍然未形成气候，一年之后，谷歌中止了 Wave。而对于企业战略层级的创新，则需要更长时间跨度、更多投入来验证，最后才能形成由此构成的"护城河"。在广被质疑和进展不顺的情况下，需要公司 CEO 根据市场反馈、自身资源、自己的直觉和远见进行决定，是继续进行下去还是中止。一般来说，企业战略层面的创新，需要 2～5 年甚至更长时间。亚马逊的杰夫·贝索斯，就是把握时间和创新关系的高手。

留给创新充足时间，也表现在给人员留出自我支配工作内容的时间用来实现他们的想法。在谷歌，鼓励那些有创造力的人员用工作外 20% 的时间进行"额外兴趣"的创造活动，为此号召组建新团队。Gmail 就是从这样的 20% 时间产生的产品。这多出来的 20% 时间更是一个人学习的有效方式，从而提升了整个组织的创新。谷歌前 CEO 施密特曾说："20% 最为宝贵的地方不在于由此诞生的新产品或新功能，而在于人们做新的尝试时所学到的东西。"

第二节　受资源所限的框架内创新

所有组织的资源都是有限的。当我们谈到创新时，最常听到的一句抱怨的话是：我们公司资源不够，投入不足，有各种各样的限制。事实上，正是因为资源有限，才需要创新。彼得·蒂尔认为，如果全世界都用同一种旧方法去创造财富，那么创造的就不是财富，而是灾难。他认为在资源稀缺的今天，没有科技创新的全球化之路不会长久。企业也同样如此，即使现金流和利润非常高的谷歌公司，它对于创新的范围也是有明确界定的。谷歌内部有个"721法则"：70%资源投入到核心产品，20%投入到新兴产品，只有10%是全新产品。

1990年，两位刚刚获得理科学士学位、在同一家公司上班的航空机械师忙完一天的工作，准备一起驾车回家，结果发现这辆车的一个轮胎瘪了。更换轮胎对这两位年轻人来说毫不费力，但当他们用扳手想要拧松轮胎螺母时，发现螺母生锈了，怎么使劲儿也拧不动。深夜停车场空无一人，那时也没有手机可以立即拨打救援电话，而且车子是租来的，明天就得还回去，该怎么办呢？可能有多种办法，比如搭顺风车到最近服务区寻求帮助、找一个钢管加大扳手的杠杆力量、走到外面找其他人寻求帮助，但这些方法都有一个严重缺陷，向外部寻求帮助，而忽视在汽车内部寻找破解当下难题的快速、简单且富有创造力的办法。其中一位年轻人说："我们得在车里或车子附近找到工具来拧开这该死的螺母。"另一位年轻人迅速望向静静躺在后备厢里的千斤顶，千斤顶给扳手加力是小菜一碟，两人轻松用千斤顶拧开螺母，顺利更换了轮胎。这件小事改变了两个年轻人此后的人生轨迹，他们意识到，创新不是毫无章法可寻，事物内部就蕴涵着创造性解决问题的办法，创新是在框架内创新，拧开汽车轮胎生锈螺母的创新框架就是汽车，从此两人辞去航空机械师的工作，将余生投入到"框架内的创新"研究之中。其中一位年轻人罗尼·霍洛威茨搜集了人们在解决工程问题时的一些创意，他发现，这些创意都满足两个条件：一是它们都与早先接触的一些基本理念相冲突；二是所有创意都处在问题周边一个有限的区域内。

第三节　从流行的边缘开始

这正是颠覆性创新的密码。克里斯坦森研究那些最后挑战成功的案例发现，这些企业最初都是在无人关注的低端市场进行创新，在获得了一定的技术人才和资金积累后，会悄无声息向利润丰厚的顶端移动。对于原来市场中的龙头企业来讲，曾经给企业带来巨大成功的因素，会慢慢形成组织的路径依赖，并形成舒适的心理区间，而随着时间发展，这些曾经的成功因素就会成为企业进一步发展的致命障碍。维持目前的优势所产生的创新，会以线性方式增长；而那些来自边缘、最初并不起眼的创新，则会颠覆行业领头羊。边缘创新都是从底部不起眼的市场和客户开始的。QQ当初在城乡接合部青年中流行，为城市白领所不屑，那时高级写字楼里的白领用的是MSN，而之后发生的故事，则堪称中国商业史上的逆转奇迹，甚至不起眼的换皮肤这样的小创新，也给QQ带来巨大的利润。今天位于中国企业顶端以创新著称的公司如华为、阿里、腾讯，都在过去20年里演绎了一场从底部无人看好的边缘市场进入核心主流市场的大反转。当然，不是所有组织的创新都能走到这一步，这需要环境、运气、耐力和领导力等各种因素配合。但"从边缘开始创新"这个创新原则，对任何一个组织都适用。在市场规模高达千亿美元的咨询市场，金字塔尖的麦肯锡、埃森哲、波士顿咨询集团等，也正面临着数字化时代来自边缘市场的挑战。未来通过钉钉、企业微信等数字化平台服务进行咨询部署，帮助各类中小企业完成数字化转型，将是颠覆创新咨询行业的一条重要路径。自下而上的初级创新产品都有一个临界点，对于咨询行业来说，这个临界点就是大型公司开始使用这些数字平台进行小前端快速布置的时候。

行业领头羊如何应对这种来自边缘的颠覆性创新呢？自我革命很难，克里斯坦森给出的解决方案是：分离出单独的业务和团队，开展低端的、具有持续增长的破坏性创新业务。

第四节 宽容努力后的失败

正如托马斯·爱迪生所言："我没有失败，我只是发现了一万种不成功的方法。"人们从失败中学到的要远远大于从成功中学到的。创新更是如此，几乎所有创新都伴随着无数次失败，这个时候组织一定要倡导一种"对失败宽容"的文化和机制。谷歌的做法是，对"精心筹划却遭受失败"的创新项目同样给予奖励。在传统组织文化中，人们倾向于保持谨小慎微而不犯错，这样的后果就使得整个组织失去了冒险和创新精神。传统的教育体制就说明了这个问题。世界最大对冲基金桥水公司创始人瑞·达里欧曾经说过他对传统教育的看法："学校里学习最好的学生往往可能是那些最不善于从错误中学习的人，因为他们已经习惯了把做错题当成失败的代名词，而不是把犯错看成学习机会。这反倒成为他们进步的主要障碍。"在桥水公司,达里欧创造了这种"允许犯错,但不容忍罔顾教训、一错再错"的文化。他通过建立公司范围的"问题日志",追根溯源,系统解决问题并在全公司共享,避免了更多的失败。员工感受到这种文化,能够明白"这事你处理得很糟"这类话对人是一种帮助而非指责。

失败后接受建设性批评同样重要,如果没有这一环节,那么对失败的包容就是一场毫无价值的灾难。以创新著称的皮克斯工作室,就是用每天早上的晨会时间对前一天的成果进行争论和建设性批评。加州大学伯克利分校心理学家查兰·奈米斯曾做过一项违背直觉的研究,就创新领域而言,鼓励和赞扬并不能激励更多的有价值的创新。在一项对比实验中,给予自由发挥的头脑风暴小组比没有指令的小组多想出了2个好主意,而鼓励争论的小组多想出了7个以上的好主意。奈米斯的研究结果证实:争论和批评不但不会妨碍新想法的产生,反而会激发人们想出更多好主意,但这种批评一定是建设性批评,而不是指责,不是针对个人从而造成糟糕气氛的批评。**判断一个批评是否是建设性批评,就看能否在建议或者争论中加入不一样的新东西、新观点。**

第五节 建立不同组合的多样性团队

组织创造力的发挥,既不是来自个人的单打独斗,也不是来自一个公司的集体行动,它是以小型团队,或者不同团队组合完成的创新。在各种组织中,倡导建立合适的团队进行创新非常重要。优秀的创新团队,应该具有以下几个特点:一是团队多样性。这一点避免了在单一领域群体性专家思维的盲点,目前在平台型企业流行的小前端就是这样的团队,这样的团队通常包含市场、客户、技术甚至人资和财务,确保了从各个领域不同角度看待产品创新,共同创造。MIT媒体实验室总结了数字化时代创新的九大原则,其中一条就是多样性优于能力。美国礼来制药公司发布过一系列的难题,解决难题者可获得1万~4万美元的奖金,结果85%的难题得到解决,而解决最多的一个人不是制药方面的专家,他只是一名中断了物理学博士学业的加拿大杂务工。有一项研究指出,成功的解决方案和"领域差距"正相关。通俗地说,对于一些久攻不克的专业难题,越是外行,越能解决。所以在某一行业内,"能力很重要,但其边际效益递减。"一个组织或者个人,则要把差异性或多样性当成一种才能。优秀创新团队的第二个多样性表现为生人和熟人的混合。一个研究"百老汇"的数据显示,20世纪20年代,上演的歌剧87%都惨淡收场,远高于历史平均水平。重要的问题在于,这些才华横溢的艺术家只和自己相熟的人合作。

最佳的百老汇团队都具有混合关系,有熟人也有新人。研究者指出:"人们具有跟朋友一起共事的倾向,因为跟朋友在一起工作会让人觉得舒服。但是,这样做恰恰是错误的。如果你想做一件不同寻常的事情,就需要找一些新人。"[1]

有关创意团队多样性的第三点是,最好让他们办公空间上在一起,这样他们有更多的见面交流,从而碰撞出火花。把合适的人聚拢在一起,创新自然产生。苹果公司总部设计成低层的圆形,一个重要原因就是出于这样的考虑:人们可以更快地找到自己想找的人。城市创新能力强,正是因为它在有限的空间里,大大增加了人员密度,人们每天交流、碰撞的频率加大,从而形成了大量的创新想法和机会。

第六节 通过制定大胆目标逼迫创新

如果保持目前的安逸舒适状态,大多时候组织是不愿创新的。制定非线性的而且是倍数的目标,能够激发组织的创新。世界上优秀的组织都拒绝平庸,"一个70%概率可以实现的远大梦想,要远远好过100%完成的平庸目标。"如果每个季度都能够100%实现目标,不会证明你的绩效多么好,恰恰相反,这说明你制定的目标有问题。和传统的绩效概念相反,一些以创新著称的公司如谷歌,摒弃了线性思考的模式,他们相信在互联网时代指数效应的力量。事实也证明,传统企业以每年增长20%的线性绩效为目标,未能阻止企业的迅速衰落。当年诺基亚、摩托罗拉在他们自己的线性轨道上并没有犯下致命错误,但却失去了对未来的想象;苹果手机对整个传统手机行业的颠覆,也几乎是在一夜之间发生。如同德鲁克所说:"在动荡的时代里最大的危险不是变化不定,而是继续按照昨天的逻辑采取行动。"摩托罗拉手机按照传统的市场调研,根据不同客户群体开发几十款不同的手机,他们花费所有精力打造的产品,都是在客户的预期范围内,谈不上惊喜,只有"还行"这样的平庸评价。这种符合客户预期思维的产品,是线性思维的延伸,但实际上,真正划时代的伟大产品,是不会出现在客户脑海里的,更不会出现在你的市场调查里,直到有一天你将其呈现在客户面前。"想象"是创新的一个关键词。谷歌创始人拉里·佩奇有句话常挂嘴边:"把想法放大10倍。"这样才会产生有不同寻常的创新。配合"把想法放大10倍"的工具就是OKR在企业中的应用,这样非线性的思考方式可以追溯到20世纪八九十年代英特尔时任CEO安迪·格鲁夫。他在信息产业高速发展的时代,写过一本影响很大的书——《只有偏执狂才能生存》。书中谈到当时面临10倍速变化,"新旧经营方式之间的危险转变,就好比一次死亡之谷的探险。你不能等到知道答案后再行动：时间就是一切。"所以，"把你的想法放大 10 倍"，应该是保护企业最好的方式。

上面我们谈了 6 点有关组织创新的原则，没有谈及具体方法，一些具体的创新方法，我会在本书后半部分有关个人领导力的篇幅中阐述。事实上，对于创新而言，它是一些成功组织如 3M、苹果公司和谷歌等的基因，这种基因深深根植在这些组织的文化之中。

第五章
时代的组织文化：成长与赋能

> "对我来说，文化不是一成不变的，而是一种动态的学习型文化。事实上，我们可以用成长性思维来描述我们的新文化，任何持有这种态度和这种思维的人，都能摆脱束缚，战胜挑战，进而推动我们各自的成长，并由此推动公司的成长。"
>
> ——微软 CEO 萨蒂亚·纳德拉

人类社会在文字产生之前就已经有了最原始的、以宗教祭祀为主要活动的文化。而文字的出现，其作为某一种族最主要的文化载体和传播工具，使得文化在一个族群内迅速传播和传承。世界上每个民族在漫长的文明演变中，逐渐形成特有的个性鲜明的文化特征。虽然全球化的浪潮改变了很多文化形态，但是各个文化的基本价值观却从未改变。西方犹太-基督教、中东伊斯兰教和东亚儒家思想使得各自影响的文化区形成了独特的价值体系，它们影响着社会生活的各个领域，也影响着其中的个人和各类组织。所有的企业文化都带着属地国家民族文化和社会制度的鲜明烙印，例如美国企业文化普遍具有如下的特点：强调个人主义，注重绩效及个人能力的发挥，更多重视个人责任和权利，实施制度化而非关系导向的管理，强调重视顾客、一切为了顾客的观念。研究企业文化的殿堂级人物——埃德加·沙因教授，通过比较一个美国公司和一个德国公司的企业文化，让我们看到了背后的国家文化差异，"很显然，两家公司在公司运营和赖以生存的技术中都反映了国家的宏观文化。DEC 是一家由富有创意的电子工程师组成的美国公司，这些工程师开发了全新的技术；汽巴-嘉吉是主要由受过高等教育的化学工程师组成的瑞士-德国公司，这些化学工程师既采用非常旧的染色技术，又掌握着很新的生化制药技术。他们多次向我指出，电路和化学过程对产品开发的研究方法和时间表有着截然不同的要求。上述两个案例给我的一个重要启示是，如果没有了解核心技术、组织成员的职业以及组织所处的宏观环境，就无法真正理解其文化。"[1] 这段话清楚表明，除了受到国家的宏观文化影响，企业文化还受到职业和技术所在行业的影响。

尽管 DEC 和汽巴-嘉吉都是工程师文化，但是行业截然不同也会造成不同的企业文化。这给我们的启示就是，今天引领技术前沿、占据媒体焦点的那些"头部互联网大数据企业文化"，是否适合一个传统汽车制造企业、一个电网企业或者一个业务非常庞杂的巨型复合企业？有的行业比如人工智能更多以强调实现个人梦想和贡献价值观来吸引一流人才，而有的行业比如餐饮业更多以服务一流和人的尊严为基本价值观。企业文化无形而又威力极大，建设良好的企业文化，一直都是企业领导者的梦想。那么如何才能深度培育适合自己企业的文化呢？我们下面一一展开。

第一节 文化阶梯模型

理查德·巴雷特是研究企业文化和意识层次的专家，他的研究将个人需求和企业意识层次整合在一起。通过他的模型，我们知道企业文化有层次高低之分，其特点如表 5-1 所示。

表 5-1 巴雷特员工及企业意识层次模型 [2]

人的需求	动机	员工意识层次	企业意识的层次	积极价值观	限制性价值观	焦点/特点
精神	9.服务社会	服务社会	服务社会	社会责任、下一代、仁慈同情心	公共利益	服务全人类：重视伦理、正义、人权和平以及后世子孙及环境，注重可持续发展
精神	8.变革现实	变革现实	变革现实	提供指导、志愿工作、环境意识	公共利益	外部的连接和维系：战略联盟、成为受尊重以及良好的社会世界公民，关注员工的全面发展
精神	7.人生意义	人生意义	和谐意识	信任、承诺、诚实、廉正、热情	公共利益	内在的连接和维系。员工的主动性被自我的价值和快乐调动。鼓励员工通过工作找到意义，和企业愿景、使命相结合，支持员工在职业生涯和个人成长尽其所能
心理（学习、变革）	6.个人成长	转换升华	转换升华	适应性、持续学习、责任感		一座桥梁：自觉和更新。变革的发生自然而然或者威胁产生。平衡计分卡。从控制到信任，从剥削到持股，从恐惧到遵从真理，认识到愿景、价值和使命能够培育企业强大核心形象和凝聚力
心理（学习、变革）	5.个人成就	转换升华	转换升华	适应性、持续学习、责任感		

续表

人的需求	动机	员工意识层次	企业意识的层次	积极价值观	限制性价值观	焦点/特点
情感	4. 自我尊严	自我尊严	自我尊严	效率、生产力、职业成长	官僚作风、傲慢、面具、信息阻隔	官僚机构：追求更大规模和实力 科学管理：质量效益、培训、金字塔权力结构
情感	3. 人际关系	人际关系	各方关系	公开交流、客户满意、冲突解决	指责、敌对、操纵	浓厚的传统色彩，重视企业形象，缺乏灵活性和创新精神
物质	2. 健康 / 1. 安全	求得生存	求得生存	财务稳定、利润、员工健康	控制、混乱	企业需要保持良好的财务状况，如果持续不盈利或现金流枯竭，企业将会面临随时消亡的危险

（"限制性价值观"一列中"个人利益"贯穿各行）

巴雷特根据多年实践和总结，提出如下的洞见：

- 任何动机都是基于自身利益。
- 谋求公共利益的主体是另一个自我。这个自我超越了自私自利，有着更广泛的认同感，能够认同家庭、社群、所工作企业、社会以及全人类。这个自我认识到，它是联系人类与其生存系统的复杂网络的一部分。
- 人类对于竞争的两类反应：消灭或者同化。而通过学习提高创新力和创造力则避免这两类陷阱，并获得一定优势。
- 持续的学习成长是转换的桥梁。在此之前的5个需求是满足个人安全、健康、人际关系、自我尊严和个人成就。这些需求都是外部需求，即通过外部需求来感受自我的存在，比如拥有的财富、所认识的人、聪明程度、受到别人羡慕和尊重等。而个人成长及之后人生意义、变革现实和服务社会等需求，则是发自内心的喜悦，通过内在自我实现。
- 个人成长是一个逐渐自我觉醒的心路历程，从小我到大我，从个体到社会，从恐惧心态到富足心态，我们一点点摒弃恐惧，最终实现力所能及的目标，向大我转换。

对于一个企业来讲，并不是越往上的意识层次就越好，而是应该做到如表5-1中列举的7个方面全意识层次的平衡。全方位意识是企业实现长期成功的必然途径。巴雷特总结道："仅仅关注如何满足较低层次需求的企业往往成不了市场领导者。在这些企业中，员工几乎没有工作热情，创造性和创新精神也得不到培养。恐惧成了他们的主调，而员工也难以健康地在此工作，他们常常觉得沮丧并且抱怨压力太大。"同样仅仅关注较高层次意识的企业，也有大的问题。这类企业给人以不踏实、好高骛远的印象，更多像一个慈善公益组织而不是一个真正参与市场竞争的企业。巴雷特指出这类企业在财务上往往缺乏效率、脱离实际，缺乏以客户为导向的理念，内部也没有健全的服务于客户和创造高成长的流程和制度。

企业在打造这种全面的意识层次价值观体系时，中间的转换意识非常重要，这是组织变革的开始，也是一个瓶颈和分水岭。巴雷特指出这一意识层次价值观的重要性："转化升华，将那些满是恐惧的、僵硬的、独裁的等级制度升华为更加开放的、具备包容性和适应性的治理体系，从而使员工在对工作负责任的同时能够享有较多的自由和责任感。"

第二节　文化把战略当早餐一样吃掉

自从企业文化这一较为抽象的概念被提出以后，研究者发现它对于企业长期的经营业绩有着重大作用，正如一个国家的文化对国家的发展有着重大作用一样。20世纪80年代初，美国哈佛大学教授泰伦斯·迪尔和麦肯锡咨询公司顾问艾伦·肯尼迪在长期的企业管理研究中积累了丰富的资料，他们用丰富的例证指出，杰出而成功的企业都有着强有力的企业文化，并有各种方式来宣传、强化这些具有价值导向的仪式和习俗。正是企业文化这一非技术、非经济的软性因素，很大程度上决定了企业的许多方面，大到企业决策、企业中的人事任免，小至员工们的行为举止、衣着爱好、生活习惯。在约翰·科特和詹姆斯·赫斯克特合著的《企业文化与经营业绩》一书中，对比了1977—1988年间企业文化重视程度、经营业绩与同期市场平均回报之间的关系，显示同期市场平均回报因企业文化在组织中发挥的作用不同而差异巨大。重视企业文化发挥作用的公司，其总收入平均增长率为682%，而不重视的仅为166%；股票价格增长率方面，重视的增长9倍，而不重视的只有74%；公司净收入增长率方面，重视的增长了7.5倍，而不重视的仅为1%，甚至没有增长。

企业文化的这一巨大作用，并没有因为进入新世纪、因为数字化创意时代的到来而减弱，相反愈发重要。2004年，谷歌上市，两位创始人坚持把他们创办谷歌的价值观写进招股说明书中，尽管美国证券交易委员会认为这些属于个性化的非财务内容，不应纳入，但是谷歌据理力争，坚持放进去，不惜惹恼相关律师和银行家以及引发市场的担忧。时至今日，当年写进招股说明书的"着眼于长远、为用户服务、不作恶、让世界更美好"等,依旧是谷歌的文化核心。[3]

《华为基本法》更成为中国管理者熟知的企业文化经典案例。2000年我在北京一家服务电信行业的信息系统公司工作,企业战略部门相关人员把《华为基本法》作为密件呈送给总裁办学习。《华为基本法》是华为文化的一次大梳理,正逢华为处在高速增长的混乱时期,销售额从1995年的14亿元快速增长到1999年的120亿元。在此期间,创始人任正非意识到高速增长背后的巨大危险。历史给了华为机会,也给了它前所未有的困难,这困难就是任正非所说的:"到1997年后,公司内部的思想混乱,主义林立,各路诸侯都显示出他们的实力,公司何处去,不得要领。"《华为基本法》的制定历时3年,共1.6万字,包括华为的核心价值观和一般的管理政策,规定了华为的基本组织目标和管理原则,是华为所有制度的起源。《华为基本法》制定出来之后,不折不扣地执行才是企业文化的关键。任正非说:"高、中级干部十分明白,学不好基本法,就没有做干部的资格;不会在工作中应用基本法潜移默化的导向,工作就会偏离目标;没有华为企业文化、不能认同我们价值评价体系的员工,就不可能在华为工作,就不能被广大员工认同。"

企业文化的力量在不确定的时代越来越重要。今天外部环境快速变化,面对模糊性和不确定性,各级人员需要尽快独立作出决策、实施有效行动。如果决策需要大量时间充分地讨论调研,以充分的数据和事实作为依据,这在很多情况下既不可能,也不可靠。这时指导决策的就是基于愿景、使命、价值观和管理原则的企业文化,就像德鲁克所说的那样:"文化可以把战略当早餐一样吃掉。"

第三节 从华为和阿里看企业文化的构成

埃德加·沙因基于人类学的研究,对企业文化给出了精确的定义:"**一个群体在解决外部适应性和内部整合问题时,习得的一种共享的基本假设模式,它在解决此类问题时被证明有效,因此对于组织新成员来说,这种假设模式是一种正确的感知、思考和感受的方式。**"[4] 简单来讲,企业文化是组织内部有效应对外部世界形成的一套模式。企业文化包含显性可见的行为、事件以及表面之下的潜意识力量,后者正是文化的持久性、稳定性和巨大影响力的原因所在。所以沙因认为任何一个组织文化都包括3个层次:人工塑造的可见可感知的成分,信奉的信念和价值观成分,以及无意识潜在的基本假设。在改变或重新塑造企业文化时，最难以觉察和改变的就是第三个层次。所以后来学习型组织创建者彼得·圣吉引入了"心智模式"这个概念，组织可以通过"双环学习"有意识打破这种看不见的假设。

"任何一个文化最核心的要素之一就是组织成员共享关于他们的身份、最终使命以及功能的假设。"沙因的概念里，组织应该从核心使命开始，延伸出愿景、战略、目标和具体的实现目标的方式，这些方式包括组织形式、薪酬体系、工作机制等。和沙因的阐述类似，德鲁克曾经一针见血地指出，一个组织的存在首先是外部性成果，如果没有这一点，组织就没有存在的意义。"使命往往是宽广的，甚至是永恒的，但它却能够指引我们作出正确的选择，确保组织中的每个人都能自问：'我在做的事情有利于实现整个组织的目标吗？'"德鲁克认为有效的使命通常是简短而明确的，使命"可以印在 T 恤上"。我们看看下面几个例子。

阿里巴巴使命：让天下没有难做的生意。

腾讯的使命：用户为本，科技向善。

华为的使命：构建万物互联的智能世界。

国家电网的使命：构建能源互联网、保障国家能源安全、服务人民美好生活。

我们曾在"使命与战略"章节介绍过企业使命，它超越了物质层面，赋予了一个组织向善的灵魂，连同愿景一起，给企业带来激动人心的感召力量。企业愿景描述的就是面向未来的美好画面，是一个组织想要创造的未来图像，指向我们要去的地方以及到达之后我们的样子。"愿景"的英文"vision"的拉丁文源词的意思就是"看见"，只有"看见"愿景，越清晰、翔实、栩栩如生就越能发挥作用。所以企业愿景最好的呈现方式，就是有关未来的一副画面或视频场景。华为在自己的官网上用 3 分钟令人震撼的视觉画面，呈现了他们心中的愿景：**通过建立无处不在的连接，无所不及的智能以及个性化体验，不让任何一个人在数字世界中掉队。**

企业的价值观则表达了组织内部深层的假设，它表明了组织将通过遵守一些广泛的信条，达成组织的使命和愿景。价值观不应理解为抽象的概念，正如"爱是一种行为"一样，企业价值观是所有成员一系列应该遵循的典型行动的高度概括，是组织迈向愿景的行动指南。阿里巴巴的价值观被形象称为"六脉神剑"，它的新价值观为实现新的使命和愿景提供了指向，新价值观对于阿里巴巴在经营业务、招揽人才、考核员工以及决定员工报酬方面发挥着重要作用。

案例 5-1：阿里巴巴新"六脉神剑"[5]

- 客户第一，员工第二，股东第三

这就是我们的选择，是我们的优先级。只有持续为客户创造价值，员工才能成长，股东才能获得长远利益。

- 因为信任，所以简单

世界上最宝贵的是信任，最脆弱的也是信任。阿里巴巴成长的历史是建立信任、珍惜信任的历史。你复杂，世界便复杂；你简单，世界也简单。阿里人真实不装，互相信任，没那么多顾虑猜忌，问题就简单了，事情也因此高效。

- 唯一不变的是变化

无论你变不变化，世界在变，客户在变，竞争环境在变。我们要心怀敬畏和谦卑，避免"看不见、看不起、看不懂、追不上"。改变自己，创造变化，都是最好的变化。拥抱变化是我们最独特的DNA。

- 今天最好的表现是明天最低的要求

在阿里最困难的时候，正是这样的精神，帮助我们渡过难关，活了下来。逆境时，我们懂得自我激励；顺境时，我们敢于设定具有超越性的目标。面向未来，不进则退，我们仍要敢想敢拼，自我挑战，自我超越。

- 此时此刻，非我莫属

这是阿里第一个招聘广告，也是阿里第一句土话，是阿里人对使命的相信和"舍我其谁"的担当。

- 认真生活，快乐工作

工作只是一阵子，生活才是一辈子。工作属于你，而你属于生活，属于家人。像享受生活一样快乐工作，像对待工作一样认真地生活。只有认真对待生活，生活才会公平地对待你。我们每个人都有自己的工作和生活态度，我们尊重每个阿里人的选择。这条价值观的考核，留给生活本身。

总体而言，构成企业文化最重要的3个元素——使命、愿景和价值观，是每一个健康企业获得持久发展的必备要素。正如彼得·圣吉所说，使命代表了"组织存在的根本理由"，愿景表达了"组织未来的图像"，而价值观则表达了"组织如何到达目的地"。除了上面3个必备要素之外，当代很多企业制定了更为细化的行为准则，比如领导力准则、员工行为准则等，这些行为规范，从正反两面，为组织正在进行的变革或预防出现的危机，提供了切实的行动细节，具有及时性和针对性特点。2017年华为颁布的"干部八条"和"21条军规"，用任正非的话说,就是要使华为的流程管理更加简洁、及时、准确。

》案例 5-2:华为"21 条军规"

1. 商业模式永远在变,唯一不变的是以真心换真金。
2. 如果你的声音没人重视,那是因为你离客户不够近。
3. 只要作战需要,造炮弹的也可以成为一个好炮手。
4. 永远不要低估比你努力的人,因为你很快就需要追赶他(她)了。
5. 胶片文化让你浮在半空,深入现场才是脚踏实地。
6. 那个反对你的声音可能说出了成败的关键。
7. 如果你觉得主管错了,请告诉他(她)。
8. 讨好领导的最好方式,就是把工作做好。
9. 逢迎上级 1 小时,不如服务客户 1 分钟。
10. 如果你想跟人站队,请站在客户那队。
11. 忙着站队的结果只能是掉队。
12. 不要因为小圈子,而失去了大家庭!
13. 简单粗暴就像一堵无形的墙把你和他人隔开,你永远看不到墙那边的真实情况。
14. 大喊大叫的人只适合当啦啦队,真正有本事的人都在场上呢。
15. 最简单的是讲真话,最难的也是。
16. 你越试图掩盖问题,就越暴露你是问题。
17. 造假比诚实更辛苦,你永远需要用新的造假来掩盖上一个造假。
18. 公司机密跟你的灵魂永远是打包出卖的。
19. 从事第二职业的,请加倍努力,因为它将很快成为你唯一的职业。
20. 在大数据时代,任何以权谋私、贪污腐败都会留下痕迹。
21. 所有想要一夜暴富的人,最终都一贫如洗。

华为"21 条军规"会随着企业发展和时代变化而变化,它所彰显的是某个时期企业全体成员需要践行的具体行为和注意事项,以明确的组织纪律形式颁布,从而保证了组织的高效执行。

使命、愿景、价值观、各种组织管理原则以及一些行为准则,就构成了一个完整的企业文化描述层面的结构。《华为基本法》就是这样的结构,它包括:宗旨、经营政策、组织政策、人力资源、控制和修订法等 1.6 万余字,其中宗旨就包括了使命、愿景、价值观和目标，而经营政策包括了经营重心、研发、市场营销和生产方式等。然而随着互联网文化的冲击，那种在方方面面约定原则的刚性文化也在快速转变甚至被抛弃。总体而言，企业文化的构成要素从重转轻，在使命、愿景和价值观核心稳定的基础上，文化的弹性、包容性和敏捷性也越来越强。把微软从前任 CEO 强硬风格的文化改造过来，并带领微软重回数字时代巅峰的微软新 CEO 萨蒂亚·纳德拉说："我们用一页纸定义了我们的使命、价值观、愿景和文化；这对一家喜欢超长版本 PPT 演示文档的公司来说，是一个不小的成就，但也是相对容易的部分，难的是不歪曲它，忠实遵守它。"简而言之，简洁而得到遵守的文化远胜冗长而无人在意的文化。"一致性胜过完美。"企业文化赋予了组织一个并不存在的人格化形象，从而增强了员工归属感，提高了企业的透明度。使命决定了"我是谁"，告诉你为什么要承担某项工作——而不是如何去完成它；愿景决定了"我要成为谁"；价值观决定了"我如何实现"。我们以阿里巴巴新的企业文化为例，看一下这种完整的一流企业文化的结构和内容。

》案例 5-3：阿里巴巴使命和愿景

阿里巴巴集团的使命是让天下没有难做的生意。

我们旨在赋能企业，帮助其变革营销、销售和经营的方式，提升其效率。我们为商家、品牌及其他企业提供技术基础设施以及营销平台，帮助其借助新技术的力量与用户和客户进行互动，并更高效地进行经营。

我们的业务包括核心商业、云计算、数字媒体及娱乐以及创新业务。除此之外，我们的非并表关联方蚂蚁金服为我们平台上的消费者和商家提供支付和金融服务。围绕着我们的平台与业务，一个涵盖了消费者、商家、品牌、零售商、第三方服务提供商、战略合作伙伴及其他企业的数字经济体已经建立起来。

我们的愿景

我们旨在构建未来的商业基础设施。我们的愿景是让客户相会、工作和生活在阿里巴巴。我们不追求大，不追求强；我们追求成为一家活102年的好公司。

相会在阿里巴巴：

我们赋能数以亿计的用户之间、消费者与商家之间、各企业之间的日常商业和社交互动。

工作在阿里巴巴：

我们向客户提供商业基础设施和新技术，让他们建立业务、创造价值，并与我们数字经济体的参与者共享收益。

生活在阿里巴巴：

我们致力于拓展产品和服务范畴，让阿里巴巴成为我们客户日常生活的重要部分。

随着我们的业务不断扩展，从商业拓展至云计算、数字媒体及娱乐等众多其他领域，阿里巴巴已进化为一个独特的、充满活力与创新的数字经济体。我们已设立了五年目标，到2024财年底，我们的中国消费者业务将服务超过10亿的年度活跃消费者，并实现超过人民币10万亿元的年度消费额。我们相信五年目标使我们能更接近实现2036年的愿景：服务全世界20亿位消费者，帮助1000万家中小企业盈利以及创造1亿个就业机会。

102年：

阿里巴巴集团创立于1999年，持续发展最少102年就意味着我们将跨越3个世纪，取得少有企业能实现的成就。我们的文化、商业模式和系统的建立都要经得起时间考验，让我们得以长期可持续发展。

第四节　不断更新的企业文化新范式

企业文化这个概念在20世纪80年代提出以后，随着社会和技术的变迁，不仅没有隐退，反而越发成为一个优秀组织最重要的因素之一。吉姆·柯林斯研究得出这样的结论：卓越的企业都拥有"训练有素"的文化。"训练有素"的文化就是创业精神与纪律性的良好结合，赋予员工在制度框架下自由行使权利和履行责任的机会。随着科技创新成为企业发展的决定性力量，多中心的组织形态兴起，强调内部创业、内部孵化的文化愈演愈烈，其文化的基本特征就是信任、公平、更高挑战和更多的自由度。

企业文化是否有时代性，是否有符合时代要求、反映时代特征的新范式呢？这里可以借鉴语言学里的"共时性"和"历时性"概念，企业文化同样有其"共时性"和"历时性"，有从创立之初就具有的共性，也有随着时代变迁所必须具备的时代性。最早把企业文化作为核心竞争力的IBM就是如此。创始人老沃森提倡"尊重个人、给予客户最好的服务以及追求优异工作表现"，看似完美无缺，但是正如郭士纳所言："这些信仰被放在1962年，沃森刚刚引进这些信仰的时候的世界，和它被放在1993年的世界之间，其所代表的意义就完全不同了，至少它们所被运用的方式发生变化了。"企业文化随着时代变迁的变与不变，通过对比一两家一流企业的前后变化，就能看得清楚明白。阿里巴巴在 2004 年的价值观为：客户第一、团队合作、拥抱变化、诚信、激情、敬业，而最新的价值观则体现了极富特色的互联网语言，比如"此时此刻，非我莫属"，而没有直接表示成"担当"；比如新价值观中的"认真生活，快乐工作"则是过去所没有的，体现了追求工作与生活之间的无缝衔接及其中共通的快乐情绪。总体而言，对比新旧文化，我们发现更多强调体验性而非描述性的词汇，这种改变，也更能获得员工的认同。企业文化是非常稳定的存在，也是企业领导人变革时的难点和重点。IBM 能够浴火重生，其中将企业文化从原来的"尊重个人、追求卓越、服务客户"成功转向"以客户为导向的获胜、团队和执行"是关键。

在数据智能、知识民主化、创意精英阶层崛起的时代，企业想要获得这样的精英人才，就必须将传统文化进行调整，融合创意阶层人群的共性需求和公司新使命重塑企业文化。下面我总结了 7 点这个时代的文化特征，这 7 个特征有传统的也有新的。

1. 以客户为导向

只要市场这只"看不见的手"还起决定性作用，那么"以客户为导向"就永远应该被各类组织奉为金科玉律。不计其数的成功和失败案例都在表明，这条金科玉律应该排在企业文化的第一位，这几乎是今天所有优秀企业的首要价值观。"以客户为中心"这一理念之所以历久弥新，是因为它从本质上定义了组织的存在。正如德鲁克所说，企业唯一存在的理由就是"创造客户"。永远不要在你客户面前傲慢。100 年前，亨利·福特一句广为引用的名言，可以为这条企业文化准则作最好的注脚，他说："成功的秘诀，在于把自己的脚放入他人的鞋子里，进而用他人的角度来考虑事物。服务就是这样的精神，站在客人的立场去看整个世界。"时隔 70 年之后，又一场有关"客户导向"的商业大戏上演。1992 年，以"IBM 就是服务"广告著称的蓝色巨人，创下美国企业亏损之最，年度亏损近 50 亿美元，甚至当时有媒体认为 IBM "一只脚已踏进了坟墓"。郭士纳被董事会选出来，肩负拯救 IBM 重任。他第一次召集高管开会，大家谈论了很多大的前景和问题，争论了各部门之间的利益和配合问题，也谈到了 IBM 技术先进性，但郭士纳注意到，没有一个人谈到客户。其时，客户对 IBM 抱怨颇多：价格高、反应慢、对接部门繁多。这使得郭士纳认为，IBM 当下不是需要多么宏大的愿景，而是所有人必须立即展开聚焦于客户的行动，"IBM 的每件工作都将从聆听客户、提供符合客户期望的交付成果开始。"

郭士纳开始向IBM固化而官僚的文化宣战。然而，要改变数十万员工的思想态度和行为模式，"这是一件非常、非常难以完成的任务。"郭士纳说："尽管这是一个极其艰巨的任务，但鉴于其至关重要性，我们还是必须吞下这杯难饮的苦酒，承担这场文化改革的任务。"针对当时IBM企业文化中的突出问题，郭士纳提出了IBM新的价值方向，这就是：获胜、团队、执行，核心是以客户为导向。

郭士纳拯救IBM的经典商业案例成为复盘最多的商业案例之一，就企业文化而言，即使那些依靠企业文化的力量取得巨大成功、始终把"客户第一"奉为公司核心准则的企业，也会在长期的企业发展中，被过去数十年取得的辉煌成绩所蒙蔽，陷入傲慢和无休止的争论中，从而迷失方向，丧失了快速行动的能力。

2. 赋能

一个有关IBM创始人汤姆·沃森的故事，很能说明何谓"赋能"。沃森特别关注员工和管理人员的发展。有一次，一位年轻管理人员因为决策失误造成公司数百万美元损失。沃森在办公室见了他。这位年轻人说："我猜因为这样的错误，你想要解雇我了吧？"沃森回应道："完全没有，年轻人，我们只不过是花了几百万美元来培养你。"

赋能，是今天最具时代特色的企业文化象征。阿里巴巴参谋长曾鸣在总结未来组织演变时指出："尽管未来还很难看清楚，但组织最重要的功能已经越来越清楚，那就是赋能，而不再是管理或激励。在创意革命时代，创意者最主要的驱动力是创造带来的成就感和社会价值，自激励是他们的特征。这个时候他们最需要的不是激励，而是赋能，也就是提供他们能更高效创造的环境和工具。"曾鸣从谷歌的发展案例中，总结出"赋能"应遵循3个原则：一是赋能需要激起创意、人的兴趣和动力，给予挑战，而激励偏向利益分享；二是赋能比激励更依赖文化；三是激励聚焦个人，而赋能特别强调组织本身的设计，强调人和人之间的互动。[6]带领微软转型的纳德拉也认为，微软的存在是为了打造可以赋能他人的产品，"予力全球每一人、每一组织，成就不凡。"[7]他带领下的微软，致力于打造一种赋能文化，文化变革的关键是"个人赋能"。阿里巴巴同样如此，它在其使命和愿景中提及：我们旨在赋能企业，帮助其变革营销、销售和经营的方式，提升其效率。我们赋能数以亿计的用户之间、消费者与商家之间、各企业之间的日常商业和社交互动。赋能，人的赋能、组织的赋能、智能的赋能，成为这个时代最鲜明的特征。上面简略谈了组织层面的赋能,而赋能更多时候会涉及领导力范畴,我在本书个人领导力部分将会详细阐述。在这个时代,赋能个人和组织成长,已成为共识。

3. 成长

成长和赋能一样,也是这个时代最鲜明的文化特征。当学习成为终生的选择时,成长就是学习带来的看得见的结果。成长是目的,也是意义。在纳德拉不断探索下,他将成长和赋能紧密相连,倡导整个微软都需要一种"成长型思维"。在一场微软的全球销售会议上,纳德拉谈到他对变革微软的看法:"对我们来说,文化不是一成不变的,而是一种动态的学习型文化。事实上,我们可以用成长型思维来描述我们的新文化,任何持有这种态度和这种思维的人,都能摆脱束缚,战胜挑战,进而推动我们各自的成长,并由此推动公司的成长。"每个公司定义的"成长型思维"都不一样,纳德拉建议全球 10 万微软员工,通过以客户为中心,积极寻求多元化和包容性,通过一个整体、三个方面,练习成长型思维。他要求微软员工,每天问自己:在哪些方面保持固化型思维?哪些方面保持成长型思维?成长型思维就意味着不能以短期绩效为衡量依据,而应该注重成果,尤其对一些工作成果难以用短期绩效和财务收入作为依据的创意人员更是如此。

4. 成果而非绩效导向

成果而非绩效导向,是对那些自我驱动的精英人才赋予更大自由、更多信任的选择。传统的绩效以每季度、每年的具体工作量和财务数据衡量,而忽视了那些没有纳入绩效的领域或许对未来更重要。创新是非线性的,不可预测,而用成果衡量则可以避免这种错误。成果可以是多方面的,如对业绩的直接促进;开发出一个崭新的领域;或者衍生出新的方向;甚至项目失败了,整个组织从中学习到的教训;这些都是成果。腾讯的微信就是这样一个典型案例。作为产品经理和公司高管的张小龙,无论在上班开会纪律方面,还是实际的业绩上,以传统绩效主义来衡量,都是不合格的。在腾讯收购 Foxmail 3 年后,张小龙把 QQ 邮箱做得轻便、文艺,功能极简,使 QQ 邮箱成为腾讯另一个杀手级产品。在接下来的两年,张小龙鲜有成就,但随着微信推出之后他获得了巨大成功,张小龙也被冠以"微信之父"的名号。在这些孕育伟大产品的公司中,想要创意人才产生重大成果,充分信任并给予他们一定程度的自由发挥的空间就非常重要。

5. 自由与快乐

谷歌将"透明与公正""自由与快乐"这些文化特征发挥到极致。在硬环境方面，从办公环境到餐厅、休息区、娱乐空间，谷歌无处不在费心尽力地打造一个令人舒适愉快的环境；软环境方面，在谷歌看来，快乐可以使人不必谨小慎微，从而发挥开发和探索的潜力。正如谷歌前首席人才官拉斯洛·博克所说："文化是一种选择。如果你给员工以自由，他们就会为你创造惊喜，有时也会令你失望，但人无完人。"谷歌人人皆知的"额外20%"时间，实际上是开发人员在完成本职工作之外，利用业余时间从事自己感兴趣的项目开发。所以管理者认为，谷歌那些创意人才事实上贡献了自己的120%甚至更多时间在工作上。

自由是有严格界限的。对比谷歌和诺基亚，我们就会发现，那些无原则的自由，不仅没有为企业创造好的成果，甚至在逐渐摧毁企业的基石。当年诺基亚和谷歌一样，也极力为员工创造舒适快乐的工作环境，减少他们在这方面的精力支出。北京诺基亚员工说："工作时间，我们也有专门的按摩室和健身房，如果工作中觉得累了，可以去做个按摩，也可以去健身房放松一下，我们有专门的健身教练。"这种观点代表了大多数员工的看法，"交通方面，诺基亚也为员工作了充分的考虑，自从我们从城里搬到亦庄之后，我们开通了70多辆班车，甚至门头沟、昌平、房山这么远的区县，我们也有班车可以到达。"然而，诺基亚巅峰时为员工创造的"完美世界"，并没带来员工更多、更专注的工作投入。诺基亚中国公司一位中层领导甚至认为，诺基亚所谓的"以人为本"，正是导致它逐渐走向衰落的原因之一。"上班时间，公司付费给你，而你在干别的事情，这在很多地方绝对是不可以想象的事情。"当年《北京青年报》记者采访并记载了这样的实际情景：在诺基亚过得很舒服，上班晚来早走，甚至有很多人开淘宝店，利用上班时间去拍照传图，和淘宝客户聊生意。这样的"以人为本"某种程度上就是养成了一些员工的懒惰。这位中层领导认为，真正的"以人为本"不应该体现在员工可以晚来早走，上班时间洗澡运动，而是应该听得进去员工的意见，能够为员工的职业发展着想，做规划，并非培养懒人。

事实上，即使在谷歌，很多的服务都是收费的。我们在强调自由发挥和快乐文化的同时，对高标准业绩的强调同等重要。自由是以原则和纪律为前提。

6. 严明的纪律

华为、联想、万科和万达这些中国一流知名企业有什么共同特点？可能你会指出：他们都是大型的民营企业，都有30年以上的历史，都是在一些竞争充分的领域。然而还有最重要的一个特点：这些企业的创建者，都经历了5~10年军旅生涯，恰逢20世纪80年代改革大潮，因为各种机缘，他们先后在1984到1988年间成立了各自的公司。军人身上的原则性和纪律性强的特征，也体现在他们创建的公司文化上。说到做到、超强执行力、对触犯天条的零容忍等严明纪律性表现，是这些公司的共性。

"在商业领域，10倍速的公司，无论在好的还是坏的年景，都对自己的纪律或目标坚定奉行。"知名美国管理学者吉姆·柯林斯发现这是一条压倒性的因素，使得10倍速公司区别于对照公司。他写道："你需要100%地完成你的日行20英里征程目标吗？10倍速公司并没有完美的记录，只是有着近乎完美的记录，但它们绝不认为错失目标是可以接受的，即便只是错失了一个目标，它们也会想方设法让自己回到正轨。这里没有任何借口，我们所犯的错误只能靠我们自己来纠正。日行20英里征程是在无序中形成秩序，是在纷乱的不一致中形成一致，但只有当你真正年复一年地实现你的目标时，它才会有效。如果你设定了一个日行20英里征程计划，但却没有做到或者更糟糕，你完全放弃了严明的纪律，那么你很有可能会被各种事件所击垮。"关于组织文化中严明的纪律，吉姆·柯林斯援引并分析了一个经典的案例。这是一个100多年前，英国和挪威两支南极探险队截然不同命运的故事。1912年1月17日下午6点30分，英国人斯科特带队的探险队在死去了几位队友后，冒着四到五级的顶风和零下22度的气温，历经艰难到达了南极点。还没来得及享受成功的喜悦，他们就被失败的情绪所笼罩。在南极点他们看到了阿蒙森插着的挪威国旗。"这是一个糟糕的日子。"斯科特在日记中写道，"伟大的上帝啊！这真是一个鬼地方，我们费尽千辛万苦，却未成为最先到达的人，这对我们来说太糟糕。"之后的厄运接踵而来。3月中旬斯科特的探险队被困。8个月后，一支英国侦察队在一个凄凉的、大雪覆盖的小型帐篷中发现了斯科特及两名队员的尸体，而这里距离他们的补给站仅有10英里之遥。在斯科特到达南极的一个多月前，1911年的12月15日，挪威人阿蒙森在阳光洒满南极皑皑白雪的时刻率先到达。相同的环境，不同的结果，为何如此？柯林斯仔细研究后，提出了"日行20英里"的概念——不管遇到好天气还是坏天气，那些成功的团队，都会坚持达到或者接近既定的日平均里程，他们既不会在好的天气里狂欢着筋疲力尽地赶路，也不会在恶劣的天气里闭门不出。这种严格的纪律性成为两个团队领导者最重要的认知和行动的分水岭。竞赛中失败者斯科特的日记里充满了抱怨："我觉得没有人会在这种天气下赶路。"而成功者阿蒙森的团队则保持着每天平均

15.5 英里的里程前行，这种稳定的节奏和严格的纪律性，即使在面对极端天气时也执行不误，当阿蒙森遇到和斯科特相似的天气情况时，他在日记中写道："这不是一个好日子——暴风雪、强气流、冻伤，但我们还是前行了13英里，距离我们的目标已经很近了。"

"严明的纪律"在一类组织中最为常见，这类组织就是军队。在《中国人民解放军纪律条令》当中明确写道："纪律，是完成一切任务的保证。"为什么严明的纪律会如此关键和重要呢？是因为"日行20英里征程"可以帮助你化劣势为优势。柯林斯解释原因有三：在逆境中，它可以让你对自己的能力保持信心；在遭遇破坏性打击时，它可以让你减少灾难发生的可能性；在失控的环境中，它可以让你保持自制力。

当年企业界人手一册的《把信送给加西亚》一书中，同样阐明了这个看似简单但是很难做到的道理。书中罗文上尉在接受美国总统任务的当天就出发了，他穿过密林、河流和危险的敌占区，最终把信送给了藏在古巴密林深处的加西亚将军，并成功返回。这个故事的核心就是书中的一句话：杰出无须证明，证明自己杰出的最有力证据是能够自我克制。

总体而言，"日行20英里"这种严明的纪律性之所以如此重要，是因为它极大增强了公司抵抗逆境和应对不可预知的黑天鹅事件的能力。正如柯林斯所说："如果你耗尽了你的资源，并已到了筋疲力尽的地步，然后又在错误的时刻遭遇了外部冲击，那么你就会陷入严重困境。"在柯林斯的研究中，那些践行"日行20英里征程"原则的公司，在其所经历的29次产业动荡事件中，无一例外都安全度过了动荡期并取得了良好的结果。而那些未践行"日行20英里征程"原则的公司，只有3次安全度过动荡期。对于一个组织来讲，顺境和逆境都会存在，"严格的纪律性"不仅针对逆境，对于顺境也同样适用，不要在顺境时过度自信，挥霍资源。就像柯林斯所说："在稳定时期，暂不践行20英里原则或许不会给你带来伤害，但这样做会让你变弱，会让你失去纪律性，因而在不稳定时期到来时，你就会无处可逃，而不稳定时期早晚都会到来的。"总而言之，"日行20英里征程"原则，确保组织在极端不确定和动荡的环境下，成为幸存者并发展壮大，这个时刻是这些组织"真正发光的时刻"。

《把信送给加西亚》和柯林斯总结的"日行20英里征程"背后，不仅仅是表面上的"自我克制"和"严明纪律"，两者背后真正的动力，是人类意志中对于克服惰性、战胜自我的深层喜悦。这种喜悦只有用行动体验过的人才会真正感受，这种感受就是人类普遍的存在感。正如那本平实的《把信送给加西亚》里面的真知灼见：行为本身并不能说明自身的性质，而是取决于我们行动时的精神状态。有些工作只从表象看也许索然无味，只有深入其中，才可能认识到其意义所在。

莱斯利·柏林在《硅谷之父：微型芯片业的幕后巨人》一书中对英特尔公司的发展作了描述，他认为摩尔定律不仅仅是一个创新游戏，更是一种纪律、一个系统、一个目标。他说："在前行的道路上，英特尔公司所需要的并不是一种实现飞跃式发展的勇气，而是一种纪律，一种以可控方式实现稳步发展的纪律。"对于每个组织而言，你要找出什么是你的"日行20英里征程"，它可能不是收入增长、利润或者股票价格，而是一个类似于摩尔定律的经验总结。然后不遗余力地以"严明的纪律"去执行。而这种纪律性，除了表现在有关结果、目标的方面，还表现在团队成员相互承诺、相互支持、极端忠诚的一面，这一面更为隐秘，但这是宗教、历史悠久的政党等人类所有伟大组织的根基。

7. "新团队"文化

硅谷投资人、PayPal创始人彼得·蒂尔将其称为"帮派（Mafia）"。

彼得·蒂尔说出了绝大多数创业成功公司背后的一个秘密，这个秘密对那些创业家来讲讳莫如深，不愿对外公开张扬，但的确是今天那些一流企业创业初始时的重要特征。从阿里巴巴的18名成员，华为的董事会轮值CEO，到腾讯创业团队，都有着这样的特点。他们的使命、愿景、价值观高度一致、相互信任，只有在这种情况下，组织的坦诚、透明度和建设性批评才可能成型。尤其在今天，创业不仅是初创公司，也是成熟组织保持内部活力的有效活动时，这种"新团队"文化不仅没减弱，反而得到加强，并且从企业内部延伸到这个企业主导的整个生态系统。彼得·蒂尔称自己创建的第一个团队，在硅谷以"PayPal帮"著称。"许多前同事一直以来互相帮助，开办、投资成功的技术公司。2002年，我们以15亿美元将PayPal卖给了eBay公司。这之后，埃隆·马斯克创立了太空探索技术公司，并与别人合办了特斯拉汽车公司；里德·霍夫曼与别人共同创立领英公司；陈士骏、查德·赫尔利和贾维德·卡里姆共创办YouTube视频网站；杰里米·斯托普尔曼和拉塞尔·西蒙斯成立Yelp点评网站；戴维·萨克斯与其他投资人共创Yammer企业社交网络服务公司；而我与别人合作创办帕兰提尔公司。如今这7家公司市值均超过10亿美元。"彼得·蒂尔认为这种"新团队"文化让"员工紧密团结，而不是出于事务关系待在一起"，并且"牢固的关系不仅能使人们更加开心、更加高效地工作，而且能使我们的职业生涯更成功"。彼得·蒂尔给出了打造"新团队"文化的三条经验：**一是明显的团队标识；二是每个人只负责一件事情；三是消除内部竞争，建立长久**

的纯粹工作关系以外的交情。[8]

以上这 7 个特征都是一些优秀企业的共性，如果我们想要发挥企业文化的无形影响力，就要有意识地塑造和变革企业文化。说到和做到是两码事，塑造和变革企业文化，就是确保写在墙上的和员工的行为之间具有一致性。

第五节 变革重塑企业文化

文化具有集体潜意识作用，一些地域文化比企业文化有着更大的影响力。在向现代企业转型时，各级管理者需要在自己企业内部塑造一个与所在环境相适应，但又具有现代公司特点的文化。我曾经调研过一个二线城市大型国企，其较为偏远的山区分支公司和市内的企业文化表现出了巨大的差异：公司总部和市区公司文化表现出很高程度的现代企业特点，其主要特征是对规则、制度等组织纪律的遵守，还有对于代表这种规则的管理人员的尊重与敬畏；而在偏远山区分支公司，则表现出对公司制度、规则随意性理解和歪曲，人员的行动基于人际关系中的强者逻辑，这种亚文化的核心是对强势领导者、关系和利益的默认。如果企业想要现代化转型，则需要变革这种根植于地域特征而非企业特征的亚文化。

企业文化的塑造是全体员工参与的结果。任正非谈华为企业文化时说："开始形成了所谓的华为企业文化，说这个文化有多好，多厉害。（它）不是我创造的，而是全体员工悟出来的。"虽然最终企业全体成员塑造了企业文化，但真正有意识塑造的却是公司的领导者。拯救 IBM 的郭士纳深刻意识到，当时阻碍 IBM 发展的正是曾经引领其制胜的公司文化，例如"尊重个人"理念已演变为奢侈的员工福利，演变成了人人都可以说"不"，对不合作制度的支持；"追求卓越"理念，演变成了过度追求内部流程的复杂性和完整性，甚至不惜牺牲企业运作的效率；"服务客户"理念，也因为企业的市场垄断而被淡忘，变成傲慢和自我中心。郭士纳看到，当环境发生巨大变化时，如果组织文化不能相应变革，就会成为组织转型的巨大障碍。郭士纳在《谁说大象不能跳舞》中写道："我发现，公司文化并不仅仅是游戏的一个方面——它就是游戏本身！"他清醒地认识到，要解救 IBM 必须从改变文化开始，他说："我必须公开坦言文化、行为、信仰——不能含糊其辞。"

埃德加·沙因就文化的改变进行了详尽研究，他指出组织文化有 3 种来源：一是该组织创立者的信念、价值观以及假设；二是群体成员在组织演变过程中的学习经历；三是新成员和新领导者带来的新的信念、价值观和假设。

[9] 沙因认为，尽管上述 3 种因素都对组织文化起作用，但是最重要的因素还是创始人。这是因为创始人不仅选择了群体的使命和内部环境，还选择了组织成员，并在组织和外部的互动中，塑造了群体成员的反应方式。随着外部环境改变要求组织文化做出相应改变时，组织如果仍然由创立者掌控，文化的改变和重塑将是一个非常困难的过程。对于文化变革，沙因提出了 5 项原则。

- 生存焦虑或内疚感必须比学习焦虑更强烈。
- 必须降低学习焦虑而不是增强生存焦虑。

这两个原则的核心意思是给予员工安全感，他们才会开始学习新文化，而不是创造或提升学习新文化要素的焦虑感。所以最好不要在开始时提出"文化变革"的笼统口号，这就是下面的第三个原则。

- 必须用你试图要解决的具体问题来清晰地定义变革目标，而不是将其笼统地描述为"文化变革"。
- 开除承载原有文化要素的员工，就会清除原有文化要素。但是只有新的行为方式能够带来成功和满意感时，员工才会学习新的文化要素。
- 文化变革往往是转型式变革，需要一段时间抛掉过去的成功经验和故步自封的观念，这在心理上是非常痛苦的。

文化变革非常重要的一点就是从关键的点开始。有一个比喻，将组织比喻成一个巨大的冰块，想要融化它，最好的办法就是一小块一小块敲下来融化，分而治之，先融化小冰块，而不是把整个大冰块一起融化。这意味着，当你变革文化时，正如沙因所敏锐观察到的："变革最初的目标就是聚焦于具体的想要解决的问题，并且只有当明确这些目标后，才适合开展文化评估。"[10]

从这些塑造和变革企业文化行为上，我们也看到了一个卓越领导者应该具有的品质，这个品质就是有关领导力最重要的一点——以身作则。下一章我会谈到领导力，领导力部分是文化情境的产物，同时反过来又会影响所在组织文化，如图 5-1 所示。

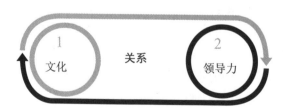

图 5-1 文化与领导力相互驱动关系

第六章
智能时代领导力：自组织 + 分布式 + 变革的人人领导力

> "你必须先决定自己想要成为一名创始人还是雇员。这个问题关乎的不是实际的所有权而是做事的态度。……最伟大的创始人会创造出空间，供其他创始人与自己携手同行。"
>
> ——谷歌前首席人才官拉斯洛·博克

有关领导力的论述同样汗牛充栋，但大多都是将领导力集中在个人身上，而关于组织层面的整体领导力鲜有人提及。诚然，创始人、CEO 和高管团队的领导力非常重要，甚至在一定程度上起着决定性作用。比如 GE 的克劳顿维尔以培养内部领导力出名，这为 GE 在 20 世纪后 20 年的高速发展起到了重要作用。然而随着创意阶层崛起和知识民主化浪潮，自组织时代来临，仅靠传统概念的"领导—追随"模型的领导力，已经难以引领企业变革。谷歌前首席人才官拉斯洛·博克曾在 GE 呆过 3 年，他以人力资源高管的身份亲身体会了新旧领导力之间的差别。GE 一位高管可以有如下匪夷所思的行为发生：一天早晨，这位高管在秘书桌子上扔下一个纸袋子："丽萨，能帮我往我的医生那里去一趟吗？我得把大便样本送给他。"而在谷歌，博克说以上高管这种行为绝不会发生，即使稍微带来地位象征的符号都会被抹去，没有高管餐厅、停车位或补贴，甚至"最高级别的高管获得的福利、额外津贴和资源与新员工是一样的"。[1]

平权时代到来，各类组织和个人对于透明、平等的要求是如此强烈，以至于在着装文化上也有所表现。在博克被邀请参加谷歌面试的时候，招募官在电话里提醒他："没人穿西装，如果你穿着西装去，他们就会认为你不理解他们的企业文化。"在谷歌，"你就是创始人"，博克说："谷歌的经历带来最根本的一点经验就是，你必须先决定自己想要成为一名创始人还是一名雇员。这个问题关乎的不是实际的所有权而是做事的态度。……最伟大的创始人会创造出空间，供其他创始人与自己携手同行。"

洞见

数字化时代领导力跃迁

一种新型的领导力已经在一些组织中出现。当我研究过去数十年当中知名的领导力方面的著作和学者时，我发现，几乎所有的研究者，都从一个基本的假设出发——即领导力是来自个人的，不管这种领导力是强调英雄式、魅力式还是仆人式，是先天特质还是后天练习，都是从个人角度出发谈及他的影响。杰克·韦尔奇带领 GE 在 20 世纪最后 20 年的辉煌，可以看作是工业时代强调个人领导力的最后篇章。GE 的领导力依然是基于特权的领导力，而谷歌的领导力则是基于"人人都是创始人"这样认知的领导力。就像否认 20 世纪的大多数管理理论一样，新型领导力否认上个时代的领导力模式。强调个人英雄式的领导力正在远去，一个普遍存在于组织中的分布式领导力时代正在到来，以此适应智能+时代的分布式多中心结构，这是这个时代有关领导力最显著的特征。沃顿商学院的凯瑟琳·克莱跟踪研究了美国巴尔的摩市外科急救中心的行动医疗队，这个行动医疗队需要在各种紧急、压力下迅速作出决定和行动，才可以很好完成抢救任务。在近距离观察 10 个月后，凯瑟琳·克莱将这种领导力描述为"一种系统或者是一种结构，具有组织或单位的整体特征而不是个人特征"。她认为，领导力是一个角色，而这个角色"随着时间推移可能由团队中占据关键岗位的专家权威来出任"，这个角色需要承担 4 个关键作用：[2] 提供战略方向，监督团队绩效，指导团队成员，在需要时提供手把手的帮助。

凯瑟琳·克莱认为领导力分布在团队中，团队面临不稳定、不明确、快速变化的环境而又有紧急的行动需要，这正是今天商业世界的真实写照，需要不同时刻在不同环境由不同角色来担任领导任务。美军前特种作战司令部指挥官斯坦利·麦克里斯特尔对这种领导力从后方指挥中心不断前移到一线团队的情况作了全方位的描述。他援引了一次 3 名海豹突击队员拯救被海盗绑架的美国人质的案例，来表明在一线行动时真正靠的是什么。这 3 名海豹突击队狙击手需要在起伏不定的海面上，潜藏在一艘驱逐舰的尾部，从瞄准器的十字线中看着 23 米之外的海盗所在的救生艇，静静等待机会。这时，他们必须保证同时将 3 名海盗击毙，否则人质就会被杀害。当地时间上午 7 点左右，救生艇上的海盗受不了室内污浊的空气，刚把头伸出来呼吸一口空气时，三颗从不同狙击枪射出的子弹同时射出，3 名海盗同时被爆头。海豹突击队员等了几个小时时间，才抓住一个转瞬即逝的机会，他们成功解救了人质。麦克里斯特尔评价道："这样一个时间点根本容不得多余的清单核查、行动预案准备，也容不得半点犹豫。3 名狙击手必须像一个人那样去思考问题，并且确信他们的上级也会信任他们。"他们之所以达成这样的高度默契，不仅仅是因为成员出色的个人素质，更是因为他们"有机融合成一个整体"，而这种融合，是精心打造的结果。

每一个合格的海豹突击队员都要经历长达 6 个月从身体到精神上的地狱般的历练，尤其是要在"一天内把个人表演的观念从学员们的脑瓜里剔除掉"。分布在各个团队的组织领导力或者结构领导力，除了需要承担领导力的角色、具备一些基础的能力之外，还与这种嵌入组织的领导力、组织文化、组织结构和组织任务连接紧密。

有关组织分布式领导力，我们不需要花费过多精力去定义其特征，如何打造这样的组织分布式领导力才是关键。想要在组织中培养这种普遍存在的领导力，就要从塑造超级团队入手，才能涌现出这种分布式领导力。分布式领导力和一个个小型、强大而灵活的团队紧密连在一起，这种分布式领导力本身是团队的重要部分，培养分布式领导力就是在培养一个个卓越团队。综合目前走在时代前列公司的实践，我总结出打造分布式领导力的几个典型方式。

团队熔炉

美国海豹突击队员经过 6 个月考验身心的魔鬼训练，所有卓越领导力和团队都是在无数次的演习或实战的历练当中打磨出来的。海豹突击队几十个队员在初建时，要经历 3 个阶段磨炼：高强度体能训练、潜水和陆地作战。高强度体能训练类似铁人三项，包括：28 分钟完成 6.4 公里的沙滩跑，75 分钟完成 3.2 公里的游泳，其中还涉及各种达不到标准的惩罚和为期 5 天加起来睡眠不超过 4 小时的超高强度训练。水下爆破训练被称为军队中最难的测试项目之一，它的基本要求是 5~8 名学员组成一个小艇组，在接下来 6 个月里，他们一同工作，两两共用氧气瓶，一人拿表，一人拿指南针，沟通凭拍打和握手，相互配合，在黑黢黢的深海中，没有定位系统和夜视镜，完全靠记忆潜游数英里到达任务区域。[3] 这种历练，就像孙悟空在太上老君的炼丹炉炼出火眼金睛一样，被沃伦·本尼斯称为"熔炉"。他说："在这种熔炉中发生了神奇的事情——就像一种炼金术，之前的担忧和磨难变成了荣耀和收获。这种过程即使不创造领导力，也能够激发领导力，即鼓舞和激励人去行动的能力。"[4]

聚焦任务

聚焦与专注是这个时代每一个人的必修课。企业如此、团队如此、个人也是如此。每天我们面临着各种信息轰炸，我们必须将这些过载信息防御在适当的范围，以防它对我们宝贵的注意力造成干扰。聚焦的能力是需要有意识培养的。格鲁夫就 OKR 和聚焦间的关系，提出了非常好的洞见："OKR 系统应该为企业提供最卓越的东西，即聚焦。只有当我们将目标的数量保持在很小时，才会真正聚焦于此。每次作出承诺时,都会丧失投身其他事项的机会。当然,这是任何有限资源分配中都不可避免的结果。因此,做计划的人必须有勇气、诚实且遵守纪律。只有这样,才能在放弃某个项目的同时启动新的项目。摇头说'不'和微笑着说'行'一样重要。我们必须意识到关注所有事项和一件都不关注的结果是一样的,并能够践行这个原则。"关于OKR和聚焦,我在后面的工作机制内容中会进行详细介绍。

共享信息

共享是今天时代的特征,是企业文化的时代特征,也是最广泛的商业模式。凯文·凯利认为,以5分衡量,人类目前的共享只处在2的刻度。只要条件合适,人们会共享财务账单、身体问题、病历记录、内心强烈的情感等更多信息。尽管没有金钱回报,人们在共享中获得了信誉、地位、享受、满足和体验,人们共享最主要的动机就是学习和发展新的技能。他认为共享是未来30年最大的财富和最有意思的文化创新领域。

对于打造组织分布式领导力而言,共享尤其重要。共享是组织赋能一线团队的重要方式。麦克里斯特尔谈到美军特遣队之所以能够战胜基地组织,"信息共享是体系变革的心脏。"他在2003年接掌司令部时,作战情报简报仅是一个小型电话会议,参与人员也仅限于后方司令部、华盛顿的几个办公室以及伊拉克和阿富汗的几个最大基地。作战情报简报是特遣队各个团队行动的指南,其高度机密性可想而知。然而,真正的体系变革就从作战情报简报开始。2004年时,有60人在联合作战中心听取和交流作战简报;到了2005年,每天有7000多人在线参加作战情报简报会议,一般会进行两个小时,并且过程中随时互动。麦克里斯特尔认为这有助于提供各方新的视角和成员的相互理解,最重要的是,"这会让组织内所有成员都能看到问题在被解决,并且理解领导团队的一些看法。这使所有成员都能获得解决类似问题的技能和信心。"

在要求组织和团队反应速度越来越快的今天,传统的基于观察、研究、行动和评估的方法已经被敏捷方法所代替,一种"关键任务团队"被创建。在持续的波动中,当波动成为常态,关键任务团队也就成为常态。在领导力分布更为广泛和平均的组织中,其成效也最为显著:一项来自拯救伤员的多功能创伤团队的研究表明,具有分布式领导力特征的团队,伤员的完全康复时间平均缩短一半还多,从122分钟缩短到56分钟。[5]

我们谈了组织打造分布式领导力的一些途径或者原则,并不是说有关个人层面的领导者的战略、育人、沟通等各种能力不重要,这些依然是组织和团队强大的基础，我在本书下半部分会专门论述。

  总而言之，当自组织时代来临时，在组织中各个部门、各个层级广泛存在的分布式领导力就已经浮现，其背后有着相一致的分布式贡献和分配机制，核心是共创、共担、共享的新型公司治理体系，这种公司治理体系的产生，正是今天分布式多中心智能时代的自组织对个人权利主张的必然产物。

第七章
公司治理体系：共创共担共享

"股权的指导思想之一是解决创业者、老员工和新员工的关系。新员工进来后，一定要让他们认同企业，把企业作为个人的事业，为企业做贡献。这在股权上体现出来，就是不断地吸纳新员工。这样老员工的股份也是在不断地、动态地调整过程中，对那些虽然以前对企业做出过贡献、但是不再为企业创造效益的员工，实际上股份是在稀释的。从理论上，它解决了到底华为公司的剩余价值是谁创造的问题。"

——任正非

公司治理的关键在于权力与权利在各群体中的分配，良好的公司治理是现代资本主义兴盛的重要因素。治理体制总的趋势是，企业从创始人或家族绝对控股逐渐转向公众、职业经理人持股甚至全员持股。在20世纪20年代，以福特汽车为代表的企业家治理模式，与以通用汽车为代表的职业经理人治理模式之争，对后来的企业治理模式产生了重大影响。竞争的结果是，斯隆作为职业经理人带领的通用汽车公司胜出。艾伦·格林斯潘与阿德里安·伍尔德里奇在史诗般巨著《繁荣与衰退》中指出，这一时期，民主化浪潮波及了商业领域，"上市公司在美国境内持股人数从世纪之交的100万左右增至1928年的700万人。"在私人控股公司向股份制上市公司转变的同时，企业的规模和盈利水平也急剧扩大。两位作者指出，从1913年至1925年，企业赢利水平提升一倍，交易所上市公司数量增加4倍，总市值从150亿增至300亿美元。这一时期，代表美国工业力量的就是汽车产业，而在其中，阿尔弗雷德·斯隆作为职业经理执掌通用汽车公司，他所倡导并发扬光大的事业部制公司治理，甚至被称作20世纪资本主义发展史上最重要的发明。事业部制兼顾了规模优势和灵活度、精准度，斯隆处在不同事业部组成的巨型组织的中心地带。对于事业部这种治理形式，斯隆认为："去集中化，事业部的人就有生产动力，有责任心，也能够培养个人素质，他们作出的决策更贴近市场，也更灵活。不同事业部之间的协调可以提高生产效率，节约成本。"而亨利·福特并不信任职业经理人，不放权力，从而导致福特汽车迅速衰落，直到福特二世完全复制了通用汽车的治理模式和组织结构，才使得福特汽车焕发活力。这一时期，上市公司也由之前的创始人持有变成比较分散的投资者共同持有，这种情况一直维持到70年代。美国职业经理在黄金时代建立了福利资本主义制度，包括为员工提供的养老金计划、福利和利润分享计划，这些养老金越滚越大，以"强势的社会机构"面目出现，并在70年代后持有大量的上市公司的股份。

进入到新世纪，传统的股份公司所具有的董事会下的法人治理结构出现了一些新的变化。这种变化最显著的特点就是股权比例和投票权、公司管理权的分离。复杂的合伙人制度成为基于职业经理人的股份制公司的有力补充，它的目的在于激励组织中那些精英人才。根据麦肯锡在2002年的一项调查，几乎80%的机构投资者会为治理水平良好的公司支付溢价，溢价程度英国为12%，美国14%，日本21%，中国25%，而俄罗斯高达38%。[1] 正如100多年前通用汽车组织变革那样，公司治理已经成为推动整个社会生产力大发展的重要影响因素，公司治理伴随着时代变化、组织发展和业务复杂度上升，也一直处在进化之中。近些年新涌现的员工持股委员会、合伙人制度，加上传统股份制公司的董事会、高管团队、母子公司模式，形成了一套复杂而有机的公司治理体系。

第一节 员工持股委员会

员工在企业超过一定年限，比如8年、10年，并且持续做出贡献，无论从理论、实践还是道德意义上，公司都应该将这些员工视为宝贵财富，视为企业的主人，他们也才会有主人翁精神。如果依照美国经济学家米尔顿·弗里德曼有关"企业的社会责任就是增加利润"的观点，而利润仅分配给股东或代理人，那么那些没有股份的员工就有一种不停为"资本家拉磨"的感受。正如英国管理学家查尔斯·汉迪所说："我们对于公司有错误的理念，公司不是股东、债权人、董事的产物，而是一个与所有在其中工作和与之相关的人员的一个联盟。"[2] 他认为公司是一个社区，这个社区集合了一群为共同目标而在一起工作的人们。汉迪的思想，正是今天谷歌、阿里等公司的实践。汉迪非常反对那种把员工视为赚钱工具的想法，如果有人有这种想法，那么为了组织的发展也应该把这些"工具"释放。事实上，新一代年轻人追求弹性工作和自由支配时间，也在宣告这一把员工视为"赚钱工具"思想的破产。汉迪总结这种资本主义的弊病在于："自由的人不喜欢成为别人的工具，他们中的佼佼者要么会拒绝这样的机构，要么为他们所牺牲的权利索取高昂代价。"而他认为出路就在于倡导企业公民文化，以那些拥有组织核心知识和技能的核心员工为主体，形成有关组织的权利和责任主体，而股东则被视为"肥料和播种机"，他们唯一的权力是选出公司的董事。[3]

把公司看成共生社区，与其说是一种理念，不如说是一种哲学。这种哲学是建立在全社会人性得到普遍发展的基础之上，基于平等、民主的一些规则而建立的自我驱动的组织形态。全食超市（Whole Foods）是美国一家从事有机食品的连锁超市，2017年被亚马逊以137亿美元收购。全食超市是美国按每平方米面积计算利润最丰厚的食品零售商，从诞生之日就保持高速发展，1992年上市至2008年金融危机前，全食超市17年收入复合增速高达24%。即使在金融危机之后，全食超市仍然增长强劲，2009年到2016年收入复合增速超过10%，远超同期沃尔玛的2.5%和好市多的7%。[4]强劲增长也表现在股价上，1992年上市后的15年间，全食超市的股价增长了近3000%，投资回报远强于同期任何食品零售业的竞争者。[5]全食超市之所以取得如此耀眼的增长，除了抓住了消费升级、人们关注有机食品这一当口，最重要的就是它关于公司社区观念的实践。全食超市薪金透明，高管人员薪酬不得超过员工平均工资的19倍，而同期《财富》500强公司的平均数据显示，这一数字是400倍。各个门店的运作以高度自治的团队为基本单元，这些团队负责从进货渠道、上架陈列到收银服务全流程，全食超市的每一个食品都有一个可追溯源头的故事，确保全程没有任何人工添加剂、化学药物的侵染。决定每一个新员工试用期之后去留的，不是管理人员，而是团队伙伴。全食超市以每个团队作为虚拟的利润的中心，分配的原则是根据团队单位劳动工时所创造的利润进行计算，超过一定额度会获得奖励。同时每个团队有权了解公司全部团队的绩效考核数据，公开透明。这样每个团队内部拧成一股绳，团队之间你争我赶，保持了整个企业的活力。员工在获得高度授权的同时，也承担高度责任，正如全食超市的使命：全食是一个为其他人创造价值而共同努力工作的社团。在员工利益长久分配机制上，区别于一般上市公司只奖励高管和核心人员的股票期权，全食超市普通员工享有93%的股票期权份额。把公司变成共生社区这一思想，更多包含一种美好理想成分存在，它不是经过工业化时代管理熏陶出来的职业经理人思维。事实上，全食超市的创始人麦基正是一位得克萨斯大学主修哲学的肄业生，25岁创业，想要"创建一个博爱的而不是令人恐惧的组织"。管理学家加里·哈默总结了全食超市的管理创新和传统管理之间的区别，他指出："这种管理模式显然不是在向行业领先企业进行高标定位学习过程中能够获得的。这种管理模式来源于一种根本不同的哲学起点。"业界花费了近25年时间才逐渐解码全食超市成功的秘密,这个秘密其实就是没有秘密——员工是公司的主人,他们共建社区,不仅薪酬,所有的数据都向每位员工公开。从这个案例和斯隆领导下的通用汽车可以看出,每一次公司在管理方面开创式的创新,都是基于全新的哲学思想和对人性进步的坚信,这也是我们必须从哲学和人性的高度审视组织管理的根本原因所在。

中国的华为公司也堪称是这种公民组织、社区组织的典范。因为它并不是上市公司,没有外部公众股东,使得这种核心成员以企业公民的身份行使权利和履行责任变得更为容易。在华为的经营哲学中,学会挣钱重要,舍得花钱更重要,懂得分钱更更重要。基于公平理论,分不好钱,不仅适得其反,而且可能导致分多分少的员工都会离职。华为公司经过不断调整优化,从一股一元、虚拟持股、饱和配股再到针对外籍员工的"时间单位计划"持股计划,在任正非的主导下,在保持"以奋斗者为本"的根本原则下,不断调整新老员工的持股份额,在尊重老员工做出贡献的同时,激励新员工产出更大的成果。对此任正非有着清醒的认知:"股权的指导思想之一是解决创业者、老员工和新员工的关系问题。新员工进来后,一定要让他们认同企业,把企业作为个人的事业,为企业做贡献,这在股权上体现出来,就是不断地吸纳新员工。这样老员工的股份也是在不断地、动态地调整过程中,对那些虽然以前对企业做出过贡献、但是不再为企业创造效益的员工,实际上股份是在稀释的。从理论上,它解决了到底华为公司的剩余价值是谁创造的问题。"

2006年华为内部股约20亿股,2008年,在此基础上配股规模为16亿～17亿股,以级别和考核为依据,规定配股的上限。早期华为公司员工的收入结构大致"1+1+1",即工资、奖金和股票收入。华为15万名员工中,8万人持有98.6%的虚拟股票,而创始人任正非的持股仅为1.4%。员工持股的回报收入巨大,从2000年到2010年10年期间,上证指数仅增长35%,同期上海房价作为参照,增长5.4倍,而投资华为虚拟股票,则增值15倍。[6]

早在1998年,员工持股的表述就写进《华为基本法》当中,《华为基本法》第一章第四部分第十七条:我们实行员工持股制度。一方面,普惠认同华为的模范员工,结成公司与员工的利益与命运共同体。另一方面,将不断地使最有责任心与才能的人进入公司的中坚层。新的时代,华为公司关于员工持股制度依旧没变,在其官网上对于公司治理有清晰的表述:

公司坚持以客户为中心、以奋斗者为本,持续改善公司治理架构、组织、流程和考核,使公司长期保持有效增长。

股东会是公司权力机构，对公司增资、利润分配、选举董事/监事等重大事项作出决策。

董事会是公司战略、经营管理和客户满意度的最高责任机构，承担带领公司前进的使命，行使公司战略与经营管理决策权，确保客户与股东的利益得到维护。

公司董事会及董事会常务委员会由轮值董事长主持，轮值董事长在当值期间是公司最高领袖。

监事会主要职责包括董事/高级管理人员履职监督、公司经营和财务状况监督、合规监督。

员工持股制度并非一蹴而就，每个阶段根据形势需要各有侧重。任正非在2009年指出："新增配股要向高绩效者倾斜，以使我们的长期利益不断分配，在历史贡献者和当前贡献者、未来贡献者之间形成趋于均衡合理的分配格局。公司创业期的配股制度和在此基础上优化的饱和配股制度，较好地解决了特定历史时期管理上面临的主要矛盾，但现在看来较多地体现了资历和级别因素。公司未来的发展将越来越依靠后加入公司的新骨干。如果我们没有将利益合理分给在现职岗位上做贡献的人，就会引发内部利益关系的失衡，最终使公司丧失战斗力。奖励配股制度是对饱和配股制度的进一步优化，使得公司经营成果的分配机制更加合理与均衡。"

第二节 "去精英思维"的合伙人制

华为公司没有公开上市，可以采用内部员工虚拟股票持有的方式进行有效的公司治理。但是像全食超市这样一家上市公司，它的全员共生社区理念，随着资本市场的变化而变化。当2017年亚马逊收购全食超市时，不可避免的文化震荡来临，半年后，十几位高管和高级经理离职，其中包括面包房、采购部、可持续发展部门和本地食品部门的负责人，原因据称是他们对向年轻的亚马逊高管汇报工作这件事情感到不满。一名在全食超市工作近10年的员工表示："两个公司的文化整合不是件容易事。"全食的老员工对亚马逊孤立的公司文化和保密的传统感到不适应。越来越多的上市公司早期创业者意识到，想要把建立在美好哲思基础上的理想文化传承下去，需要在传统的基于资本话语权的董事会之外，再建一套公司权力机构。不仅如此，在现有不同证券市场对上市公司不同规定的法律条款下，如何最大化赋能员工，激励他们为自己谋取利益的同时，更好地为股东创造价值，也是公司考虑的重要因素。这时，一种较为古老的公司治理模式就进入这些创业者的视线内。

世界上有一类企业是靠专业知识赢得客户。资本并不是万能的，再多的资本也无助于这类企业迅速扩大，因为具有高层次专业知识和能力而又愿意冒风险创业的人毕竟是少数人。这类性质企业大多集中在律师事务所、设计师工作室、专业咨询公司等高端专业商务领域，它们的收费模式是以参与人员的投入时间来计算。《澳洲金融评论》（*Australian Financial Review*）报道了全球著名的管理咨询公司麦肯锡（McKinsey）在澳洲的收费标准，折合成人民币大致如下：顾问 associate：￥26247；项目经理 engagement manager：￥42949；副合伙人 associate principal：￥47722；合伙人 principal：￥62038；资深合伙人 director：￥76355。

这些专业公司多以团队形式服务客户特定的项目，比如，一个项目会有项目经理带领3～5名顾问，进驻客户那里，直到项目结束。而真正对项目最后成果负责的，都是具有副合伙人以上职位的专业人士。他们可以不必每天进驻客户那里，但需要每周保持1～2天进入项目现场，把握客户关系，指导项目进展。合伙人制就是知识工作者聚集的组织所采取的典型治理模式，这种模式要求合伙人既具有专业知识、专业思维和专业精神，也要坚定拥护公司传承下来的文化价值观，同时还要具有敏锐的客户和市场意识。依然以麦肯锡为例，这家有着90多年历史的管理咨询公司，是一家私营性质的合伙公司，公司最高权力机构由600名左右的合伙人和资深合伙人组成，然后这些合伙人从资深合伙人当中选出代表公司的执行董事，进行日常管理。想要成为麦肯锡的合伙人并不容易，必须经过6～7年的严格培训和锻炼，平均每5～6个咨询人员才有一个可能会晋升为董事。这些咨询顾问则毕业于世界顶级名校如哈佛、斯坦福等商学院的MBA。执行董事任期3年，那些没有进入合伙人级别的咨询顾问，将遵循麦肯锡的"up or down"原则，退出公司，进入真实的商业世界，这些雇主有很多是他们以前的客户。

合伙人制的核心是公司自己负责，不受资本力量的影响，保留了独立性和客观性。阿里巴巴上市前《华尔街日报》有如下报道："知情人士称，阿里巴巴的大股东软银和雅虎不在合伙人里面,但是这两家公司已经批准了这项计划。即使股东们否决了提名的董事，合伙人仍可以继续提名，直到董事会主要由合伙人提名的人选构成。"合伙人制即体现自我负责、自我管理又共享共建公司这个统一平台，这种独立而共生的治理特点，正是今天那些以创意精英为主体的互联网公司所普遍采用的原因。同时合伙人制将确保员工不再把自己视为资本的打工者，而是这家公司的主人，这对于企业文化的传承尤为重要。2013

年 9 月,时任阿里巴巴 CEO 的马云宣布了阿里合伙人计划。马云说:"我们不一定会关心谁去控制这家公司,但我们关心控制这家公司的人,必须是坚守和传承阿里巴巴使命文化的合伙人。我们不在乎在哪里上市,但我们在乎我们上市的地方,必须支持这种开放、创新、承担责任和推崇长期发展的文化。"制度性安排都不足以确保阿里文化传承,那什么可以呢?马云推出了阿里巴巴实践 3 年的合伙人模式。马云在那封给全体员工的信中指出:"怎样的制度创新才能实现我们的梦想呢?从 2010 年开始,集团开始在管理团队内部试运行'合伙人'制度,每一年选拔新合伙人加入。合伙人,作为公司的运营者、业务的建设者、文化的传承者,同时又是股东,最有可能坚持公司的使命和长期利益,为客户、员工和股东创造长期价值。在过去的 3 年,我们认真研讨合伙人章程,在前三批 28 位合伙人选举的过程中,对每一个候选人激烈地争论,对公司重要的决策深入讨论,积累了很多经验。在 3 年试运行基础上,我们相信阿里巴巴合伙人制度可以正式宣布了!"

阿里的合伙人不一定是高管,合伙人的产生由上一届合伙人提名,经全体合伙人 75% 通过后,成为下一届合伙人。作为阿里巴巴合伙人需要一定的资格。马云第一次宣布时,要求合伙人具有以下资格:在阿里巴巴工作 5 年以上,具备优秀的领导能力,高度认同公司文化,并且对公司发展有积极性贡献,愿意为公司文化和使命传承竭尽全力。阿里巴巴的"合伙人"始于独创,并不像合伙企业中的合伙人一样,需要对企业的债务承担连带责任。阿里巴巴的合伙人治理框架成为当时一个轰动性事件,因为香港证交所不支持合伙人模式,阿里巴巴转而在支持合伙人制度的纽交所上市。马云那封关于合伙人的内部信件,在其公司治理模式上具有里程碑意义。

≫ 案例 7-1:马云关于合伙人的内部信件

各位阿里人:

最近大家一定从媒体那里,听了不少关于阿里巴巴合伙人制度以及公司上市后控制权的报道。今天是阿里巴巴的 14 年周年庆,正好在这个有意义的日子,向大家汇报一下阿里巴巴合伙人制度的情况。

14 年前的今天,阿里巴巴 18 名创始人正式走上了创业之路。4 年前,也就是阿里巴巴十周年庆的时候,我们宣布 18 名集团的创始人辞去"创始人"身份,从零开始,面向未来。

人总有生老病死的那一天。阿里巴巴的创始人有各种原因会离开这家公司。我们非常明白公司能走到今天，不是18个创始人的功劳，而是他们创建的文化让这家公司与众不同。大部分公司在失去创始人文化以后，会迅速衰落蜕变成一家平庸的商业公司。我们希望阿里巴巴能走更远。

如果不出大的意外，我们公司将有机会参与并见证中国电子商务零售过10万亿那一天，但我们不希望成为一家只是能卖几万亿货的公司。我们希望自己能在未来的发展中，不断培养出无数的如同淘宝、支付宝、余额宝……那样的创新性服务和产品，更希望我们的生态文化能造就更多未来的牛×企业。这才是我们真正想要的！

怎样的制度创新才能实现我们的梦想呢？从2010年开始，集团开始在管理团队内部试运行"合伙人"制度，每一年选拔新合伙人加入。合伙人，作为公司的运营者、业务的建设者、文化的传承者，同时又是股东，最有可能坚持公司的使命和长期利益，为客户、员工和股东创造长期价值。在过去的3年，我们认真研讨合伙人章程，在前三批28位合伙人选举的过程中，对每一个候选人激烈地争论，对公司重要的决策深入讨论，积累了很多经验。在3年试运行基础上，我们相信阿里巴巴合伙人制度可以正式宣布了！

阿里巴巴合伙人的产生必须基于——"在阿里巴巴工作5年以上，具备优秀的领导能力，高度认同公司文化，并且对公司发展有积极性贡献，愿意为公司文化和使命传承竭尽全力"。我们相信只有一个热爱公司、使命驱动、坚持捍卫阿里文化的群体，才能够抗拒外部各种竞争和追求短期利益的压力。

有别于绝大部分现行的合伙人制度，我们建立的不是一个利益集团，更不是为了更好控制这家公司的权力机构，而是企业内在动力机制。这个机制将传承我们的使命、愿景和价值观，确保阿里创新不断，组织更加完善，在未来的市场中更加灵活，更有竞争力。这个机制能让我们更有能力和信心去创建我们理想中的未来。同时，我们也希望阿里巴巴合伙人制度能在公开透明的基础上，弥补目前资本市场短期逐利趋势对企业长远发展的干扰，给所有股东更好的长期回报。

正如我们过去一直强调的那样，阿里巴巴并非是某一个或者某一群人的，它是一个生态化的社会企业。运营一个生态化的社会企业，不能简单依靠管理和流程，而越来越多地需要企业的共同文化和创新机制，以制度创新来推动组织升级。我们出台合伙人制度，正是希望通过公司运营实现使命传承，使阿里巴巴从一个有组织的商业公司，变成一个有生态思想的社会企业。为此，集团希望更多的阿里人涌现出来加入合伙人团队，使我们的生态化组织拥有多样性和可传承性，保持源源不竭的发展动力。

各位阿里人，我们不一定会关心谁去控制这家公司，但我们关心控制这家公司的人，必须是坚守和传承阿里巴巴使命文化的合伙人。我们不在乎在哪里上市，但我们在乎我们上市的地方，必须支持这种开放，创新，承担责任和推崇长期发展的文化。

阿里人，在路上！

如果说阿里的合伙人制度并不是着眼于短期利益，那么万科的合伙人制度则正好相反。为了激发职业经理人的动力，万科董事长郁亮拜访了国内的腾讯、阿里、小米这些互联网公司，以及国外像黑石、凯雷这些一流投资公司。他发现，曾经给万科带来巨大成功、也是公司创始人王石引以为豪的职业经理人制度，已经难以适应这个快速变化的时代要求。"没有成功的企业，只有时代的企业。"郁亮在万科堪称完美的"共创、共享"职业经理人制度上，加上了"共担"，主要方法就是引入了事业合伙人机制。万科采用分层合伙人制度，分为公司层面的一级合伙人、每一个事业群的事业群合伙人、每一个项目的项目合伙人。这样的分层合伙人安排，其好处就是让更多员工参与到整个合伙机制当中。一旦确定了方向，实际操作并不是太复杂，万科仅用了3个月，就开始在公司推行事业合伙人的制度。

》案例7-2：万科事业合伙人的前后背景故事

案例要点：万科经过二十多年高速发展，正是得益于背后精心设计的一套现代公司治理体系。这方面，创始人王石眼界和心胸令人钦佩，在他的不懈努力下，作为上市公司明星企业的万科，打造了一支了不起的职业经理人队伍。然而作为上市公司，为股东负责是职责所在，那么职业经理人的动力就成为万科领导人优先考虑的问题，如何能够将职业经理人利益、公司长远利益和股东利益紧密结合在一起呢？传统的股东价值最大化思路很难做好三者之间的平衡，万科的事业合伙人机制，正是对此深层机制问题的有益探索。

21CBR：能不能讲讲万科事业合伙人的前后背景故事？

郁亮：万科今年30年了。20年前万科创造了职业经理人制度，发挥了很多的作用，但在今天这个时代，我们能不能再升级。整个中国在转型、城市在转型、行业在转型，我们企业应该转型。我们的这个思维是在和柳传志、马云交流而得来的，在他们眼里职业经理人是可以分享但不可以分担的，就是说不把公司当家。

第一，为什么一开始我在想这个事情呢？他们为什么会有这么大的疑问呢？这些事意味着什么？比如职业经理制度有哪些缺失？职业经理人创造是有的，分享也是要分享的，但是唯独没有共担。"共创、共享、共担"，是缺少了这一环，因为"没有承担"，所以他们觉得职业经理人是不负责任，不把公司当家，所以万科做不到同甘共苦。

第二，当我们是职业经理的时候，我们推动和落实它。当时大家都没车、没房、还没小康。那个时候的职业经理制度很简单了，奋斗创造车、房，但是现在这个时代大多数都已经解决了小康问题了，那怎么还能激励大家往前走呢？在去年的时候我就在努力想这个问题。

21CBR：这种"没共担"对万科造成一些问题吗？

郁亮：在2010年，千亿代表着万科"小康能够实现"，但是我应该怎么去激励大家呢？怎么能够让大家继续往前走呢？再创造一片天地出来吗？这是个让我很苦恼的问题，又加上企业家朋友的批评，再加上小康之后的目标问题，还有激励的问题，所以这个事情我一直放在心上，然后就想这个事情应该怎么解决，大家也知道我也去了很多地方（指的是拜访互联网企业），还有国外很多地方也去了，也读了不少的书。

21CBR：除了腾讯、阿里、小米之外，国外拜访了哪些公司？有什么感受？

郁亮：国外像黑石、凯雷我也拜访过。我的感受是，第一，从战略上，我深刻认同到这个时代变了，就是没有成功的企业，只有时代的企业。所以我觉得整个国家都需要转型，都需要进入一个新的常态。所以我觉得这个时代变了，任何东西都要变，也就是说职业经理人制度也要变。

第二，阿里巴巴合伙制度给我们的启发。它的合伙制度在法律上面不太一样，阿里这边合伙制度是非常有意思的，因为合伙制度在香港上市还没有被接纳，因为它不被接纳才引起了我的思考，究竟它带来了什么利，什么弊。

小米没有部门的间隔，而在职业经理人的公司，这不可能，因为是有明确责任的，万一有问题，就查谁的问题，事情就可以很清楚了。但是这真的能解决问题吗？不能解决问题，效率很低。职业经理人制度确实导致了专业主义的盛行，专业主义的盛行是什么？是神秘化。

小米是怎么解决呢？是我中有你，你中有我，做电视的跟做手机的在一起，彼此之间都是有投资的。我尽管不懂这个事情，但我相信你作的决策最符合我的利益，同样你这边做的也最符合我的利益，如果需要我帮忙我肯定第一时间就在。为什么要这样一个投资关系？就是通过我中有你，你中有我，才建立"背靠背"的信任。信任是一种机制，这个我也很受启发，如果要建立背靠背这样一种信任必须要有这样的机制,没有利益机制是做不成的。

我去华为拜访,它更像合伙人。它跟一些电信公司都有合作,员工都是股东,它现在有10多万人的内部股东,员工股东可以理解为是合伙概念,所以合伙不合伙还有一个分别,最重要的是看老大有多少股份。有的虽然内部持股,但大老板一人持有股份太大,在这种情况下,即使全员持股,我都认为这个是一个内部公司。但如果大老板股份不太多,很少,这时候全员持股,我觉得这个叫合伙公司。

国外这一边,你看黑石,是资本之王,它这么厉害是因为它的合伙制度,通过合伙制建立网络,来管理全球的业务。凯雷也是这样。

腾讯也是平台好的一个典型,任何互联网公司我看内部都是很混乱的,但却是高效的。而我们传统企业管理的都很精细,但效率并不高。因为它的架构跟这个时代相比有一些问题,所以海尔努力做这方面的变革,例如事业平台化的架构。

看了这么多之后,我觉得找到方案了,所以我就给职业经理人加了一个东西,原来叫"共创、共享",我在中间加了一个"共担",就是共创、共担、共享。这是我事业合伙人很重要的考虑。做了两层设计:一个项目层面的跟投设计,一个是业务骨干在万科股票跟投的设计。而且这两者是制衡的,机制上很好。你可能项目上跟投做一些投机行为,但就会损害你在股票上的利益。

我们推行万科合伙人似乎很快,3个月就定了。但实际上我们已经想了3年了,最后敲定这3个月过程中,我自己组织的会议、参加的会议不少于30次的讨论。所以非常高兴到今天为止,我们所有遇到的问题都没有超过我们这30次会议讨论的范畴。

21CBR:刚才你谈到了两个方面,一个就是大家一起买万科股票,一个是项目跟投,买股票主要是通过安盈来做,现在大约占股2%~3%,预计年底会是多少?

郁亮:我不预计。

21CBR:用高管的EP奖买股票,还会有杠杆,杠杆大约多少?

郁亮:这个不能说。其实是这样的,首先取决于我们拿的奖金是多少,而这个奖金是多少,我们是有机制的。这个是长期奖金的而不是短期奖金的。长期奖金你拿不到的,我们是要退了休以后才能拿的,其实这个就是你做好了以后拿回来,你做不好就要"还回去",得不到。所以这个事情,我不能估计有多少数字。

像用杠杆购买股票也是一样的,杠杆跟风险程度挂钩的,股票低的时候杠杆就要用得充分一点，股票高的时候就不敢用杠杆，因为跌下来的可能性会很大。所以杠杆对本金是有一个确定的比例，但杠杆也是根据价格的变化分析来作判断的。

我们的重点不是持有公司股票，重点是和股东形成新的利益机制，员工跟股东变成同一个身份，是合伙人身份。由此困扰中国企业中客户第一之后，谁排第二谁排第三的问题得到解决了。阿里说，客户第一，员工第二，股东第三。但现在我们是，客户第一，员工和股东都是第二。

21CBR：有点像美国公司法的重大修改，从股东利益变成"利益相关者"。

郁亮：没错。

21CBR：那现在在这种合伙人的制度下，有没有一些你觉得比较有意思的创新呢？比如区域公司的创新？

郁亮：我觉得最有意思的变化，投资就是投资自己，不投别人，是投资自己。投资5%，不在于投资很多，而是建立参与感，大家一起用互联网思维想办法。在原来的职业经理人文化里面是很难建立主人翁意识的，况且你不一定是主人，因为股东是主人，所以这个主人翁精神我们把它建立起来了。主人翁建立起来的话，有意义的变化就开始了，大家就是想着做好事情，比如不再总想着责任划分，谁承担责任，而是主动去沟通，跟自己看似无关的环节没有完成，也想着可以帮一些什么忙，或者大家能做一些什么事情，去解决这个事情，间接性地参与了。

21CBR：我现在发现还有一个机制上变化是加强了区域总部。

郁亮：对。事业部化。第一，我要让能够听见炮火的人在前面。跟华为学来的。增强区域总部的管控能力。我们每个区域下面差不多有10家左右的公司，每家公司都有不同的发展阶段，任由他们自己生长，就浪费了集团这个金字招牌，也浪费了集团的一些能力安排。但如果都由集团，整个集团忙不过来。其实更需要通过区域之间相互调节安排，而对于下面公司，区域要比我们总部更擅长、更到位。

所以我们总部授权给区域一部分新的权力，也是推进事业合伙制度的一部分。有一些东西比如商业地产，不可能每个公司都去做，那么可以让区域总部来做这个事情，相当于发挥了联合的优势。这跟发展现代农业一样，在大农业时代，承包制就不合适了，现在农业所用的灌溉、水利、智能化生产都需要联合着一起做，而不是分散的独立的行为。

21CBR：是否合伙人制度还会有演进？

郁亮：对。没错，我们还会有2.0、3.0版本，也许以后我们合伙人不仅仅是内部人,比如我的合作方全部做成我的合伙人,包括总包单位。

21CBR:将产业链的利益相关者变成你的合伙人。

郁亮:是,产业链上下的,从前面的土地,到后面的总包、设计、营销都可以变成合伙人。比如在拿地方面,有没有可能变成合伙人呢?也是可以考虑的,融资方面的合作人,我是不是可以把它的关系更密切呢?因为对我来说,万科就在找合作可能,买地我不想花那么多钱,以一个项目来给大家股权,那就不能拿出这么多钱了,我们地产行业耗金比较多,那日后为什么不采取合作伙伴方式来做?而且我相信做了合作伙伴以后就不用担心偷工减料了。

这也是互联网的方式,不是我去做互联网行业,而是互联网改变了我们一切,改变了我们的思想,我们的做法是符合未来时代需要的。在互联网时代,大家可能有一点没有注意到,万科"去精英化",万科主要是一个精英化的公司,但是我们正准备去精英化,比如业务层面上,要关注一些新东西。

我非常鼓励一线公司去做蓝领住宅,注意,不是白领住宅。中国城市化需要农民工做市民,农民工市民化,现在农民工的收入是超过大学生的,所以我们有机会为他们做蓝领住宅。比如合伙人,我们本身管理团队之间要"去精英意识",居然说要分高级合伙人和低级合伙人,这完全不是互联网思维,是金字塔的架构。去精英思维要在合伙人身上体现,对万科挺难,但我们正在推动这个事情。

第三节 衰落的董事会

20世纪,德鲁克敏锐观察到董事会正在衰落的现实,在《管理:使命、责任和实务》一书中,他不无嘲讽地写道:"董事会的衰落,是20世纪的一种普遍现象。最能表明这一点的,也许莫过于这样一种事实:虽然从法律上讲董事会是一家公司的统治机构,但在20世纪的一些重大企业灾难中,它总是最后一个得知企业出现困难的群体。"然而德鲁克认为依然应该加强董事会的作用,一个良好的董事会对公司发展不可或缺。为此,德鲁克提出了必须要董事会履行的3项职能:第一项职能就是董事会向公司高管团队提供咨询、建议商讨重大战略问题,这就要求董事会成员无论从经验、能力、眼界、人脉还是品德上,都能称得上这项职能;第二项职能就是撤换未能取得杰出绩效的高层管理;第三项职能就是承担起公司和公众以及社区建议共生关系的角色。

董事会的结构和功能相对应,一般会有董事长、首席独立董事、外部非执行董事、内部董事、员工代表等角色,董事会有各种委员会包括审计、薪酬、提名及投资委员会等。纽约证券交易所要求上市公司董事会独立董事占多数。《萨班斯—奥克斯利法案》要求美国上市公司的审计、薪酬、提名和治理委员会只能由独立董事组成,而且审计委员会中必须任命一名财务专家。通常认为,董事会的独立性会对公司的发展起到促进作用。比如独立董事占多数的审计委员会,会比独立董事占少数审计委员会的公司,有更高的盈利质量。[7] 董事会各委员会之间的董事可以重叠甚至完全重叠。对于至关重要的董事长一职,没有证据表明一个独立的董事长比一个兼任 CEO 的董事长更具有优势。2013 年,美国上市公司 57 家公司进行投票,仅有 4 家公司投票支持设立独立的董事长职位。[8] 以大型美国上市公司为例,55% 的公司董事长兼任 CEO。根据《公司治理:组织视角》三位作者的总结,董事会主要职能包括:监督公司战略和风险;计划并挑选新的高管;高管薪酬结构及股权准则;确保财务报表的完整性;决定是否收购;代表股东利益。

当董事会很好履行这些职能时,公司价值就会提升,反之则下降。当然,要想行使好这些重要职能,要求董事会成员必须具备高度的职业道德水准,还需有成功的管理经验。也就是说,董事们在进入一个公司董事会之前,已经是一个非常成功的社会人士,除非这样,否则他们花费很少时间对于公司重大事项的咨询、监督和建议,很难达到提升公司治理水平的效果。以美国为例,董事一般为董事会每月工作 20 小时。事实上,董事每小时薪酬,类似于一个专业咨询顾问的每小时收入。大中小公司付给董事的平均年薪也有很大差别,小型公司平均在 11.9 万美元年薪,中型公司为 16 万美元,而大型公司为 22 万美元。在董事的年薪构成中,其中股权占比约为 62%,现金约为 38%。[9]

中国公司包括一些海外的华人公司,甚至东亚强调儒家传统的韩日,在公司治理方面呈现出家族内部权力传递的特征,严重影响了公司的长远发展。中国传统的财富观念还是子女继承,而不是实行资本股东化,中国鲜有依靠制度治理很好的公司。正如上文所述,董事会在选择 CEO 和高管团队方面,起着至关重要的作用。随着时代的变化,这一作用也越来越明显。

第四节 继任高管团队

高管团队尤其是 CEO 的选拔和继任计划,对所有公司而言,都至关重要。关于 CEO 的继任,通常有 4 种模式:外部选拔、公司内部总裁/COO 继任、内部竞聘和内外部选拔。当 CEO 继任人选涉及公司外部人员时,这时专业猎头顾问公司的参与就不可避免。猎头顾问将搜集到的合适人选推荐给董事会,董事会通过长达数小时的面试后决定 CEO 的意向人选。以全球治理最好的美国公司而言，在其选择 CEO 时，37% 的公司董事会全权负责；31% 的公司该职责交给董事会的提名和治理委员会；20% 的公司交给董事长；只有 11% 的公司将该责任交给现任 CEO。[10] 当然，这些都是上市公司对于私营公司而言，同样具有参考意义。总体而言，在选拔 CEO 方面，历练，尤其是在高绩效公司的充分历练，是预测继任 CEO 未来带领公司能否取得高成长的一个有力指标。产生优秀 CEO 最多的公司，呈现幂律分布特征：1992 年到 2010 年，产生 CEO 最多的 3 家公司：GE、IBM 和宝洁，分别"生产了" 49、47 和 28 名 CEO，[11] 在 37 家产生 CEO 最多的公司中，这 3 家公司以 8% 的销售份额比例，产生了 24% 的 CEO。除了高绩效公司历练，过往的声誉、年龄、受教育程度和 CEO 的工作技能特质（如工作效率、进取精神、坚持不懈精神、职业道德与自我要求等），也能很好预测继任 CEO 的未来绩效表现。

除了 CEO，其他高管团队成员也应该各司其职，良好匹配。德鲁克认为，高管团队每人负责完成对组织而言极为重要的关键活动。对于高管团队而言，首要的工作就是分析公司的关键活动，并依据团队成员的特点进行分配。至于名号和职位上是不是高管人员，只要他负责的是企业关键活动，德鲁克都认为他是从事高层管理工作。和一般人认为的高管团队是不从事作业或具体工作相反，德鲁克认为要实际去"做"，高管人员不要把自己"孤立在象牙塔中"。并且企业的关键活动不是立即可以完成的，它需要持续努力才能产出结果，所以高管团队不能在日常迫切性任务中迷失方向。[12]

上面阐述的 6 个要素，是围绕创始人及高管团队所展开的，他们的创业精神、创新活动、公司战略、企业文化、领导力及权力（权利）结构，形成了组织的上层建筑。仅有这些是不够的，为了实现组织的使命和战略，就需要源源不断地投入资源，尤其是资金和人力资源。创意人才的价值从来没有像今天这样重要，随着创意阶层崛起，这些创意精英将公司视为实现自己梦想的平台，他们不再是传统意义上资本的雇员，而是公司的主人。员工的利益、股东的利益和公司的利益高度一致。创意精英形成的企业中坚力量，和公司使命战略之间，是一个相互促进的正向循环。创始人的气质和文化吸引了那些自主自发的员工，他们成为公司的主人，他们的责任感和积极性更高，从而推动公司更加透明和开放。这种正向循环的增长变化，在我们上面谈及的全食、华为和阿里的例子中都可以看到。那么组织如何能够招聘、选拔、培养和激励这些时代所需的创意人才？我在下两章进行论述。

第八章
重新定义人才：A 类人才的招募、培养和激励

> 他们具有多领域的能力，经常会将前沿技术、商业头脑以及奇思妙想结合在一起。换句话说，至少从传统意义上来说，这些人已经不能算是知识工作者了。这是一个新的物种，我们称之为"创意精英"。
>
> ——埃里克·施密特

每一个创始人和他的创业团队，都资源有限。通常来讲，一个组织的成功至少要具备 3 种资源：人员、物资和资金。随着时代的变迁，这三种资源的重要性排序出现了明显的变化。物资、资金和人员，这样的排序在 3 个时期凸显了各自的重要作用。在物质匮乏时代，拥有矿山、土地、油田和机器这些资源的企业就占据了巨大优势，通过不断吞并做大规模形成垄断经营，是这一时期的成功范式，人员的思想价值则无足轻重。亨利·福特曾说过，他只想要人员的一双手，可他们则带来了整个人。资本的力量到"二战"之后才成为决定性力量。这一时期随着生产力大发展、人们生活质量快速提升，经济和股市繁荣，人类的财富实现了迅速增长，短短几十年的积累超过了以前几个世纪的财富总量。股权激励成为高管激励的主要方式，那些 500 强的 CEO 将公司股票市值的增长视为最重要的经营结果。被称为"20 世纪最伟大的 CEO"的杰克·韦尔奇，在他担任 GE 董事长 20 年的时间里，通过数一数二战略、无边界管理、6 西格玛和末位淘汰等策略，变革百年 GE，在 2001 年他退休时，GE 的市值从 120 亿美元提升到 4100 亿美元，成为当时仅次于微软的公司。《纽约时报》这样评价："他不仅改变了 GE 公司，也改变了美国公司的风气。"跨入新世纪，企业决定性资源从资本演变成创造性人才。随着谷歌、脸谱、苹果、亚马逊等硅谷高科技公司的崛起，人才需要重新定义。人才不再是那种封闭在一个个办公间的专业人才，甚至也不是一直被称赞的 GE 克劳顿培养的"领导力"人才，而是一种兼具创意和商业头脑的"创意精英"。"创意精英"被谷歌前 CEO 埃里克·施密特称为"新的物种"，他们是互联网时代取得成功的关键所在。"所有的创意精英必须具备商业头脑、专业知识、创造力以及实践经验，这些人的

共同特质是:认真努力、乐于挑战现状、敢于从不同角度切入问题。"他认为,招聘到这些"创意精英"是管理者最重要的工作,不可委任他人。和传统管理者的认知相反,"创意精英"虽然不是普通人,但无处不在。在总结传统大公司每隔两年左右调换岗位以培养管理人才这一举措时,施密特指出:"这种方法注重的是管理技能培养,而忽视了技术方面的能力。这就造成了传统企业中多数知识工作者要么是技术达人、管理白痴,要么是管理专家、技术菜鸟。"这或许是传统企业向互联网转型中失败的关键原因。大多企业高层管理者已经意识到这一问题。益普索市场调研公司通过对排名英国前500强企业的董事会成员中的100位调研得出这样的结论:吸引、激励和留住最好的员工是商业中头等重要的事情,其重要性超过改善工作效率和正确的经营战略。[1]

物资、资本和人才,这3种资源重要性排序此起彼伏的变化,也象征着人类社会有关财富观念和财富创造的巨大变化。随着人类社会在20世纪中期渐次进入知识、信息和数据社会,财富的象征也从土地、矿山等资源转向创意和数据等重要知识资源,财富规模也在短短几十年实现了数倍增长。和人类现在所拥有的相比,1820年之前的财富可以忽略不计,当时是以土地作为最主要的财富象征。1820—1900年之间人类财富增长了3倍,1900—1950年又增长了3倍,1950—1975年又增长了3倍,1975—2008年又增长了3倍。自工业革命1820年以来,世界经济生产总值增长了百倍。[2]这增加的不仅仅是土地、矿山、厂房和流水线,更是代表知识和创意的"看不见"的软件开发、设计、大数据和人工智能等。工业革命带来巨大生产力提升的同时,劳动者被"物化",机器在开始时处于支配地位,产业工人的劳动效率需要跟上机器的效率。20世纪后半段资本力量达到鼎盛,随着信息社会到来及"知识工作者"大量出现,20世纪60年代存在主义、人本主义浪潮的兴起,组织中"以人为本"的观念也逐渐成为共识,"资本主义"向"知本主义"转向。多伦多大学罗特曼管理学院的商业与创意力教授理查德·佛罗里达根据多年研究结果,认为创意阶层包括那些从事科技、设计、教育、咨询、艺术、写作、音乐以及娱乐等领域的工作者,这些人的共同特征就是富有创意精神,重视创造力、个性和差异化。当时这些创意阶层每天为世界创造220亿美元,以高于传统产业的24倍速度增长。[3]如果说19世纪最显著的资产象征是土地、矿山、油田和铁路等工业革命的物质基础,20世纪金融资本占据主导地位,那么21世纪则是创意精英主导的时代。企业的会计方式和内容,也应该有根本性变化,创意精英和他们创造的具有商业应用的知识价值,应该成为衡量企业价值的重要组成部分。就像今天我们评价世界上市值最高的公司一样，前 10 名中，有 8 个是创意精英建立的公司。

我们在充分利用人类创意潜能方面才刚刚开始。理查德·佛罗里达指出："我们生活在一个充满希望的时代。我们已经发展起能够发掘和利用人类创意的经济和社会制度，这在以往是从未有过的。这种对创意的发掘利用能够创造前所未有的新机遇，从而提升我们的生活水平，建立更加人性化和可持续发展的经济，并且令我们每个人的生活更加丰富多彩。我们的社会转型依然是不充分的，我们这个时代面临的最大困境在于：虽然我们已经具备了如此令人惊叹的创意潜能，但是我们缺少更加广泛的社会和经济制度来充分驾驭并利用这种潜能。完成这样一种社会转型需要我们每一个人的努力——没人能替代我们。"

围绕着组织中的创意人员及他们的创意潜能，形成了组织最重要的支持部门之一——人力资源部。全球人力资源大师戴维·尤里奇认为，HR 人员的素质可以影响 19% 可控的企业绩效。他的研究结果显示，"只有大约 50% 的企业绩效处于管理层的控制之内，其他 50% 可能是源自政府、天气等不可控因素。在可控的企业绩效里，19% 取决于 HR 人员的素质。"[4] 即使如此，组织中的所有人员绝不能把人力资源发展视为一个专业部门所承担的职责。事实上，发现人、培养人、评估人、赋能人，是组织所有成员的事情，包括员工自己本人在内。尤其对于各级经理人员和公司高管而言，人员问题更是事关组织生存和发展的第一问题。从组织层面来看，人力资源至少包括 3 个重要方面：**人员的招聘选拔；人员的培养发展体系；人员激励赋能体系。**

第一节 A 类人才的招聘选拔

"人不是最重要的财富，合适的人才是最重要的财富。"

——吉姆·柯林斯

知名独立咨询顾问、管理畅销书《基业长青》作者吉姆·柯林斯总结优秀企业的特征时，其中一条就是"先人后事"原则，即先找到合适的人上船，再决定船往哪里走。"人不是最重要的财富，合适的人才是最重要的财富。"这条原则随着时代的变迁，越发显得重要。写出《基业长青》20 年后，吉姆·柯林斯结合新研究成果，总结自己 20 年实证研究时指出，那些成功公司的黄金规则第一条就是：**永远投资于人，此为重中之重。**痴迷于找到正确的人，投资这些人，给他们挑战，并与那些已证明了自己能力的人长久共事。谷歌前

CEO施密特认为,千方百计寻求最好的人才并给他们创造充分发挥的环境,是谷歌成功的秘诀。

想要找到这样的人才并不是一件容易的事情。谷歌每年要从100万至300万的应聘者中招募到大约5000名员工,成功率只有0.25%,比进哈佛还要困难25倍。[5] 这对于应聘者和招聘者都极具挑战,所以公司招到合适的人才,说起来容易做起来难,即使是那些久经沙场、阅人无数的资深人力资源主管、经理或公司高管人员,也常常判断失误。然而人员招聘选拔工作,确实是一项企业最值得投资的事情,尤其在今天这个强调创意的时代。在一些研究、技术、艺术行业,人员的产出成果呈现幂律分布特征,即1%的人员产生了60%的成果。而在工业时代和以体力劳动为主的组织或行业,技术能力有限,对最低和最高产量有严格标准,员工的表现也接近正态分布。有两位美国研究者研究了633263名研究员、演艺人员、政治人物和运动员,发现在这些行业中,以正态分布预测各个人群中优于99.7%的人员数量,会和现实中的情形相差十多倍:发表过10篇以上论文的顶尖研究员,以正态分布预测是35名,而实际上多达460名;获得10个以上格莱美奖提名的艺术家,正态分布预测是5名,而实际上是64名。两位研究者总结道:"10%的产出来自最顶尖的1%员工,26%的产出来自最顶尖的5%的员工。"通俗来讲,最优秀的1%员工的贡献是员工平均贡献的10倍。[6]

既然招聘选拔人才如此重要,又如此艰难,那么和传统的企业招聘相比,人员招聘的时代特征是什么呢?

1. 重点投入前置招聘

传统企业人力资源通常有选、育、用、留四大职能,重点将精力放在人员培育、考核和配置。在过去数十年当中,我们见证了包括《财富》500强在内的太多企业,尽管在员工培训和考核方面不遗余力地花重金持续大力实施,却难免最终走向衰落的命运。甚至有人认为90%的企业培训都无法带来员工绩效的持续改善,更有"绩效主义毁了索尼"的感叹。针对这种现象,谷歌的前首席人才官拉斯洛·博克提出了下面一个选择题:

A. 聘用水平超过90%应聘者员工,一上手就能做好工作。

B. 聘用平均水平的员工,通过培训,希望他们最终能够超越90%应聘者的表现。

你会选哪一种?事实上,大多数公司选择B,他们在培训方面投入重金,而在招聘方面更为吝啬一点。根据2012年美国企业执行委员会的调查,花在每名员工身上的招聘费用比培训费用低33%左右,[7] 如表8-1所示。

表8-1　2012年美国公司培训与招聘费用比较

	培训费用	招聘费用
每名员工	606.36美元	454.44美元
占人力资源费用比例	18.3%	13.6%
占营业收入比例	0.18%	0.15%

拉斯洛·博克认为,企业招聘一名平均水平员工,然后花费巨大时间和金钱,通过企业系统培训将其培养成明星员工,这几乎是不可能完成的任务。在谷歌,将企业有限的资金和经理人宝贵的精力,不是花费在类似之前GE、摩托罗拉等系统的人员培训上,而是花在招聘和培养新员工身上。人力和资金前置在招聘环节,不遗余力在全球范围内聘用"水平超过90%的人员"。谷歌在创业初期,没有任何营业收入,员工薪水连续数年都是行业最低水平,甚至到成立十多年后,新加入谷歌的员工仍然要接受大幅度降薪的要求。在这种情况下,他们花在人员招聘上的费用占人力预算比例,是所有公司平均水平的两倍。[8] 在人员招聘上,不仅资金投入超高,而且各级经理包括高管团队,投入的精力也超高。初期,一位应聘者要通过多达25次面试才能进入谷歌,而谷歌每成功招聘一名新员工,会花费谷歌人员250小时的时间。谷歌采取的是群体面试方法,这几乎会让公司多数员工成为面试官,他们每周用在招聘工作上的时间多达4～10小时,高管每周会花上一整天来面试。[9] 从普通员工、经理到CEO都要参与人员推荐、招聘和选拔活动中。花费如此巨大的人力和资金,但这是值得的。在那么多高技术公司林立的硅谷,这应该正是谷歌能够以搜索技术脱颖而出、独领风骚的重要原因。

如果你是一名CEO或创始人,人员招聘是你不可让渡的最重要工作。"如果你招不到人才,只是因为你投入的精力不够多。"雷军曾说过,"小米团队是小米成功的核心原因。当初我决定组建超强的团队,前半年花了至少80%的时间找人,幸运地找到了7个牛人合伙。"

2. 招聘需注重人员价值观和学习能力

正如之前在企业文化章节所述,价值观表明了一个组织如何实现自己的愿景和使命。一个人的价值观很难改变,如果企业想要通过内部培训来改变员工的价值观,可能会适得其反。彼得·德鲁克就认为,正直的品格是管理者的基础,如果一个人在进入组织之前不具备这种品格,那么就不可能通过培养获得这种品格，因为他已经在自己青少年时代的成长环境中被塑造定型。企业价值观不同于个人品格，它是企业在创立之初或者经过许多年总结之后的高度凝练的成功核心概念，具有企业自身的独特性。

在我 20 年招聘人员过程中，粗略估算，至少与上千名应聘者每人经过 30 分钟以上的面谈。然而真正对企业发展起到重要作用的，不会多于 10 个人，其中最优秀也是贡献最大的两位人员，都是在非常清晰地了解了她们鲜明的价值观之后决定录用。两人身上的共同价值观就是"责任"和"诚实"，两人在企业也待得最久，一位 6 年，一位至今还在。这就是个人价值观和企业价值观良好匹配的例子。然而想要了解一个人的价值观并不是一件容易的事情，组织需要在这方面开发自己的测评工具，并不断验证和改进。最初我们选用了有关一致性的问卷测评，后来我们开发了专业的价值观测评工具，获得了很好的预测效果。

价值观测评很费心力，需要组织招聘人员高度集中，对于适合组织的优秀人才而言，组织需要保持耐心，"慢工招人才"。谷歌的价值观强调了透明、发声的权利、谦逊、尽责心很强、喜欢享受快乐、能够接受模棱两可的状况等，当他们遇到能力非常强而价值观不符合的应聘者时，会拒绝应聘者。这是谷歌招聘到最后阶段，拒绝应聘者最常见的原因。正如他们的一位高管所说："这是一个很了不起的应聘者——技术面试评分很高，非常聪明，完全能够胜任工作——但是特别傲慢，没有一个面试官希望他加入自己的团队。这是一个了不起的应聘者，但是不适合谷歌。"

基于胜任能力的招聘选拔不算新的时代特征。早在 1973 年，美国哈佛大学教授的麦克莱兰在其发表的题为《测量胜任特征而非智力》的论文中，首次提出了胜任力（Competence）一词。麦克莱兰认为，个人的行为品质和特征比智商更能有效地决定人们工作绩效的高低。胜任能力是指组织当中特定的工作岗位所要求的与高绩效相关的一系列素质组合，这些素质是可分级、可观察、可被测评的，是一个人知识、技能和态度的有机整体，它通常由 4～6 项素质要素构成。胜任能力与岗位有关，但随着数智化时代岗位内容的变动性，这一概念正在受到挑战，而持续的学习能力是应对快速变动时代的必备能力。但是组织需要分清楚，一个人的学习能力体现有多种多样，有的是听人反馈，向他人学习；有的是在具体环境中学习；有的则是通过书本或课堂学习。无论怎样的学习方式，对于组织而言，检验应聘者学习能力最好的方式就是交给他将要工作的实际任务，让其完成。事实上，预测一个应聘者未来在工作表现的最好方式就是样例测试，即交给应聘者类似工作样例，然后评估其表现。这种测试在预测员工未来工作表现的准确性为29%，远高于背景调查（7%）、工作年限（3%）和笔记分析（0.04%）。[10] 一个人的学习能力还与良好的认知能力紧密相关。认知能力测试的例子如公务员考试、MBA测试以及美国的SAT，认知能力测试对于预测一个人的表现准确性达到26%。

一个人的学习能力还体现在他是否具有"成长型思维模式"，而最能反映是否具有"成长型思维模式"的，莫过于从过去经历和失败事件中的反思。这对于知识型员工尤其重要。和"成长型思维模式"对应的是"防御型思维模式"。哈佛商学院教授阿吉里斯发现，当面临项目失败时，组织当中最聪明的员工会有强烈的防御性反应，表现出惊人的戒备心理，他们的学习效果也最差。[11] 对于一个人是否具备"成长型思维模式"，可以通过这样的提问来观察："在过去的一次危机／失败当中，你的收获是什么？吸取的教训是什么？"

3. 结构化测试

过去几十年，人才测评技术快速发展。结构化测试的准确性为26%，而非结构化测试的准确性为14%。元分析的结果表明，非结构化面谈的效度在0.14～0.33之间，而结构化面谈的效度在0.35～0.62之间。

在结构化测试中，情景问题测试和行为问题测试是信度和效度较好的。情景问题测试，即"如果你面临这种情境，你会怎么做"是以未来为导向，其预测效度在0.39。行为问题则是这样的问题："在近期的某段时间，你印象最深刻（或最困难、最成功）的事情是什么？"行为问题测试通过一个人过去经历的关键事件了解他的特征素质，其预测效度在0.51。无论情境问题测试还是行为问题测试，其主要考察应聘者面对特定情境时是如何思考和行动的。一个简单的STAR模型，可以帮助招聘者掌握这种测试方法。STAR模型包含4个要素，即情境（Situation）、目标或任务（Target or Task）、行动（Action）和结果（Result），具备这四个要素的事件就是一个完整的行为样本，可以有效考察和预测被评价者的胜任能力。

Chapman和Zweig于2005年的进一步研究指出，结构化面谈可以简化为4个方面：**提问的一致性、评价的标准性、问题的复杂性和关系建立**。这为组织开发和运用自己的测评工具提供了要点。[12] 结构化测评适用于招聘，也适用于人员选拔，甚至以选拔为目的面谈，比以招聘为目的的面谈结构化程度要更高。

我曾经对测评技术研究长达10年，运用一个科学设计的结构性测评工具，一个新手测试的准确率和一个有着10年人力资源从业经验的专业人员相当。

结构化测试的效率是非结构测试的 2～4 倍左右。一般一个结构化测试需要控制在 30～60 分钟，大约 15～20 个问题，在每个问题和必要的澄清之后，对每个问题考察的能力素质打分，并在过程后进行必要记录。而一个非结构化测试，通常需要 60～120 分钟甚至更长时间，并且最后的测试结果多是一些常见的描述性语言，比如：能够很好处理各种关系、具有较强责任心、能够很好进行团队合作等，缺乏关于测试对象真正有价值的见解。这就涉及另外一个重要问题，在人员招聘和选拔中，是相信直觉还是相信数据？（结构化面谈见本书下半部分的领导技能之识人选人育人部分）

4. 公式运算优于直觉判断

2015 年我主持一项关于大型企业人事测评技术的研究，一直期待寻找到一个明确的、长期的有关人员招聘和选拔的测评真实案例，但一直都不太理想。在项目即将结束的时候，偶然发现了一个典型案例，这个案例也奠定了我的研究报告的一个基本原则：重视数据，避免直觉。这个案例就是诺贝尔经济学奖的得主、著名心理学家、美国普林斯顿大学教授丹尼尔·卡尼曼在《思考，快与慢》一书中讲过的一个亲身经历。1955 年，大学毕业获得心理学学士学位的卡尼曼为以色列军方开发了一套测试系统，用来测试入伍新兵的作战适应性，并依据测评结果，把新兵分配到步兵、炮兵、装甲兵等最适合他们的兵种中去。结果第一次设计的测评方案很失败，在预测新兵未来是否成功方面毫无用处。紧接着，卡尼曼对测评体系做了两点最大的修改：一是用限时的项目获得受试者更具体的信息，不允许面试官因为个人喜好而作决定；二是摒弃整体评估，改用分特征多维度的综合评估。他根据作战要求，列出了作战表现相关的 6 个特征：责任心、社交能力以及男子气概等，再根据这些胜任特征，整理出一些问题来评估这些特征。在评估阶段，要求面试官不要预测新兵未来在部队的发展，而只需要根据新兵回答问题的情况，给他们的每一个特征打分。修改后的新兵测评系统，比第一次有了质的飞跃，是一个有效的测评体系。45 年之后，当卡尼曼重返旧地，看看年轻时服役的军事基地，发现目前的新兵测试方法和自己 45 年前设计的几乎没什么两样，一直有效。

这个历经 45 年依然有效的测评体系，其中的奥妙就是避免人为因素干预，而更相信数据统计。不要简单地相信直觉判断，尤其在面试官尚未具有十分充足的专家级经验的情况下更应如此。卡尼曼写道："要提升预测准确度，最终的结果应由公式给出，在低效的情况下尤其如此。""由于你要最终作出决定，就不要运用直觉，即使你认为其他候选人更合适，也一定要选那个得分最高的人。"

对于人员招聘和选拔而言，直觉最大的危险在于，因为喜欢，面试官会在接下来的过程中证实自己的这种喜欢。而他的喜欢与否，可能仅在见到应聘者前几分钟就已经确定，我们错把个人偏见当成了类似于灵感的直觉。两名心理学学生和他们导师在2000年发表了一项研究成果，核心结论是：通过握手或简短介绍得到的即时印象，能够预测结构化招聘测试的结果，也就是说一次面试的前10秒里作出的判断可以预测整个面试结果。[13] 为了防止这种因为个人喜欢而带来的偏见，以及之后证实偏见的招聘选拔过程出现，除了我们谈到的运用数据计算应聘者得分之外，还需要多名面试官多回合参与人员招聘和选拔。

5. 三人四回合面试

多人多回合，同样是丹尼尔·卡尼曼的发现。他发现自己前后两次对同一学生的论文评分差距巨大，继而他做了一个小实验：把之前对一个班学生的评分遮住，自己重新再评一次分，结果显示前后两次依旧有很大不同。卡尼曼总结道："这不仅反映出随便拿一个问题去衡量学生水平的做法是不恰当的，还反映出我自己打的分数同样不可靠。"他给出的解决办法是：一群人共同作出判断的准确率会更高。每个面试官或评委都有着自己的"偏见"，多名面试官/评委可以克服这一个人偏见所带来的缺陷，一般3～5位即可。其中，对于招聘而言，面试官当中应该包含人力资源专业人员、应聘者的经理、团队其他成员和应聘者的下属等角色。谷歌对于面试官当中有应聘者所应聘职位的下属非常看重，他们认为这传达了谷歌没有等级划分的文化，同时有助于防止经理人任人唯亲。一个潜在的优秀应聘者可以使得未来的下属深受鼓舞、兴奋异常，这在当今强调敏捷团队和赋能的时代，有下属参与的潜在应聘者面试，也是一个好方法。

一次面试不准确，那几次最为合适呢？依然以谷歌为例，在最初严格的面试流程中，谷歌对于一个员工的面试回合多达令人恐怖的四五十次。后来宣布每位应聘者参加的面试次数不得超过30次。而谷歌内部研究数据显示，4轮面试之后，人员的真实状况已经较为完整地勾勒出来，面试评分的准确度达到85%。4次之后更多回合的面试，所耗费的面试官的时间精力，其成本远远大于那提高不到1%的准确度。[14]

6. 善用数字平台技术

要将上面这些人员招聘技术的指导思想和原则落实到招聘选拔日常活动中，没有轻型布置的软件支持是无法进行的。招聘工作需要运用数字平台技术至少有 3 个原因：第一个原因是工作量大，协调难度高。不要说每年从 100～300 万应聘者中挑选 5000 名人员的巨大工作量，仅就一个中等规模企业每年招聘 500 人计算，即使人员聘用率达到 5%，也需要每年 4 万人次的面试数量，没有一个科学易用的软件应用作支撑，是很难把这些涉及各个部门和人员的面试工作协同安排好。第二个原因是之前提出的公式运算优于直觉的招聘原则。招聘工作按照结构化过程操作、科学设计的数据公式评价体系，可以避免面谈者和被评者两方的人为干扰因素，在测试评估中有着更好的信度和效度。第三个原因是便于积累数据，进行分析改善招聘的效率和效果。一个企业想要不断提高招聘的效率和效果，就需要像谷歌那样，不断从过往的数据分析中发现真相。每一个企业有每一个企业的特点，本文所举例谷歌的数据，可能并不适合其他公司。利用数字技术对招聘选拔工作进行支撑、分析和智能化，是这个时代的组织所要关注的重要事项。因为招聘工作是如此重要，正如拉斯洛·博克所说："如果你致力于带领团队或所在组织走上转型升级之路，那么把招聘工作做得更好是唯一也是最好的出路。这需要有意愿和耐心，但确实行之有效。"

人力资源研究的开创者大卫·尤里奇，在 2017 年对世界范围内影响公司人力资源发挥的诸多因素调查中，"发现信息技术利用和整合"这一因素影响最大，分值为 6.7，而人力资源部门对这项技能的掌握却最低。

第二节　创意精英的培养发展

"不要随便使用'培养'这个字眼，自我学习是员工的责任。"

——任正非

彼得·德鲁克曾经对人员开发提到如下的真知灼见："管理人员开发的重点在人，其目标是使一个人最充分地发挥其能力，并使之取得个人成就，而其目标就是追求卓越。没有人能够促使一个人进行自我开发，相应地，这种动力必须来自一个人的内部。"德鲁克一针见血地指出，如果管理人员没有内驱力，这种开发只能浪费钱财、流于形式。对此他警告道："开发总是以自我开发的形式表现出来，这是因为，由企业来承担一个人的开发责任，只是一句空话。责任在于个人，在于其能力和努力。没有一个企业能够代替个人的自我开发努力，如果那样的话，不仅是没有依据的家长制，而且是一种愚蠢的自高自大。"

组织培训和人员开发的从业者，包括公司各级经理人员，都应该仔细听听德鲁克上面这段话。在过去数十年当中，企业浪费了大量的财力用在员工培训学习上，而事倍功半。十多年前，仅美国公司投入到培训学习上的经费就多达1562亿美元，[15]当时有135个国家GDP都低于这个数字，全世界加起来大约有五六千亿美元之多，但这些培训至少有一半是无效的。今天，培训和人员开发正在从组织行为变成一种社会和个人行为，这是培训和人员开发当前的最大特征。正如60多年前德鲁克所说，（管理）有效性虽然人人可学，但却无人可教，有效性不是一门课程，而是一种自我训练。

任正非赞同德鲁克的看法，他认为企业"不要随便使用'培养'这个字眼，自我学习是员工的责任"。在2009年一次对后备干部的讲话中，他指出："知识要员工自己想办法解决，知识是劳动的准备过程，劳动的准备过程是员工自己的事情，是员工的投资行为。员工视野不开阔不是我们的责任。视野怎么去培养？我们不能承担无限责任。我们是选拔者，我们只有选拔责任，不承担培养责任，不要把责任都揽在自己身上。"

在过去二三十年，产生了非常多的有关人才培养和组织培训学习理论，比如领导梯队、学习路径图、岗位胜任力、柯氏四级评估、721模型等，然而时至今日，这些从实践中总结的多数理论，随着组织生存的环境剧烈变化大多已经过时。以岗位胜任力为例，当组织结构扁平化、很多工作以临时任务团队展开时，原来强调标准化、稳定性和结构化的胜任力模型就受到了挑战。人才培养总是落后于组织实际需求，已经成为普遍现象。新时代的人才培养的逻辑和特点是什么呢？我们从3个方面进行探讨：差异化的人才战略；知识民主化浪潮所带来内容来源、学习方式和学习责任的根本性改变；企业应有的人才培养与开发策略。

1. 差异化的人才战略

组织根据人员年龄、学历、岗位类别，可以设计适合其特点的培养方式，比如30岁以下、学士学位以上的人员，他们更有意愿去主动接受新知识，而实际工作能力还需要锤炼，那么这类人员开发可以采用自学加岗位培训的方式，重点在于培养其实际工作能力。

在人才开发培养中，首要问题就是根据人才及岗位的影响力、贡献度进行人才区分，从而确定培养开发战略。组织资源有限，不可能将所有岗位人员一视同仁地进行资源平均分配，而应该首先着眼于那些能够带来战略影响的重要岗位和人才，这就是差异化人才战略。优秀人才的成果是员工平均水平的10倍，对于岗位也同样如此，并非组织中的岗位都具有同样的价值，有些战略性职位比普通职位更能对组织的战略结果带来巨大影响,所以应该以差异化的眼光重新审视岗位和人员。贝克尔、休斯里德和贝蒂三位研究者明确了企业的人才差异化策略。他们从**战略影响力、绩效变动性、顶级人才对企业绩效影响和顶级人才稀缺性** 4 个维度定义了战略性的 A 类职位,如图 8-1。[16]

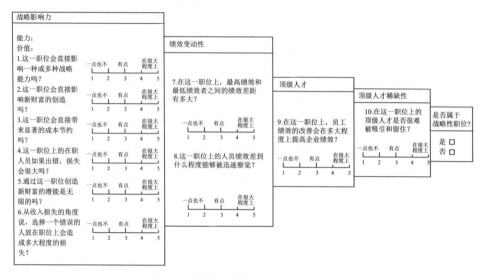

图 8-1　战略性职位的 4 个判断因素

人才策略的精髓就是"把 A 级人才放在 A 类职位上,为 A 类客户创造价值"。对贡献的奖励方面,A 级人才 A 类职位 10 倍的贡献,至少也应该获得 5 倍的奖励。如果我们辨识了 A 类岗位 A 类人才,我们会观察到,基本这些人才就是具有自动自发特点、各方面堪称典范的模范人物,他们首先认为成长就是对自己负责,所以实际占用组织资源最少,而回报最高。ABC 几类职位的特征如表 8-2 所示。

表 8-2　ABC 职位的特征对比

定义特征	A 类职位战略性	B 类职位支持性	C 类职位多余
授权程度	对战略能力有直接影响,这些职位上的员工绩效变动性非常高,说明有巨大的提升潜力	能够对战略性职位提供支持,能够为战略行为提供减小绩效下滑风险的基础条件,从而对战略能力产生间接影响;或者虽然有战略影响力,但这些职位上的员工绩效变动性很低(很平稳)	可能是为保证企业正常运转而设,但对战略能力基本没有影响
	自主决策	遵循明确的工作流程	工作中基本没有自主权

（续表）

定义特征	A类职位战略性	B类职位支持性	C类职位多余
薪酬的主要决定因素	工作业绩	职位级别	市场价格
对价值创造的影响	能够通过显著地增加收入或减低成本来创造价值	对创造价值的职位提供支持	至少对企业没有消极的经济影响
工作失误的后果	失误本身可能造成高昂的代价，而更大的损失是企业因为失误而错失了增加收入的机会	可能造成高昂的代价，会严重损毁价值（财富）	不是必然造成损失
聘用错误人员的后果	巨大的支出：损失了创造收入的机会，浪费了培训投资	补救比较容易，通过换人即可	补救非常容易，通过换人即可

2. 知识民主化浪潮

长期以来企业都在人才培养方面扮演着主角，然而随着技术革命带来的知识民主化浪潮，绝大多数基础类、通识类甚至专业类课程，都可以在慕课（MOOC）上看到，并且其质量有时远高于组织内部的开发，有的甚至免费。可汗学院喊出的口号是：任何人可以学习到任何知识，永远免费。这些数字平台上的公众免费学习资源，某种程度将取代组织的内部培训，企业仅需保留最重要的文化、核心业务、知识萃取和沉淀等培训功能，将更多学习内容交给社会化学习平台。数字时代有关知识和能力学习的6种趋势，将带来组织在人员培养方面的巨大变化，这6种趋势是：

- 知识社会化、民主化、碎片化。有研究表明，草根众创的大英百科词条和专家编写的词条质量几乎一样。知识也不再掌握在专家手中，相反，那些在对此领域陌生的"门外汉"的创新能力可能更强。所有这一切，都在抢夺商业世界最宝贵的资源：你的眼球！
- 信息过载导致培训厌倦。无处不在的信息，无处不在的屏幕令人无处可逃。与此同时，一些行业高手努力开发出好的学习内容，很多内容免费或者只以较低的价格出售。
- 自主学习代替组织培训。知识资源的充溢使得任何人在任何有网络的地方，想学就可以学习。有人问特斯拉CEO马斯克，为什么他知道各个领域那么多知识时，他的回答是，书就在那里，你可以随时学习。
- 好的问题代替标准答案。标准答案在现实世界尤其包括管理学、心理学在内的社会科学领域并不存在。依靠课堂上老师提供的标准答案，有可能扼杀了创造力，也可能引入歧途。在知识民主化浪潮下，问出好的问题，比学习到什么更为重要。好问题的背后是深度思考和洞见。苏格拉底在2000多年前就坦诚：我没有答案，只有问题。科学作为一种手段，主要增长了我们的无知而不是知识。
- 业务族群代替固定岗位。不同的团队和项目，使得岗位很难用传统的名称界定，打破，溶解，利益相关者的多角色期待，使得一个人在角色网络中所承担的工作内容复杂性和全面性越来越强。"全科医生""一专多能"的人员，越来越成为相关方的需求。
- 敏捷共创代替长期策划。完美的策划很少有完美的结局，长期培养策划在实施时造成的延期和超支几乎成为魔咒，人员对知识和解决方案的即时性要求也越来越强烈，这一切都在迫使组织在人员培养和开发方面，更需敏捷和快速迭代。

3. 人才开发十大新策略

定义战略性职位及知识民主化浪潮，从根本上改变了人才培养开发策略。最显著的变化就是在企业内部，注重行为改变和刻意练习，代替了以往的知识培训。谷歌仅投入那些能够带来行为改变的课程，其内部倡导两种形式的培训：一是团队内部培训，每个团队都有最优秀的人员，让这些"局部最大值"培训其他人员，带来很大的改进提升；另一个是鼓励公司内部对某一领域感兴趣的人员开展公开课，谷歌最受欢迎的公开课是诸如身心觉醒、正念运动、展现个人魅力和非技术人员编程入门等。

事实上，有关人员培养与开发的前提假设已经发生重大改变，我将其总结为10点，如表8-3所示。

基于这种变化，培训与人员开发的范式也应该发生改变。持续而有效的行为会带来好的绩效，而培养这种组织期待的行为并非易事。心理学家花费半个世纪对人的行为产生机理进行了详尽研究，发现态度和行为之间是相互影响的，并不是单向的"态度决定行为"。一位心理学家曾说："我们精通并擅长为自己的行为寻找原因，但却非常不善于做我们已找到原因的事。"这就说明行为常常也会影响我们对一件事情的认知和态度，比如最简单的一个举动，当我们没有任何缘由而微笑时，我们的欢喜情绪就会增加，我们此刻看待周围的态度

表 8-3 培训与开发十大错误假设

之前的假设	现实的情况
学习资源是稀缺的	最好的课程是免费的
老师是知道答案的	没有人预先知道答案，理论落后于现实
答案是唯一的	解决问题的思路和方案有 N 种
问题是容易解决的	容易的问题机器已经解决，剩下的问题都是复杂而多变的
工作职责是稳定的	角色网络形成，变动和不稳定是常态
事情是按照计划进行的	按照计划几乎没有顺利完成过任务
开发/培训是组织的事情	开发/学习首先是每一个人的事情
培训能够带来业绩提升	不适合的培训反而阻碍组织成长
培训对员工是福利	知识过载、组织培训已经成为一种负担
开发/培训体系需要系统性、多样性	体系落后于实际，培训开发体系应该基于原则、战略、文化而具有灵活、敏捷、迭代特征

就会变得积极起来。"我们的自我定义并不是在自己的头脑中构造的，而是被我们的行为锻造出来的。"歌德也曾经说过："了解自我的方式，不是沉思，而是行为。"所以企业想要改变员工的行为，产生积极的绩效，不是仅提供课程培训那么简单。我将人员开发的时代新特征总结为下面 10 点。

阿里：重视使命愿景价值观的培训。

咨询：建立快速更新的知识共享中心。

品控：选择重要的高品质技能课程。

选拔：注重实战选拔以练带训。

成长：更为重视员工的成长规划。

共创：通过敏捷共创萃取新知。

教练：加大教练辅导比例，减少课堂培训。

海豹：短时间高密度高强度训练。

反思：不要浪费失败所带来的巨大价值。

协同：战略、文化、制度与激励协同培养。

下面我逐一进行阐述。

（1）重视使命愿景价值观的培训

这方面阿里最为重视。阿里创始人常常将企业文化、价值观挂在嘴边，阿里的确也是这样做的。使命、愿景和价值观，是组织最高层面的行动纲领和指南。就像前文所说的《华为基本法》一样，它在指引全体员工行为、凝聚共识、减少内耗方面起到了"定海神针"的作用。所以几乎所有的优秀企业，都将企业文化培训作为新进人员的必学课程。

（2）建立快速更新的知识共享中心

当组织从生产型向创意型转向，当组织的核心竞争力从实体资源转向以知识产权为载体的创新成果时，组织内部的知识快速更新和共享就成为培养开发极为重要的一环。

（3）选择重要的高品质技能课程

品控是一个质量管理的概念，此处用在人员培养方面，是指当组织者选择内外部课程时，注意选择那些经过严格市场检验的高品质课程，尤其是旨在提升某种技能比如调研分析、产品运营时更是如此。一个良好的品控课程应该具备专业训练、经验提炼、案例分析、工具开发等要素，它能够帮助企业迅速提升某一重要组织能力。

（4）注重实战选拔以练带训

"宰相必起于州郡，猛将必发于卒伍"。没有什么方式比实战更能培养人了。传统的学习发展721模型认为，人员的开发10%是诸如知识的学习，其手段包括专业书籍、研讨会/论坛、E-learning及各种各样的正规培训；20%来源于互助学习，即通过他人的辅导、持续的反馈、职业规划、典型人物的典型做法来学习；而最主要的70%来自于工作实战中的经验学习，包括轮岗、跨部门合作、启动项目等在职培养。华为创始人任正非认为：将军实际上是打出来，不是培养出来的，没有艰苦的战争磨难，不会产生将军。他说："我们是在实践中选拔干部，没有受过培训的，也会有伟大的英雄。华为大学的培训模式也正在转变，越来越不像个大学，就是真正的大学。将来的讲师都背着一个电子屏幕跟着行军作战，前面操作，后面屏幕闪，跟着跑的人边看边实践，谁看明白了，谁有可能是将军。"华为人进入华为大学学习，是需要自掏学费的。

（5）更为重视员工的成长规划

"成长"是时代的主题，甚至和年龄无关，成长的根本动力来源于人类对于创造生活的渴望。人员培养过程中，个人、直线经理与HR缺一不可，各自承担人员成长的责任，具体职责分配见表8-4。

根本上，员工还是要意识到，最终是自己要承担成长的责任，自己要有渴望成长的动力，组织和管理者也需要识别出这种动力并加以培养。在个人培养方面，德鲁克给出了简单而中肯的建议：第一，把精力集中在明显的优势上；第二，进一步扩展优势；第三，谦虚并持续改进。对于劣势，德鲁克认为要经常关心它，至少不要让其成为发展的瓶颈和限制因素，但想要提升到和优势相当的地步，既不现实，也事倍功半。一个人要想取得最大成就，达成卓越，必须依赖于扩大优势。

表 8-4　个人、经理人和组织部门在人员开发方面作用

个　　人	
接受自己职业生涯的责任 寻求职业生涯信息和资源 使用开发机会 跟踪实际的职业生涯计划	评估自己的兴趣、技能和价值观 建立目标和职业生涯计划 和经理面谈自己的职业生涯
管　理　者	
提供及时的绩效反馈 参与职业生涯开发讨论	提供开发任务和支持 支持员工开发计划
组　　织	
交流使命、政策和程序 提供职业生涯信息和职业生涯项目	提供培训和开发机会 提供一系列的职业生涯选择

对于企业而言，如何平衡人才培养与流失的矛盾？领英创始人霍夫曼在《联盟》一书中提出的"任期制"值得借鉴。他认为组织应该在一开始就坦诚，组织和员工之间并非长久牢靠的关系，而是一系列基于不同任务的任期过程。企业"通过将员工在公司度过的职业生涯重新规划为一系列连续的任期，可以更好地吸引和留任开创型员工。任期制让员工可以承担一系列对个人有意义的不同任务，从而帮助他们谋求在一家公司的长期职业发展"。霍夫曼将任期制划分为三个阶段：第一个任期为轮转期，大约持续两三年时间，经过组织的标准化培训和一些任务完成，组织和员工双方来决定是否契合；第二个阶段称之为转变期，持续 2～5 年，在这一阶段，员工可以从事符合自己兴趣和优势的特定任务，而组织则承诺"员工将有机会改变职业生涯"；第三阶段为基础期，此时组织和员工利益高度一致，员工成为高管或组织的中坚力量，稳定期长达 10 年甚至终生。

（6）通过敏捷共创萃取新知

未来之路，都是在实践中摸索和创造出来的，以团队形式进行的敏捷共创，成为组织创新和人员培养的主要方法。没有人能真正了解企业面临的问题和解决之道，这种创新只能来自组织内部，指望一个老师带来组织变革的答案，既不现实，也可能会贻误时机。团队学习法和标杆管理法，是中化董事长宁高宁的两大法宝。从华润到中粮再到中化，在这个大型央企系统中，宁高宁把自己的角色转变为促动巨舰转型的首席推动师，而撬动这一巨舰转型的高杠杆活动就是团队学习法，他亲自担任首席催化师这一团队学习角色。通过 20 年持续不断运用这个工具，宁高宁一次次带领有着百万员工的超大型企业成功转型。这里面的秘密是什么？宁高宁说："团队学习中，解决问题的方法不是先入为

主,更不是某个人写稿、某个人念一遍。这个方法的基本特点是,所有智慧都在大家中间,我们内心其实知道该怎么做,但需要通过一定的方法,组织、激发和升华出来。"

宁高宁倡导的团队学习法,其精髓是:由领导者发起,基于实际问题、难题、机会,在培训学习期间,真实的多个小组或者团队运用结构化的方法,共同创造性提出系统的解决办法,制订可行的行动计划,并在后续工作中执行这些计划,然后检验实际结果,定期对结果复盘,这样就形成一个不断向前的循环。团队学习由几个关键要素组成,如表 8-5 所示。

表 8-5 团队学习要素

要素	主 要 内 容
焦点	组织中面临的战略或战术上的真正的问题、难题或者机会
团队	一个真实的跨部门、跨层级的团队
领导者(催化师)	团队学习法要成为一种工作方式,领导者应是团队学习的催化师和引导人
结构化的方法	大体遵循如下流程:营造开发氛围—确立规则—深度提问—清晰问题—创意思维—收敛形成解决方案—行动计划
行动学习工具	根据每一个焦点的主题,选用适合的工具,有战略的、组织发展、团队文化、人才开发等不同领域的工具,如:中粮中化采用的战略思考十步法等
后续辅导跟进	后续辅导跟进将课堂带入工作的至关重要环节,所采用的手段方法包括:干中学—每周计分—里程碑—结果回顾与复盘—下一个共创

》案例 8-1:中化集团 2016 年战略研讨会 [17]

背景

2016 年,中化集团迎来新掌门人宁高宁。5 月,公司领导、监事会领导、集团外部董事及职工董事、集团相关职能部门一把手、二级及部分三级经营单位主要负责人共计 70 余人进行了一场团队学习,深入讨论集团公司各业务板块以及整体的发展战略,推动公司实现健康、可持续发展。

想解决的问题

近年来,经济市场环境急剧变化,从国家层面的供给侧改革、产业结构升级、税收政策调整,到石油价格大幅下滑、农业投入品市场变化、公司资产质量变化,对中化集团的经营产生了不能规避的影响。面对这些变化,新的集团管理层要回答的首要问题是:中化集团怎么办?应该成为一个什么样的公司?中化集团的产业未来将如何发展?这样的问题不能只靠集团管理层给出答案,需要梳理中化集团最有价值的资产、人、品牌、技术、市场……找到能真正驱动中化集团未来发展的业务。宁高宁适时引入了团队学习,集团和各业务板块的管理团队坐在一起,按照系统一致的方法,共同思考公司战略往哪儿走,机制怎么改。清楚每个业务单元在这个战略框架里的位置、每个人在这个机制里的方向,能为下一步更聚焦、更具体地研讨和决策提供基础。

希望通过团队学习,各级管理团队可以统一思想,不同板块业务之间可以形成协同互相支撑,共同推进公司改革发展。

角色

宁高宁作为研讨的导入者和总催化师,参与人员混编入组研讨。

流程

这次团队学习历时3天,分为3个阶段(见表8-6)。

表8-6 战略研讨会流程

环节	主要内容	工具
先导培训	每组3名成员接受团队学习方法培训	战略思考十步法等
第一阶段		
团队破冰	团队破冰,介绍讨论工具,签署学习契约	
研讨破题	引导研讨方向,提出研讨的目的与要求	
分组讨论	发现问题,分析成因,每个小组确定十大核心问题(业务板块和集团各五个)	头脑风暴法、团队列名法等
明确问题	全体对业务经营和集团管理的十大核心问题形成共识	团队列名法
小结点评	董事长小结点评全天的过程及成果,提出调整意见和要求	
第二阶段		
分组讨论	导入"战略思考十步法""五步组合论",根据上一阶段澄清的业务板块发展核心问题,结合自身能力和未来发展环境分析,按照"战略思考十步法"的系统框架,讨论并提出业务发展战略(包括业务定位、战略目标、竞争策略、实话路径、实施单位、实施计划等)	战略思考十步法等
第三阶段		
分组讨论	"企业发展分水岭理论"讲解,参考"战略思考十步法"框架,提出集团整体的发展战略(包括集团整体定位、战略目标、业务组合及筛选原则、组织架构及管控模式、体制机制等)	企业发展分水岭理论、战略思考十步法等
发布共识	总结成果、提炼共识	
学习反思	集团领导分享思考和感言	

第一阶段：发现并澄清问题。提出正确的问题，问题就解决了一半。各职能、业务团队组成研讨小组，带着对集团管理及业务经营的提前思考，共同分析集团管理及业务经营方面的现状，围绕集团管理和业务发展存在的战略问题展开讨论，提出集团整体和各业务发展战略中最突出的十大问题，挖掘问题产生的原因，并达成集体共识。

工具：团队列名法、冰山分析法。

第二阶段：研讨业务板块的战略问题。小组根据第一阶段澄清的业务板块发展核心问题，结合自身能力和未来发展环境分析，提出业务板块的竞争战略和实施计划，包括业务定位、战略目标、竞争策略、实施路径、实施单位、实施计划等。

工具：战略思考十步法。

第三阶段：研讨集团战略问题。小组结合第一阶段分析出的集团战略问题及第二阶段各业务板块形成的业务竞争战略，各自参考"战略思考十步法"框架，提出包括集团整体定位、战略目标、业务组合及筛选原则、组织架构及管控模式、体制机制等在内的集团整体战略，并对实施路径、责任单位、实施计划等提出建议。

团队学习法在解决企业实际难题时，产生3种深层次的变化，一是领导者以教练辅导的深度参与形式出现在企业中，二是团队在共创中达成了共识、共担、共享的主人翁精神，三是团队在整个学习和行动中，不断改善组织的心智模式。

图8-2是我建构的一个"基于实际问题的敏捷共创"简图，这种学习、工作方式是今天代替传统培训的有效方式，是在快速变化的智能时代，最全面也最彻底的人员培养和组织学习方式。宁高宁总结了这种变化，他指出："团队学习，是一种思想方法和工作方法。用团队发展的、组织发展的方法来启发大家，会发现原来组织里的每一个人都希望他的追求、发表的意见得到大家的尊重；每一个人都希望他的工作得到认可，拥有自由决策的权利。而所谓的领导力就是指你和团队一起互动的关系是什么样子的。每个人的自我认识，包括团队对你的认识，都会给公司带来一些新的影响。希望通过团队学习，能够对我们自己的能力、做法、团队、公司形成一个系统的文化。最终的目的，还是调动所有团队成员的积极性，发挥每一个团队成员的主观能动性，使我们的组织更和谐、目标更一致、效率更高。"

图 8-2 以变革为导向、聚焦问题的团队敏捷共创学习法

（7）加大教练辅导比例，减少课堂培训

人员培养开发不仅仅是人力资源部门的事情，而是各级经理人员和人力资源人员共同的事情，更是公司整个领导层关注的重要事情。在谁应该承担培训员工的责任这一问题上，安迪·格鲁夫有清晰的看法。早在30年前，他认为经理人应该扛起培训员工的责任，他这样解释："很明显，培训员工具有极高的管理杠杆率。举个例子，如果你必须为你的部门上4堂课，假设每堂1小时课你要花3小时准备，那么花在这次培训上的时间为16小时。你的部门如果有10个人，第二年他们在公司的工作时间将大约为2万小时。如果你的培训能将下属的绩效提高1个百分点，对公司而言便多了200小时——而这只是你花了16个小时的结果。"同时，格鲁夫认为，"培训必须由足以成为员工楷模的人直接负责。"也就是我们上面谈及的谷歌"局部最大值"。

经理人培养下属的重要手段之一是教练辅导，教练辅导的功能我们在团队学习中已经看到了。宁高宁就是中化集团内部的首席高管教练。企业中的教练和体育运动的教练很相似，都是帮助人员不断清晰愿景和目标，从而专注聚焦于当下最重要的事务，在这一过程中不断提醒人员引发觉察，避免他们陷入情绪陷阱之中而不能自拔。在体育竞赛中，两个水平相当的一流高手之间对决，不是技术原因，而是比赛时的心理状态，内心丝纹的波动都会带来竞技状态的巨大起伏。事实上，企业教练的出现正是源自于体育运动。20世纪70年代初，哈佛大学的教育学家兼网球专家蒂莫西·高威在他开设的网球训练课程上，意外地发现一位临时调来的滑雪教练教出的网球学员竟然比专业网球教练教出的学员进步更快。他对这个有趣的现象进行了深入研究，发现专业的网球教练对学员的动作要求严格，并且不断示范和纠正，导致学员注意力集中在自己的动作是否规范上，而当网球飞过来时却手忙脚乱。滑雪教练则对学员的击球动作并没有特别的规定，他只是通过开放式提问，让学员把注意力集中在网球本身上，根据球飞过来的方向自行调整动作。由于学员自主抉择、身心放松、注意力集中，反而学习得更好，打出了更好的球。高威将其基本原理带到商业领域，提出了"内心游戏"的概念。如果教练能帮助对象克服内心的障碍，使其专心致志于正确的目标，他将在学习与表现上释放出惊人的潜能，创造前所未有的奇迹。"真正的对手不是比赛中的对手，而是自己头脑中的对手。"他指出，唯一能够限制我们的是目光的短浅和自我设限的观念。这种理念同样适用于个人和组织的潜能开发。

（8）短时间高密度高强度训练

无论组织还是个人，一定要意识到，改变虽然很难，但如果总是说"我以后会注意"之类的话，往往这意味着"不会注意"，改变很难发生。一项重要技能的学习掌握，不是把时间摊平，不痛不痒地练习，而是在短时间内高密度、高强度地训练。短短半年，足以培养决定一生的核心技能、意志及合作精神等。如果你想在组织内开展一项关键任务，就应该采取类似海豹突击队员的方法。《习惯》一书作者引入"核心习惯"一词，那些优秀人或组织围绕这些核心习惯，养成一些行为，从而改变了整个组织的文化。郭士纳重整IBM时，最初将"核心习惯"确定为深入研究客户。

（9）不要浪费失败所带来的巨大价值

从失败中总结反思，能比从成功中学到更多东西。实际上，失败是所有伟大创业和颠覆性创造的常态。对失败的态度，也是官僚思维和创业思维的分水岭。官僚体系长期形成的稳定性、可靠性思维，不能认同失败，而那些雄心勃勃开创一个全新事业的伟大创业者和团队，则认为失败是迈向成功过程中不可避免、值得经历的事情。马斯克的SpaceX公司属于人类社会复杂程度和难度最高项目——载人航天领域，他们成功发明了可回收重复利用的火箭。而可做对比的国家队NASA，其传奇飞控指挥官吉恩克·兰兹（Gene Kranz）的"不能失败"的思维在航天界近乎信仰，马斯克明确表明了对这种思维的蔑视。在2005年与NASA签订第一份合同之前，他就指出："这是一种愚蠢的想法，认为NASA不会选择失败。在我看来，失败就是一种选择，如果没有失败，就说明你的创新不够。"

VUCA时代，失败的情况和案例随处可见，但我们不应白白浪费每一次失败。SpaceX从2006年起，连续3年火箭发射全部以失败告终。最初的噩梦之后，经过多年改进，SpaceX猎鹰9成为全球唯一实现了重复使用的火箭，也成为全球可靠性最好的火箭之一——在最近 3 年多时间里，60 次发射全部成功。

从失败中反思并不容易，尤其那些聪明人可能更是如此。哈佛商学院教授阿吉里斯研究了毕业于哈佛、斯坦福等顶级高校的管理咨询顾问 15 年的表现。总结出：失败迫使人们反思自己的假设和推论，而组织中最聪明、最优秀的员工缺乏机会反省失败带来的后果，学习效果反而最差。当他们遭遇失败或仅是发挥不够理想时，就会表现出惊人的戒备心理。他们总是推卸责任，将失败归咎于外部环境的人或事，却不能批判性地反思自己的行为。阿吉里斯将这种对待失败的不同态度形容为学习的单循环和双循环模式，单循环就是从不考虑自己的思维模式，而双循环根据实施的结果考察其假设前提、考察其隐形的思维模式，从而对整个过程再次检查，然后才开启下一次行动。

（10）战略、文化、制度与激励协同培养

我总结培训新模式最后一点，就是协同培养。人员培养要和文化、战略、制度相互协同一致，不然就是巨大的浪费，也会造成企业执行力低下。全球人力资源研究方面的权威专家大卫·尤里奇，总结了人力资源领域 20 个对业务成功影响度的因子，"保持文化、战略、实践和行为一致性"占 6.1% 影响度，在 20 个因子中排名第二。组织执行不力的原因通常有 4 点：第一点是愿景障碍，即公司高层对企业必须要打赢的仗缺乏共识，组织内部未能体现"一个愿景、一种声音"；第二点是行动障碍，只有少数员工理解自己的日常工作与战略之间的联系，并付之行动；第三点是人员障碍，大部分管理者缺乏意愿或技能，根据战略来管理并辅导员工绩效；第四点是制度障碍，组织未能就绩效、薪酬制度与战略紧密结合。总体而言，组织是一个系统，需要各个方面协调一致，形成整体，应该将系统的、整体的概念应用在人才培养方面。

第三节　一流人才的激励赋能

1. 整合性激励框架

各阶层人员的激励赋能，形成整个组织的发展动力，也是组织各个层级管理思考的焦点问题。上文我们花了大量篇幅谈及组织的各个方面，目的都是为了激发整个组织的活力，实现组织目标。对于人员的激励和赋能，贯穿在组织的每一个环节中。相比较传统的激励理论，今天我们对于人员的动力探索，有了不一样的发现。

人的动机研究伴随着整个 20 世纪心理学的发展。弗洛伊德首先阐明了意识和潜意识的区别，他认为人的行为更多受到潜意识的支配。1899年出版的《梦的解析》，标志着精神分析学的诞生，弗洛伊德将人类的深层动机总体归结为"性的本能"。之后卡尔·古斯塔夫·荣格则将"完整性"和"心理能量"的概念带到心理学界，他特别强调了集体潜意识，强调了集体文化对个体的潜在影响。荣格于1921年出版的《心理类型》一书，至今依然是研究人类心理类型的基础。20世纪30年代之后，心理学研究中心从欧洲转向了美国，以斯金纳为代表的心理学家提出了以"刺激-行为"强化学习理论为特征的行为心理学。行为心理学的简单性和机械性受到很大的批判和质疑。随着科学技术的进步，20世纪50年代，认知心理学崛起，认知心理学强调了人的"态度—行为—认知"三者之间相互影响的关系，即ABC理论。战后伴随着西方经济快速恢复和持续繁荣，也带来了普遍乐观情绪及人性觉醒的潮流，亚伯拉罕·马斯洛的人本主义心理学成为主流。在企业界，那种理性、冷漠、物质的经济人和社会人甚至复杂人假说被推翻了，人性中的"善良天使"被激发。马斯洛提出了人本主义的需求层次理论，认为人的觉醒将引导人不断从生存、安全等低级需求走向自我实现、自我超越的高级需求。在某一阶段占据主导的需求，就成为这一阶段最主要的心理能量或者动力，马斯洛需求层次由低到高排列如表8-7所示。

马斯洛最大的贡献在于发现了人的成长性和超越性，人们评价"马斯洛心理学是人类了解自己过程中的一座里程碑"。的确，以此为转折点，原来那种胡萝卜加大棒的激励模式转变成对美好生活的激发，激发人们对更高生活目标和愿景的向往。尊重人、发展人，把人视为一个完整的整体，而不仅仅是他的劳动，已经成为企业界的共识。正是这个时候，德鲁克敏锐观察到"知识工作者"的时代即将来到。马斯洛将人本主义心理学称为"第三势力"，区别于弗洛伊德的精神分析学和斯金纳的行为心理学。随着20世纪60年代以萨特为代表的

表8-7 马斯洛需求层次

生理需要（呼吸、水、食物、睡眠、生理平衡）
安全需要（人身安全、健康保障、工作职位保障、家庭安全）
归属与爱的需要（分为友情、爱情）
尊重的需要（自我尊重、信心、成就、对他人尊重、被他人尊重）
认识需要（感知、理解力和学习，好奇心，对于知识、真理和智慧的追求以及解释宇宙之谜的一成不变的欲望）
审美需要（包括诸如秩序、匀称、完整、结构以及存在于某些成人身上和几乎所有健康儿童身上的对行为的完满的需要。马斯洛认为审美需要是类本能，它在自我实现者身上得到了最充分的表现。）
自我实现需要（道德、创造力、自觉性、问题解决能力、公正度、接受现实的能力）。

"存在主义"兴起，心理学也从人本主义向存在主义过渡。马斯洛在 1968 年再版的《存在心理学探索》的序言中写道："我认为，人本主义的、第三种力量的心理学是过渡性的，是向更高的第四种心理学发展的准备阶段。第四种心理学是超越个人的、超越人类的，它超越了人性、自我同一性和自我实现等概念，是以宇宙为中心，而不是以人的需要和兴趣为中心。"在马斯洛看来这种超越性就是信仰："我们需要某种'大于我们的东西'作为我们敬畏和献身的对象。"

如果说，马斯洛将心理学的关注重点从人的消极、阴暗或中性的一面拉向了积极向上甚至超越的一面，充分肯定了人的潜能，那么 21 世纪的积极心理学更将这种积极倾向发扬光大，同时将"超越"拉回到"凡尘"，变成可衡量的"幸福"科学。被称为"积极心理学之父"的马丁·塞利格曼指出，积极心理学的三大基石是：积极情绪、优势美德以及积极组织系统。塞利格曼认为，20 世纪心理学给了心理疾病太多关注，然而代价高昂，人类并未因为治疗心理疾病而变得健康，反而心理疾病越来越多。"人不只是要改正错误和缺点，还希望找出自己的优势和生活的意义。"塞利格曼总结道，"积极心理学很严肃地看待美好未来，假如你发现自己山穷水尽、一筹莫展、万念俱灰，请不要放弃。天无绝人之路，积极心理学将带你经过优美的乡间，进入优势和美德的高原，最后到达持久性自我实现的高峰：生命的意义和生命的目的。""高峰体验"是马斯洛在 60 年代创造的概念，塞利格曼加以吸收，他后来总结提炼了积极心理学的 PERMA 模型，即 positive emotion 积极情绪、engagement 投入、relationship 人际关系、meaning 意义和 accomplishment 成就。积极心理学风潮影响所及，美国知名的咨询与调研机构盖洛普，基于大数据调研结果提出的优势理论一经提出，立即受到企业界的高度认可。

在心理学大的发展脉络之外，应用性的研究也颇为出色。赫茨伯格于 20 世纪 50 年代提出了双因素理论：保健因素与激励因素，保健因素与工作环境相关，而激励因素与工作内容本身相关。赫茨伯格指出，外在的激励如升职、加薪、豪华办公室等环境因素可能会刺激人们主动努力工作，但是持续时间不长。"大部分人都被内在因素所激励，包括个人兴趣、挑战性工作、能够承担和完成更多责任。"赫茨伯格发现，造成人们满意和不满意的原因不是同一种，而是分属两种原因。满意的因子他称为内在激励因素，造成不满意的因子他称为保健因素，[18] 如图 8-3 所示。

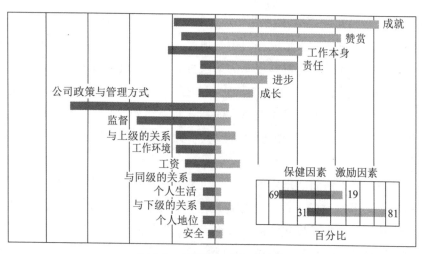

图 8-3 双因素理论相关因素

成就排在激励因素的第一位。同样认为成就作为高激励因素的还有麦克利兰,麦克利兰认为,在生存需要基本得到满足前提下,成就动机、权力动机和人际动机是人最主要的 3 种需要。成就动机被麦克利兰定义为:根据适当的目标追求卓越、争取成功的一种内驱力。具有成就动机的人事业心也强,喜欢能发挥其独立解决问题能力的环境,他们受到成果和目标的驱动。他认为,一个人、一个组织、一个社会,是不是具有浓烈的"成就感"氛围,也就决定了这个社会会不会、能不能走向繁荣与富强。

以上心理学各种理论及研究各有其特点,在解释人类心理动力的时候,有其合理的一面,也有其需要完善发展的一面。通过"时间长短-过程结果"的维度,我将上面简要提及的"动力—激励"理论分别放在下面 4 个象限中,如表 8-8 所示。

表 8-8 整合激励模型

	时间周期较短	时间周期较长
注重结果	"刺激—行为"、认知 ABC 理论、公平理论、积极心理学	成就动机理论、意义疗法、积极心理学
注重过程	需求层次理论、双因素理论的保健因素、积极心理学	双因素理论的激励因素、存在主义、积极心理学

最近发展的积极心理学,兼顾了当下与未来,过程与结果,正如哈佛大学幸福学教授本·沙哈尔所总结的:真正持续的幸福感,需要我们为了一个有意义的目标而去快乐、努力地奋斗。幸福不是拼命爬到山顶,也不是在山下漫无

目的的游逛；幸福是向山顶攀登过程中的种种经历和感受。

企业作为一个复杂系统，越复杂，越需要从整体方面思考对人员的激励。单独某一因素的激励，没有其他的因素配合，可能会适得其反。早期谷歌的创始人奖励金额巨大，曾向 11 个优秀团队，颁发超过 4500 万美元的股权奖励。然而其他众多相关团队表达了不满，他们认为自己的团队曾协助过这 11 个团队取得成功。事实上，这些拿到巨额奖励和没有拿到巨额奖励的团队都变得很沮丧，甚至一些优秀人才拿到巨额奖励后离开公司，这对谷歌来说是一个巨大损失。在此我提出系统激励，有关生命型组织的 12 个维度与 2×2 激励框架的整合如表 8-9 所示。

表 8-9　基于整合激励模型的组织各要素特征

	时间周期较短	时间周期长
注重结果	理论代表：斯金纳的"刺激—行为"强化理论、认知心理学、期望理论、公平理论、XYZ 理论	理论代表：麦克利兰的成就动机理论
	组织层面激励整合： • 选拔能够自我激励的人员 • 适当的报酬 • 认可欣赏	组织层面激励整合： • 激发愿景和共同使命 • 全员参与，合伙人架构的公司治理模式
注重过程	代表理论：马斯洛的需求层次理论、积极心理学 1.0	代表理论：赫茨伯格的双因素理论、存在主义、积极心理学 2.0
	组织层面激励整合： • OKR 敏捷高效的工作机制 • 及时反馈的 360 度评估 • 获得资源的知识等信息系统平台。 • 鼓励员工不断成长的自我开发、自我管理体系 • 扁平、灵活而富有弹性的组织结构	组织层面激励整合： • 赋能的领导力 • 公平、自由、透明、当下—未来兼顾的企业文化 • 创新性工作本身的激励 • 优秀客户焕发的激情

上面谈及的激励理论、模型和具体做法，除了企业文化之外，其他基本都"可见"。但真正持久的激励，则是员工发自内在对生命的激情，真正的激励是引发人们自我内心的觉醒，是自我赋能。组织需要鼓励并帮助人员去探索物质世界、商业财富、社会关系到人类精神和心灵的一系列活动。正如我们反复提及的，"人啊，认识你自己。"这种探索也会在组织内部形成相互赋能的环境。我想，正是内心探索所得的灵性，将激励和赋能区分开来。这正是近年来

在一些一流企业中兴起的正念运动、禅修静坐、高峰体验、教练文化的原因。下面介绍两种在组织中简便易行、颇有效果的自我赋能运动。

2. 正念运动

上面强调的目标导向、挑战性工作等激励方式，具有内在激励的特征。但在资本短期利益的驱动下，就会对人员造成无时无刻、无始无终的巨大精神负担。如"996"工作制一样，无论员工多么努力，一旦走上高度竞争、高度紧张的工作岗位，就有着做不完的事情在等着他。这种工作压力不断积累，对个体造成焦虑、失眠甚至抑郁，在群体中则会演变成相互指责、抱怨和对立的情绪，严重影响企业的发展。为了平衡这种日益加剧的精神和心理压力，很多世界级公司早在十多年前就展开"关注当下、没有评判"的正念运动。

萨提亚·纳德拉在2014年2月被任命为微软第三任首席执行官。彼时的微软，陷入产品老旧、内部相互指责、部门对立的局面，在外界看来已经被时代抛弃，远远落后于谷歌、苹果、脸谱等公司。上任不久，萨提亚决定在他所主持的重要会议上做一个试验，这个试验就是引入"正念"活动，而这个重要会议就是每周一次的微软高级管理团队会议。微软的高级管理团队成员个个经历非凡、聪明绝顶，是微软在业务、营销、财务、技术等方面的世界级领军人物。萨提亚在重要会议上引入"正念"试验的目的，正是想要他们放下"小我"，加强彼此关系，建立彼此赋能的团队。他说他钦佩每一位成员，但他觉得："我们应该加深彼此之间的了解，深入发掘每个人背后的激励因素，而作为领导者，我们也应该将人生哲学与各自的工作结合起来。"[19]萨提亚认为高管成员必须"放下那些指向彼此的枪，将集体智慧与能量注入一种新的使命中"，才能复兴微软。然而最初的"正念"活动并不顺利，这些高管围成一个圈，放下工作、手机，没有汇报干扰，教练鼓励每个人敞开心扉，但是这些听惯了别人汇报并提出批评意见的高管们，起初都把自己裹得很严实，生怕自己的隐私被他人发现，受到讥笑。随着活动的进行，在教练不断鼓励下，房间的能量不断流动起来，每个人开始分享个人的经历、所受教育和心路历程，房间里慢慢有了情感的真实表露，笑脸出现在严肃拘谨的面孔上。萨提亚意识到，微软想要复兴，必须凝聚所有人力量面对艰巨挑战，而这些靠以往鲍尔默强硬风格和极度自信行不通，必须共情、赋能团队每一个人，才有可能成功。

正念，最初源于佛教用语，意指"觉照""观照""内观""观禅"，强调通过意识对自我身心的觉察，从而避免陷入自身过多思绪和外界观点的干扰，关注当下，让干扰如浮云流过，让意念不增不减、无喜无忧，强调内在的深层次宁静，凝神守一。正念在20世纪七八十年代被乔·卡巴金等学者引入美国形成"正念减压疗法"，协助病人以正念禅修处理压力、疼痛和疾病。正念活动强调有意识地觉察（On Purpose）、活在当下（In the Present Moment）及不作判断（Nonjudgementally）。正念练习，是一种随时随地可以展开的简便练习，对于保持精神的专注集中，缓解压力、减轻疲劳和促进睡眠有很好的效果。我从大约2013开始各种正念练习，大致总结正念三个关键点：首先让呼吸慢下来，"人生就在呼吸之间"，保持呼吸的缓慢和均匀，有意识使呼吸频率比平时慢一倍；第二就是不要执着于某个念头，观照各种念头来了又去；第三就是保持觉察与放松，觉察是觉察情绪，让情绪处在平静安宁的喜悦之中；放松是放松感受身体，感受身体哪个部位没有放松，就有意识把这部位放松下来。后面我们还会介绍几个这样的简单活动。

正念练习，需要保持周围环境的安静。对于组织而言，正念活动可以在此个人活动基础上往前一步：让我们带着这样的没有评判、觉知当下的状态进入到团队成员彼此分享和共创价值的环节。

分享：最敬佩人和其身上的品质：
_____
_____

过往岁月最悲伤和激动的时刻：
_____
_____

未来10年的梦想和场景描述：
_____
_____

和我们组织或团队的使命结合：
_____
_____

通过正念活动将个人深层次的觉察和组织使命愿景结合，是正念赋能个体和组织成员的意义所在。正如萨蒂亚在微软高层团队推行正念活动时所说："我们花太多的时间在工作上，所以工作应该有更深刻的意义。如果我们能够把个人的相信的价值与公司的长处结合起来，那么我们几乎就可以攻无不克了。"

3. 创造令人愉快的场景化体验

积极心理学倡导"高峰体验"，同样在组织的激励手段中，创造令员工难以忘记的体验也会带来持续的激励。现金很容易从记忆中消失，而一场美好的音乐会、美妙的烛光晚餐等好的体验，则能够激发人类情感的长久反应和记忆。场景化，正在成为这个时代的特征之一，而打造极致的场景化体验，则让很多企业苦思冥想。企业在激励和赋能员工时，应该发挥创意，设计令人难忘的场景化体验。一次美好的场景体验，带来的心灵震荡久久不会消散，甚至会产生幸福学所说的"高峰体验"，帮助人们寻找到更高层面意义，实现"顿悟"。谷歌曾经做过一份内部调查，在进行奖励前，询问人们更愿意接受金钱奖励还是场景体验奖励，结果显示，人员明确表达想要现金奖励比体验奖励高出15%，同时人员认为就两者带来的意义而言，现金比体验的实际意义也高出31%。然而谷歌在内部对获奖人员进行了对照实验：一组是现金奖励，一组价值相当的旅行、派对及礼品奖励，然后他们从4个方面衡量两种方式带来的结果：有趣、令人难忘、细心周到、喜悦，结果令人惊讶：整体而言更开心的是体验组。体验组比金钱组的有趣感受高28%，令人难忘程度高28%，细心周到感受高15%。而且喜悦程度比现金组的持续时间更长。当5个月之后再调查时发现更出人意料：现金组快乐程度降低25%，体验组反而比获奖时更高。[20]"今天带来的喜悦转瞬即逝，而美好的记忆却永留脑海。"

4. 让认可与欣赏随处可在

批评是官僚组织和家长制文化的特色。在一些官僚机构中，来自上级的批评时时刻刻都在，甚至成为很多年轻人的噩梦。荣格说："如果目的是摧毁、瓦解或削弱，批评会卓有成效。但是如果目的是建设，批评只会造成伤害。"

对员工的欣赏和认可，以及员工相互的欣赏和认可，就像呼吸的空气一样，必不可少。我们总是通过他人、尤其是我们看重的人对我们的评价，来寻找和定义自我，增加自信。班杜拉在 1977 年提出了自我效能理论，自我效能感是个人对自己完成某方面工作能力的主观评估。自我效能是预测工作成就最重要的因子，自我效能越强的人，未来取得的工作成就会越高。而在班杜拉总结的提升自我效能感的 4 种途径中，有一种就是"语言说服"，指通过他人的支持、鼓励来改变人们的自我效能感。人们对自身能力的知觉在很大程度上受周围人评价的影响，尤其当评价来自于有威信或对个体来说比较重要的人。

美国劳工部曾有过一项调查，20% 的员工对工作尽其所能地付出，另外 20% 不想付出更多，中间 60% 的人认为，如果工作能给予更多，他们愿意付出更多。那么他们想要得到"更多"的是什么？就是欣赏和感激。[21] 而事实令人沮丧，美国知名调研机构盖洛普的一项调查显示，"70% 的人说在工作中没有得到表扬和认可。"这就表明，如果你是一位经理人员，你对下属的言语将直接决定他们对待工作的悲观和乐观态度。一直到 48 岁之前，我都很少欣赏或者夸奖公司员工的表现，直到碰到一位善解人意的女士出现，她改变了我对他人的看法。她是在 2018 年 9 月上班的，当时我正好在外地出差。第一天下午，她给我发微信："张总，我来上班了，您看有什么安排吗？"过了很长时间我才回复："你先看看公司产品手册，回去我们再谈你的具体工作。"第一次她随我出差杭州，担任我的助教，她和以往我带的助教都不一样，尽管没有我的培训和指示，她坐在教师后面全神贯注关注我的课程内容、进展及可能的需要，做好随时协助的准备。在学员问卷调查环节，她直接和公司北京后端技术人员联系，迅速将 30 多人的问卷结果统计出来，而这一点，我没有要求，也没有意识到。这个现场统计结果给后面课程带来了意想不到的参与度和活跃度。从此之后，我常常在公司例会和各种场合表扬她的积极思考和行动，她感受到前所未有的活力和工作热情。从此之后，在我和她之间形成了一个不断上升的正向循环。事实上，在这样一个互动过程中，赋能和成长的不仅是她一人，也包括我自己，这是一个积极能量不断流动、增强的过程。更多时候，这种良性互动关系就像一面镜子，在她被欣赏和认可之后，我从她的言行中也认识并反思、学习到自己严重不足之处和思维的盲点，比如：耐心、服务他人的精神、慷慨等一些非常好的品质。简单地说，她被赋能时，我也被这种赋能关系所赋能，如图 8-4 所示。

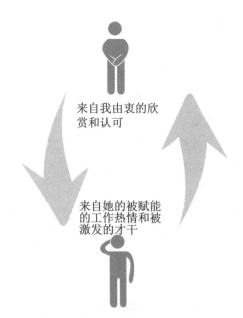

图 8-4 相互赋能相互成长的关系

经过一年工作熟识之后,她才告诉我,从小到大,她一直没有被家里人欣赏和认可过,始终处在担忧、焦虑和恐惧的情绪中。这种情绪带来的不自信已经严重影响了她的日常生活,她甚至从来不敢一个人待在家里过夜。当时,她已经 35 岁,是一个 6 岁男孩的母亲。这种互动、成长、赋能的关系,也让我从她身上找到苦苦探寻 16 年公司成长的秘密:真心诚意赋能他人,就是全心全力成就自己,高质量的关系是相互成就。如今,她已经从不自信的一般员工成长为公司历史上第一个合伙人。

世界一流公司同样如此。谷歌内部有便捷对他人表示感谢的点赞工具——点赞墙,并允许将感激转化成小额现金奖励。谷歌允许员工之间相互奖励,营造了相互认可和服务他人的文化,这样就鼓励员工像主人翁一样思考。员工可以提名给突出贡献个人的同事小额奖金,这些奖金都由公司发放,员工只需要写出应该给提名者奖励的理由。有人会担心如果员工彼此之间相互奖励,那不就是一种作弊吗?然而事实证明,这一制度实施 10 年以来,几乎没有发现过滥用同事奖金体系的情况,整个同事奖金体系是公开透明的,大家相互提醒和坦诚建议。事实上,在员工层面相互认可、欣赏和感激的背后,这套同事奖金体系体现了公司对员工的信任,这种"默认信任"也是组织一种强大的赋能因素。

认可、欣赏、感激、信任,这些要素营造了一种爱的环境氛围,对人员形成了持续的赋能。改变的不仅是员工的工作动力,更给员工带来了健康幸福人生,正如加州大学旧金山医学院 Dr. Dean Ornish 所说:"在医学因素中,节食、锻炼、遗传、药品、手术等——都不能够如感激对人们提升生活品质和减少疾病有更大的积极影响。"22

》案例 8-2:谷歌 10 年探索外部激励因素

谷歌上市前,高管平均薪水为 14 万美元,全公司平均工资低于该区域的中等收入家庭的 8.7 万美元。所有新来员工都得降低薪水,这甚至成为一个重要的招聘筛选条件,有的人愿意降薪 2 万美元、5 万美元甚至 10 万美元。带来的收获则是:那些愿意放弃 5000 美元薪水,将换取 5000 额外优先购股权。也就是说他们愿意和公司一道共创共享。这其中谷歌文化起了重要作用,谷歌文化也是创始人认为那些创意精英所需要而别的公司给不了的,概括起来就是:平等自由;相信事实;自动自发;给予期待。

当时谷歌已经是 3000 人的全球公司,而薪酬分配像小型创业企业一样。经过十年内部探索,谷歌总结出激励的四条原则:

不公平的薪酬:不"公平"薪酬其实是公平的,薪酬与贡献相匹配才算得上公平。1% 者是平均产出的 10 倍,而以往同级别岗位的相差不到 20%,谷歌分清环境和角色贡献,必须有事实根据,贡献 10 倍,报酬至少 5 倍。在谷歌内部,同级别同领域的 1 万股权和 100 万股权仅是个例,常态是薪酬差异在 300%~500%。

以成就为荣,不以报酬为荣:早期谷歌的创始人奖,金额巨大,曾向 11 个优秀团队,颁发超过 4500 万美元的股权奖励。但谷歌人变得更不开心了,很多人出走,那些获奖者、接近获奖的和非技术部门,都不开心。那些激动的少数人,不愿继续从事为他们赢得奖励的创新性工作。而这些问题就出在金钱上。从而得出的教训就是报酬分配确保程序公正和分配公正:"公正性的感知非常强大,几乎影响了人们对工作中的一切事物的看法,特别是他们对自身价值的认识,对工作的满意度,对上级的信任度及对组织的忠诚度。"所以后来的奖励以体验为主,如果有 3000 美元奖励,不是给予现金,而是安排一次难忘的体验。原因是,现金很容易从记忆中消失,而晚餐度假等好的体验则能够激发情感反应。

创造表达爱传播爱的环境:包括通过 gThanks 便捷地给帮助你的人点赞、建立欢乐墙,给予员工提名的突出贡献个人的同事小额奖金等。还有默认信任:允许员工相互奖励,营造了相互认可和服务的文化,让员工像主人翁一样思考。

10年以来,几乎没有发现过滥用同事奖金体系的情况,大家在公开透明前提下,相互提醒和建议。

精心筹划却遭受失败的同样要奖励:这是对鼓励创新和冒险的奖励,如谷歌波浪(GoogleWave)的失败。谷歌波浪全面整合了电子邮件、即时通信、Wiki和社交网络的理念,技术领先超前,2008年在谷歌I/O开发者大会上,首次亮相就惊艳全场,一度成为数字医疗应用领域的宠儿。但由于其应用过于复杂、技术过于超前而失败。不过一些超前理念和技术也为谷歌留下了宝贵经验。所以谷歌公司并没有惩罚这个团队,反而奖励了他们。对此,谷歌创始人之一的拉里·佩奇常说,如果你的目标足够有野心、足够疯狂,即使失败了,也能有相当不错的成就。谷歌波浪的团队致力于开发革命性的伟大产品,承担了巨大的风险,虽然最后失败了,但他们作为勇敢的探索者应该受到鼓励和奖励。

第九章
规模的幻觉：大和小一样脆弱

> 随着生物的体积放大一倍，它所需要的食物不是同比增加一倍，而是只需要增加75%，即四分之三。不论是从2克增加到4克，还是从200公斤增加到400公斤，对任何生物来说，大小每增加一倍就可以节省25%的食物。这就是"规模经济"。事实上，这一规律也贯穿于任何生命体、生理量和生命历史事件。每个生物类群都遵循这一25%的节省规律。
>
> ——杰弗里·韦斯特

恰当组织，既是名词也是动词。一个组织不在于大小，适合最好，而如何将人、资金和物资进行有效组织去实现公司使命，这成为组织领导者和管理层日夜考虑的核心问题；也表示着资本主义从资源型向管理型迈进，管理成为一项专业职能，管理实践成为真正具有艺术性质的科学。其科学部分在于它具有一些普遍原则，如需要依靠数据得出结论等；而艺术部分则意味着即使你知道这些普遍原则，在实践中如果生搬硬套，不能根据环境变化而不断调整和改进，依然会一败涂地。管理是一种实践，最恰当的表述是彼得·德鲁克所说的："管理是一种实践，其本质不在于知而在于行，其验证不在于逻辑，而在于成果，唯一的权威就是成就。"我第一次看到这句话，是在中国一家大型民营能源集团的企业大学墙上，当时给了我很大的震撼，它使我从MBA教科书中逃离出来，知道了经营企业应该根植于环境，扎根于实践而非关注理论，并采取小步前进、快速调整的策略和行动，才取得了今日一些小小成就。

今天的世界，是建立在有效组织基础上的。《繁荣与衰退》的两位作者在总结20世纪初美国那些获得空前成功的商业巨人时说："并非因为他们创造了新事物，而是因为他们创造了组织管理新事物的有效方法。"如何有效实施有效组织？对于企业而言，至少包含5个值得关注的要素：**组织规模、组织形态、信息系统、工作机制和评估衡量**。

2018年，各种经济数据发布，全国国资监管系统企业累计实现营业收入54.8万亿元，同比增长10.3%，实现利润总额3.4万亿元，增长13.2%。2018年，中央企业实现营业收入29.1万亿元，同比增长10.1%，实现利润总额1.7万亿元，增长16.7%，收入、利润均创历年最好水平。对比2017年，国企利润增速冲至23.5%，达到2.9万亿总额，也创下历史纪录。

这是一个好的现象吗？单独看绝对数字，似乎是国有企业在保持较高增长。但如果我们看看所投入的各种有形和无形的资源，诸如：行政垄断经营、国有银行永续性低成本资金支持、巨大的员工规模、以及长达数十年无法计算的固定资产投入，等等，可能就会有另外的结论。

我们需要问一些问题，这种庞大规模的企业，是否能够有效组织？在今天快速变化的环境中，它能产生经营效益吗？如果不能，改革的重点是什么？多大的组织规模在今天数字化时代是合适的呢？接下来的几节，我们重点讨论上述这些问题。

第一节　规模过大的危险性

大不意味着强，想想恐龙是怎样灭绝的，就知道过大的规模其实对于生物体而言是种负担。人类进入澳洲时，最先灭绝的不是容易抓住的昆虫，而是那些巨型动物。[1] 人类的强大最重要的原因之一就是可以组织大规模的队伍，智人不是最强壮的但却是自然界最聪明的生物之一，而其最厉害之处，是可以组织几万几十万规模的力量，去对抗比自身更庞大的生物，实现诸如金字塔、长城、登月等这样巨大的工程。各个聪明，却又能集结数量众多的聪明头脑，形成整体去战斗去建造去征服，这就是人类今天称霸地球的原因。

人类何以能够组织如此大规模的组织呢？其中一个重要的原因就是神秘的邓巴数，人类建立紧密连接的数量远远大于自然界中的所有生物，这个数量是150个。同时借助语言讲故事的能力，人类通过科层制度的设计，建立了包括氏族、宗教、军队、公司、国家等在内的各类非常庞大的组织。时至今日，金字塔式的层级结构，依然是最古老也最广泛存在的组织形式。然而，随着技术尤其是信息技术的指数级发展，以及世界环境的快速变化，对传统的组织规模和组织形式都提出了严峻的挑战。员工人数上过大的规模，对于组织而言，越来越成为一种转型和变革的沉重负担，而不是资源。

古罗马时期，罗马军团战无不胜，是帝国扩张的核心力量。军团最小的战术单位为百人队，兵员80人。2个百人队组成的中队，再上一级则是3个中队组成的大队。一个军团由10个大队组成，整个军团的重装步兵人数也被固定为5280人。除此之外，军团还配备有120人的军团骑兵，再加上军官、技术、医护人员等，一个军团总人数约为6000人。然而全盛时期的罗马军团，却在条顿堡森林这片河谷纵横、地势起伏、道路崎岖、遍布高大茂密的橡树林的地区，遭到蛮族日耳曼人游击队的伏击，加上大雨，几乎让身经百战的3个罗马军团全部覆灭。正如奥巴马时期美国对待战争的考虑一样，当时军方智库认为美国面临的头号威胁，从传统意义上正面大规模毁灭性核战争，转向了分散、小股、突发、自杀式的恐怖袭击，所以命名了一个VUCA（volatility, uncertainty, complexity, ambiguity, 易变性，不确定性，复杂性，模糊性）称呼，宣告一个变化莫测的时代来临。应对VUCA，军方智囊提出了运用无人机、网络武器、特种部队的"轻足迹"（LFP）战略。

今天企业的面临环境也类似于条顿堡森林的VUCA时代。数千年来金字塔式的层级结构，使得很多顶端执掌者养成了狭窄的视野和自大的心理，刚愎自用，无法应对呈指数级变化的世界。多中心化、去中心化成为组织发展的必然趋势。一个组织人数上的简单规模累加不再成为优势，反而是这个时代最有可能迅速崩塌的征兆。20世纪90年代，通用汽车在全球有75万名员工，今天却只有18万。今天这个星球上最赚钱的苹果公司也只有区区12万人，而中国最大的中石油公司保守的员工数字为147万，它却是亏损的。员工人数规模巨大的组织，拖着庞大身躯应对这个快速变化的环境，笨拙而失当。才华横溢的理论物理学家杰弗里·韦斯特在其《规模》一书中，描述了今天越来越快的时代：人类一直以指数级速度扩张，导致生命节奏的不断加速，为了战胜有限时间奇点所预示的迫在眉睫的威胁，人类重要创新的速度也越来越快。"计算机时代"和"数字信息时代"之间相隔不超过30年，而石器时代、青铜时代和铁器时代之间则相隔数千年时间。现在人类就像跑在一个越来越快的跑步机上，不会停止。

接下来我们分析下未来企业的人数、收入上限和不同的组织形式。

第二节　生命体的规模标度率

1638年时，伽利略在写《两种新科学的对话》时就观察到，一个生物体的规模不可能无限增长，迟早会被自己的体重所压垮。对于生物体，有两个关键的数字，一个是2/3，一个是3/4。2/3指的是生物体力量的增长相比较体重增长不是线性的，而是体重的2/3次幂。生物体变得越来越大、越来越强壮的时候，代价就是牺牲了更多的**相对力量**。伽利略说，一只小狗能背起两三只与它体重相等的小狗，而一匹马则不能驼起与它体重相等的另一匹马。生物体力量的增长和重量的增长不是线性的，比如大象增大一圈，它的腿的支撑力量与腿的横截面积成正比，是平方的关系；而体重则与体积成正比，是立方的关系，当体重增加1000倍时，力量只增加了100倍，力量的增长速度赶不上重量增长。这里的一个重要结论是：一个生物体在规模体积上不能无限增长，不然会被自己身体的重量压碎。

3/4是关于生命的另一个重要数字。1932年，生物学家克莱伯做了一组实验。一组数据是各种哺乳动物的体重，小到几十克的耗子，大到几吨重的大象，这个数据作为横坐标；另一组数据是这些动物在单位时间内呼出的二氧化碳，代表了各自的新陈代谢率，这组数据作为纵坐标。两边取对数后，所有这些动物的数据都基本排在一条直线上，直线的斜率为3/4。后来的人陆续做了很多实验，从最小的单细胞生物到最大的生物鲸，体重横跨27个数量级，都满足克莱伯定律。克莱伯定律就是：生物的基础代谢率与体重的3/4次幂成正比。这意味着，体重是老鼠1万倍的大象，其基础代谢率只有老鼠的1000倍。相比较老鼠而言，单位体积的大象基础代谢更高效，代谢更慢，寿命也更长。这个基础代谢率和体重的关系，不像力量和体重2/3次幂的关系，而是3/4的关系。"4"作为生命体的一个神秘数字，与遍布全身的负责代谢功能的毛细血管有关。一条一维的直线，因为形成了复杂的毛细血管网络，而变成了二维。这与"分形"的概念有关，此处不再提及。

2/3和3/4这两个数字，均是有关生命体规模即体重幂指函数，呈亚线性原则，低于线性增长。前者是0.667、而后者是0.85。3/4的标度律表明进化原则，大的生物体能够保持较低的基础代谢率；而2/3的标度率则表明了生物体不能无限增大，否则会被自己的重量压垮。对于任何一种生物体而言，都需要符合热力学第二定律。

一个系统、生命体，其产生的能量难以维持生命存在的消耗时，系统或者生命体就会萎缩、塌陷、衰落乃至死亡。生命体如此，人类建立的各种组织也是如此。对于生命体而言，其能量交换由遍布全身的代谢系统产生。人类建立的最为典型的4种形式：城市、宗教、军队和公司，其中的规模大小又受何制约呢？他们的组织形式对今天的公司有什么借鉴意义？其中的能量交换又是如何发生的呢？表9-1是一些对应关系，我们将以此作为基础来探讨。

表9-1　不同系统的规模和能量表现形式

系　　统	生　物　体	城　　市	公　　司
规模	体重	人口	雇员人数
汲取的能量	代谢率	产出	销售额
消耗的能量	身体的维护	基础设施	成本

第三节 《财富》500强有关公司规模的启示

德鲁克曾经在那本经典的《管理：使命、责任和实务》中对组织规模有过论述。他同样以生命体不能无限增长，不然会被自身体重所压碎的理论，阐述了组织的规模不能过大。总体而言，德鲁克认为组织的规模应该和企业所从事的业务匹配，保持适度规模。生产型企业较大规模是适当的，也是经济的，可以达到十几万甚至几十万人；而知识型企业比如专业的商业服务公司、咨询公司、智库、设计公司，规模就不可能过大，千人就已经是非常大的规模了。截至2022年8月，成立已经70多年的美国著名智库兰德公司，全球员工仅有1800多人。

关于公司多大规模算是适当？目前排名《财富》500强第一名的沃尔玛，应该是上一个时代最具颠覆性的公司。从1970年开始，采取会员制和天天低价策略，它就走上一条非常陡峭的增长曲线，不断超过花旗银行、康菲石油、福特汽车、通用电气、雪佛龙公司、美洲银行和埃克森美孚。然而正如生命体一样，增长不可能无限，这些公司包括沃尔玛，最后的增长都无一例外成为一条平缓的线。为了试图寻找到一些关于企业规模的信息，本文通过2018年《财富》500强的一些公开数据，通过几个关键性指标的对比来分析一些趋势，相关数据如表9-2所示。

表9-2 2018年《财富》前20相关数据对比

排名	营业额最多的公司		人数最多的公司		利润最多的公司		市值最高公司前10	
	名称	营业额（亿美元）	名称	人数（万）	名称	利润（亿美元）	名称	人数（万）
1	沃尔玛	5003.43	沃尔玛	230	苹果公司	483.51	苹果公司	12.3
2	国家电网公司	3489.03	中石油	147	英美烟草集团	483.28	谷歌公司	8.01
3	中石化	3269.53	中国邮政集团公司	94.8	伯克希尔	449.40	微软	12.4
4	中石油	3260.08	国家电网	91.4	中国工商银行	423.24	亚马逊	56.6
5	壳牌石油	3118.70	鸿海精密	80.3	三星电子	365.75	Facebook	2.51
6	丰田汽车	2651.72	中石化	66.8	中国建设银行	358.45	腾讯	4.48
7	大众汽车	2600.28	大众汽车	64.2	威瑞森电信	301.01	伯克希尔公司	37.7

续表

排名	营业额最多的公司		人数最多的公司		利润最多的公司		市值最高公司前10	
	名称	营业额（亿美元）	名称	人数（万）	名称	利润（亿美元）	名称	人数（万）
8	英国石油	2445.82	康帕斯集团	58.8	美国电话电报公司	294.5	阿里巴巴	6.64
9	埃克森美孚	2443.63	美国邮政	57.4	中国农业银行	285.50	强生	13.4
10	伯克希尔公司	2421.37	亚马逊	56.6	中国银行	255.09	摩根大通	25.25
11	苹果公司	2292.34	中国农业银行	49.2	摩根大通	244.41		
12	三星电子	2119.40	敦豪集团	47.2	康卡斯特电信公司	227.14		
13	麦克森公司	2083.57	俄罗斯天然气	47	丰田汽车	225.10		
14	嘉能可	2054.76	中移动	46.8	富国银行	221.83		
15	联合健康	2011.59	中国工商银行	45.3	辉瑞制药	213.08		
16	戴姆勒股份	1852.35	中国航空工业集团	45.2	微软	212.04		
17	CVS健康	1847.65	克罗格	44.9	埃克森美孚	197.10		
18	亚马逊	1778.66	怡和集团	44.4	美国银行	182.32		
19	EXOR集团	1616.77	埃森哲	42.5	Facebook	159.34		
20	美国电话电报公司	1605.46	中国华润	42.3	宝洁公司	153.26		
中国公司数量及占比	3，15%		10，50%		4，20%		2，20%	

通过分析上表，我们得出以下几个阶段性结论：

- 销售收入最多、利润最多和市值最高的企业，可以分别近似看成代表过去、现在和未来的公司。乔布斯的苹果公司、巴菲特的伯克希尔公司，无疑是最优秀的两个从过去走向未来的公司。
- 在销售收入排名前20的公司中，依稀可以看见诞生于20世纪初期的强调规模化经营的巨头，行业包括石油、汽车和银行，代表着过去百年工业时代的旧有势力。除了这些行业，销售收入排名前20的公司也涌现了一批信息技术、健康医疗和媒体娱乐类型的公司，这些产业在

20 世纪 70 年代之后随着信息技术的快速发展而崛起。**巧合的是，沃尔玛也是从上世纪 70 年代开始实现非常快速增长，这应该得益于信息技术的发展。很难想象，管理全球 230 万名员工、数亿种商品的公司，在没有强大信息技术支撑下，能够保持高效运转。**所以，某种程度而言，沃尔玛是一家真正依靠快速发展的信息技术驱动的公司。

- 以销售收入而言，5000 亿美元应该是目前人类所能有效组织公司的一个增长的极限。以有效组织的人数规模而言，230 万则是一个极限。超过了这两个数字，可能意味着规模的不经济性，即**公司为了实现增长，投入的资源大于增长的资源，得不偿失。**

- **面向未来的新一代公司的员工数量基本都在 10 万上下，全球市值排名前 10 的公司员工平均数为 18 万。**基本已经实现全球化经营的华为公司正好是这个数字，而阿里巴巴 6 万多人、腾讯 4 万多人、百度 4 万多人，还有很大的人员增长空间。

- 相比较苹果、谷歌、微软、Facebook 及中国的腾讯、阿里等，中国国有大型企业的人员显得过于臃肿。全球前 20 家人数最多的公司中，有 10 家中国公司，占 50%，人数最多的前 5 家除了全球经营的沃尔玛之外，有 4 家是中国大型国有企业，占 80%。**这 10 家中国公司的员工人数平均达到 67 万，是市值最高公司的 3.7 倍。事实上，这 10 家中国大型国有企业的实际员工数量有可能被低估，如果加上一线技能岗位外包类员工，实际雇员人数大约会是当前数字的 2 倍，即平均 134 万名雇员。**对于承担涉及国计民生、承担中国经济压舱石作用的国有大型企业而言，庞大的人员规模，一方面为全社会创造了大量的就业岗位，另一方面体现了公共事业的部分属性和示范作用。

- 然而庞大的员工人数，将导致更多的内部成本消耗和管理层级扩大。同样是能源行业的英美西方巨头，其员工数量精简程度达到令人吃惊的地步：**排名第 5 的壳牌公司，全球员工仅有 8.4 万人，英国石油也仅 7.4 万人，埃克森美孚 7.12 万人。**以如此少的人完成如此高的销售收入，无疑这些公司内部都通过持续的管理变革和技术创新，实现了生产率的大幅度提升。但这些西方能源巨头奉行对其股东负责的准则，并未背负中国国有大型企业那样的部分公共事业属性的社会职责，以至于在 2022 年的全球能源危机中，这些能源巨头反而在第二季度实现了上年 3～5 倍的净利润，因而被联合国秘书长古特雷斯点名批评为"不道德"。

- 以员工人均净利润而言，一方面西方能源巨头几乎做到了极致，另一方面也在提醒国有大型企业需要极大提高劳动效率，假设通过管理变革和技术创新，能将目前大型国企员工数量仅保留 1/10 或 1/5，即使销售收入有所降低，也将带来巨大的生产效率提升，具备和西方巨头抗衡的竞争能力。

- 盈利最多的公司中，有 4 家是中国的国有银行。《财富》2018 年的行业数据说明：美国上榜的 8 家银行平均利润 96 亿美元，而中国 10 家银行平均利润高达 179 亿美元，远远高于全部入榜中国公司的利润水平（31 亿美元）。**而这 10 家银行的总利润更是占了 111 家中国大陆上榜公司总利润的 50.7%；作为对比，美国银行总利润仅占 126 家美国入榜公司的 11.7%。**

- 以组织效率而言，上一个时代的生产率王者——沃尔玛已经非常高效：全球 230 万员工，采取事业部和区域经理制，仅有 4 个管理层级，人均销售收入为 21.7 万美元。在**市值最高的 10 大公司中有 7 家是网络时代的平台型公司，其中同为零售行业的电商公司亚马逊，其人均销售收入也达到 31.4 万美元，比已经非常高效的沃尔玛高出 45%。**而以颠覆性创新著称的苹果公司，其人均收入高达 186.3 万美元，是沃尔玛的 9 倍左右，亚马逊的 6 倍左右。颠覆性创新依旧是企业发展的不竭动力。

第四节　亚线性增长的员工人数与销售额之比

对于大型企业而言，系统的熵增是非常巨大的，混乱、扯皮、推诿、推卸责任是所有大型企业的弊病，组织就需要耗费更多的资源和能量维持其运转，从而可能导致组织面临最严重的危机，即组织失去了存在的意义：外部性成果。在 2021 年 1 月，每天有 1 亿条短视频的微信，其视频号团队也就一两百人，其中还包括了三个算法团队、前后台开发、产品运营等。微信创始人张小龙认为"这很微信风格"。他说："互联网产品是关于创造力的，而不是拼人数。如果一个 100 人的团队做不出来一个产品，给 1000 人也照样做不出来，甚至做得更差，因为 1000 人的内耗太大了。"[2] 过多的会议就是这一致命弊端的体现。会议是传统的科层官僚组织试图解决混乱和低效的一个手段，这些手段还包括组织结构设计、内部流程优化、以及各种大型的信息管理系统。过多的会议和经常出现的各种运动，是组织规模失当、结构不合理以及管理者无能的一种表现。在众多的数据中，最能体现公司经营效率的指标就是 ROE 资产收益率。这个指标意味着公司投入的资源和最后的收益之间所造成的损失，隐含了公司有关混乱、推诿的关键信息。下面我们通过对比几个中外企业的资产收益率（ROE），看看能有什么发现。石油行业五巨头在营收、利润和 ROE 方面对比如图 9-1 所示。

令人吃惊的是，营收规模和员工数量庞大的中石油和中石化，在利润和资产收益率方面却是不折不扣的矮子。在无法进行生产力提高的情况下，规模和利润、资产收益率呈典型的负相关。这意味着中石油、中石化这两家中国最大的国有企业，销售收入被它庞大的内部系统所消耗了，其运营成本非常之高。而埃克森美孚和壳牌的经营就非常高效，如果你是这两家公司的股票持有人，股东回报将是中石油和中石化的 5 倍以上甚至十几倍。

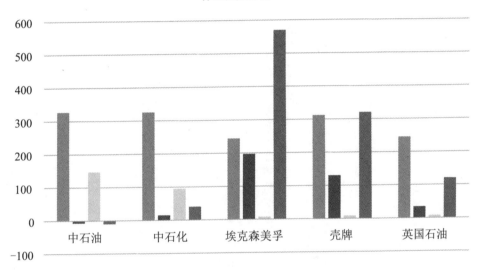

图 9-1　石油行业中外巨头指标对比

事实上，在《规模》一书中，韦斯特同样对美国 28853 家上市公司进行了大量研究，以员工规模作为横坐标，分别以净收入、总利润、总资产和销售额作为纵坐标。最后韦斯特得出了这样的结论：**美国大公司的销售额和成本都与员工人数成正比，斜率 K=1。这意味着大公司并没有随着规模的变大而变得更加强壮，它的脆弱性和中小公司是一样的。**甚至在市场大波动面前，因为巨大的成本压力而更加脆弱。它们只是大到不能倒，比如在 2008 年美国金融危机时，美联储对友邦保险、房利美、通用汽车等大公司救助。韦斯特说："几乎所有产业领域的公司都表现出相似的生存曲线，无论它们处在什么行业，也无论它们消亡的原因是什么,只有大约一半的公司存在时间超过了10年。"[3]

  由中国学者对中国的上市公司进行分析,得出的结果和美国的上市公司并不一致。中国公司的销售额和成本正比于员工人数的0.8次方。这是一个和生命体规模类似的亚线性变化,即员工从100人规模增长一万倍到100万人,而销售额只增加了1000倍。如果把销售额比喻为公司所吸收的外部能量的话,中国大型公司吸收能量的速度赶不上它员工人数增长消耗能量的速度。这就类似于前面我们所说的生命体不能无限增长,不然它的重量会把身体压碎。同样对于大型中国企业而言,它过大的员工规模会把企业碾碎。之所以这些没有效率的巨型企业能够一直存在,最重要的原因是获得了国有银行的永续低成本金融贷款,保持了较为充足的流动性。

第十章
组织形态：自组织、团队与伙伴关系

> 传统组织结构将置企业于死地，未来的企业组织会更类似于一种混沌的生态系统。
>
> ——凯文·凯利

之所以公司销售收入没有和人员规模共用呈现类似于城市的超线性 1.25 指数的增长，最可能的原因是：**随着公司规模急剧扩大，人员并没有产生更多的协作，而各自的能量部分地被内部无谓消耗了**。对于任何由人类连接在一起的各种组织，如军队、宗教团体、政府、国家以及公司，高效协作都极为重要，那些伟大的创新也是在良好的协作环境下产生的。公司的文化、价值观、领导力，包括技术层面的流程、结构、机制等，都是为了保证组织的人员可以高效协作。麦肯锡两位资深顾问的研究也佐证了这一观点：**协调与管控是九大要素中最关键的一个要素，在此方面得分高的组织有 73% 的可能性会高于平均水平**。[1]

一个好的组织，其发展壮大的过程在大部分时间中，应该是结构力量大于个人。白手起家的亨利·福特的公司，经过短短 15 年发展，在 20 世纪 20 年代就发展成为全世界规模最大、利润最丰厚的制造企业。然而，亨利·福特建立的公司，还只是一个几乎没有结构的公司，只有老板、工人和流水线，没有结构和管理人员。很快，仅仅几年之后，福特汽车尽管有亨利·福特顽固坚持，业绩依然迅速下滑，持续亏损。而几乎在同一时间，通用汽车新上任的总裁斯隆，则将分权的事业部结构引入到通用汽车公司，"并把这群散漫的大亨转变成了一支管理团队，短短 5 年，通用汽车就成了美国汽车的领头羊，而且自此以后一直是老大"。经历了持续 20 多年的亏损，几乎无法再支撑下去的福特公司，在被年轻的福特二世接手后，迅速引入了斯隆改造通用汽车的那一套结构和方法，设计组织结构，组建管理团队，仅仅 5 年就恢复了元气。可以这样说，即使伟大如亨利·福特，也败在结构的力量面前。彼得·德鲁克作了一个形象的比喻，老福特所坚持的"老板"和"帮手"的"小买卖"就是昆虫，而斯隆所设计的通用汽车则是脊柱动物。脊柱动物的骨骼不是从昆虫坚硬的外壳演变而来，这是一种全新而彻底的更换，不是一种渐进，而是一种物理学所说的"相变"，例如水从液态变化到固体的冰。德鲁克说："这是物质从一种状态，一种基本结构，跃进到另一种状态、另一种基本结构的过程。"[2]

组织结构的形态在今天已经成为一种常识，常见有直线职能、事业部制、矩阵和团队形式，结构中包含了对应的工作流程、岗位职责等。如果从德鲁克所说的20世纪20年代杜邦公司及通用汽车在组织内部建立专业的分层结构和事业部开始，一直到90年代通用电气在杰克·韦尔奇领导下开展的无边界管理，组织结构形成了的强大力量走了一个70年的大循环。这个大循环最初由于恰当的组织形态及功能给企业带来了巨大增长，组织规模也迅速增大。然而伴随着规模的增大，组织复杂度不断加剧，结构不断叠加，在直线职能基础上形成了事业部制，之后增加了横向的矩阵式组织。随着结构的一层层叠加、固化，组织内部形成了严重的部门壁垒、管理层官僚化倾向和结构混乱现象，作为整体的组织被分割成一个个独立王国，只见树木，不见森林，于是组织出现了反应迟缓、相互推诿、漠视客户、浪费巨大的现象。事实上，自从组织结构在最初带来巨大优势之后，企业的领导者就开始了和结构固化所形成的保守力量进行的斗争。以往金字塔式官僚组织集中控制的弊端，在今天已经显露无遗、残相破败。未来的组织形态将是化整为零、小型化、团队化、强前端、大后台，个体有着更高的自由度和自主性，这种形态和未来社会是一个知识密集型社会密切相关。

最近20年，企业界一直在试图探索一条简单有效的组织结构。阿米巴、敏捷团队、生态型组织、液态组织、自组织等相继产生。这几个组织形态很类似，塑造这样组织形态的核心目的，就是让组织成为一个具有自我更新能力的生命体，对外界环境变化保持快速反应和适应的能力，主要的手段就是在组织内部培育一种看似混乱的有效竞争机制。自组织被梅多斯德定义为"系统所具备的使其自身结构更为复杂化的能力"，一个自组织会产生异质性和不可预测性，由此系统可能演变为全新的结构，发展出全新的行为模式。这表明一个复杂组织内部的差异化是竞争力的重要来源，正如罗素那句话：参差多态乃幸福本源。在自组织不断产生新结构、复杂度增加的过程中，自组织系统常常就会生成一定的层级或层次性。梅多斯德认为层次性的好处在于最大化减少了信息量传递，子系统内部的联系多于并强于子系统之间的联系，如果一个系统的设计合理，没有哪个层次会出现信息过载，层次之间也合理，这样反馈延迟就会大大减少，系统的运作效率和适应力就会增强。[3]事实上，人体最精密的系统——大脑就是一个明显的分层结构：底层是爬行类脑的小脑和脑干，中间是哺乳动物脑的间脑，最上面是最后进化的大脑皮层。

凯文·凯利曾说："传统组织结构将置企业于死地，未来的企业组织会更类似于一种混沌的生态系统。"[4] 从生态进化的角度而言，未来组织形态将具有如下共同特征。

- 涌现："涌现"是数字化时代典型的概念，来源于生态系统中那些成千上万个体组成的群体，它们聚在一起表现出高度智能和协同作用的"群"，如蜂群、鱼群、蚁群等。这些群没有明确的单一中心，它们根据环境变换呈现相应快速的变化。"涌现"以数量换取质量，这意味着群体中不同个体交流产生大量的思想碰撞，使得群体具有高度复杂性，从而产生了远高于个体的群体高度智慧。自然界中，所有具有活力的生态型组织，都具有"涌现"的特征。除了各种群，还有人的大脑、地球生态和人类社会的经济体系，以及今天几百亿台智能终端组成的超级物联网，都具有涌现的特点。"涌现优于权威"，这条原则被MIT媒体实验室主任伊藤穰一奉为互联网时代的第一原则。[5] 一个典型的例子：草根群体完成的"维基百科"和权威人士完成的《大不列颠百科全书》，哪个质量更高？《自然》的一份研究显示两者相差无几。所以伊藤穰一说，他最欣赏的一名伟大科学家最难得的品质之一，便是愿意让自己看上去愚蠢。
- 团队化：大型公司内部团队化，团队很好地平衡了公司的统一目标和个体能动性之间的关系。
- 小型化：团队都是小型的，通常5～12个人左右。借助网络效应和廉价的计算能力，个人或小团队的力量正在超越大型组织所具有的结构力量。服务11亿用户的微信视频号仅有一二百人，其中包括了3个算法团队、前后台开发、产品运营等。那些动辄百万人以上的大公司，属于20世纪重工业时代的产物。包括中国大型国有企业在内的员工规模超过50万人的企业，想要提高生产力，最适宜的举措就是缩减人员规模，缩减到多少合适？18万是一个标度锚值。创新动力不竭的苹果公司，在2019年时全球仅有12万人。
- 人工智能：之所以能做到公司越来越小，是因为各种类型的公司都在大规模地部署人工智能，从而代替传统人力。鸿海精密在2018年宣布，在5～10年时间内，利用人工智能将目前员工减少80%。
- 高创意人才：更少的员工如何创造更高的价值？答案就是不遗余力地高薪招聘以及培养全世界最优秀的创意人才。传统的所谓不可替代资源优势已经不复存在,工业4.0革命的"大云物移智"将创意人才的价值放大,一流人才的贡献呈指数级。谷歌公司曾经宣称,一个一流人才的贡献是普通员工的千百倍甚至万倍。指数原则在各行均适用,美国亚利桑那州立大学教授Hendrik Bessembinder在最新发表的论文中统计出,1926到2016年,苹果、埃克森美孚、微软、通用和IBM这五家公司,贡献了整体美股市场股东收益的1/10。在过去近百年,美股上市的约2.5万家公司中,超过半数的收益不如美国国债。

- **放弃控制**:创意人才讨厌甚至痛恨官僚作风,他们具有极强的自我驱动力,因此放弃控制不仅对这些人适用,对于营造一个内部的创业氛围同样适用。

- **平台化**:可分为企业内部和外部平台化。外部的平台化就是建立一个网上的社交、娱乐、双边市场的集市。同为零售行业,平台化的亚马逊,其人均销售收入比已经非常高效的沃尔玛高出45%。而内部平台化对所有的公司都很重要,其实质是鼓励公司内部创业。传统企业内部平台化转型正在进行中:沃尔玛全球统一采购商品的同时,也赋予了单独门店更大的自主经营权;万科在内部实现了合伙人制;众多中小企业也鼓励内部创业等,这些企业实践都是内部平台化的表现。很多国有大型企业也已经提出了平台化战略。这方面它们有着得天独厚的优势,比如数十年建设形成的庞大基础设施,这些基础设施形成了平台企业的稳固大后台,前台则会形成一个个产品和解决方案团队。大的平台型企业,即是一个独立而强大的公司,也是一个孵化内部众多优秀初创团队的投资公司。

从古到今,大多的高级智力创造者都喜欢一种闲云野鹤的生活,但又不能无所事事;都喜欢离群索居,但又不愿形单影只。今天的时代,不再有"故人江海别,几度隔山川"情况,可以随时展开一个"说走就走想见就见"的旅程。所以一种脱离大组织束缚,又具有创造性和更多自由度的新型关系就产生了。越早放弃旧的奶酪,就会越早发现新的奶酪。总而言之,未来的组织将不再以"大"来衡量其贡献和令人尊敬的程度,更多的是创造的效能和产生的影响。这些独立的智力创造者,就是所谓"大IP"和"超级个人",他们也将以一种"轻型而有效"的组织形式存在,我把这种组织形式称之为"伙伴"。组织形式从来都是一种工具,小型的伙伴性质的组织形式,将成为一种趋势。

这种轻型有效的伙伴组织,也区别于以往的"团队"概念。它没有以往团队中相对固定的准则和决策流程,没有一开始就需要明确的任务目标,甚至没有所谓的团队领导。这种形式，要求伙伴成员具有很高的成熟度和良好的自我管理能力。"伙伴"这种组织形式，要求成员具有相近价值观、兴趣、志向和水准相当的智力，他们以一种更为独立和自由的方式结合在一起工作。这种组织形式之所以会产生，因为它至少满足了智力创造者如下三方面的核心需求：因为人际连接而产生的关系所带来的亲密感和归属感；因为群体而产生的超过个体的创造力；因为伙伴存在，从而产生一种相互支持、相互监督、相互竞赛、相互见证的个体持续成长。

伙伴关系的组织形态激励了组织中的知识工作者。组织内个体创业，在一些互联网公司已经不是新鲜事，但在一些步履蹒跚、从工业时代走来的巨型企业中，购买内部知识服务的市场或许才刚刚开始。某种程度而言，知识经济和互联网时代的企业变革，首先是组织结构的变革。企业战略已经不仅仅是"选择做什么和做得有特点"那么简单了，更重要的问题是企业的实际运作是以何种形式和规模运作？大公司时代已经结束，"大"指的不是销售规模，而是组织层级结构的"大而无当"。苹果和谷歌都公开宣称自己是"小公司"，而这些"小公司"一个产品的利润，就已经超过了上一代所有那些像恐龙一样笨拙的大公司所有产品利润的总和。诺基亚、摩托罗拉、柯达、通用汽车，它们衰落的一个重要因素就是庞大臃肿的组织结构，无法对到来的风暴巨浪做出迅速行动，像泰坦尼克巨轮一样，只能眼睁睁看着自己倾覆而无能为力。2017年有一篇分析联想的文章，其中有一段具有洞察力的话："联想的战略不但没有强化本地化和互联网化，反而历史性地将战略中心迁移到以美国为主的海外市场，这让联想历史性地远离成为创新型互联网公司的机会，反而成为了一家看起来高大上的拥有戴尔、惠普失败基因的国际化官僚公司。"

≫ 案例10-1：领英所揭示的新型关系和组织形态

社交媒体Linkin领英的创始人里德·霍夫曼，同时也是硅谷一位著名的风险投资人。霍夫曼从一个全新的视角揭示了公司和员工之间的关系，即联盟而非仅仅是雇佣的关系，而且这种联盟从员工刚进入公司一直持续到离职以后。联盟关系涉及3个主题：任期、员工的人脉、管理员工网络。

1. 任期。在工作期间，以一个个完成具体任务的有时间期限的任期，代替原来的固定期限劳动合同。从一开始，公司管理层就向员工表明，尽管我们都知道我们不可能终生在一起，但你在公司这段的时间，却是我们双方的彼此创造：公司为你的成长和个人品牌提供机会，你为公司的增长作贡献。这样，员工的职业生涯就变成了一个个任期计划。任期可以分为：半年左右的类似实习生的轮转期，两年左右类似项目制的转化期，以及长达10年甚至更长的稳定的基础期（通常高管如此）。

2. 员工人脉。传统观点认为员工私人人脉和公司工作分开，但霍夫曼则强调了好的员工会想方设法利用自己的资源推进自己的工作。他们明白，这是在业界创造自己的品牌和声誉。员工的品牌必须得符合公司的使命、价值观和品牌内涵。作者给出了一个探寻价值观的简单工具：找出自己最为崇拜的3个人，在每个人身上找出3个特征，然后把这9个特征按自己认为的重要性排序，最靠前的就是你的价值观。

3. 管理员工网络。这方面全世界做得最好是两类公司，一个专业的服务如麦肯锡、贝恩管理咨询公司，另一个是大学。管理员工网络就得要投资这个前员工资源，这是一项性价比很高的投资，公司只需要一些举办活动：定期邮件、推荐奖励、节日礼品或者信息分享等，就可以收获很多，比如推荐雇佣优秀人才、推荐客户、提供情报以及公司的品牌大使。麦肯锡的成功部分得益于遍布全球的前员工，他们彼此称为"校友"，从60年代它就开始管理员工的人脉，至今有超过2.4万名成员。

从本质上来讲，从雇佣到联盟，不再把公司和员工之间看成一场简单交易，而是一种可持续的关系。在这种关系中，双方彼此独立，从坦诚开始，着眼于双方的成长，双方彼此都全力投入，实现了公司和员工之间的信任和忠诚，从而带来全新的组织形态，今天这种形态正在生成。霍夫曼总结说："没有员工忠诚的企业就是没有长远考虑的企业。没有长远考虑的企业就是无法投资未来的企业。无法投资于未来机会和科技的企业就是正在走向灭亡的企业。"

第十一章
信息系统：从 IT 到 DT

如果你拷问数据到一定程度，它会坦白一切。

——罗纳德·科斯

人类社会任何有效的运作都离不开信息。实际上，包括人类在内的所有生命体，就是信息的产物，携带遗传密码的 DNA 将"自私"的基因复制并代代相传。有效传递信息的手段，代表了一个社会的组织能力水平。不借助信息工具，依靠身体本身，人类能够有效组织的人数受到大脑新皮质的决定，大脑最后进化出来的新皮质是处理信息、加工信息最重要的器官。而建立一个能够有效合作的群体，彼此认知和信息交流是基础。150 人左右的"邓巴数字"是人类自然状态下大脑新皮质社交网络的上限，之后信息传递方式改变了社交上限，也极大增加了组织动员人数的规模：从古代的长城烽火、驿站传书、造纸印刷、电报电话到今天的互联网、数据流，人类借助技术在最大范围内传递信息，从而保持了大规模有效合作。英特尔前 CEO 安迪·格鲁夫就认为，美国企业之所以能够在 20 世纪 90 年代战胜日本企业，就是因为信息传递方式的改变："一秒千里"的美国电子邮件战胜了日本的大方桌。[1]

人类社会信息量增长也符合摩尔定律（平均每 18 个月计算机运行速度翻一番）。信息量保持每年 66% 增长，且已经持续至少一个世纪了。今天的信息量相当于每人拥有 320 个亚历山大图书馆。发端于 20 世纪七八十年代的信息革命，极大地促进了组织效率提升，扩大了组织的规模，才使得企业的经营可以全球化，业务更加复杂化，结构也更为扁平化。《财富》500 强正是在这一时期，不断加强在信息领域投资，在生产流程、物资、资金、客户、人力等各个方面进行信息化，形成了一个个以计算机系统为基础的组织管理系统：ERP、CRM、OA、HR。因为技术的发展，这个时代信息的特征，是一个处于云端的、无时不在的、几乎没有延时的宇宙级别数据量构成的数据流动的海洋。思想转换成数据可以被上传云端，甚至未来整个人类都可以被上传云端。如同最初 DNA 所承载的人类信息密码，今天的海量数据流也正在重新定义人类，所谓"人类永生"也是从这个角度来看待的。

在计算机时代，凯文·凯利把人类社会对信息的管理分成3个阶段：第一阶段是新媒介最初的形态，就是模仿它所取代的传统媒介。商用计算机从传统办公室借鉴了大量的名词，比如文件、目录和桌面，它们层级分明，秩序井然；第二阶段引入了网络组织原则，页面取代了文件，无穷无尽的链接取代了目录，统一窗口的浏览器取代桌面界面，整个信息的网络结构是平的；第三阶段是信息流和数据流，标签取代了链接，在数据的海洋中，属于你的数据在不同时刻被标注、点赞、收藏。任何被生产出来的东西都将包含一块能联网的芯片，在信息流时代，一切都是实时发生的，凯文·凯利说："要么实时发生，要么不存在。想要在实时中运转良好，所有的事情都必须流动起来。"

以上不同阶段的信息管理方式，给组织工作带来了决定性挑战，这个挑战与时间紧密相关。第一阶段以月度为周期，企业信息以月底汇总账单的集中处理方式进行；第二阶段可以实现当天处理模式，即日清日毕；而在今天则是实时模式。信息处理速度的加快，导致了环境变化、企业竞争和我们的工作节奏也越来越快，我们已经生活在一个"10倍速"的时代。在这个"10倍速"的时代，想要不被信息的海洋淹没，保持自我，就需要我们既要有快的行动，取得突破，也要有慢的态度，静心专注。木心有篇《从前慢》的短诗："从前的日色变得慢，车，马，邮件都慢，一生只够爱一个人。"我们不可能回到过去车马时代，却需要在被数据洪流淹没的时代，保持那种关注当下的从容与专注，这既是一种心境，也是一种必须具备的时代能力。

未来企业的成功关键，就是对这些实时流动的海量数据的有效使用和管理，这直接决定了传统企业能否数字化转型成功。围绕数据信息的高效处理，组织的各个方面将被重新塑造。正如阿里研究院的研究结论，这场至关重要的商业变革，在"技术－商业"这一关系中，正在从IT（信息技术）支撑商业向DT（数据技术）赋能商业转变。DT随着数字资产积累、算力提高和算法不断优化，将实现组织的从业务数据化向数据业务化转变。研究报告将企业"数智化"分为五个阶段：IT化阶段、在线化阶段、云端化阶段、双轮驱动阶段和全链路数智化阶段，如图11-1所示。

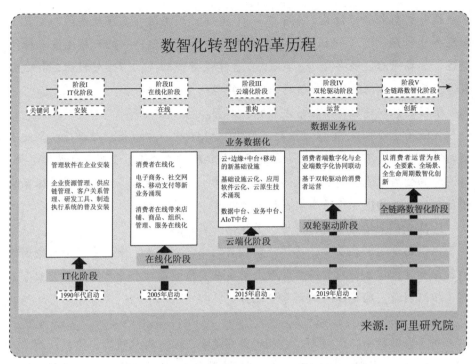

图 11-1　阿里研究院关于数智化转型的沿革历程

》案例 11-1：数智化转型的沿革历程 [2]

阶段一：IT 化阶段。关键词：安装。

企业通过安装办公自动化（OA）、企业资源管理（ERP）、供应链管理（SCM）、客户关系管理（CRM）等各类信息化软件，构建单点业务环节信息系统，全面优化企业的研发、生产、经营流程，提高管理效率，为进一步深入开展数字化转型打下坚实基础。

阶段二：在线化阶段。关键词：在线。

互联网普及对于商业世界带来的革命性变化，意味着商业系统进入了新时代——在线时代，商业世界实现大尺度、多场景业务闭环优化。伴随着 3G、4G、5G 等移动互联网及物联网技术的迭代，电子商务、社交网络、移动支付、网络约车等新业务涌现，推动着消费者在线消费，以及店铺、商品、组织、管理、服务的在线化。

阶段三：云端化阶段。关键词：重构。

以云计算、物联网、人工智能、5G、数字孪生等为代表的智能技术群落正在构建新商业基础设施，未来 5～10 年将是新型数字基础设施的"安装"和服务交付期。IT 基础设施及企业应用软件加速云化，一批云原生技术持续涌现。数据中台、业务中台、AIoT 中台建设步伐加快，消除数据孤岛并促进数据业务化，推动企业内部资源与能力共享。

阶段四：双轮驱动阶段。关键词：运营。

伴随着企业传统 IT 基础设施云端化、AIoT 化、中台化、移动化，企业不断打通线上与线下、内部与外部、消费端与供给端数据，基于消费端数据运营，以消费端数据智能重构供给端的品牌、营销、研发、渠道、制造等供给体系和价值链体系，构建人货场全要素运营体系。

阶段五：全链路数智化阶段。关键词：创新。

以消费者运营为核心，实现消费端与供给端全要素、全场景、全生命周期的数据智能，建立企业智能运营和决策体系，持续推动企业产品创新、业务创新、组织创新，构建强大的新竞争优势。

对于企业数智化程度和企业业绩之间关系，研究者从快消、零售、汽车、家具、3C 电子、服饰等行业中选取 157 家领军企业，从数字化战略、数智化组织、数智化基础设施、数智化业务和数智化绩效 5 个维度 28 项细化指标进行了问卷调查，通过统计分析研究得出：数智化水平提升可以促进企业业绩提升，随着企业数智化水平提升，企业绩效呈现加速上升趋势。数智化头部 20% 的领先企业数智化水平达到 60 时，在同样提升数智化水平 10% 的情况下，相比中间 60% 跟随企业（其数智化水平为 30），是其营收增长率的 1.58 倍，净利润率的 2 倍，库存周转天数的 2.17 倍。数智化转型指标体系具体如图 11-2 所示。[3]

而在 28 项衡量指标中，这 157 家各行业的领军企业总体在"资源云化、数据中台、数智化建设及运维资金投入以及业务中台"4 个细项指标分析中，分数最低。

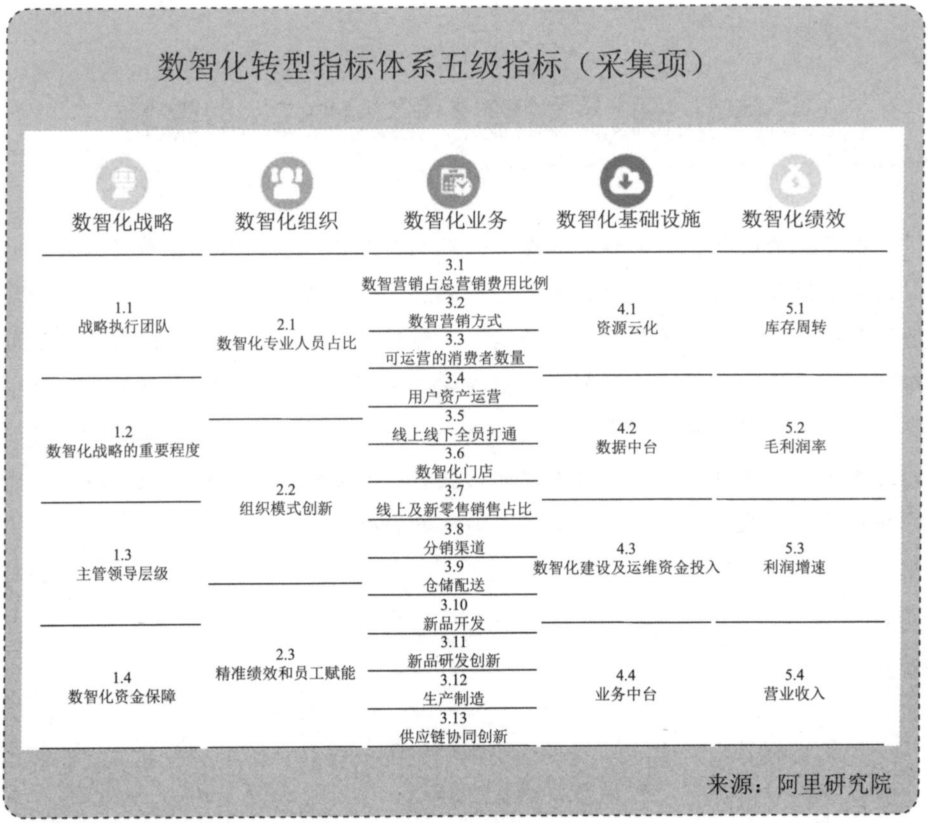

数智化转型指标体系五级指标（采集项）

数智化战略	数智化组织	数智化业务	数智化基础设施	数智化绩效
1.1 战略执行团队	2.1 数智化专业人员占比	3.1 数智营销占总营销费用比例 3.2 数智营销方式 3.3 可运营的消费者数量	4.1 资源云化	5.1 库存周转
1.2 数智化战略的重要程度	2.2 组织模式创新	3.4 用户资产运营 3.5 线上线下全员打通 3.6 数智化门店 3.7 线上及新零售销售占比	4.2 数据中台	5.2 毛利润率
1.3 主管领导层级		3.8 分销渠道 3.9 仓储配送 3.10 新品开发	4.3 数智化建设及运维资金投入	5.3 利润增速
1.4 数智化资金保障	2.3 精准绩效和员工赋能	3.11 新品研发创新 3.12 生产制造 3.13 供应链协同创新	4.4 业务中台	5.4 营业收入

来源：阿里研究院

图 11-2　数智化转型指标体系

第十二章
工作机制："灰度"管理与动态敏捷

在互联网时代，产品创新和企业管理的灰度更意味着时刻保持灵活性，时刻贴近千变万化的用户需求，并随趋势潮流而变。那么，怎样找到最恰当的灰度，而不是在错误的道路上越跑越远？既能保持企业的正常有效运转，又让创新有一个灵活的环境；既让创新不被扼杀，又不会走进创新的死胡同。这就需要我们在快速变化中找到最合适的平衡点。互联网是一个开放交融、瞬息万变的大生态，企业作为互联网生态里面的物种，需要像自然界的生物一样，各个方面都具有与生态系统汇接、和谐、共生的特性。

——马化腾

工作机制是组织内部一套基于组织结构的责任和目标的分配机制。组织的战略使命和实现路径，需要落实到各个部门、团队的日常工作中去。区别于较为固化的组织结构和岗位责任，工作机制更强调的是基于目标所采取的灵活行动和持续改进，责任动态的落实是组织良好执行系统的关键。德鲁克正是从目标出发，将一个个可以实现的成果，视之为员工深层的成就动机，帮助各类组织建立了以自我管理、自我驱动为基础的组织管理哲学。MBO（Management by Objectives）目标管理就是这种管理哲学的具体应用，目标经过层层分解，责任传递到组织中的每一个人身上。原来强调年度计划、长期战略、线性增长、目标百分百完成的思维，已经无法适应今天"10倍速"变化时代。在网络效应的推动下，10倍增长甚至几何级增长的时代已经来临，时间的周期也不再以一年为计量，而是一个季度、一个月甚至一周，原来注重长周期看似完美的复杂的计划性工作机制，被力求简单、聚焦、快速、灵活的工作机制所取代，"灰度"管理、OKR和敏捷的理念及工具就应运而生。

第一节 "灰度"管理的提出与实践

"灰度"管理是"科学"管理的升级，是寻找科学性与直觉性中间的平衡点。

它由华为创始人任正非首先提出，被同在深圳的马化腾欣赏并进一步推广，形成了完整的理念和体系化的方法论。"灰度"管理理念之所以在深圳诞生，是因为这片改革开放的热土从诞生那一天起，就具有先闯先干、妥协包容、重实践轻理论的风气。理论总是落后于实践的。经过 14 年的摸索，马化腾在 2012 年向合作伙伴分享了腾讯的"灰度"管理理念，并清晰阐明了有关"灰度"法则的 7 个维度。时过境迁，10 年后再看这封公开信，依旧会带给我们启示。

》 案例 12-1：灰度法则的 7 个维度 [1]

在互联网时代，产品创新和企业管理的灰度更意味着时刻保持灵活性，时刻贴近千变万化的用户需求，并随趋势潮流而变。那么，怎样找到最恰当的灰度，而不是在错误的道路上越跑越远？既能保持企业的正常有效运转，又让创新有一个灵活的环境；既让创新不被扼杀，又不会走进创新的死胡同。这就需要我们在快速变化中找到最合适的平衡点。互联网是一个开放交融、瞬息万变的大生态，企业作为互联网生态里面的物种，需要像自然界的生物一样，各个方面都具有与生态系统汇接、和谐、共生的特性。从生态的角度观察思考，我把 14 年来腾讯的内在转变和经验得失总结为创造生物型组织的"灰度法则"，这个法则具体包括 7 个维度，分别是：需求度、速度、灵活度、冗余度、开放协作度、进化度、创新度。

需求度：用户需求是产品核心，产品对需求的体现程度，就是企业被生态所需要的程度

大家可能认为说用户有点老生常谈，但我之所以在不同场合都反复强调这一点，是因为最简单的东西恰恰是做起来最难的事情。

产品研发中最容易犯的一个错误是：研发者往往对自己挖空心思创造出来的产品像对孩子一样珍惜、呵护，认为这是他的心血结晶。好的产品是有灵魂的，优美的设计、技术、运营都能体现背后的理念。有时候开发者设计产品时总觉得越厉害越好，但好产品其实不需要所谓特别厉害的设计或者什么，因为觉得自己特别厉害的人就会故意搞一些体现自己厉害但用户不需要的东西，那就是舍本逐末了。

腾讯也曾经在这上面走过弯路。现在很受好评的 QQ 邮箱，以前市场根本不认可，因为对用户来说非常笨重难用。后来，我们只好对它进行回炉再造，从用户的使用习惯、需求去研究，究竟什么样的功能是他们最需要的？在研究过程中，腾讯形成了一个"10/100/1000 法则"：产品经理每个月必须做 10 个

用户调查，关注100个用户博客，收集反馈1000个用户体验。这个方法看起来有些笨，但很管用。

我想强调的是，在研究用户需求上没有什么捷径可以走，不要以为自己可以想当然地猜测用户习惯。比如有些自认为定位于低端用户的产品，想都不想就滥用卡通头像和一些花哨的页面装饰，以为这样就是满足了用户需求；自认为定位于高端用户的产品，又喜欢自命清高。其实，这些都是不尊重用户、不以用户为核心的体现。我相信用户群有客观差异，但没有所谓高低端之分。不管什么年龄和背景，所有人都喜欢清晰、简单、自然、好用的设计和产品，这是人对美最自然的感受和追求。

现在的互联网产品已经不是早年的单机软件，更像一种服务，所以要求设计者和开发者有很强的用户感。一定要一边做自己产品的忠实用户，一边把自己的触角伸到其他用户当中，去感受他们真实的声音。只有这样才能脚踏实地，从不完美向完美一点点靠近。

速度：快速实现单点突破，角度、锐度尤其是速度，是产品在生态中存在发展的根本

我们经常会看到这样几种现象：

有些人一上来就把摊子铺得很大、恨不得面面俱到地布好局；

有些人习惯于追求完美，总要把产品反复打磨到自认为尽善尽美才推出来；

有些人心里很清楚创新的重要性，但又担心失败，或者造成资源的浪费。

这些做法在实践中经常没有太好的结果，因为市场从来不是一个耐心的等待者。在市场竞争中，一个好的产品往往是从不完美开始的。同时，千万不要以为，先进入市场就可以安枕无忧。我相信，在互联网时代，谁也不比谁傻5秒钟。你的对手会很快醒过来，很快赶上来。他们甚至会比你做得更好，你的安全边界随时有可能被他们突破。

我的建议就是"小步快跑，快速迭代"。也许每一次产品的更新都不是完美的，但是如果坚持每天发现、修正一两个小问题，不到一年基本就把作品打磨出来了，自己也就很有产品感觉了。

所以，这里讲创新的灰度，首先就是要为了实现单点突破允许，不完美，但要快速向完美逼近。

灵活度：敏捷企业、快速迭代产品的关键是主动变化，主动变化比应变能力更重要

互联网生态的瞬息万变，通常情况下我们认为应变能力非常重要。但是实际上主动变化能力更重要。管理者、产品技术人员而不仅仅是市场人员，如果能够更早地预见问题、主动变化，就不会在市场中陷入被动。在维护根基、保持和增强核心竞争力的同时，企业本身各个方面的灵活性非常关键，主动变化在一个生态型企业里面应该成为常态。这方面不仅仅是通常所讲的实时企业、2.0 企业、社会化企业那么简单。互联网企业及其产品服务，如果不保持敏感的触角、灵活的身段，一样会得大企业病。腾讯在 2011 年之前，其实已经开始有这方面的问题。此前我们事业部制 BU 的做法，通过形成一个个业务纵队的做法使得不同的业务单元保持了自身一定程度的灵活性，但是现在看来还远远不够。

冗余度：容忍失败，允许适度浪费，鼓励内部竞争内部试错，不尝试失败就没有成功

仅仅做到这一点还不够。实际上，在产品研发过程中，我们还会有一个困惑：自己做的这个产品万一失败了怎么办？

我的经验是，在面对创新的问题上，要允许适度的浪费。怎么理解？就是在资源许可的前提下，即使有一两个团队同时研发一款产品也是可以接受的，只要你认为这个项目是你在战略上必须做的。去年以来，很多人都看到了微信的成功，但大家不知道，其实在腾讯内部，先后有几个团队都在同时研发基于手机的通讯软件，每个团队的设计理念和实现方式都不一样，最后微信受到了更多用户的青睐。你能说这是资源的浪费吗？我认为不是，没有竞争就意味着创新的死亡。即使最后有的团队在竞争中失败，但它依然是激发成功者灵感的源泉，可以把它理解为"内部试错"。并非所有的系统冗余都是浪费，不尝试失败就没有成功，不创造各种可能性就难以获得现实性。

开放协作度：最大程度地扩展协作，互联网很多恶性竞争都可以转向协作型创新

互联网的一个美妙之处就在于，把更多人更大范围地卷入协作。我们也可以感受到，越多人参与，网络的价值就越大，用户需求就越能得到满足，每一个参与协作的组织从中获取的收益也越大。所以，适当的灰度还意味着，在聚焦于自己核心价值的同时，尽量深化和扩大社会化协作。

对创业者来说，如何利用好平台开展协作，是一个值得深思的问题。以前做互联网产品，用户要一个一个地累积，程序、数据库、设计等经验技巧都要从头摸索。但平台创业的趋势出现之后，大平台承担起基础设施建设的责任，创业的成本和负担随之大幅降低，大家可以把更多精力集中到最核心的创新上来。

对我个人来说，2010、2011、2012 年以来，我越来越意识到，腾讯成为互联网的连接者也就是帮助大家连接到用户以及连接彼此各方面的责任、意义和价值更大。在这个过程中，我们要实现的转变就是，以前做好自己，为自己做，现在和以后是做好平台，为大家而做。互联网的本质是连接、开放、协作、分享，首先因为对他人有益，所以才对自己有益。

对腾讯来说，我对内对外都反复强调我们作为平台级企业一定是有所为有所不为。现在肯定还有许多不尽人意的地方，我们也希望通过各种渠道，听听大家对如何经营好开放平台的意见和建议。这绝不是一个姿态，而是踏踏实实的行动力。一个好的生态系统必然是不同物种有不同分工，最后形成配合，而不是所有物种都朝一个方向进化。

在这种新的思路下，互联网的很多恶性竞争都可以转向协作型创新。利用平台已有的优势，广泛进行合作伙伴间横向或者纵向的合作，将是灰度创新中一个重要的方向。

进化度：构建生物型组织，让企业组织本身在无控过程中拥有自进化、自组织能力

这一年来，我也在越来越多地思考一个问题：一个企业该以什么样的形态去构建它的组织？什么样的组织，决定了它能容忍什么样的创新灰度。

进化度，实质就是一个企业的文化、DNA、组织方式是否具有自主进化、自主生长、自我修复、自我净化的能力。我想举一个柯达的例子。很多人都知道柯达是胶片影像业的巨头，但鲜为人知的是，它也是数码相机的发明者。然而，这个掘了胶片影像业坟墓、让众多企业迅速发展壮大的发明，却被柯达束之高阁了。

为什么？我认为是组织的僵化。在传统机械型组织里，一个"异端"的创新，很难获得足够的资源和支持，甚至会因为与组织过去的战略、优势相冲突而被排斥，因为企业追求精准、控制和可预期，很多创新难以找到生存空间。这种状况，很像生物学所讲的"绿色沙漠"——在同一时期大面积种植同一种树木，这片树林十分密集而且高矮一致，结果遮挡住所有阳光，不仅使其他下层植被无法生长，本身对灾害的抵抗力也很差。

要想改变它，唯有构建一个新的组织形态，所以我倾向于生物型组织。那些真正有活力的生态系统，外界看起来似乎是混乱和失控，其实是组织在自然生长进化，在寻找创新。那些所谓的失败和浪费，也是复杂系统进化过程中必须的生物多样性。

创新度：创新并非刻意为之，而是充满可能性、多样性的生物型组织的必然产物

创意、研发其实不是创新的源头。如果一个企业已经成为生态型企业，开放协作度、进化度、冗余度、速度、需求度都比较高，创新就会从灰度空间源源不断涌出。从这个意义上讲，创新不是原因，而是结果；创新不是源头，而是产物。企业要做的，是创造生物型组织，拓展自己的灰度空间，让现实和未来的土壤、生态充满可能性、多样性。这就是灰度的生存空间。

互联网越来越像大自然，追求的不是简单的增长，而是跃迁和进化。腾讯最近的组织架构调整，就是为了保持创新的活力和灵动性而进行的由"大"变"小"，把自己变成整个互联网大生态圈中的一个具有多样性的生物群落。

我相信每一个创业者都怀有一个成功的梦想，我与大家分享的是腾讯14年互联网实践的一点体会。它肯定是不完整的，但它同样也遵循"小步快跑"的灰度法则，需要一步一步去完善，大家可以继续发挥和探索。我希望的是，腾讯不仅是能让大家赚到钱的平台，更能成为业界一起探索未来、分享思考的平台。以后每年，但凡在创新方面能有所心得，我都会跟大家一起分享。

马化腾将灰度法则总结为"小步快跑，快速迭代"，这也正是敏捷的核心。

第二节　动态敏捷的工作机制

随着组织中金字塔多层级官僚结构的崩解，责任、资源、权力不断下沉到一线，下沉到接触客户和市场的人员手中，在这种情况下，微观的工作机制就显得尤为重要，甚至影响全局。就像蝴蝶效应一样，看似微小的扇动，却引来组织甚至整个行业巨大的风暴。微信的产生、360免费杀毒软件，都是少数人员在高效工作机制牵引下产生的巨大成果。良好的工作机制，将那些致力于实现自我价值的个人目标和组织的伟大使命相结合，在每天的工作中体会到"创造性"。这种"创作性"工作带来的信心和愉悦，会形成一个不断增强的正向循环，心理学家班杜拉将此命名为"自我效能"。工作本身成为最大的动力和乐趣，这是任何组织层面的激励都无法代替的。加州大学的亚历山大·斯坦科维奇和弗雷德·卢桑斯在1998年进行的一项研究表明，自我效能和工作绩效之间存在很强的正相关性。同样对工作绩效有强相关性的因素还有：设定明确和有挑战性的目标，基于目标的有效反馈，组织基于个体行为的干预和矫正。但是，自我效能的增强，更能带来工作绩效的提升，它对工作绩效的影响是设定明确和挑战性目标的 2.8 倍，是反馈的 2 倍，比组织行为干预和矫正高出 11 个百分点。² 我们需要注意的是，**良好的工作机制所带来的自我效能增强，并非对所有人员都适用，只有那些具有成长性思维和积极情绪的人，才可能带来明显的绩效提升。**

区别于组织精心设计、耗时且耗资不菲的战略规划，今天的工作机制注重动态调整、短期的修正完善。20 世纪 80 年代，几乎所有的美国公司都在强调战略，这种现象从迈克尔·波特当时在美国备受追捧可见一斑。他 32 岁成为哈佛大学商学院史上最年轻的终身教授，1980 年出版《竞争战略》，提出的"五力竞争模型"和三个"一般战略"广被引用，在 1983 年他被任命为美国总统里根的产业竞争委员会主席。相比较，同时期日本则奉戴明为"神明"。最终灵活的工作机制战胜了空中楼阁的战略，几乎所有的美国知名企业纷纷效仿日本的精益生产。"PDCA"被称为"戴明环"，正是日本企业典型的工作机制。今天所谓的"快速迭代"，不过是"PDCA"在数字化时代的翻版。进入到信息化、互联网和智能时代，PDCA 的工作机制，被 OKR（Objectives and Key Results，目标与关键成果法）和敏捷方法所替代。这些方法的本质都是强调时间是制胜的关键，聚焦关键的 20%，在一段时间周期内，通过团队信息共享、克服障碍和创造，让每一次的工作成果可见，并及时调整，不断加快工作进程，完成产品、团队和组织的自我更新。

这套工作机制背后所体现的 3 个关键要素是：时间的价值、团队的创造和不断加快的速度。这使得原本僵硬的结构和系统具有了自我更新、自我进化的能力，组织更像是一个生态系统。但这种快速灵活的动态机制自然会和原先设计完美的结构相碰撞，在内部和外人看来，组织好像处于一种"混乱"的状态之中，而这种"混乱"状态恰恰是组织活力的体现。腾讯创始人马化腾曾说："在传统机械型组织里，一个'异端'的创新，很难获得足够的资源和支持，甚至会因为与组织过去的战略、优势相冲突而被排斥，因为企业追求精准、控制和可预期，很多创新难以找到生存空间。要想改变它，唯有构建一个新的组织形态，所以我倾向于生物型组织。那些真正有活力的生态系统，外界看起来似乎是混乱和失控，其实是组织在自然生长进化，在寻找创新。那些所谓的失败和浪费，也是复杂系统进化过程中必须的生物多样性。"³

1. OKR

OKR 最初在英特尔公司使用，取得了巨大成功，使得英特尔成为信息时代芯片行业的巨人。后来这套高效的运作机制为谷歌公司所采纳，同样给谷歌带来了巨大的成功。目前硅谷的企业、初创的高科技公司、中国几乎所有的互联网公司，都在采用这套做法。在信息过载时代，人的注意力是极为稀缺的智力资源，OKR确保将整个组织的力量聚焦于重要的事项，这个重要事项的完成，和公司每个人息息相关。OKR培养了所有团队成员的战略思维，建立一套有效的OKR体系，就好像组织中每个人拥有了一个指南针，随时知道自己和团队工作的重心，安排优先任务事项，检测自己和团队是否达到应有的表现和成果。同时OKR体系培养了团队和整个组织的共同语言，促进了成员之间有效沟通，凝聚团队精神，使得所有成员共享成果，共担责任。团队而非个人，是这个时代企业成功的秘密所在。最后，实现目标所带来的成就感，对人员也是最好的一种激励方式。

OKR的设计应该是有效的。设定无法完成或是无法控制的OKR，是在浪费时间。有效的OKR是一种具有激励性质的管理工具，它可以帮助团队识别什么是重要的、什么是最优的，以及在他们的日常工作中需要作出哪些权衡。设计有效的OKR并非易事，应该注意以下几个基本规则：首先，要让全体人员清楚，这个阶段（季度）目标"是什么"，目标要体现出进取心，但也要符合现实；其次，关键的结果意味着"怎么做"：即为了实现目标，需要从几个重要的方面推进。关键成果是实现目标的重要路径，是一些可衡量的、具体的、有时间要求的里程碑事件，这些成果如果得以实现，将以一种高效的方式推进目标实现。

"灰度"管理使得组织内部具有生态多样性，而OKR则确保了整个组织力量聚焦于最重要的事情上。而如何高效推进OKR，敏捷的工作方式就是其中的关键，是当代的PDCA。杰夫·萨瑟兰的《敏捷革命》堪称数字化时代的精益工作方式，这种工作理念和方式引发一场席卷世界的管理革命，敏捷革命缘起于一次有关大型项目传统工作方式的失败。造成震惊世界的"9·11"恐怖袭击事件的缘由之一，就是美国各部门之间缺乏统一、紧密而快速的信息共享平台。在第一架飞机劫机事件发生5分钟后，就有一名乘务员偷偷将消息报告给了美航东南部订票办公室，办公室工作人员立即报了警，但警方并未第一时间通知军方。之后成立的美国国土安全部就是基于类似的考虑而成立的整合部门。美国联邦调查局（FBI）也于2005年启动建设一项耗资4.5亿美元、打破信息孤岛的"哨兵"系统，该系统计划在2009年全面投入使用，然而项目未能如期完工上线。2010年3月，按照传统软件开发项目实施的原有承包商已经花费了4.05亿美元，但进度只有50%，而此时已经比原计划延误了一年。FBI邀请第三方进行独立评估，评估结论如下：想要完成"哨兵"系统，按照目前方法，开发时间还需要6～8年，预计再投入3.5亿美元。时间和经费远超预算，接下来何去何从？这时杰夫·萨瑟兰宣称自己带领的团队可以在两年之内完成，而花费仅为几千万美元。他们承接项目后，采取了一系列不同于传统的项目管理方法，首先就是缩小团队规模和人数，然后梳理事项清单，安排开发优先顺序，逐日清除开发过程中的障碍，同时明确团队速度，采取迭代开发和改进循环：需求—实施—评估—改进—冲刺，并把每一次冲刺的真正的成果展示给客户。结果到2012年7月，"哨兵"正式上线，花费仅2000万美元，时间也仅用了12个月。[4] 杰夫·萨瑟兰使用的方法被他称为"敏捷SCRUM"。

2. 敏捷开发

敏捷开发机制，就是针对传统项目管理的致命弊端，以一个较短的时间为周期，在2～12人组成的小型团队中，根据每周和每天的变化，以短期冲刺目标为承诺，相互协同、各自独立地迅速完成日常开发工作，过程中加强团队成员沟通，信息保持公开透明，确保项目完成。传统项目管理中有两个重要而根本的缺陷：一是无法快速应对变化，环境每天每个时间段都有可能变化，客户的需求、上级的要求、项目中一些紧急突发事务等都随时可能出现，传统项目管理对此无能为力，一乱全乱；二是人员过多，沟通成本过大，精力被大量事务性工作挤占。团队成员很容易走着走着就忘记了从哪儿出发、目标是什么，陷入日常事务性焦虑不可自拔，导致成员之间相互抱怨、指责，陷入危机。而敏捷开发的工作原则是所有人都必须遵循的，信息针对每一个人，同时团队必须小型化，一般不超过7人，有问题立即解决。敏捷开发的灵活性、适应性正是今天所倡导的"生命型组织"应该具备的特征，所以它是当代管理的一个基本范式。正如敏捷开发机制所宣称的那样，它是一个框架，人们可以在框架中解决复杂的自适应性的问题，同时高效和创造性地交付高价值的产品和服务。

敏捷开发有三个要素：规则、团队和冲刺。规则是确定敏捷运作的基本原则，重要的有如下几点：透明；基于数据和事实作出评判；注重团队而非个人；团队是这个世界运转的主要力量；洞察用户需求并从用户需求出发；快速迭代；每次完成可以交付的产品；能够带来80%功用的重要的20%因子；着眼于规则，而非个人；审视导致失败的制度原因，不是找一个人来承担责任；一次只做一件事情；一次把事情做好，半途而废等于丝毫没做；快乐/幸福是重要的生产力。

上面这些规则，尤其要注意如下两点：一是"一次只做一件事情"。人们对于自己同时执行多项任务的能力，往往存在盲目的乐观和自信。贪多是人的天性，然而，赢家常常是那些同一时期只做一件事的人。杰拉尔·德温伯格在《高质量软件项目管理》统计了一个团队同时进行1～5个项目时，各项目所获得时间比例和任务转换造成的损失,如表 12-1 所示。[5]

表 12-1　团队同时进行项目数量与所获时间比例及转换损失统计

同时进行的项目数量	各项目获得的时间比例	任务转换造成的损失
1	100%	0
2	40%	20%
3	20%	40%
4	10%	60%
5	5%	75%

从上表我们可以看出,每增加一个项目,都会凭空损失掉 20% 的时间成本。另一个值得注意的是,对于任何项目而言,一次性把事情做好,是最经济的做法,因为这样使得返工的风险降低到最小。发现错误立即改正,团队所有人都有权对项目中的错误和风险叫停。杰夫·萨瑟兰指出:"对于软件开发人员而言,发现错误马上修改,只需要 1 个小时,如果发生错误后三个星期再去修改,需要 24 个小时。"[6]

敏捷动态工作机制想要在企业中实施,前提是成员之间的彼此信任,具备信心和透明、坦诚的价值观,辅之以教练式领导力,它的巨大威力才会得到体现。在我看来,杰夫·萨瑟兰的《敏捷革命》是一部具有里程碑意义的管理学著作,简单、深刻、实用。"敏捷"和 OKR 结合,几乎就是这个时代全部的管理精髓,我做了一个结合供大家参考,如表 12-2 所示。

表 12-2　OKR 敏捷冲刺燃尽表

公司季度 OKR				
目标: KR1: KR2: KR3:				
部门 OKR	任务(待办事项)	进行中事项	待解决问题/困难事项	已完成事项
部门或团队 1: OKR				
部门或团队 2: OKR				

续表

公司季度 OKR				
目标： KR1: KR2: KR3:				
部门 OKR	任务（待办事项）	进行中事项	待解决问题/困难事项	已完成事项
部门或团队 3： OKR				
基于整体 OKR 的燃尽图	任务（待办事项）	进行中事项	待解决问题/困难事项	已完成事项
	所有待办事项（每个待办事项用即时贴提到白板上）			

第十三章
衡量：平衡当下与长远的艺术

> 只靠财务数据去管理一家公司，就像单独依靠后视镜开车一样难以成功。
> ——爱德华兹·戴明

组织必须具有一套自己的评估衡量系统，这样才能清楚地知道，组织当前处在何种位置，与目标的差距是多少？财务及各个方面是否健康？能力是否匹配战略？人员绩效表现如何？麦肯锡的一项研究表明，能明确评估其当前能力的组织，转型成功的概率是那些没有评估的 6.6 倍。[1]

第一节　基于平衡计分卡的综合评估系统

最初的衡量系统以财务为中心，通过资产负债表、损益表和现金流量表，从财务的角度看待企业的经营情况。杜邦分析法是基于财务指标的管理工具，它将组织整体绩效和各个部门、各个团队的绩效及成功要素挂钩。然而各种财务报表只是对过去经营成功与否的情况的衡量，它无法对未来做出有效预测。在"10 倍速变化"的时代，财务上的确定业绩难以预测明年乃至今后三年的走势。有些报表亮眼的公司，在下一个会计年度就会亏损甚至倒闭；而有些走在破产边缘的公司，则可能成就伟大。就像濒临破产的苹果公司，请乔布斯重回公司执掌大局时，有记者问戴尔电脑创始人兼 CEO 戴尔怎么看，戴尔说："如果换做我，我会关掉这家公司，把钱还给股东。"后来的故事我们都知道了，乔布斯带领苹果再创卓越，引领时代潮流至今。对于未来而言，除了财务指标，其他指标更应该关注。20 世纪 90 年代中期，风靡一时的"平衡计分卡"正是这种整体性衡量思想的体现。平衡计分卡主张组织除了从传统的财务角度外，还应该从其他三个角度审视自身的状况：学习与成长、业务流程和顾客，如表 13-1 所示。

表 13-1　平衡计分卡的 4 个维度指标

财务指标	内部流程指标
• 收入增长 • 成本下降 • 投资回报率 • 资产回报率 • 创利能力	• 质量提高能力 • 流程改善能力 • 对市场需求的反应时间 • 生产率
客户指标	学习与发展指标
• 市场占有率 • 客户保有率 • 客户创利能力 • 客户满意度	• 员工满意度 • 技术创新能力

平衡不仅是财务指标和非财务指标之间的平衡，还包含长期目标和短期目标的平衡，结果性指标与动因性指标的平衡，组织内群体与外群体的平衡，领先指标与滞后指标的平衡。组织的评估衡量，不能只盯着长期性、结果性、滞后性指标，那些和日常工作息息相关的指标才是影响管理结果的先行指标，在评估衡量时应该予以特别关注。如何将这些有机结合呢？图 13-1 是一个将战略和先行指标紧密结合的衡量评估分解图。

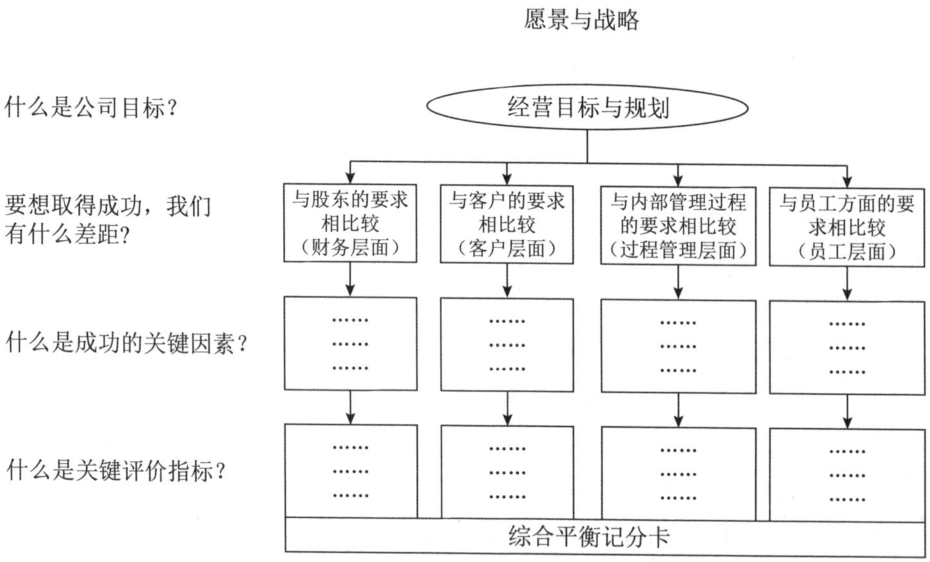

愿景与战略

什么是公司目标？　　　　　　经营目标与规划

要想取得成功，我们有什么差距？

| 与股东的要求相比较（财务层面） | 与客户的要求相比较（客户层面） | 与内部管理过程的要求相比较（过程管理层面） | 与员工方面的要求相比较（员工层面） |

什么是成功的关键因素？

什么是关键评价指标？

综合平衡记分卡

图 13-1　从战略到日常行为的评估衡量指标

关键成功因素（Core Success Factors，CSF）是对公司擅长的、对成功起决定作用的某个战略要素的定性描述。这种定性描述在衡量时需要转化成关键绩效指标（KPI，Key Performance Indicators），实现定量评估。通过 CSF 和 KPI，使得战略目标得以分解，压力逐层传递，目标实现过程得以监控。通过寻找企业成功的关键，层层分解，从而选择合适的考核 KPI 指标。如下三步骤可以确定 KPI：

第一步是鱼骨图分析，寻找企业成功的关键要素，即确定企业 KPI 维度，明确获得优秀业绩所必需的条件和要实现的目标。

第二步是分解，对模块进行解析和细化，确定 KPI 要素。KPI 要素为我们提供了一种"描述性"的工作要求，是对维度目标的细化。

第三步是确定 KPI 指标。对于一个要素，可能有众多用于反映其特性的指标，但根据 KPI 考核方法的要求和实际操作的便利性，我们需要对众多指标进行筛选，以最终确定 KPI 指标。

KPI 可以使部门主管明确部门的主要责任，并以此为基础，明确该部门人员的绩效衡量指标。

通常来说，包括 KPI 在内的各类考核衡量指标，主要有 4 种类型，如表 13-2 所示。

表 13-2 常见 4 种类型的指标

指标类型	举 例	证 据 来 源
数量	产量	业绩记录
	销售额	财务数据
	利润	财务数据
质量	破损率	生产记录
	独特性	上级、客户评估
	准确性	客户评估
成本	单位产品的成本	财务数据
	投资回报率	财务数据
时限	及时性	上级评估
	到市场时间	客户评估
	供货周期	生产数据

组织评估、衡量和考核体系，针对事情也针对人，衡量考核的逻辑是围绕要做的事情、要完成的任务和目标，对参与其中的人进行相应的责任权衡和量化。RASCI 矩阵是一个相对直观的模型，用以明确组织运作或变更流程中的各个角色及其相关责任。

"R"是执行工作方,负责工作的具体行动/实施;负责工作的哪些部分、参与工作的程度由"A"来决定;对一项工作来说,可以有多个"R"。

"A"是最终对该项工作的负责人,拥有最终的决策权,对一项工作来说,只能有一个"A"。

"S"是相关工作配合方,配合"R"完成工作,接受"R"指导,一项工作可以有多个"S"。

"C"是在采取行动,或者作出决策前,被咨询的人,鼓励双向沟通,对一项工作来说,可以有多个"C"。

"I"是执行行动或者作出决策后,被通知的人,对一项工作来说,可以有多个"I"。

RASCI 主要内容如图 13-2 所示。

Accountable	• 有审批权,以及拥有最终的决策权 • 有一项工作来说,只能有一个"A"	谁批准
Responsible	• 牵头落实与执行决策的工作方,负责工作的具体实施 • 负责工作的哪些部分,参与工作的程度由"A"来决定 • 负责A批准事项的责任矩阵的分解与应用,决定谁配合、咨询谁、通知谁 • 最终对该项工作的结果负责 • 对一项工作来说,可以有多个"R"	谁牵头
Support	• 负责配合R完成指定的工作 • 接受R分配的工作,接受R的过程指导与结果评价 • 对一项工作来说,可以有多个"S"	谁配合
Consulted	• 在采取行动,或者作出决策前,被咨询的人 • 更鼓励双向沟通 • 对一项工作来说,可以有多个"C"	咨询谁
Informed	• 执行行动或者作出决策后,被通知的人 • 对一项工作来说,可以有多个"I"	通知谁

图 13-2 考核相关的责任划分的 RASCI 模型

需要注意的是,KPI 是旧时代的思维和工具,这种评估衡量适合线性、且可预见的传统经济。在工业和以体力劳动为主的组织或行业,员工的表现接近正态分布,而在技术性、艺术及强调快速变动的组织或行业,人才所带来的价值则更多符合幂律分布:10% 的产出来自最顶尖的 1%,26% 的产出来自于最顶尖的 5%。[2] 所以对于知识工作者成果的评估与衡量,至今依然是一个重要问题。2006 年,索尼常务董事天外伺郎发表了《绩效主义毁了索尼》一文,所反映的就是工业时代线性增长的衡量思维在创意时代指数增长的错位运用。天外伺郎认为绩效主义摧毁了索尼原有的"激情集团"、挑战精神和团队精神,使得一个曾经的创业先锋沦为落伍者。索尼的创业者井深大时代就没有绩效主义,井深大的口头禅是:"工作的报酬是工作。"天外伺郎也观察到:"因为要考核业绩,几乎所有人都提出容易实现的低目标,可以说索尼精神的核心即'挑战精神'消失了……企图把人的能力量化,以此作出客观、公正的评价。但我认为事实上做不到。它的最大弊端是搞坏了公司内的气氛。"

第二节 基于关键行为的过程评估体系

上文提及的 OKR 正是尝试解决类似索尼"绩效主义"等问题的一种可行方法。OKR 考核并不和员工薪金挂靠,这样员工在制定目标和成果时就可以摆脱求稳心态,为了实现自己和公司的梦想而发挥更大的想象和潜能,实现之前未敢想到的目标和成果。知识创意人员工作的评估衡量,并不能以一定时间线性增长目标来衡量,比如第二季度完成业绩提升 20%。往往现实的结果是,第二季度为零,第三季度为零,而到了第四季度,业绩爆发增长,是原来预计的两三倍。所以,对待创造性工作,评估和衡量的指导思想,应该是给予那些自动自发人员充足时间和空间,注重结果的同时也注重过程,鼓励他们实现远大梦想。即使那些经过精心设计、全力以赴的想法最终失败了,过程同样值得鼓励,过程中产生的副产品可能会成为组织下一个全新的增长点。即时贴的发明,就是这样一个生动的案例。

所以对于复杂性的管理和创意工作而言,结果需要评估衡量,但重要的是对整个实施过程中的评估衡量。这里我们需要重点区分评估的两类指标:一是结果指标,具有滞后性,可称为"滞后性指标",它只能在一个周期结束时完成;二是过程中即每天日常工作中的指标,具有先导性和引领性,它直接带来结果,这类指标可称为"引领性指标"。上面 KPI 中有关销售额、合格率、资金回报率和服务反应时间,都属于标示结果的滞后性指标。而每个岗位每天所要从事的"高杠杆率活动"的数字就属于"引领性指标"。如果你是一位公司负责销售的副总,认为自己当前的"高杠杆率活动"之一的重点是培育辅导更多高水平的销售人员,经过之前数据的分析,你将每周 3 小时销售辅导和培训作为衡量这项具有"高杠杆率活动"的指标,那么对于销售副总这个岗位而言,就是一项"引领性指标"。不只是经理人,每个岗位都会有"高杠杆率活动"。"高杠杆率活动"是格鲁夫的发明,是将战略目标转换为日常行动的关键。而衡量"高杠杆率活动"则可用到"引领性指标",这是我将格鲁夫的发明与《执行 4 原则》一书的研究成果做的一个结合。

何为"引领性指标"?研究发现有两个显著特征:一是引领性指标具有预

见性，二是具有可控性。"预见性"意味着一旦引领性指标发生变化，可以预见那些滞后性指标也会发生变化。"可控性"的意思是说，引领性指标的完成可以在领导者的带领下，全员靠自己所采取的引领性行动就能够达成。[3]这些引领性行动其实就是"高杠杆率活动"。找到这些引领性指标和引领性行为非常关键，需要领导者带领团队成员进行分析，尤其从各个岗位中业绩最好、最优秀的人员身上发现他们某些做法的不同，从而发现引领性指标和引领性行为。在这些引领性指标和行为方面持续投入，就是执行成功的关键。比如一个专业顾问公司需要提升年度收入，分解到咨询部就是咨询人员确保项目质量和交付速度提高30%，分解到销售部门就是客户拜访次数和有效项目交流数量提升30%。对于销售顾问而言，引领性指标和行为就是A类客户的每月项目交流次数，这些都是"高杠杆率活动"，也是关键行为。

无论"高杠杆率活动""引领行为"还是"关键行为"，想要发现这些日常活动和行为，并不是一件容易的事。在美国，每年有3000多人溺亡，其中很多溺亡事故都是发生在公共游泳池。多年来，这个问题一直没有得到解决。后来基督教青年会和雷伍兹保险公司联合开展了一项关键活动，使死亡人数成功降低了2/3。这个成绩是如何取得的呢？通过对事故和获救案例进行研究，他们最终找到了可导致不同后果的关键行为。他们发现，救生员经常需要花很多时间招呼会员、调整泳道、捡拾浮板和测定水质，而这些好像和救生工作没什么关系。研究发现，如果救生员能做到10-10扫描法，溺亡事故发生率就会大大下降。具体做法是，救生员站在高处，每10秒钟观察一次泳池，如果发现事故，立即在10秒钟之内展开救助行动。关键行动就这么简单，只要做到这两点，结果就会大不相同。凯文·特拉帕尼带领雷伍兹保险公司的同事，与世界各地的基督教青年会携手行动，通过发现和实施关键行为的方式成功拯救了很多生命和家庭。[4]

然而要让引领性活动成为一种新的习惯，最关键的就是挑战组织的固有习惯和舒适区，就像纳德拉改变每年一次的微软高管会议。固有习惯的背后，潜藏着一个隐形敌人：日常事务。关乎重大战略的关键目标往往需要做一些全新的事情，而我们每天需要处理大量的日常事务，两者会不停地发生冲突。针对这些问题，《执行4原则》列出了执行过程中应该遵循的四个原则：原则1：聚焦最重要目标。要事第一，全神贯注。原则2：关注引领性指标。分解目标，落实行动。原则3：坚持激励性记分表。记分衡量，一目了然。原则4：建立规律问责制。实时跟进，贯彻始终。

《执行4原则》创建了一个执行罗盘，执行罗盘提供了类似PDCA的系统方法，将目标落实到日常的关键行为，通过记分牌直观的视觉形式，连续对关键行为进行评估，并通过例会跟进和周计划表，确保迅速响应、及时调整。"创建—落实—衡量—跟进"形成执行闭环，其中难点一是寻找关键行动，二是对关键行动的有效衡量。执行罗盘通过记分牌和跟进例会，不断改变个人、团队甚至整个组织的原有的行为习惯，从而实现OKR。其中引领性指标确立和与之对应的关键行动，是成败的关键，也是战略性变革执行的引爆点。

图13-3　组织的评估、衡量与考核体系

上面的理论和工具只是一些常识和旧有做法。实际上组织衡量体系涉及方方面面，可以在组织每一个战略行动、战略变革等众多方面加以运用。评估企业品牌价值、评估企业技术及知识产权价值、有关员工的绩效评估、评估组织能力等，都是组织衡量评估体系的范畴。智能时代，人力资本的评估衡量也开始浮现。无论何种评估衡量，都需要仔细研究，确定需要衡量的主要指标，指标既不能过多、过于复杂，也不能过于简单、浅显而不具有引领性。

至此，我们通过梳理组织百年变迁，在变与不变中探寻管理百年范式转移的蛛丝马迹。技术作为一条主线和首要因素，其变动带来了组织演变、社会经济、文化和人类生活方式的变化。随着技术变动呈现越来越快的加速趋势，管理范式稳定时间也变得越来越短。纵观百年，无论组织管理范式变得有多快，有两点永远不会改变，一是更好地服务客户，20世纪亨利·福特的观点同样适用于今天："成功的秘诀，在于把自己的脚放入他人的鞋子里，进而用他人的角度来考虑事物，服务就是这样的精神，站在客人的角度来思考问题。"另一个是有关组织和个人的学习，"任何停止学习的人都已经衰老，无论他是 20 岁还是 80 岁。反之，任何不断学习的人都永远年轻。"福特 100 年前的话至今依然回荡在时代的上空，持续学习是人类和组织的进化之道。

借助书中有关 12 个维度的管理范式，我们可以简要地对组织当前状态进行整体评估：我们是一个符合时代范式、具有生命特征的进化型组织吗？我们目前的短板是什么？认识到这些之后，能够给高层管理者带来启发，开启组织变革，从关键少数领域，引发连锁反应，成功转型。

第十四章
第五代管理范式的组织自测与提升路径

> 如果不能衡量,就无法管理。
>
> ——彼得·德鲁克

没有衡量就没有管理,每个时代都有每个时代的范式,如何知道组织的现状?在数字化时代,借助良好的数字测量,是了解组织现状、提升组织能力的加速器。在所有需要提升的要素中,我们不可能一下子全部提升,只需根据测量结果,在每一阶段提升最重要的两项因素。有一项研究表明,**在一个有 8 个关键过程要素的进程中,如果其中两个因素提高 50%,最后获胜的概率就能惊人地提高 25 倍。**

第一节 12 维度 36 要素分析

在今天 AI+ 时代,每个维度所涉及的要素,都有着鲜明的时代特征。基于 12 个维度,敏行咨询总结出了 36 个关键要素,如表 14-1 所示。

表 14-1 第五代管理范式 12 个维度 36 要素快速自测表

组织三大领域	具体维度	评估要素
高层团队和企业家精神	公司治理	·有效的董监事会下的总经理负责制 ·合伙人、管理层、员工委员会持股 ·相对应的充分决策权
	使命与战略	·清晰的具有感召力的使命 ·随着产业时代变化的动态灵活的战略,充分考虑环境的模糊、变化和复杂等特性 ·聚焦用户的杰出产品
	领导力	·深刻的洞察力 ·赋予能量 ·一线的行动力
	组织文化与价值观	·鼓舞人心、充满快乐的文化 ·具有很强的凝聚力和员工高度认可 ·成员相互信任和信赖
	创新与变革	·持续学习,迅速而大规模进行前瞻性研究 ·对客户及环境保持充分的敏感敏锐 ·容忍精心设计、努力和大胆尝试可能造成的失败

续表

组织三大领域	具体维度	评估要素
高层团队和企业家精神	客户及外部生态	• 平台型、生态型思维 • 客户至上的营销 • 既有竞争也有合作的广泛的合作生态
人员及投入	人员的招聘、培养和激励	• 不遗余力招聘选拔那些能够自我激励、技术创造和商业实践相结合的优秀人才 • 强调行为,致力于人员的思维、心态和能力开发活动 • 注重工作本身、成就及成长的内在驱动
	资金的投入	• 在关键战略领域大量持续数年的高投入 • 极度重视持续的销售收入 • 健康保守的财务策略
组织	组织结构	• 不同于传统金字塔式的灵活敏捷的扁平化短流程结构 • 对结构中模糊与灰度的适度容忍,不断适应进化 • 基于强大个人的高效的团队结构
	工作机制	• 一线充分权力和短的汇报流程 • 一段(季度)时间在最重要的目标和少数成果取得突破 • 快速迭代、敏捷高效
	评估与衡量	• "胆大包天"的目标 • 评估是成长的加速器,而不是利益分配的平均主义 • 衡量体系和组织的文化、使命及战略相一致
	信息沟通系统	• 敏捷高效、真实数据的数据信息传递系统 • 大数据分析处理应用能力 • 无缝链接与协同

对于上面 12 个维度、36 个要素的测量和评估,每个公司都不一样。我们以一个上海浦东张江地区的公司(以下简称张江公司)为例,探讨一下如何通过公司所有成员的测量评估,寻找短板。公司/团队认为当前哪个更为重要呢?从长远来看,每个维度和要素都很重要,但我们不可能同时全面改进,只能从当前最重要的维度和要素入手,改变那些能够改变的。有些维度很重要,但涉及更为庞大的系统和范围,只能留待以后改变,此时只把问题提出。可能我们只是大型集团中的一个分公司、甚至只是一个几十人的团队,但我们依然可以确定重要因素,做出符合时代的变革。下面这个案例,12 个维度的当下重要性,我们从 3 个方面进行评估:一是平均重要性分析;二是考虑到团队管理层的作用,有了加权重要性分析;三是每个人的重要性分析,显示具体如下:

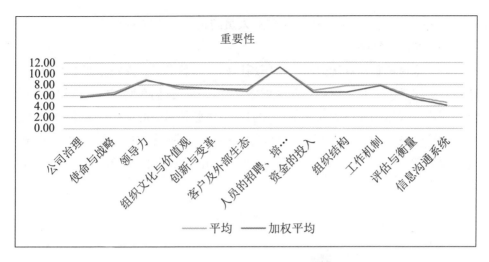

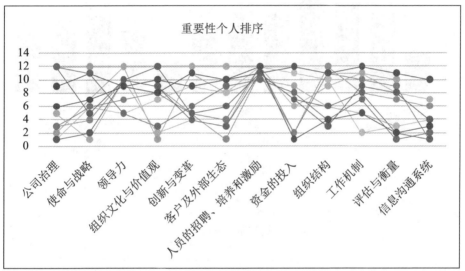

从以上的统计图标，我们得出如下结论：

- 团队成员认为当前重要的维度分别是：**人员的招聘、培养和激励，领导力，组织结构和工作机制。**
- 团队管理层和成员对重要性的认知基本一致，只是在组织结构方面有所差异，而组织结构的要素包括三个：**不同于传统金字塔式的灵活敏捷扁平化短流程的结构；对结构中模糊与灰度的适度容忍，不断适应进化；基于强大个人的高效的团队结构。** 相比较而言，团队管理层认为其重要性一般，而团队成员认为很重要。
- 个人对12个维度的重要性认知**离散度较高**。这也说明，张江团队成员尚未对目前的状态、重点和问题形成共识，这影响了整体协调性和团队合力发挥。但其中，大家对**人员的招聘、培养和激励**这一维度，一致认为最重要。

各个维度的目前状况分析。组织测评评估原则上借鉴人力测评中的360度评估会更准确，但是考虑到360度评估耗时耗力，我们在案例中只采用了团队自我评估。根据测评理论和经验，人们对于优势和劣势的认知，无论360度还是自我评估基本一致。只不过人们都会轻视自己的错误，对于某个方面的水平，自我评估的分数总是比他人对自己的评估高出一些。这个案例当前个12维度分值如下：

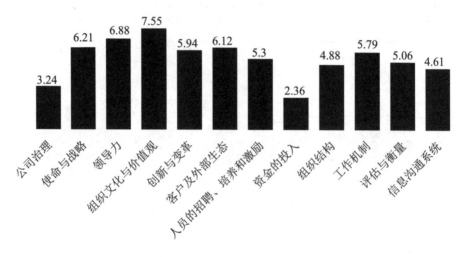

12个维度分值

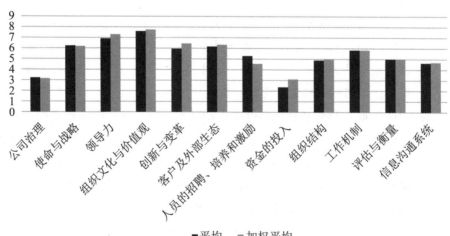

平均与加权平均比较

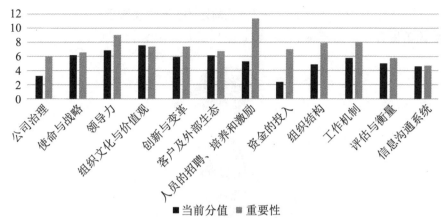

通过上面三个统计图表的分析研究，可以得出如下的结论：

- 整体而言，12个衡量组织健康的维度，**都处在较低水平**，没有一个达到8分的状态，其中**资金的投入和公司治理**两个维度是团队成员认为分值最低的，其次是**共享的信息沟通，组织结构，评估与衡量，人员的选拔、培养和激励，工作机制**。

- 团队成员和管理层对团队目前的认知有所差别。认知基本一致的是：**使命与战略、组织结构、工作机制、评估衡量和信息沟通系统**，而在人员的招聘、培养和激励方面，管理人员比平均分值更低。这意味着，**管理人员认为，对人员的招聘、培养和激励到了刻不容缓的地步**。而对于**领导力和创新变革**而言，团队成员的平均分值明显低于管理人员的分值。这表明，**这两方面管理人员的自我感觉高于实际表现**，这可能是管理人员目前的盲点。就领导力和变革创新而言，两者都是一种只有在看得见的行为上才能体现出来的维度或能力，也都是管理人员角色的核心职责，因此这方面团队成员的评价更为准确。

- 比较重要性和当前分值的相对差距，差距越大，表明最先需要提升。有些维度急需提升，这些维度对团队非常重要，而当前又处在较低水平。这几个优先需要提升的维度是：**人员的招聘、培养和激励，资金的投入，领导力，组织结构和工作机制**。

第二节　提升路径：保持战略定力 聚焦关键目标 明确实施要素 持续改善提升

通过对上面案例简要分析，在此基础上，可以制定提升路径。对于这个案例，我们提出了 24 字指导方针：**保持战略定力，聚焦关键目标，明确实施路径，持续改善提升**。该路径对于大多数企业都适用，如图 14-1 所示。

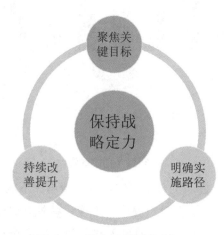

图 14-1　组织通用提升路径图

1. 保持战略定力

确保战略是经过深思熟虑，由高层管理者发起，全员共同参与制定，最后为多数员工，尤其是那些 A 类员工所普遍接受和认可的。A 类员工做出 A 类贡献，所在岗位也是战略性岗位，他们冲锋陷阵，是精英人群，是变革的种子。变革总是会触动很多人的利益，尤其受到那些平庸者、落后者，以及难以跟上时代、无法作出快速反应者的抵触，所以高层管理者在怀疑需不需要保持战略定力时，必须问自己、高层团队和 A 类员工 3 个问题：如果保持现状还能不能实现公司增长？如果必须变革，目前的战略是经过较长时间（一般至少 3 个月）酝酿和集体讨论决定的吗？是否作出战略决定后，能得到高层团队和 A 类员工至少 70% 以上的全力支持？如果上面三个回答都是"YES"，那就坚定保持战略定力；如果不是，可以考虑调整你的战略。

2. 聚焦关键目标

在保持战略定力的同时，实现重要少数领域的突破就成为当务之急。在互联网时代，取得重大杰出的成果，不是靠人数的规模，相反，少数创造性人才，按照互联网时代的工作方式，依靠几个人组成的小型团队力量，就可以取得令人瞩目的成就。其精髓就在于"聚焦"，确保人员、资金、精力，在短期内集中投入少数几个对于最高层级战略推进和突破具有引领性的具体任务上。所有成员必须根据自己的角色和岗位，聚焦于高产出的高杠杆活动。聚焦关键目标的活动，需要公司领导层参与一起制定，制定完成后，在执行时间周期内，就成为不可以随意改动的团队最高级别的优先目标。

聚焦关键目标，对于变革成功至关重要，OKR（Objectives and Key Results）是解决该问题的利器。OKR不仅是一种简单有效的管理工具，更是一种强调动态、短期、关注关键结果的管理思想。区别于以往工业时代固定岗位年度KPI的绩效制度，OKR为短期（季度）和动态，旨在确保员工共同工作，并集中精力做出可衡量的贡献。同时很多创造性的工作不宜以明确的财务指标衡量，所以OKR的主要目的就是让每个人成为自我驱动、自我管理的知识创造者。OKR考核是"我要做的事"，KPI考核是"要我做的事"，前者是人工智能时代、高科技和平台企业激励员工考核员工的主要方法。OKR通过聚焦、协同、追踪和延展四大利器的协同作用，使公司重要的战略目标自上而下地统一，确保管理者和员工处在正确轨道上。我们之前在工作机制已经详述过，此处简要提及。

3. 明确实施要素

当战略和支撑战略的关键目标和成果确定后，接下来就是行动步骤。对于涉及战略的变革而言，行动总会受到原有观念、制度、习惯和能力的制约，这个时候，即使制定了符合战略的OKR，依旧无法在日常工作中贯彻执行。这个时候，分布式变革领导力成为关键。如果涉及整个公司，单独团队变革也需要整个公司或集团给予强力支撑。我们为此案例设计了一个整体的内外整合提升路径图，该图不仅有利于团队成员聚焦，也有助于团队外部的整个公司领导层和管理人员对团队当下的工作有一个基本认知，区分轻重，聚焦发力。

该路径图是一个同心圆而非传统的时间线，同心圆是分布时代的变革特征，圆心是团队高层管理人员，以变革领导力为载体，加快带领团队实现目标。对于本案例，最外围是整个公司或集团系统尤其包括领导层在内给予的各种支持，因为一些变革是团队或部门、事业部无法完成的；中间的一圈，则是团队在内部管理上，需要着重提升的地方。只有从外围集团层面支持和内部主要管理人员、A类精英共同发力，才能建立一个具有活力的变革环境，带领公司实现目标。只有上下创造这样一种变革的环境，同时需要关键岗位的分布式变革领导力，才能支撑团队、公司、集团变革转型成功，如图14-2所示。

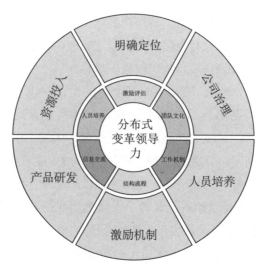

图 14-2　系统变革实施路径图

4. 持续改善提升

当明确了改进要素，接下来就是在具体工作中快速采取行动，持续改善提升。本案例中，团队之前的 PDCA 精益循环已经奠定了人员认知和行动的基础，我们导入之前阐述的敏捷流程。敏捷流程是互联网时代的团队高效工作模式，它将在几个方面支持公司 / 团队的发展，实施时需要注意如下几点：

- 敏捷流程强调的是团队、透明和沟通。敏捷团队的每位成员都必须是多功能的，通过敏捷流程的及时沟通和项目跟进，管理人员可以根据工作情况及时对员工的工作进行调整，同时加快部门内部知识和技能的传播。
- 敏捷流程聚焦团队，而非个人。
- 敏捷流程最适合解决具有不可预见性的复杂的问题。
- 敏捷流程采用迭代模式，将大目标任务分解为可以快速产出的小的目标，有利于团队专注于可以解决的重要问题。
- 敏捷小组的成立，不同于传统的组织结构，由跨职能人员组成。
- 敏捷流程的首要价值就是快！聚焦重要问题，迭代交付，快速解决，同时快速与市场和客户衔接，获得第一手的反馈。
- 改变那些当下能够改变的重要因素，聚焦那些少数具有高杠杆率的活动，运用人工智能时代的成熟理念和工具，迅速提升团队整体效能。

整体敏捷提升如图 14-3 所示。

图 14-3 敏捷 TOFD 模型

第三节 解构平安集团

下面我们以平安集团为例,根据公开资料选取 12 个维度中的 7 个维度,探讨超大型企业在这几个方面的最新管理实践。

中国平安于 1988 年诞生于深圳蛇口,30 年时间成长为中国三大综合金融集团之一,在《福布斯》"全球上市公司 2000 强"中名列第 10 位,居全球保险集团第一;《财富》世界 500 强名列第 29 位,多年蝉联中国内地混合所有制企业第一。2018 年,公司营业收入破万亿元,净利润超千亿元,纳税超千亿元,员工约 180 万名,总资产达 7.14 万亿元,而 2004 年这个数字不过 2644 亿元。2008 年,平安集团刚进入世界 500 强时,排名第 462 位,但在 2018 年的榜单中,平安集团已经排到了第 29 位,个人金融客户数达 1.84 亿,互联网用户约 5.38 亿,已经是一个响当当的平台型互联网公司。迄今为止,平安 30 年走过的路,堪称世界历史上企业发展的奇迹。下面我们根据一些公开材料,初步解构中国平安。

(1)**公司治理**:90 年代初,平安作为深圳特区员工持股的试点单位之一,首创员工集体持股的金融企业,推出员工受益所有权计划,共 1.9 万名员工参与,2010 年陆续兑现,让员工分享公司发展成果。今天的平安,是一个持续增长的公众公司。

(2)**战略:愿景和使命**:中国平安有着非常清晰明确的使命愿景:致力于成为国际领先的科技型个人金融生活服务集团,坚持"科技引领金融,金融服务生活"的理念，持续深化"金融+科技"，探索"金融+生态"，聚焦"大金融资产"和"大医疗健康"两大产业，并深度应用于**"金融服务、医疗健康、汽车服务、房产金融、城市服务"五大生态圈**，为客户创造**"专业，让生活更简单"**的品牌体验，获得持续的利润增长，向股东提供长期稳定的价值回报。平安战略如图14-4所示。

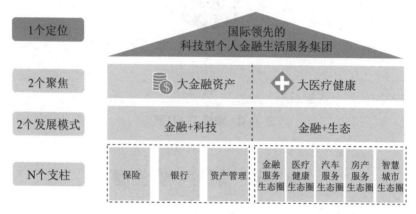

图14-4　平安战略

（3）领导力和文化：平安文化的核心就是危机和包容两个词。从1988年至今30余年的时间，平安的企业文化非常丰富，先后经历了7个阶段：1988年创业精神；1992年儒家精神；1994年国际战略的发展观；随着快速扩张，平安于1999年提出了"价值最大化是检验一切工作的唯一标准"的新价值管理文化，其内涵是：以传统文化为基础，以追求卓越为过程，以价值最大化为导向，做一个品德高尚和有价值的人；2002年，投连事件是一个令平安刻骨铭心的经历，平安大力推行执行文化，强调执行力就是公司的核心竞争力，执行就是每一个经理人的天职；随着高速发展，跨入千亿门槛，平安在文化上提出"领先"文化，让"追求领先"成为全体平安人的DNA；2009年至今，平安继续丰富"专业•价值"内涵，推出"专业创造价值""专业，让生活更简单"的内外宣传口号，加强各系列文化的一致性。平安文化如图14-5所示。

（4）科技创新：创新是平安的基因。**科技赋能金融，科技赋能生态，应该是平安的竞争力核心**。近10年来，平安在科技领域的投入已经超过500亿元，聚集了9.9万名金融科技与医疗科技业务从业人员及2.9万名研发人员，并在人工智能、区块链、云等方面均取得重大突破，人脸识别、智能读片、区块链、智能音乐、智能环保等多项科研成果获全球大奖。凭借先进的科技优势，结合

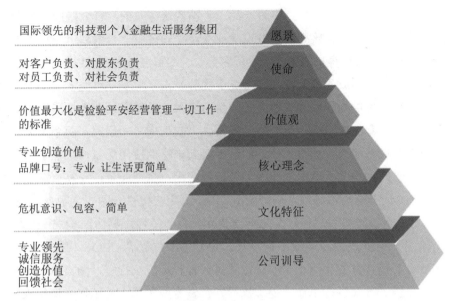

图 14-5 平安文化

丰富的应用场景,平安陆续孵化出陆金所、平安好医生、平安医保科技、金融壹账通、智慧城市等多个科技创新平台,向社会输出科技服务。其中,智慧城市云平台方案也已在国内数十个城市陆续进行推广,取得显著成果。平安认为,未来最大的竞争对手不是其他传统金融企业,而是阿里巴巴、腾讯等现代科技互联网企业,"金融+科技"战略转型就此定调。平安科技创新从其发展路径可见一斑,如图14-6所示。

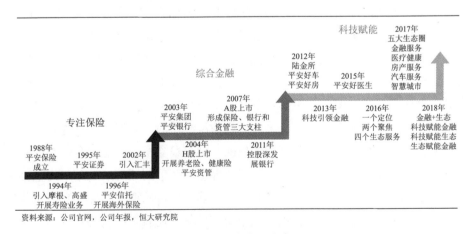

图 14-6 平安发展大事记

（5）**客户及外部生态**:平安的客户几乎是每个人,它的个人金融客户数达1.84亿,互联网用户约5.38亿。平安及早布局互联网、移动和AI时代,打造"一个客户、一个账户、多个产品、一站式服务"的综合金融服务平台，推动交叉销售。对于其核心的金融保险业务，平安推进"金融超市"和"客户迁徙"，推动"保险客户向银行、投资客户""线下金融客户向线上服务用户"的迁徙和转化，形成各种混业的独特竞争优势。未来，平安可能成为一个无处不在的全生活提供商。以**"流量为王、生活切入、价值驱动"为指导思想，围绕用户"医、食、住、行、玩"生活场景**，平安形成"一扇门、两个聚焦、四个市场"的战略体系；通过"任意门"衔接起丰富的应用场景，聚焦于资产管理和健康管理，推动大数据的挖掘、分析及应用，搭建起资产交易市场、积分交易市场、汽车交易市场以及房产金融市场，为用户提供一站式金融生活服务。

（6）**组织结构**：180万人的平安集团，7个序列，整体结构扁平，组织结构偏向于矩阵式。高层除了董事长，设立了3位联席CEO。根据平安人力资源负责人蔡方方的介绍，平安有业务执行官和矩阵执行官，两类执行官相互协调、步调一致地进行工作。矩阵执行官负责专业条线上的工作，例如人力资源、风控、投资管理等。业务执行官按照一定的行业类别，管理重点进行动态的切分和调整，管理不同业务。3位联席CEO，分领3块业务，团体、个人和科技，背后的逻辑是以客户为导向，一是平安的"金融+生态"的复杂程度，使得各类客户都有非常强烈的意愿，希望能够得到综合金融服务；二是金融和科技、五大生态圈、生态和科技之间还必须相互赋能；第三就是基于风险管理的需要，团体业务、个人业务和科技的风险都不一样，需要独立。

在形成了5个生态圈之后，平安就像一部庞大的机器，即平安战车。这种说法起源于德国足球队，和一个球队有前锋、中锋、后卫一样，平安也有前台、中台和后台，早在十几年前平安就做了前中后台的分离。前台就是各业务线，银行、保险、投资、科技，三大联席CEO带领；中台包括科技研发、数据的集中运维，还有投资管理、风控、法律、合规、人事、财务等，我们的战略、企划，这些也都放在中台。平安对中台的要求很高，有四个形容词：参谋部、作战部、指挥部、后勤部。中台平时一般是做参谋的，做好业务赋能；有什么攻坚的问题，中台就从参谋部变成作战部，到前线支援；当然中台还要做指挥部，发现哪两个业务应该"牵手"，就指挥它俩牵手；还有后勤部，提供强大的保障，不停地开发各种智慧系统给前台赋能。后台的概念虽然还在，但是慢慢地更加智能化，比如集中客服、集中运营操作，还有一些财务处理、发工资等，现在大部分工作已经被机器取代了。

（7）**人员选拔培养**：平安高速发展，只靠自己培养远远不够，也容易形成内部的僵化文化。平安用人强调新老结合，一部分找外面的人过来，给平安带来全新的思路，再让一部分内部的人，把平安的资源和思路结合。平安认为不这样互相掺杂是做不成的。平安选拔干部最看重3个核心要素：一是这个人必须要做到高处着眼、低处着手，高处着眼的意思是目标远大，他要看得很远，低处着手是要知道怎么落地，一步步从低做起；二是必须很专业，同时他有高度的再学习能力，这是融入的基本前提；第三个是必须很有性格，这是平安的特点，有性格的意思是有推动力，有狼性，有杀气，每个人都是眼睛冒着绿光。老好人，人家一说就退回去，不坚持也没有说服和沟通的能力，这种人平安认为很难融入。为了筛选合适的人，平安设立24个维度，正向、反向，通过各种方法对人进行筛选。在筛选步骤方面，有所谓的七步成诗，分别就业务模式、顶层规划、落地规划、团队构建、组织架构、投入产出、绩效目标等全部讨论、全部达成一致。

（8）**人员激励赋能：平安具有明确的高绩效导向激励**。在平安，干部有"四能"：能上能下、能左能右、能高能低、能出能进。能上能下这句话说起来很简单，但很少企业能做到，在平安很经常，公司里起起伏伏很多，大家习以为常。能左能右，就是能干这个事，也能干那个事，团队经常调来调去、轮岗、多范围拓展。薪酬也是能高能低，相差100倍，这些都是保持活力的表现。如何在快速动态的发展过程中，对每一个人员做到公平的评估，这是几乎所有管理者头疼的大问题。平安经过两年磨合，发现有一个核心方法，可以在高度动态的战略转型和多跨度业务，多元、多代际的场景下把人力资源管好，就是让直线（业务线）成为自己最好的人力资源经理。最终的解决方案是一套智能化系统，这套系统可以赋能直线，让直线经理成为最好的HR；也赋能员工，员工获得自助服务。

锻炼、赛马和高管年轻心态是平安激励赋能的重要手段。

锻炼：平安的蔡芳芳认为，就像一个不锻炼的人，懒惰虽然舒适却会带来各种疾病，所以高绩效文化就是一种督促个人成长的文化，是一种锻炼文化，一定要让公司维持足够的新陈代谢。每个当下都是很痛苦的，但是回头看又很感激，就像喜欢跑步的人，每次跑到极限的时候很痛苦，回头来看，会为突破极限而高兴，体能也在不断地增长。有的时候人需要让某种压力变成动力，从而好好成长。高绩效组织就是为了防止大企业病，让每个员工最终实现成长。

赛马：存在两种模式的赛马制：一是个体之间要排名；二是业务之间，平安内部会设多个团队一起赛。这种情况下不能说没有冗余，本来可能一个团队做，却多设几个团队互相竞赛。"没有不合适的人才，只有不合适的赛道。"平安不是残酷到你不行就马上拿下，会给员工很多机会，有高速赛道也有低速赛道，规则是不一样的。状态不好、累了，在这个赛道上跑不动了，那就换一个赛道，跑慢一点。有一天精神状态又好了，突然能量大爆发，还可以跑回快速赛道。当然投入和产出是相关的，竞赛本来就讲究公开、公平、公正，不能劣币驱逐良币。赛马制本身就是一种高绩效模式的表现。人自己跑步可能跑不快，旁边有人跑就会激发潜能，更高、更快、更强。机构之间每天都在赛跑，深圳公司和上海公司赛跑，平安银行的两个分行比比谁跑得快。业务竞赛是无处不在的，所以平安的员工精神焕发，特别振奋。

管理层带头：平安员工平均年龄30岁，年轻就有冲劲。平安的管理层每天工作至少十多个小时，精力很旺盛。另外平安还会给所有人贴上科技的标签，科技新陈代谢很快，他必须不断地跟进和学习，心态上也会变得年轻。平安有三比：跟自己比、跟计划比、跟市场比。高层管理者也比，跟自己比，看相比过去的业绩是不是增长；跟计划比，看自己的计划目标是不是大幅超越董事会的目标；跟市场比，平安作为一个整体，是不是市场上表现最好的公司，各家子公司有没有在各自的市场上做到最优。

简要点评：事实上平安内部的信息共享数据和系统才是平安的核心，包括平安庞大的评估和衡量系统，对于一个金融保险企业尤为重要。平安的工作传导机制和领导力我们也未涉及和研究。不过总体而言，平安是一家从战略到执行、从文化到科技，都非常强的公司，是一家执行力超级强大的公司。深圳诞生了华为、平安、腾讯、万科这样的具有良好公司治理模式和优秀文化的企业，这是为什么？这就是我们所说的文化土壤。深圳没有历史的包袱，是一片从小渔村上崛起的，一开始就具有浓厚创业精神，具有小政府大社会的社会治理模式的热土。深圳和大湾区，是中国社会现代化转型的桥头堡和试验田。对于大陆腹地的众多企业而言，如何把握第五代管理范式，确保企业作为一个生命体，肌体健康、持续成长？12个维度36要素的测评和提升路径，像一个仪表盘，让企业每个人知道我们身处何处、优势是什么、从哪提升。而作为个人，你该如何成长、发挥自己的分布式变革领导力呢？请跟随本书一起进入接下来的个人成长部分。

下篇

个人成长与领导力跃迁：自我认知、领导力准则与阶梯式发展

"谁终将声震人间，必长久深自缄默；谁终将点燃闪电，必长久如云漂泊；我的时代还没有到来，有的人死后方生。" ——尼采

经过了时代、国家、组织等外部复杂系统的探索之后,本书这一部分回归到世界的中心——我们自己身上。这个世界一刻不停、永不熄灭、熊熊燃烧的火焰最初从你的眼中升腾,而最终在你的内心平息。"人是万物的尺度",成功只是个匆匆过客,唯一我们需要安放的,是我们的心灵。这一部分将从自我的探索开始,经由知识、能力、工作方式、优势、价值观、梦想、情商和心灵意识等方面的自我终极探寻,结合时代、文化和组织的目标,发挥具有明显情境效能的"仁爱的狮子"领导力文化范式,坚守6个准则,逐步展开一个人从25岁到45岁的成长跃迁画面。

"理论是灰色的,生命之树常青。"刻意而持续地强化训练,将本书包罗万象的内容,落实在每天一页纸的"自我教练行动清单"中,是确保知行合一的捷径。它所形成的新习惯,避免了每日耗费大量心智资源考虑该做什么、不该做什么。卓越是由强大规律所塑造的,每天如此,每天就会有一个不断成长、自我完善、内外统一的崭新自我。

人的一生所取得的成就,所能过上的生活,也同样适用"常态跃迁"的模型。有的人成就很高,很多人将其归结为运气,运气只能带来一时,时间长了还是会回归常态。这个常态由你的先天资质、后天环境、思维认知、热情和能力决定,先天资质和后天环境一个人可能无法改变,但你的思维认知升级,自身的能量、能力不断提升,都会不断提升常态的均值,带来跃迁。个人的常态跃迁如图Ⅱ-1所示。

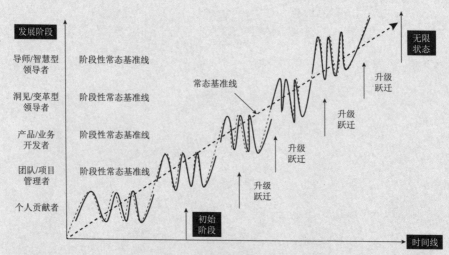

图Ⅱ-1 个人"常态跃迁"成长路径图

没有谁每天都有看得见的提升,你可能长时间在一个水平线上来回摆动。

如果你愿意"死磕"自己，不断刻意改进提升，那么在每天细微看不到变化之处，其实是量的变化和累积，终有一天你会实现跃升。

一个人也是一个复杂的系统，在这样复杂的系统内，每种力量、思想都在叫嚣着表达自己。一个人的成长跃迁过程，也几乎和所有人类建立的复杂系统类似：从思想认知开始，然后培养新的技术和能力，从而带来经济收入增长；随着经济收入增长，相应的社会地位和政治要求也会得到提升，从而产生某一阶层文化型态。这样的文化型态和文化修养的个人，也会选择不同地理环境而发展。这是一个单循环模式，而任何一个复杂系统想要保持生命力，必须具备开放、且具有选择性的双循环学习模式，对于个人而言，其中最重要的就是反思自己的思维方式或思考模式，实现思维认知和能力的升级，然后经济收入、政治地位和文化型态的提升都是一个自然而然的过程。曾任职于哈佛商学院的当代组织学习理论大师克里斯·阿吉里斯，在《哈佛商业评论》发表过一篇文章，题目是《知识型人才如何学习》。在这篇文章中，他创建了两个名词，"单回路学习"和"双回路学习"。区分两种学习方式，他作了一个比喻：如果房间的温度降到20℃以下，温控器就会马上调节到20℃，这是"单回路学习"；而如果此时温控器会反问"为何要设置在20℃"并尝试探索新的合理温度时，就是"双回路学习"。同时阿吉里斯根据他的观察，那些经过大量长时间学习的、获得很多学位的高技术专业人士，正因他们受过如此长时间的正规教育，他们非常不擅长"双回路学习"。总之，反思你的思维模式是开启"双回路学习"的关键一步，如图Ⅱ-2所示。

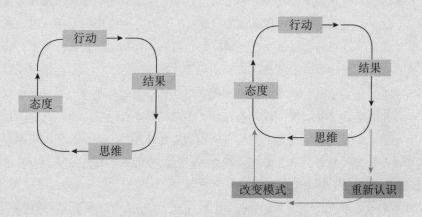

图Ⅱ-2 个人单—双回路学习模式对比

对于个人而言，如何在成长过程中保持对惯性思维的警惕，不断向上跃迁，就需要一个我称之为"个人成长罗盘"的模型来作为指引。模型的中间是两个部分，一个是自我认知，发挥自己的优势而不是劣势，才能达成卓越；另一个是匹配情境，才能有效发挥。自我优势和情境两种因素权重各占50%，这是个人发挥影响力的起点和基础。从我们离开学校、步入社会进入到实际工作之中，不管我们愿不愿意，就开始了一圈圈的周期性工作。模型中间核心圆的外围依次是5个圆，分别代表着我们在职场的第一阶段、第二阶段……通常在领导力的概念中，圆圈从内向外依次代表着个人成长的轨迹，分别象征着自我管理、团队管理、部门管理、业务管理和全局管理。依次不断扩大半径圆圈，代表着我们影响的范围不断扩大，只有不断熟练应对自己范围内的事务和关系，才能不断向外突破，向高处迈进。有的人可能几乎一生没有成长，只在自己一开始划定的圈圈打转，一年年从事着重复性工作，无法突破成长。而有的人则进行了3年左右历练后，以一个"S"曲线加速成长，摆脱惯性飞轮，向更外圈更高层进阶。依次而行，不断提升，经过大约10到15年，那些成长快速的个体，不断摆脱一个个惯性飞轮，成为各类组织中发挥巨大影响力的领导者。

这些领导者不一定拥有多少团队和下属人员，但他们个个影响力巨大，或学者、政治家、科学家、艺术家，或各类组织高级管理人员。在每一个圆圈循环时，如果想要实现"S"曲线加速成长，就需要针对性加速培养自己的能力和思维认知。每一个阶段所学的能力和认知都不同，但提升能力和认知的方法却很类似，就是"目标计划-历练实践-评估反馈-不断改进"的刻意练习方法。"个人成长罗盘"模型还有一点非常重要，就是模型中贯穿5个同心圆的6条虚线，这6条虚线代表着6个准则，它是每一个成长阶段都应该遵循的原则。这6个准则是我们达成卓越的"捷径"，以普遍适用的方法，推动着个体从不适应、适应到超越的飞轮式跃迁。事实上，这个"个人成长罗盘"就是"常态跃迁"曲线的时间轴横截面，如图Ⅱ-3所示。

自我成长是人的一种根本需求。麦克莱兰曾对人类的驱动力进行过研究，他总结出主要的3种动机：权力动机、亲和动机和成就动机。他研究那些最为成功的企业家发现，他们大多是具有极强的成就动机的人。这些优秀领导者，具有强烈的成就欲望，浑身散发着激情，对待工作和任务具有乐观和积极主动的精神。成长大于成就，成长是因，成就是果。

自我成长和领导力水平相互促进。取得成长，领导力效能提升，职位提升；而随着领导职位的提升，对于成长的需求则更为急迫和强烈。这个时候，领导者应该有一种觉察，需要对这种成长渴求适当引导、适当管理、适当平衡，不然这种自我成长的渴求，在强烈的成就动机的点燃下，会产生很强的焦虑感，

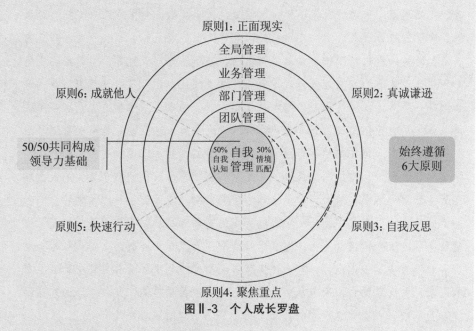

图 Ⅱ-3　个人成长罗盘

带来很大的压力，反而使一些领导者无法专注当下，影响了成长。从本质上来讲，自我成长是人们感受个体生命存在最持久最健康的方式，也是领导者人格自我完善的过程。而任何一种形式的个人成长，其实归根结底就是一种自我开发，没有人或组织能够代替。

每个人天生个性迥异，思考方式和行为方式皆不同，但都可以做到卓越，发挥有效领导力。人们认识到即使外界环境变化了，个体思维和行为模式中的一些东西却稳定不变。当个体固有的性格特征和他们所扮演的社会角色以及自我形象期待之间产生错位时，人们通常就会戴上卡尔·荣格所说的"人格面具"。荣格说："在真实的自我和社会的期待之间，我们每个人带着一个面具，是真我和社会的妥协产物。如果我们忽视社会期待，我们会变得自私自我；相反如果我们太注重社会期待，我们就可能会缺乏自我认同和满足。"很多时候，我们将内在欢乐掩藏，来适应社会赋予我们的角色所承担的责任和期待。久而久之，一种持续压力就会越来越导致我们不快乐。我们只有寻找到符合天性特征的方式，才能在工作中有好的表现，才会把工作当成一种乐趣。所以，成长和有效的领导力第一步，就是从自我认知开始。

人是环境的产物，个人成长和领导力的有效发挥也必须依赖环境。环境具体影响比重有多大？在我们 2015 年一项研究中，30 名各级领导者给出的环境影响比重 40%～80% 不等。所以领导力发挥必须要和环境相匹配，了解并认可情境因素，才能推动组织变革，提升领导效能。"具有亲和力的权威领导者"或其意象"仁慈的狮子"这一风格,是适合我们文化土壤的情境领导力风格。这里的权威含义广泛:不仅仅是传统意义上的家长制、职位权力或命令的概念,而是一种包括工作精神、技术水准、典范行为、正直等品格要素构成的一系列让人信服的权威的概念。只有认可情境文化,才可以引领组织变革,这看似是一个悖论,但实际上确是发挥领导力效能的重要一步。这也是那些想取得成就、具有开拓精神的领导者所面临的最大挑战。这些领导者最初看到了组织的问题所在,但在推动变革过程中,缺乏务实和持之以恒推进的精神,从而导致领导力失效、组织变革失败。在变革遇到挫折后,他们常常又会陷入被环境裹挟的无力感中,从而产生消极和抱怨的情绪,继而使这种无效领导力陷入恶性循环之中。纵观中国历史上那些有名的变革者,最初都抱着强烈的变革愿望和必胜的决心,但最终大多在哀叹强大的固有力量中,成为变革失败者、受害者或抱怨者。根本上,这些历代变革者没有有效利用环境和文化中的各种有利因素,为变革助力,而是从一开始就对抗环境甚至整体文化。正是深知这一点,明朝中兴之臣张居正才能开启十年变革,小有所成。

  一个人的成长,在人生不同阶段重点不同。最初迈入职场,最需要培养的是完成任务的能力和责任意识,从书本到实践的大脑认知回路转变是最初几年成长的要点,这是因为书本知识和社会关系是两个不同的智力领域。飞轮进入第二个阶段,个人需要承担更多才能成长,通过团队合作,完成较为复杂的项目,这一阶段需要快速学习的能力,涉猎新的领域,也需要在这一阶段培养人际沟通和建立良好关系的能力。第三阶段大多涉及团队或部门管理。这个阶段个体开始承担基层的管理任务,通过与他人协作来完成目标。同时经过六年左右的历练,也具备了初步的识人用人感性经验。这一阶段需具备系统思考和体系化建设的能力,为承担更大的责任奠定基础。第四个阶段,个体成长常常表现为独立领导某类业务的较高层级领导者,这时需要站立船头,具备把握方向和变革现实的能力。这一阶段的领导者很孤独,压力也很大,他们需要具备洞察业务的能力及变革的魄力、勇气。经过这一阶段的锤炼,领导者会成为公司CEO或高管的潜在人选。第五个阶段,个体担任高管或CEO一职,这时最大的挑战通常是新旧之间的平衡,把握好节奏,在变革的同时与组织官僚作风斗争。保持敏锐,领导者需要贴近一线,贴近客户,向教练型领导者转变,为组织培养更多面向未来的人才。每一个阶段,个人都会面临自身内在动力、自身能量的储备与分配问题。总体而言,随着年龄增长,个人内在动力从外部的社会期待转向内在的成熟和自由,相应的表现就从责任向使命、意义或传承演变,从输入到输出演变。随之而来需要领导者的思想具备广阔性、丰富性和哲思深度，个人意识能够保持长时间的高位水平，能够成为他人绝望时的希望，能够成功成为组织内外可信赖的力量源泉。

人生就是在画不同的圆圈，每一个阶段就像一圈圈不断旋转的飞轮，想要脱颖而出，进入下一个圆圈赛道，需要个人有意识地进行自我开发。如何开发？就是以行动为中心，遵循"实践-反馈-改善-衡量"的持续刻意练习模式，才能真正实现看得见的成长。图Ⅱ-4是一个整合的个人成长与领导力提升路径图。

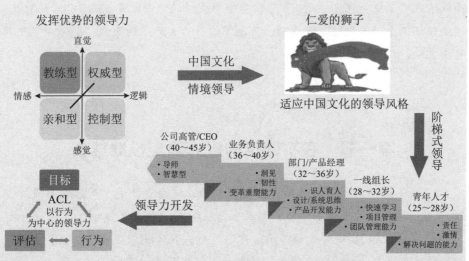

图Ⅱ-4 整合的个人成长与领导力提升路径图

简单而言，对个人成长而言，首先需要成长型思维，然后将个人独特优势和情境结合，在不同年龄阶段不同岗位通过"飞轮效应"实现跃迁，而最终实现跃迁的方式就是"以行为为中心"的持续练习。

第十五章
时代思维模式：成长型思维模式

　　大部分时候"成长比成功重要"，成长了以后，从成功的角度来看，其实是提升了赢得游戏的概率，当你每一次做事成功的概率都是1%、2%的时候，狗屎运成功了也是保不住财富的，但当做事成功的概率都是50%、60%的时候，就能保证偶尔遇上厄运，没成功，那也不是什么大不了的事儿，大部分事儿都可以重来，比如创业。

——卡罗尔·德韦克

第一节　在不确定的世界确定性地成长

　　"勤奋是一切事业的基础。要勤力努力，对企业负责、对股东负责。在20岁前，事业上的成果百分之百靠双手勤劳换来；20岁至30岁之间，事业已有些小基础，那10年的成功，10%靠运气好，90%仍是由勤劳得来；之后，机会的比例也渐渐提高；到现在，运气已差不多要占三至四成了。"

——李嘉诚

　　猜猜曾经不可一世的拳王泰森在职业生涯赚了多少钱？4亿美元！泰森是20世纪世界上最能揽钱的拳手，高峰时平均每场比赛狂赚3000万美元，然而最后却一贫如洗，一度沦落到靠拍A片过活。再猜一猜乔丹时期的公牛王朝二当家皮蓬职业生涯共赚多少？超过1.2亿美元！同样不幸的是，他最终也丢失了大部分收入。职业巅峰时期，仅仅为了炫耀，皮蓬就一次性支付400万美元买了一架喷气式飞机，但几乎没有使用。再将目光转向那些具有全球影响力的巨星身上，迈克尔·杰克逊，历史上最伟大的摇滚巨星，根据《福布斯》杂志估计，他在世时共赚进11亿美元的财富，相当于现在的20多亿美元。杰克逊生前为世界慈善事业捐献了3亿美元，打破了歌星捐献的世界纪录。然而就是这样一位天王级人物，至死都债务缠身。在国内，一位曾经长期位居一线的女明星，其收入排名一直稳居明星榜首！其明面收入超过10亿美元。而在近年被税务部门开出了8亿美元罚单。

再猜一下，平均来说，是那些奇装异服的摇滚巨星、出入各种高级场所的各类金融界"理财大师"和交易员最后的财富多呢，还是一生稳健、看似单调的牙医积累的财富多？答案是后者。道理很简单，我们每个人从长期来看都将向准线靠拢。那些以为靠自己能力、努力和天赋的巨星和"天才"，将在人生中必将遇到的随机性事件面前，在巨大影响的黑天鹅事件面前，丢掉之前很多年积累的财富。他们过于相信自己的名声、能力和天赋，却忘记了可能仅仅是因为那个时候运气很好而已。这种自大心态和情绪失控，最后导致了巨大损失。而兢兢业业的牙医则没有这种心态，他们小心谨慎，过着一种稳定的甚至单调的生活，正是因为他们的保守，才会在晚年积累较多的财富。

1. 黑天鹅事件

所有积累的财富、外界给予的名誉称号，给明星们造成了一种错觉：自己的成功是自己努力的结果，是自己的打拼、爱心和品德造成的，这就产生"纵横天下无所不能"的幻觉。事实上，努力不可避免，但对于大多数人而言，他们的努力程度、智商等各方面都不会比这些明星们差；那些日复一日，埋头苦干的农民、司机、快递员，他们的辛苦努力程度远高于明星；而那些科学院研究人员、学者的智力、能力更远超一些明星，但取得的财富和世俗的名气，远不及明星们。认为自己所取得的一切都是努力之后应该得到的，这是一种非常危险的观念。从一个成功走向另一个成功，直到有一天，一个完全不曾想到的"黑天鹅"事件发生，会将之前所有的一切轻松抹去。比如可能因为微博里一句不经意的话，成为人生命运的转折点。当然，好运也一样，19年前，刘雪华将一位明星推荐给了琼瑶，出演了《还珠格格》，不可预见的是这部戏改变了这位明星的命运。

努力是必须的，但绝不是取得成功的充分条件。或许人生中我们最应该谨记的一条曲线就是"常态跃升"模型中的"S"曲线。"S"曲线中的平滑直线，实际上并不平滑，而是由**许多小随机性构成的动态曲线，这就是"常态"。常态在短期内看不到明显增长**，在较短的时间内似乎难以获得大幅度上升。同样，在事先没有明显征兆的情况下，有些人的人生、事业甚至生命以一种断崖式方式下坠，"最后一根稻草压垮一头骆驼"，任何努力在这种断崖式下滑面前都显得微不足道。此类事件就是"黑天鹅"事件。无论你之前看过了上万只白天鹅，都不要得出自以为是的结论：天鹅是白色的。直到人们在澳大利亚发现了一只黑天鹅，才将这种根深蒂固的"归纳"看法打破。卡尔·波普尔曾经在《科学发现的逻辑》一书中指出，判断一个观念是不是科学的，就看它是否可以被证伪。在没有被证伪之前，都是未经证实的暂时性真理。只有我们抱着这样的认知态度，才能在人生和事业的道路上，有所敬畏，保持谦虚和开放性。

人生的随机性，在中国古老的"塞翁失马焉知非福"故事中早有说明，而在一位研究随机性概率的大师纳西姆·尼古拉斯·塔勒布看来，我们总是看到已经发生的（历史）事件，并从这些已经发生的事件中总结出经验，而当我们应对未来完全不同的事件时，常常调用过去的经验应对，就可能会陷入困境。人生充满了戏剧性和偶然性，塔勒布就是如此。他早年是华尔街的期权交易员，一天早晨坐出租车去交易所时，鬼使神差地遇到一位不会讲英语的出租车司机，这位司机固执地把他拉到距离交易所较远的一个路口下车，让他耽误了十几分钟的上班时间。幸运的是，在这短短的十几分钟时间里，市场多头发生了巨大的动荡，从而让他避免了巨大的损失。而更加吊诡的是，即使他刻意寻找，之后却再也没遇到过那位无意中拯救他的出租车司机。我们的生活每天充满随机性，那些难以预见、影响巨大的罕见事件，会从根本上改变我们的生活。塔勒布说，某些人可能会因为某些因素在某些时候飞黄腾达，但终究会被打回原形。

"黑天鹅"事件稀有但影响巨大。2007年，一位基金公司的首席策略分析师做了一个研究，他收集了标注普尔500指数最近30年的每日价格变化，共有7300个观察数据。研究结果发现，如果去除50个业绩最好的交易日，年复合收益率将大幅降低到1%以下；如果去掉业绩最坏的50个交易日，则年复合收益率高达18.2%；而30年间真实的标准普尔500指数的复合收益率为9.5%。在一个各种因素交织引发不同结果走向的交易市场里，黑天鹅事件虽少，却影响惊人。生活中每天遇到的各种因素，和交易市场非常类似，认识和管控好"黑天鹅"事件，是赢家必备的功课。

2. 总结负面清单

谨慎的人生不是无所作为，而是不贪婪、坚决不冒大风险。**"投资人并不需要做对很多事情，重要的是能不犯重大的过错。"** 巴菲特说，"多年来，一些非常聪明的投资人经过痛苦的经历已经懂得，再长一串的让人动心的数额乘上一个零，结果只能等于零。我永远不想亲身体验这个等式的影响力有多大。"事实上，那些牛人不是想着每时每刻所有利益均沾，相反，**他们只在少数的时候做少数的事情，"人生就像滚雪球，最重要的是发现很湿的雪和很长的坡。"** 其他的时间都在为此准备，漫长的准备期就是"常态跃迁"模型的"常态"。

我们一直被教导正确地做正确的事，但在世界的随机性面前，这样做的危险类似"刻舟求剑"的寓言故事，正确的事情是过去的一种常态，往往被巨大波动的"黑天鹅事件"所推翻。即使你努力做对了所有事情，最后可能因为"黑天鹅"事件而一无所获，之前的种种努力也付之东流。在VUCA（动荡、变化、复杂和不可预测）时代，我们应该清楚地意识到，哪些事情绝不能做，以此来对冲或减少"黑天鹅"事件造成的灾难性影响。这就是"负面清单"。

拼多多、vivo、OPPO、步步高的幕后投资人，隐居美国多年的段永平，曾在斯坦福大学分享他的人生和事业哲学。他认为，**基业长青的秘密在于要有Stop Doing List，相比较要做的事情，知道不做的事情更重要**。他将不做的事列举如下：

- 不要盲目地扩充自己的能力圈。人能做的事有限，人说啥、能说啥不重要，重要的是你做啥、能做啥。
- 不要一年做20个决策。一年做20个决策，肯定会出错，那不是价值投资。一辈子做20个投资决策就够了。
- 不懂不做、不熟不投。在不懂、不熟的事上面不能下重注，抓住你能抓住的机会。
- 不要走捷径，不要相信弯道超车。弯道超车是不开车和不坐车的人说的，总会被反超的。

在投资他列举几条不做之事：

- 不做长期有息贷款。这样在经济危机中才有最大的生存机会，他买房子都不贷款。
- 不做空。这方面他曾经犯过错误，尤其是不要做空长期的好公司，比如早年的百度。
- 不做短期的投机。有人说这件事我不指望赚钱，就当消费玩玩，一次又一次这样就不聚焦了。

3. 非对称性押注

非对称性押注，简单讲就是你可以小亏，但必须大赢。但大多数人的选择则是确定性地小赢，而冒险性地大亏。你不能在所有的事情上都均匀用力，只能专注于自己的优势领域，不断积累取得大的成就。人生如此，事业如此，投资也是如此。如上文所说，因为随机性的黑天鹅事件，即使你做对了所有的事情，而没有避开不应该做的事情，那么失败甚至惨败就不可避免。人类对收益和风险的非对称性感受，最早被行为经济学开创者丹尼尔·卡尼曼所发现，并因此发表"前景理论"而获得诺贝尔经济学奖。"前景理论"主要描述了大多数人的三个非对称性，一是在确定的收益和"赌一把"之间，多数人会选择确定的好处了结；二是在确定的损失和"赌一把"之间，多数人会选择"赌一把"而继续冒险；三是在同等数量刺激下，大多数人对损失的厌恶和对收益的喜悦，心理的感受强度并不相同：白捡的 100 元所带来的快乐，难以抵消丢失 100 元所带来的痛苦。相比较收益，对于心理的感受而言，损失是一条更为陡峭的曲线，想赢更怕输，负面影响的强度是正面影响强度的 2.5 倍。

一个人惯常的思考和行为方式预示着他的命运。我问过在牌桌上的亲戚朋友，谁最可能成为赢家，谁最可能成为输家。他们的回答我总结如下：输家都是卡尼曼所说的大多数人，他们靠毫不费力的直觉和情感冲动来行事，不是按照艰难计算和理性行事。赌徒，那些冲动型的冒险型选手，长期会输得很惨。他们面对损失时，更愿意冒险，而面对收益时，则选择确定性获利。**什么样的人是长期赢家呢？**当然是理性而谨慎的人，但并不意味着他们不冒险，他们懂得在一手好牌的情况下，抓住机会下大注，成为最终的、长期的赢家。**赢多输少，不是频次，而是金额**，巴菲特、李嘉诚都是这类人。

"黑天鹅事件"就是非对称性事件。仅仅一只黑天鹅，就能改写我们通过 4000 只白天鹅得出的"所有的天鹅都是白色"的结论。利用"黑天鹅事件"进行不对称性押注，则是高手的激进做法。在《随机漫步的傻瓜》一书中，作者纳西姆·尼古拉斯·塔勒布自称，自己这辈子在市场所做的事情就是**"倾力赌一边"**。他说："我试着不要常赚钱，而且尽可能不常赚钱。原因很简单，因为我相信稀有事件在市场上并没有得到合理的价值，而且事件越稀有，它的价格被人低估得越严重。"

非对称性押注也表现在选择种类、时机和人群上：种类上，很多知名的经济学家买股票时会平均投资几个股票；时机和人群方面，避免大众热潮时进入，选择市场趋冷时刻，和少数智者站在一起。"在别人恐惧时贪婪，在别人贪婪时恐惧。"巴菲特说，"做优秀的投资者并不需要高智商，只须拥有不轻易从众的能力。"

4. 避免后知之明的虚幻自信

我们知道很多"人生导师"言辞凿凿、信誓旦旦的成功法则，那么我们是离自己想要的生活更近了还是更远了呢？大多数人可能并无任何改变。后知之明就是如此，以一个自信满满的权威理论作为总结，却不知道，下一个碰到的可能又是一个"史无前例"。人生如投资，要么你果断了结离场，要么为自己的虚幻自信埋单。就像卡尼曼所说："我们大脑有说不清楚的局限，我们对自己认为熟知的事物确信不疑，我们显然无法了解自己的无知程度，无法确切了解自己所生活的这个世界的不确定性。我们总是高估自己对世界的了解，却低估了事件中存在的偶然性。当我们回顾以往时，由于后见之明，对有些事会产生虚幻的确定感，因此我们变得过于自信。"

一流的企业是干出来的，一流的企业家是打拼出来的，是克服一个个未知困难之后的偶然性结果。当然，我们应该学习华为、阿里、腾讯，向任正非、马云、马化腾学习，学习他们的思维方式、思考问题的角度。每个人、每个企业的先天禀赋不同，成功的企业和企业家不是按照各种后验的理论模式和样板设计出来的，而是解决一个个前进道路上的问题，逢山开道、遇水搭桥，一路艰难走过来的。领导者必备的远见必不可少，但要小心，别被自信迷住双眼，有时候预测未来是很危险的事情。甚至可以说，认为一流企业家就是具有冒险精神的说法可能也是一种事后样本分析谬误导致的"可得性偏见"，那些同样具有冒险精神和创业意识的失败者，已经不会出现在分析观察样本中了。你不知道的事比你知道的事更有意义！研究概率论的纳西姆·尼古拉斯·塔勒布坚称，更多人的成功仅仅是概率的结果，仅仅是他们运气比另外一些人好而已。他说："躺在失败者坟墓里的人有如下共同点：勇气、冒险精神、乐观，等等，同那些百万富翁一样。或许具体的技能不同，但真正使两者不同的最主要因素只有一个：运气，只是运气。"他注意到，1987年股市崩盘炸毁的人、1990年日本金融市场大跌时炸毁的人、1994年债券惨跌、2000年俄罗斯债务危机以及2000年购买纳斯达克股票而被炸毁的人，他们都是同样的人，也全都宣称"这次不一样"。

理论上讲，我们研究个人或组织时，典型的方法就是从目前大量的成功案例中，归纳出主要的影响因素。这些因素既无法穷尽，也无法完全确定哪一个为真。这样的结果就导致只在一个时间点的横断面考虑问题，而忽视了历史性和成长性。个人和组织的发展是一条不断延伸向前、每个阶段都存在各种可能性的一条轨迹。今天的成功是建立在昨天的基础之上，不是一下子凭空而出这些所谓的成功因素。这也是本书为什么以各种历史演变开始，让读者看到其中兴衰成败的逻辑，自己独立判断，作出有价值的分析，而不是生硬照搬。

5. 一个需要认真对待的公式

我们一直讲随机性，如果你知道容易犯预测错误，并且承认由于有"黑天鹅事件"的影响，大部分"风险管理方法"是有缺陷的，那么你的策略应该极度保守或极度冒险，而不是一般保守或一般冒险。那些幸运成功的人，有少数人是有意识利用随机性、拥抱不确定性的高手，也有部分人纯属幸运。但是，我们也不应该忘记爱默生的一句话："浅薄的人才会相信运气和境遇，强者只相信因果。"实际上，坚称运气使然的塔勒布，其努力、自知之明和学习程度超越常人，这才奠定了他今天的江湖地位。他在《反脆弱：从不确定性中获益》一书中写道："风会熄灭蜡烛，却能使大火越烧越旺。自然风险、社会风险，都带有随机性、不确定性，我们难以躲避，倒不如学习如何让自己在这一切中成长。对随机性、不确定性和混沌也是一样：你要利用它们，而不是躲避它们。你要成为火，渴望得到风的吹拂。……我们的使命是驯化、主宰，甚至征服那些看不见的，不透明的和难以解释的事物。"塔勒布本人就是发现和利用不确定性的高手。美国"9·11事件"之前，他以极低价格买下了许多看似不可能翻身的期权，然后出去滑雪、听音乐、读书写作，而不研究这些期权的基本面和技术性问题。他知道，影响世界带来巨大动荡的"黑天鹅事件"一定会发生，但没人能知道何时发生。他耐心等待着意外事件发生，"9·11事件"之后，一次谁也没有预料的暴跌成就了他的财富梦想。

总而言之，每个人都希望看到成功的确定性结果，但你应该将不可预见的随机性考虑在内。康德曾说："机遇是个匆匆到来的上帝，他把幸运与不幸分配给他选中的人们。"当你意识到它每时每刻都存在的时候，运气对所有人而言就显得公平了，这时随机性、运气也就不那么重要了。一个乐观的人不断失败取得成功后，最后一次的成功就叫做好运气。好运气用统计学术语说，其实就是单独小概率事件连续求和的结果。如果不创业，你建立一个自己梦想的企业机会就是零，如果创业，假设成功概率只有30%，那么你连续3次创业总是失败的概率只有34%。正如富兰克林的一句话："我确实相信运气，而且我发现越努力运气就越多。"但要注意，即使第三次创业成功，你也必须踏在之前两次失败的废墟上站起来，而不是又来一次毫无反思的冒险。

狐狸总是抱怨陷阱，而不是抱怨自己。"没有机会，这永远是弱者的推托之词。"在东方古老智慧的指引下，稻盛和夫根据一生的经验总结，提出了一个著名的公式：**人生和工作的结果 ＝ 思考方式 × 热情 × 能力**。这个公式中，能力是指才能或智能等先天性的资质；热情是指努力的意愿或热心等后天的努力；而思考方式在稻盛和夫看来最为重要，是指哲学、思想、伦理观等人格因素。能力和热情只有0分到100分，但是思考方式可以从负100分到正100分。他说："回顾自己70余年的人生，我可以向大家断言，以积极的思维方式，满怀热情，付出不亚于任何人的努力，把自己的能力发挥到最大，做到这些，你的人生一定会硕果累累、幸福美满。"

那么运气因素在这个公式的什么地方体现呢？在思维方式中体现。在那些幸福而成功的人身上，在那些世界级的企业家身上，他们具有这种应对随机性"黑天鹅事件"的意识，是谨慎而不是冒险，是理性而不是冲动，是独立思考而不是盲目从众，是持续成长而非一时得失，这才是最为重要的思维方式。这种思维方式和内心稳定的心理相辅相成。巴菲特说："很多人比我智商更高，很多人也比我工作时间更长、更努力，但我做事更加理性。你必须能够控制自己，不要让情感左右你的理智。"《大学》一书中，把这种思维方式和心理作了逻辑因果的说明："知止而后有定；定而后能静；静而后能安；安而后能虑；虑而后能得。"再加上"上善若水，水善利万物而不争"的随机性应对态度就更为妥帖。**理性思考＋态度从容**，前者带来收获，后者带来幸福。

在稻盛和夫的公式中，热情代表着能量，等同于"持久的努力"，能量需要有流向，所以我们需要明确的目标来引导能量流向。人生是一场长跑，所以我们需要持久的能量。没有目标，我们的人生就会丧失大部分意义，而觉得目标每次都要达成，则是痴心妄想。长久而言，一切皆有可能，只要你告诉自己内心你想要什么。人类社会的佼佼者早已洞悉这个秘密：你必须把你想要的一切，填写在你生命的黑板上。

能力则是基于自身天赋和环境不断发展和训练形成的熟练习惯，每个人的能力都是自身适应外部环境的产物。塔勒布说："拥有一身好本事却穷困潦倒的人，最后一定会爬上来。幸运的傻瓜可能得助于生命中某些好运气，但长期而言，他的处境会慢慢趋近于运气没那么好的白痴。每个人都会向长期的性质靠拢。"

我把稻盛和夫公式中的三个因素加个定语，再赋予运因素一定比重，就形成一个全新公式：

人生和工作的结果 ＝（积极而哲学的思考方式 × 目标明确而持久的能量投入 × 基于自身优势而不断发展的能力）×0.7＋运气 ×0.3。

至于为什么赋予运气30％的比重，是因为我很认同李嘉诚对一生成就的总结："勤奋是一切事业的基础，要勤劳努力，对企业负责、对股东负责。在20岁前，事业上的成果百分之百靠双手勤劳换来；20岁至30岁之间，事业已有些小基础，那10年的成功，10％靠运气好，90％仍是由勤劳得来；之后，机会的比例也渐渐提高；到现在，运气已差不多要占三至四成了。"

每个人都会向长期性靠拢，而不同的段位或水平上，其长期性均值完全不同，生命在高处，这就是努力向上、持续成长的"功利"意义所在。成长的概念超越成就和运气的概念，甚至是生命的本质所在。

确定性地成长——这是你面对不确定的世界唯一所能掌控的！

第二节　意识能量水平是个人成长的标志之一

成长是人的不竭动力，每个人内心深处都有着强烈的成长渴望。问题的关键在于方向和路径，是盲目探索还是有章可循？在人类的成长史中，那些达到顶峰的人群都有一些共性特征，这些特征不因年代、种族和知识极大丰富而有所差别。这些共性特征是什么呢？每一个年龄阶段该注意什么呢？

如何去评判人的成长？可以从上面公式的要素来讨论：

人生和工作的结果＝（积极而哲学的思考方式×目标明确而持久的努力×自身优势而不断发展的能力）×0.7+运气×0.3。

能力提升可以明显看得见，但最重要的因素——积极而哲学的思考方式，却像一个人的"底层代码"，难以发现却关系重大。我认为，积极而哲学的思考方式最终的结果就是我称之为"澄明"的状态。日常工作中，"澄明"常常以深刻的洞察力形式表现。"澄明"状态类似"万事无碍"，这样的状态至少有两个标志：一是自己能够有阶梯感和位置感了，能够向下兼容，这是回顾来时的路；二是以先贤的伟大思想体系作为参考系，当你能够完全理解大师经典，并可以进行再创造的时候，你就会知道自己大致在什么位置，这是面向未来的无限成长之路。

1. 马斯洛观察的"自我实现者"

判断一个人成长的第二个方法就是行为的改变。行为带来直接结果，是一个人意识能量的体现，这也许是一个更为实用的标准。因为行为关乎人际关系，关乎爱和情感，关乎周围环境的互动和适应。思想的成长总是先于行为，我们不能做出我们思想意识中没有的行为。但如果思想仅仅在于体会极致思考的乐趣，那也显得不完善、不充足。思想必须指导生活实践。一个人在工作和生活中，不断走向自我完善、自我实现、自我超越。对此著名心理学家马斯洛有过系统研究，他描述了人群中只占1%的极少数自我实现者的16个特征。[2]

≫ 案例15-1：自我实现者16个特征

1.他们的判断力超乎常人，对事情观察得很透彻，只根据现在所发生的一些事，常常就能够正确地预测将来事情会如何演变。

2.他们能够接纳自己、接纳别人，也能接受所处的环境。无论在顺境或逆境之中，他们能安之若命，处之泰然。虽然他们不见得喜欢现状，但他们会先接受这个不完美的现实（不会抱怨为何只有半杯水），然后负起责任改善现状。

3. 他们单纯、自然而无伪。他们对名利没有强烈的需求，因而不会戴上面具，企图讨好别人。有一句话说："伟大的人永远是单纯的。"我相信，伟人的脑子里很有智慧，但常保一颗单纯善良的心。

4. 他们对人生怀有使命感，因而常把精力用来解决与众人有关的问题。他们也较不以自我为中心，不会单顾自己的事。

5. 他们享受独居的喜悦，也能享受群居的快乐。他们喜欢有独处的时间来面对自己、充实自己。

6. 他们不依靠别人满足自己安全感的需要。他们像是个满溢的福杯，喜乐有余，常常愿意与人分享自己，却不太需要向别人收取什么。

7. 他们懂得欣赏简单的事物，能从一粒细砂想见天堂，他们像天真好奇的小孩一般，能不断地从最平常的生活经验中找到新的乐趣，从平凡之中领略人生的美。

8. 他们当中有许多人曾经历过"天人合一"的宗教经验。

9. 虽然看到人类有很多丑陋的劣根性，他们却仍怀有悲天悯人之心、民胞物与之爱，能从丑陋之中看到别人善良可爱的一面。

10. 他们的朋友或许不是很多，然而所建立的关系却比常人深入。他们可能有许多淡如水的君子之交，素未谋面，却彼此心仪，灵犀相通。

11. 他们比较民主，懂得尊重不同阶层、不同种族、不同背景的人，以平等和爱心相待。

12. 他们有智慧明辨是非，不会像一般人用绝对二分法（"不是好就是坏"或"黑人都是懒惰鬼"）分类判断。

13. 他们说话含有哲理，也常有诙而不谑的幽默。

14. 他们心思单纯，像天真的小孩，极具创造性。他们真情流露，欢乐时高歌，悲伤时落泪，与那些情感麻木，喜好"权术""控制""喜怒不形于色"的人截然不同。

15. 他们的衣着、生活习惯、方式、处世为人的态度，看起来比较传统、保守，然而，他们的心态开明，在必要时能超越文化与传统的束缚。

16. 他们也会犯一些天真的错误，当他们对真善美执著起来时，会对其他琐事心不在焉。例如爱迪生有一次做研究太过专心，竟然忘了自己是否吃过饭，朋友戏弄他，说他吃过了，他信以为真，拍拍肚皮，满足地回到实验室继续工作。

2. 提升你的能量

一个人的能量水平是生命力的体现，人的能量与先天身体有关，更与后天的运动、营养、学习和努力有关。能量就是稻盛和夫所说的热情，我称之为"目标明确而持久的努力"。能量不足的人，就可能耐力不足、意志不坚定，常常容易放弃。提高一个人的能量水平，除了上面所说的思维认知、意识提升和行动表现之外，身体自身强健和情感的充沛也很重要。表 15-1 列出身体、情感、精神三个方面的能量提升要点，也可看作个人的综合成长之道。

表 15-1　能量提升要点

范　畴	关　键　点	主　要　内　容
身体能量	• 均衡营养的食物 • 长期规律的作息 • 每周几次的运动	• 保持早中晚餐的营养搭配，忌早上空腹，忌暴饮暴食，忌单一主食过量。 • 晚上 11:00—次日早晨 7:00 规律作息，确保能量恢复。 • 年轻可以足球篮球，中年可以长跑游泳，登山与徒步均是好的运动
情感强度	• 关怀 • 仁爱 • 平静	• 对人友好，互相帮助的良好的家庭和团队氛围。 • 深怀怜悯之心。 • 时时觉察情绪，不因外物而影响短时间情绪起伏过大或常常陷入焦虑，始终保持内心平静的喜悦
精神卓越	• 理性思考 • 全面洞见 • 高维智慧	• 能够不断对未知保持理性探索，不盲目崇拜和迷信，始终保持好奇心和思考的乐趣。 • 涉猎各个方面而不限于专业领域，形成自己体系化的认知，保持变化的敏锐洞见。 • 自我超越的行为与高意识水平，接纳，具备悖论逻辑

成长是终生的命题，"知人者智，自知者明"，[3] 一个人的成长首先从自我认知开始。

第十六章
自我的探寻：未来取决于深刻地认识自己

"如果你不相信任何魔法和神话的话，那你就和死人差不多了"

——爱因斯坦

"知人者智，自知者明；胜人者有力，自胜者强；知足者富，强行者有志；不失其所者久，死而不亡者寿。"

——老子《道德经·第三十三章》

如果问苏格拉底、孔子、佛陀、歌德有何共同点，其实他们都曾系统地论述过"认识自己"这个恒久的命题。自我的世界和外部世界一样，复杂而神秘，两者互为映照。当我们进行自我探寻的时候，事实上，我们也展开了有关这个世界的探寻，如表16-1所示。

表16-1 世界与自我的探寻对比

世界的探寻	自我的观照
哲学	终极意义
文化	价值观
心理	性格、优势和梦想
历史	生产力（工作方式）
经济	财富
科学	知识和技能

1994年，知名管理学者吉姆·柯林斯就创办咨询公司的想法请教德鲁克，德鲁克的第一个问题是："是什么驱使你这样做？"柯林斯说是好奇心和受别人影响。于是德鲁克说："看来你陷入了经验主义，你身上一定充满了低俗的商业气息。"[1]

我们生活的这个时代，充满着前所未有的机会。如果你有雄心，又不乏智慧，那么不管你从何处起步，你都可以沿着自己所选择的道路登上事业的顶峰。但前提是，你必须成为自己的首席执行官，知道何时改变发展道路，并在长达

50年的职业生涯中不断努力、干出实绩。要做好这些事情，首先要对自己有深刻的认识：清楚自己的天性？自己的优点和缺点是什么？知道自己是怎样学习新知识和与别人共事的？明白自己的价值观是什么？自己能在哪些方面做出最大贡献？目前的能量水平是多少？

当所有工作都从自己的长处着眼，你才能真正做到卓尔不群。总之，未来取决于深刻地认识自己，而深刻了解自己的过程，就是一场内心的自我教练旅程。

第一节　天生性格

在人的整个一生中，他所应该做的，只是在固有人格基础上，去最大限度地发展他的多样性、连贯性和和谐性，小心谨慎着不让它破裂为彼此分散、各行其是、相互冲突的系统。

——卡尔·荣格

性格具有先天成分。人们常说："性格决定命运。"中国俗语："三岁看大，七岁看老。"意思是3岁左右的表现，就能看出来成年后的行为特征；而7岁左右的表现，就可能代表一个人成年甚至一生的表现。在一个人不算短的一生中，一些重要的特征和喜好是基本不变的。如果一个人童年时喜欢安静地在自己的世界里沉思遨游，认为躺在床上想自己的心事或者幻想未来是一天当中最愉悦的时光，那么他长大后沉浸在自己的精神世界，在书房思考、读书、喝茶、写作，就会是大概率发生的场景。而如果童年时就是孩子王，常常带着各种年龄的孩子回家玩耍，长大后就会一直享受和朋友在一起的时光。实际上，这两种截然不同的特征，正是卡尔·荣格在1921年出版的《心理类型》一书中所说的性格中的内向和外向。性格学说古已有之，古希腊有"体液"而来的4种气质类型：充满活力的多血质，容易发怒的胆汁质，犹豫悲哀的抑郁质和懒惰迟缓的黏液质。至于将性格类型作为一种心理科学的研究对象，则始于荣格。荣格认为，"类型是一种样本或范例，它以一种独特的方式再现种类或一般类别的特征。"

荣格首先分析了人对外界的态度，内向和外向，他认为这种划分区分了一个人心理能量的来源，是从内部还是外部寻求能量；第二个方面是知觉功能，他从人接受信息的方式划分，分为感受型和直觉型：感受型人更多通过现实中的五官接受信息，而直觉型更多依靠预感；第三个方面是判断功能，他从人作出决定时的方式，划分了思考型和情感型两种：思考型更多偏重逻辑理性，而情感型更多偏重价值情感。需要说明的是，荣格认为感觉、直觉、思维和情感是人类心理活动的 4 种基本功能，其中必有一种功能会占据支配性地位，成为最重要的心理动力。后来伊莎贝尔·迈尔斯（Isabel Myers）和凯瑟琳·布里格斯（Katharine Briggs）母女在荣格的基础上，增加了第四个维度，这个维度是指人们内在心理功能对外部世界的反应，表现形式就是人们的工作和生活方式。迈尔斯母女区分了人们在适应环境时，是更多运用第二方面的知觉功能，还是第三方面的判断功能。这一维度反映了个体与外部世界交往时惯常的偏好，这偏好就形成了生活和工作风格。上述 4 个维度就构成了 MBTI 测试的核心依据，下面这张表列出了一些特征，有助于个人简单快速地评判自己的 MBTI 类型。

1. MBTI 自我测评工具 [2]

态度维度，表示个体心理能量的获得途径和与外界相互作用的程度	
外倾型 E	内倾型 I
倾向于对外部世界的客体作出反应	倾向于在内部世界里沉思
积极活动	偏好内省
经验先于理解	理解先于行动
从外界获得心理能量	从精神世界获得心理能量
采用尝试–错误的工作方式	采用持久稳固的工作方式
偏好新异刺激	偏好静态的外部环境
非理性维度或知觉维度，表示个体在收集信息时注意的指向	
感觉型 S	直觉型 N
着眼于现实	着眼于未来
重视现实性和常情	重视想象力和独创力
关注具体性和特殊性，善于细节描述	关注普遍性和象征性，使用隐喻和类比
循序渐进的工作方式	跳跃性的工作方式
看重常规，相信确定有形的事物	不拘常规，相信灵感和推断
倾向于观察具体事件	倾向于把握事件的全局图面
偏好已知事物	偏好新的思想观念
理性维度或判断维度，表示个体在作决定时采用什么系统	
思维型 T	情感型 F
退后思考，对问题进行非个人因素的分析	超前思考，考虑行为对他人的影响
公正、坚定、怀疑	温和、同情、体贴
倾向于分析性和逻辑性的工作方式	倾向于和自己的情感一致的工作方式
行为简洁、经济、带有批判性	行为期望他人认同
奉行清晰一致的客观原则	奉行清晰一致的主观价值观

续表

生活方式维度，表示个体生活/工作方式更为固定有计划还是更为自然随意	
判断型 J	知觉型 P
行为有组织性和系统性	行为保持开放性
时间观念严谨，认真对待最后期限	时间观念宽松，经常变动最后期限
看重工作结果	看重工作过程
倾向于解决问题	倾向于使问题带有弹性
认真完成预设目标	在获取新信息的过程中不断改变目标

想要更进一步了解从荣格性格哲学发展而来的 MBTI 测评，我们需要关注以下几点原则。

● 能量原则

人格类型学本质上就是一种心理能量，能量来源是哪里？关注的焦点是什么？强度有多大？荣格把人的能量来源区分为外部世界和内部世界。具有了心理能量之后，4 种基本心理功能的主辅区分，就决定了我们生活方式的偏好。

● 主辅原则

在 4 种基本心理活动中，总有一种活动居于支配地位，支配地位对立的功能则成为潜意识，被压抑最深。而和支配功能对应的另一组功能则属于辅助功能，以支持支配功能的顺利完成。比如对于支配功能是 T 思考的人而言，其辅助功能是 S 感觉或者 N 直觉，意味着借助感觉或者直觉而思考。而 T 思考的对立面 F 情感则是最被抑制的功能，这也是一贯风格之所以形成的原因，不然陷入对立冲突之中，人们将无法正常生活。正如荣格所说，"这一至高无上的权威总是独自属于一种功能，而且只能属于一种功能，因为另一种功能同样独立的介入势必产生另一种不同的倾向，它至少会部分地同第一种倾向发生冲突。"支配性功能最早从其意识中分化出来，成为主导功能，也被称为优势功能。

● 平衡原则

荣格有一句话，我在本书中一再提及："在真实的自我和社会期待之间，我们既不能过于自私只照顾自己的情绪和利益，也不能一味满足家庭、周围朋友需要我们扮演的角色，我们需要小心翼翼地把握这种平衡，并防止使自我的整体分散成彼此分割的部分。"这就是健全人格的平衡或补偿，任何单一功能方面的偏执发展，都会造成性格系统的分裂。

● 发展原则

4 个基本心理活动在发挥主导功能后，也要注意发展劣势功能。荣格认为：

"优势功能总是作为意识层面上个性的表现而存在着，而劣势功能则仅得到较少的发展因而只能被简单地称之为'存在着'。"当这些劣势功能得到发展，也意味着一个全面而成熟的人格形成。4种基本功能的优先顺序如下：第一位是主导功能，第二位是辅助功能，第三位是辅助功能相对的另一极，第四功能就是主导功能的另一极。这就是荣格的功能等级观点。

以我个人来举例，我的性格类型为INTP，表明我的4种个性上的偏好：内倾、直觉、思考和知觉。哪个是我的支配或者优势功能呢？因为我的外在生活方式为知觉P，那么我的优势功能就是知觉功能中的直觉N，辅助功能就是理性维度的思考T，排在第三位心理功能，是和思考T相对的另外一极情感F，而排在第四位，被主导功能深度压抑的感觉功能S。对于我来讲，如果想要成长发展，根据"木桶短板原理"，就需要有意识提升接受具象化信息，提升自己的感觉功能，需要在接收信息的细节方面努力。

MBTI人格测试方法已经被众多《财富》500强企业所采用，辅助岗位和工作匹配。世界最大对冲基金桥水公司创始人瑞·达里欧曾指出，从招聘员工到员工离职，心理测试都能给予他很大帮助。如果招聘人员，要在传统考察人员背景履历和心理测试两种方法之间二选一的话，他会选择心理测试，因为"它的效能要强大得多"。[3] 桥水基金主要使用4种测试，第一个就是MBTI，另外3个分别是：职场人格量表、团队倾向简表和分层系统理论。他们会在内部将这些工具组合使用，比如一个人的MBTI测试结果是"S感觉"和"J判断"，那么他（她）就是一个注重细节和计划、安排有序的人，而在"团队倾向简表"测试表明他（她）是一个"贯彻者"角色时，这意味着该人员适合结构更明确、更清晰、更少模糊性的工作。达里欧也发现，有的人关注任务，有的人关注目标，而这两者之间的差异可以用MBTI测试的感知型和直觉型的差异来表示。直觉型的人更着眼目标、未来，他们适合勾画蓝图、创造新的事务，而感知型的人更愿意从事按部就班的事务导向型工作。

除了基于荣格心理类型的MBTI性格测试之外，还有很多发源于不同理论、个人经验或者总结归纳的性格类型。常见的有：大五人格、卡特尔16种类型、DISC、PDP等。有一种最简单的性格测评，取自荣格性格类型的4种基本心理功能的两个维度：接受信息维度和作出决定维度。这是查理·佩乐林，一位来自NASA的前高管，他在成功修复哈勃望远镜后去了美国科罗拉多大学担任领导力教授之后研发的。在这个简单理论的基础上，他开发了一套包括个人测评、团队测评、领导力发展和团队整体提升的体系，称其为4-D系统。

2.4 D 系统

想象一个 25 岁之前生活或者工作的场景，快速而真实地在你偏好的决策方式上画钩。（有的选择可能会有点困难，但请试着不假思索地快速选择）

决策类型 I	画钩	决策类型 II
和谐很重要？		和谐是达到目的手段？
因为"感觉对"而采取行动？		因为"合乎逻辑"而采取行动？
优先考虑人？		优先考虑事？
喜欢和谐的关系？		喜欢做对的事？
先达成共识再作决定？		根据认真思考后的理性想法来作决定？
首先相信自己的感觉？		首先相信自己的理智？
常常"以关系（比如家庭）为中心"		常常"以工作为中心"
注重情感		注重理性
常常无法忍受冲突？		有冲突也可以忍受？
综合——I 型决策者		综合——II 决策者

然后，圈出得分较高的一边。

想象一个 25 岁之前生活或者工作的场景，快速而真实地在你偏好的信息获取方式上划勾。

信息的获取接收类型 I	画钩	信息的获取接收类型 II
依靠我的内在直觉意识？		相信我的所见、所听、所闻的观察？
思考的目的："更多的可能性"？		思考的目的：判断"是什么"？
倾向于创造不同？		倾向于常识认知？
常常依据灵感采取行动？		常常依据谨慎分析采取行动？
喜欢在理论和概念上花时间？		喜欢在事实和数据上花时间？
对外在客体和现象常表现出冷漠态度		对外在客体和现象常表现出兴趣和活力
喜欢全局观点？		喜欢关注细节？
较快的生活工作节奏		较慢的生活工作节奏
喜欢远大的构想？		喜欢当下的实情？
综合——I 型获取信息		综合——II 型获取信息

然后，圈出得分较高的一边。

两两组合就形成了 4 种不同类型的领导力风格，分别是：重视人的培养和价值观的绿色"培养型"领导者；重视团队建设与和谐的"包容型"领导者；重视创意与未来的"展望型"领导者；重视流程和细节的"指导型"领导者。[4] 每一种领导者都会以自己的偏好方式行事，也需要提升其他方面尤其是对角线的能力或行为。比如展望型领导者不能因为观点不同，就排斥他人，而应该展开积极倾听、坦诚和包容，提升自己的包容度和团队凝聚力。

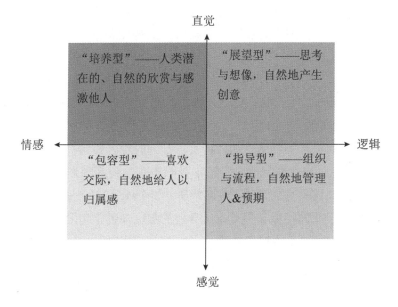

3.16种人格特质

以性格类型学而言，没有证据表明，一个完备的理论体系，就好过一个经过深度思考和观察得出的经验汇集。人格特质理论就是基于经验数据分析整合而形成的，其源于高尔顿·威拉德·奥尔波特。他认为特质是人格的基础，他从人们的书信、日记、自传中，分析出各种具有代表性的人格特质，而特质是一般化了的个人所具有的神经心理结构，是真实存在的。奥尔波特对人格的定义："人格是个体内部决定其独特的顺应环境的那些心理及生理系统中的动力组织结构。"卡特尔在此基础上发展、完善了人格特质论，他认为：人的行为之所以具有一致性和规律性，就是因为每一个人都具有根源特质。为了测量这些根源特质，他首先从各种字典和有关心理学、精神病学的文献中找出约4500个用来描述人类行为的词汇，从中选定171项特质名称，让大学生应用这些名称对周围同学进行行为评定，综合分析后，最终得到16种人格特质。卡特尔认为这16种特质代表着人格组织的基本构成，它们各自独立，相互之间的相关度极小。每一种因素的测量都能使某一方面的人格特征得到清晰而独特的认识，更能对被试人的16种不同因素的组合作出综合性的了解，从而全面评价其整个人格。这些特质有人类共同的特质，有每个人独有的特质；有的特质由遗传决定，有的由环境决定，有的与动机有关，有的则与能力和气质有关。这16种人格特质分为4种。

（1）表面特质与根源特质。表面特质是指一群看起来似乎聚在一起的特征或行为，即可以观察到的各种行为表现。它们之间是具有相关性的。根源特质是行为的最终根源和原因。它们是堆砌成人格的砖块。每一个根源特质控制着一簇表面特质。透过对许多表面特质的因素分析便可找到它们所属的根源特质。

（2）能力特质、气质特质与动力特质。能力特质与认知和思维有关，在16PF中主要由智慧因素（B因素）表示，决定工作的效率。行为的情绪、情感则表明了气质和风格的特质。动力特质与行为的意志和动机方面有关。

（3）个别特质和共同特质。卡特尔赞同奥尔波特的观点，认为人类存在着所有社会成员共同具有的特质（共同特质）和个体独有的特质（个别特质）。虽有共同特质，但共同特质在各个成员身上的强度却各不相同。

（4）体质特质和环境塑造特质。卡特尔认为16PF中有些特质是由遗传决定的，称为体质根源特质，而有些特质来源于经验，因此称为环境塑造特质。卡特尔认为在人格的成长和发展中遗传与环境都有影响。他十分重视遗传的重要性，曾试图分析每一根源特质的特殊遗传成分。

16种人格因素以及8种次级因素的含义如下：

低分特征	16种因素	高分特征
缄默，孤独，冷漠	因素A—乐群性	外向，热情，乐群
思想迟钝，学识浅薄，抽象思考能力弱	因素B—聪慧性	聪明，富有才识，善于抽象思考，学习能力强，思考敏捷正确
情绪激动，易生烦恼，心神动摇不定，易受环境支配	因素C—稳定性	情绪稳定而成熟，能面对现实
谦逊，顺从，通融，恭顺	因素E—恃强性	好强固执，独立积极
严肃，审慎，冷静，寡言	因素F—兴奋性	轻松兴奋，随遇而安
苟且敷衍，缺乏奉公守法的精神	因素G—有恒性	有恒负责，做事尽职
畏怯退缩缺乏自信心	因素H—敢为性	冒险敢为，少有顾忌
理智的，着重现实，自恃其力	因素I—敏感性	敏感，感情用事
依赖随和，易与人相处	因素L—怀疑性	怀疑，刚愎，固执己见
现实，合乎成规，力求妥善合理	因素M—幻想性	幻想的，狂放不羁
坦白，直率，天真	因素N—世故性	精明能干，世故
安详，沉着，有自信心	因素O—忧虑性	忧虑抑郁，烦恼自扰
保守的，尊重传统观念与行为标准	因素Q1—实验性	自由的，批评激进，不拘泥于现实
依赖，随群附众	因素Q2—独立性	自立自强，当机立断
矛盾冲突，不顾大体	因素Q3—自律性	知己知彼，自律谨严
心平气和，闲散宁静	因素Q4—紧张性	紧张困扰，激动挣扎

4. 大五人格

1949 年，菲斯克在卡特尔的研究基础上继续研究。他从卡特尔的词汇表中选出了 22 个词用于分析，并对比了在这些特质上自我评定和同伴评定、心理咨询师的评定之间的关系，他发现有 5 个因素总是最先出现在列表上，这就演变成"大五人格"。十几年后，两位心理学家检验了包括大学生和空军职员在内的 8 个样本数据，也发现了同样的 5 个因素。随后多年，在更大范围样本研究中，大五人格不断被重复发现，直至今天成为一个心理学界公认的人格特质模型。

因　素	描　述
开放性（openness）	具有想象、审美、情感丰富、求异、创造、智能等特质
责任心（conscientiousness）	显示胜任、公正、条理、尽职、成就、自律、谨慎、克制等特点
外倾性（extroversion）	表现出热情、社交、果断、活跃、冒险、乐观等特质
宜人性（agreeableness）	具有信任、利他、直率、依从、谦虚、移情等特质
神经质性（neuroticism）	难以平衡焦虑、敌对、压抑、自我意识、冲动、脆弱等情绪的特质，即不具有保持情绪稳定的能力

大五人格是高度概括的人格特质类型，在预测人们未来的工作表现时，大五人格具有明显的预测效应，主要是由其中的"责任心"维度特质所起的作用。[5]

关于以上各种性格理论与测评，我们需要问几个问题：它可靠吗？它的作用是什么？性格类型测试是否具有跨文化的普遍性？性格类型测试是否应该与时俱进？

首先，就可靠性而言，每一种成熟的性格理论和工具，都经过数代心理学家几十年甚至上百年数代的修改完善，积累了足够的测试样本量，如 DISC 至今已有 84 个国家超过 5000 万人次使用，这些足够多的样本量很好地支撑或修正了性格测评方法。其次，性格测试的作用，我们既不能把它看得过于重要，也不能无视它。这种简单测试是帮助我们快速了解自己的一把钥匙，通过测试，我们知道性格中的偏好、与生俱来的优势和需要注意的盲点。最后，关于性格类型测试是否具有跨文化属性，是否因为东西文化差异而导致这些源于西方的性格类型并不能反映中国的普遍人格类型？这个问题，我想引用一段跨文化心理学家约翰·E.威廉姆斯的话来说明，他说："我很自信地说，如果现代心理学在印度出现，我们可以断言，印度的心理学家同样会发现那些被西方心理学家所发现的原则。"

5. "存在—成长"性格类型模式探索

性格类型测试是否应该与时俱进？我的简单回答："是的。"尽管成型的性格类型测试值得信赖，但也引发一个问题，在人类知识、理性和整体意识加速进化的情况下，那些基于100年前的经验观察得来的理论、分类方法和测试工具是否需要与时俱进？以往性格测试只测试了我们次要的兴趣，而我们真正感兴趣的特质或维度却没有被包含进去。大卫·R.霍金斯就曾经指出，人类集体意识在20世纪最后10年，从190一跃成为204，而190已经保持了很多世纪。[6] 在解释我的回答前，我们先来看一下20世纪五六十年代发生在心理学领域的重大转向——马斯洛的人本和后人本主义思潮。马斯洛的需求层次理论是一种人格动力转换机制，而其中"自我实现"与"自我超越"的需求与日俱增，对此马斯洛解释说："一位作曲家必须作曲，一位画家必须绘画，一位诗人必须写诗，否则他始终都无法安静。一个人能够成为什么，他就必须成为什么，他必须忠实于他自己的本性。"这种自我实现的需求，是一个人越来越成为独特的自己，马斯洛指出一个人性格"最高部分是绝对独一无二的，它是个人独特的性格结构的体现。"他在谈及"需求-满足"这一理论的应用时说：

"如果我们将基本的感情需要层次的满足看作是一个直线型的连续体，那么我们就有了一个进行人格分类的有用（虽然不完美）的工具。假如大多数人都有类似的机体需要，那么在这些需要得到满足的程度上，每个人都能与任何其他人进行比较。"[7]

每个时代有每个时代大的社会背景，心理学的范式研究也基于这样的背景，并和当时社会的主流哲学思潮紧密相关。20世纪20年代荣格的心理类型是属于精神分析学派的，荣格基于自我分析（自我分析是精神分析学的基础）、渊博知识和敏锐的社会观察，总结出人类的心理类型。而三四十年后，随着日益明显的技术进步和社会富裕程度，社会整体文化和人的思想觉悟也得到巨大提升，基于人本主义的马斯洛需求层次理论出现并广被接受。今天我提出一种设想，这个时代的性格分类学，应该是基于存在主义心理学，尤其是以"存在—成长"为基本心理模式的性格类型。

如果我们以"第一性原理"思考这个时代的个人，作为一个高等级、有意识、具有先天独特语言能力的生命体，必然应该具备几个基本特征：一个熵增的能量体；一个不断学习的成长体；一个以自我为中心的能动体；一个居于人群关系的社会体。

我们可以根据上述几个维度进行性格分类，以此提出人工智能时代"存在—成长"性格类型模式以供探讨。4种基本心理活动8种特征如图16-2所示。

表 16-2　"存在 - 成长"心理类型维度特征

一　　端	基本心理活动	另 一 端
数字（虚拟）世界	能量来源	现实世界
成就	能量导向	人际
成长思维	思维方式	固化思维
自我意识	自我意象	社会规范

第二节　独特优势

核心优势，也可称为天赋、优势或特长。发现自己的天生优势非常重要，优势理论已经成为人生幸福的基石。正如马丁·塞利格曼所说："什么是美好的人生，你也许觉得很容易就可以实现，喝香槟、开名牌跑车是愉悦的生活（pleasant life），但不是美好的生活（good life），美好的生活是每一天都用你的优势去创造真实的幸福和丰富的满足感，这是你在生活的每一个层面上——工作、爱情、教养孩子等，都可以学着做到的。"[8]

你必须花费一些时间精力，把上苍恩赐给你的天赋或优势找到，并在长达四五十年的职业生涯和日常生活中，充分发挥和应用这一优势。

1. 反馈分析

如何去发现优势？管理大师彼得·德鲁克提供了一个古老的回馈分析法可以帮助我们。他说这方法并不神秘，在 14 世纪由一个神学家发明，150 年之后被宗教改革家约翰·加尔文采用而广为流传。回馈分析法是这样的：当你要作出重要决定或采取重要行动时，写下你期望发生的结果，即目标。9 到 12 个月之后，你用实际发生的结果和你之前希望的结果进行对比，持续两三年，那些总能按照目标完成的，就是你的天赋优势；而那些总不能完成甚至较大差距的，则不是你的天赋优势，你并不擅长此道。[9]

工具表单：

你当初制定的目标有哪些？

_____

_____

9—12 个月之后回答：哪些目标实现了？哪些没有？

_____

_____

总结过去三年你总能实现的年度目标和没能实现的目标分别是：

总能实现的目标：_____

_____

没能实现的目标：_____

_____

在这些背后发现了自己的哪些方面的优势和劣势：

优势：_____

_____

劣势：_____

_____

  这种回馈分析法非常有用。我花了6年时间，在不断变动中才认识到自己的核心优势与劣势。前3年，我以公司总经理身份，每年为公司制定若干目标和措施，全力以赴带领团队投入工作，然而每年的实际结果和期望之间都有很大的差距。后来3年，我开始转变角色，以一个专家角色而非管理者角色确定了自己的职责和活动，此后连续3年都超越了预期目标。通过反馈分析我意识到，自己最大的优势是合理运用知识、不断学习，成为一个创造性商业解决方案的专业人士，而做一个高效的组织运营者和管理者并不是我所擅长的。反馈分析带来的结果，随着我的角色职能变动，也根据优势，重新排列了公司其他人员的角色和职能。

  德鲁克建议，一旦你找到自己的优势，首先要专注于你的优势，其次要不断强化优势，最后还需要提升你的劣势到平均水平。德鲁克尤其反对知识工作者承担自己劣势领域的工作，他认为改进弱项时尽量少浪费时间。而一个人想要达到卓越成就，必须发挥优势，通过优势不断积累从而达致卓越。德鲁克告诫人们，哪些方面你因为"恃才傲物而造成了无能和无知"。他运用回馈分析法长达数十年，自己的经历就具有很大的启发性。少年时他就明白自己的优势，在他那本自传性质的《旁观者》一书中，12岁时德鲁克作为一个旗手走在游行队伍的领头位置，他说自己并不喜欢这一角色和这样的活动。从那时起，他就意识到自己不是走在队伍前头带领队伍的角色，而是站在一旁清醒的旁观者。这一清晰的自我认识主导了他整个一生。作为当代管理学的开山鼻祖，他坚持从组织、社会和人的角度看待管理，以一个独立的、旁观者角度记录他对三者关系和有效性的观察。德鲁克60多年心无旁骛地发挥这一优势，拒绝自办公司、拒绝去哈佛商学院（因为哈佛限制他不能做独立咨询顾问）、拒绝在传统政治或经济学界浪费精力，因而一生成就非凡。他一生著书40多本，以一己之力开创了一个学科,几乎"每个管理理论中的每个细节都可以回溯到德鲁克身上"。

2. 34 个主题才干

另外值得推介的寻找优势的方法就是"盖洛普优势理论"。这是著名的调研与咨询机构盖洛普集团内部展开的一项长达 25 年的研究的成果,该理论认为,一个人的优势由才干、技能和知识组成,而核心是才干(talent),才干是指"个人所展现的自发而持久的并能产生效益的思维、感觉和行为模式"。研究者认为,才干是遗传性的,在人的早期形成。借用脑科学的研究成果,才干被比作是一个人 3 到 15 岁所进行的大脑布线,一旦完成,很难改变。任何一个正常人都有才干,而且每个人的才干与众不同。才干区别了优秀与平庸。任何工作,要做得好,做得出彩,都必须具备所需才干,即某种"思维、感觉和行为模式"。盖洛普优势理论总结了人类 34 个主题才干,其描述如表 16-3 所示。

表 16-3 盖洛普优势理论 34 个主题才干自评表[10]

主题	描 述	分 值						
成就	1. 你渴望有所建树。一天结束时,你必须获得某种有型的成果	□1	□2	□3	□4	□5	□6	□7
行动	2. "我们什么时候开始。"你急不可耐地要行动	□1	□2	□3	□4	□5	□6	□7
适应	3. 你生活在当前,不把未来视为固定的目的地	□1	□2	□3	□4	□5	□6	□7
分析	4. 你向别人挑战:"证明它,告诉我为什么你的结论是对的?"你自视客观冷静,喜欢数据	□1	□2	□3	□4	□5	□6	□7
统筹	5. 你事无巨细,总在寻找最佳配置?你面对一个复杂环境时,喜欢设法管理所有变数,将他们反复排列,直至确信形成最佳组合	□1	□2	□3	□4	□5	□6	□7
信仰	6. 你持有某些经久不变的核心价值。无论对人对己,你都珍视责任伦理,你的朋友认为你为人可靠,他们会说:"我知道你是什么立场"	□1	□2	□3	□4	□5	□6	□7
统率	7. 你常常实施指挥。你将自己的观点强加于人并无不适	□1	□2	□3	□4	□5	□6	□7
沟通	8. 你喜欢解释、描述、主持、演讲和写作。你用语言勾画的图像激发他们的兴趣,澄清他们的眼界,并激励他们去行动	□1	□2	□3	□4	□5	□6	□7

续表

主题	描述	分值
竞争	9. 你常常和周围比较。你参加比赛绝不是为了取乐,而是为了取胜。你最终会避免参加取胜无望的比赛	□1 □2 □3 □4 □5 □6 □7
连接	10. 你深信"凡是发生必有原因",你从心底里认为我们都是相互关联的	□1 □2 □3 □4 □5 □6 □7
回顾	11. 你往回看是为了寻找答案。你往回看是为了了解当前	□1 □2 □3 □4 □5 □6 □7
审慎	12. 你为人谨慎,处世警觉。你是一个十分关注保护自己隐私的人	□1 □2 □3 □4 □5 □6 □7
培育	13. 你能发现别人的潜能。许多人会向你寻求帮助和鼓励,因为他们深知你的相助是真诚的,并能为你自身带来快慰	□1 □2 □3 □4 □5 □6 □7
纪律	14. 你的世界必须可以预测,必须井井有条,规划有序。你讨厌意外,憎恶失误	□1 □2 □3 □4 □5 □6 □7
共情	15. 你善解人意。你帮助别人倾诉其感情生活	□1 □2 □3 □4 □5 □6 □7
公平	16. 你深知需要公平待人,无论其社会地位如何。你深信只有在规则明确而人人适用的恒定环境中,才能发挥每个人的最大潜能	□1 □2 □3 □4 □5 □6 □7
专注	17. 你需要一个明确的目的地。当别人流向"岔道"时,你会提醒他们并及时带回正路	□1 □2 □3 □4 □5 □6 □7
前瞻	18. 未来常常使你着迷。人们往往期待你描述对未来的种种遐想	□1 □2 □3 □4 □5 □6 □7
和谐	19. 你寻求共识,认为冲突摩擦有害无益。当别人朝着某个方向冲去时,你为了维系和谐,心甘情愿地修改自己的目标,以求与别人保持一致	□1 □2 □3 □4 □5 □6 □7
理念	20. 你为理念而痴迷。别人可能视你为锐意创新、标新立异、富于理性或聪明过人	□1 □2 □3 □4 □5 □6 □7
包容	21. 扩大圈子,就是你的人生准则。你最不愿目睹有人站在圈外旁观	□1 □2 □3 □4 □5 □6 □7
差异	22. 你对每个人的与众不同之处兴趣盎然。由于你密切观察别人的优势,你就能使每个人真正人尽其才	□1 □2 □3 □4 □5 □6 □7
搜集	23. 你充满好奇,爱攒东西。如果你博览群书,你的目的未必是完善你的理论,而是积累更多信息	□1 □2 □3 □4 □5 □6 □7

续表

主题	描述	分值
思维	24. 你喜欢思想活动。你是一个喜欢独处的人，因为这样你才能沉思冥想	□1 □2 □3 □4 □5 □6 □7
学习	25. 你热爱学习。你总是受到学习过程的吸引，过程而不是内容或结果，最使你兴奋	□1 □2 □3 □4 □5 □6 □7
完美	26. 你的标准是优秀，而不是平均。由于你对优势情有独钟，别人会认为你不能一视同仁	□1 □2 □3 □4 □5 □6 □7
积极	27. 你慷慨赞人，笑容可掬，不失时机地捕捉亮点。你为每个项目注入欢乐	□1 □2 □3 □4 □5 □6 □7
交往	28. 你对亲密关系感觉自然。一旦与人结识，你就会有意深化关系	□1 □2 □3 □4 □5 □6 □7
责任	29. 你在心理上对你的诺言负全责。当分配新任务时，人们首先会想到你，因为他们知道你说到做到	□1 □2 □3 □4 □5 □6 □7
排难	30. 你热衷于排忧解难。其他人遇到新困难往往一筹莫展，而你却干劲倍增	□1 □2 □3 □4 □5 □6 □7
自信	31. 在你心灵最深处，你对自己的优势充满信心。你与许多人不同，从不轻易被别人的论点所左右	□1 □2 □3 □4 □5 □6 □7
追求	32. 你希望在别人眼中非同凡响。你对自己的渴望感受强烈并付诸行动	□1 □2 □3 □4 □5 □6 □7
战略	33. 你能够透过日常琐碎，寻找前进的捷径。别人被复杂事物迷惑时，你却能识别其中的规律	□1 □2 □3 □4 □5 □6 □7
取悦	34. 你酷爱的挑战就是结识新人并赢得好感。在你生活中，没有生人，只有尚未谋面的朋友，许许多多的朋友	□1 □2 □3 □4 □5 □6 □7

人们从上面34个主题中选出得分最高的5个主题，就是自己的核心才干。马库斯关于优势所持的基本理念和德鲁克相同：将你带到卓越的是提升你的优势，而不是弥补短板。他说："技能决定你能否做一件事，而天生的才干却揭示了更为重要的东西，你能够做得多好（how much）和多持久频繁（how often）。"

3. "时间线—关键事件—情境问题"测试

如何利用这一理论工具，盖洛普开发了专门的在线测评。我则整合了一些方式，开发了基于时间线的情境问题测试，来寻找你的优势才干。"时间线情境问题测试"实际上就是将过去最深刻的事件回放，在事件当中我们思考、了解、分析和归纳自己的优势才干，这和德鲁克的回馈分析原理类似。重要事件中的行为，比认知更能反映一个人的内在。行为是下意识的反应，而人们的认知则容易受到群体和社会的强烈影响。后面对个人价值观的探寻，依然会采用这种我称之为"时间线—关键事件—情境问题测试"来进行。个人优势时间线自测如表 16-4 所示。

表 16-4 个人优势时间线自测表

回答下面的问题，对每一个问题写出上面两表中相对应的主题才干，并用一般、突出和非常突出作出评定。（注：才干可以重复）

问题	优势才干	程度		
12 岁以前在你总能漂亮完成的事情或游戏上，你发现了自己哪两方面的才干？	1	□一般	□突出	□非常突出
	2	□一般	□突出	□非常突出
中学时期，在最被别人称赞的印象深刻的一件事情上，体现了你哪两方面的才干？	3	□一般	□突出	□非常突出
	4	□一般	□突出	□非常突出
大学时代，在你取得最好的成就的事情上，体现了你哪两方面的才干？	5	□一般	□突出	□非常突出
	6	□一般	□突出	□非常突出
回忆刚参加工作两年时，在你做的最成功的一件事情上体现了你哪两方面的才干？	7	□一般	□突出	□非常突出
	8	□一般	□突出	□非常突出
最近三年，你每年制定的哪些方面的目标总能完成？这些方面突出体现了你哪两方面的才干？	9	□一般	□突出	□非常突出
	10	□一般	□突出	□非常突出
通过上面，对你的最核心的五个优势总结：				

传统的"木桶理论"强调弥补短板，而在创意时代，"天才或者疯子"两个极端，才是产生杰出成果的人群，正如格鲁夫的那句名言：只有偏执狂才能生存。人无完人，顶尖人士首要做的，都是持续不断发挥和提升自己的天赋优势。与此同时，不要让劣势成为你发挥优势的瓶颈。以我自己的经验为例，无论从性格测评，还是实际工作中，有关纪律、细节、数据、人际关系的包容，始终是我的天性劣势，而思维、创造、战略则是天赋优势。但世界上任何一个想要有创造性成果、获得巨大成就的研究者，都必须保持严格的研究规范、纪

律和节奏，必须重视数据，创新正是在局部细节的幽微之处所发现的。简单讲，你必须让劣势为你的优势创造机会，才能达到卓越。

4. 职业选择

中国民间有句俗话，"男怕入错行，女怕嫁错郎。"职业选择对一个人至关重要，优势和职业结合，才能成就非凡。职业选择方面比较有名的工具是霍兰德职业测评，霍兰德将一个人的兴趣和个性特征结合，根据兴趣的不同，人格可分为研究型（I）、艺术型（A）、社会型（S）、企业型（E）、传统型（C）、现实型（R）6个维度，每个人的兴趣都是这6个维度的两到三种不同程度组合。在选择职业时，相邻关系的组合内心冲突最小，而相对关系的兴趣组合则内心冲突最大。另一个值得借鉴的，是组织文化和员工职业方面的权威学者埃德加·沙因的职业锚，他曾对麻省理工大学一些毕业生进行了为期14年的研究，总结了8种职业模式。

①技术/职业型职业锚：此类人希望过着"专家式"的生活。

②管理型职业锚：此类人有非常强烈的愿望成为管理人员，并将此看成职业进步的标准。

③自主/独立性职业锚：独立自主型职业锚的人追求自主和独立。

④安全/稳定型职业锚：此类人选择职业最基本、最重要的需求是安全和稳定。

⑤创造/创业型职业锚：对此类人而言，最重要的是建立或设计某种完全属于自己的东西。

⑥服务型职业锚：此类人希望能够体现个人的价值观，他们关注工作带来的价值，而不在意是否能发挥自己的能力。

⑦挑战型职业锚：这类人认为他们可以征服任何事情或任何人，热衷于挑战。

⑧生活型职业锚：这类人似乎没有职业锚，他们不追求事业的成功，而是需要寻求合适的方式整合职业的需要、家庭的需要和个人的需要。

影响人们选择职业的因素比较复杂，包括个人兴趣、擅长、行业、公司、上级、文化价值观和偶然性因素，以我的体会，我们只需要依照顺序问自己三个问题，就能澄清这个难题。

第一个问题，什么事业能让你一直保持兴趣或激情？

_____

_____

30年前我就明白自己的兴趣是商业领域。不是官员，而是创业成功者，他们是我心目中的英雄。

第二个问题，什么是你所擅长和天赋优势所在？

_____

_____

第三个问题，什么行业、职业处在上升期，具有长远的发展空间，且随着年龄和经验增长越来越有价值？

_____

_____

在我们这个时代，以软件、移动互联网、人工智能、大数据、区块链为代表的信息技术已经繁荣了二三十年，而且还将继续加速发展下去，一些知识密集型的行业如生物医药、高端商务、设计、艺术创作同样如此。"商业解决方案＋信息技术"的结合也已经高速发展二三十年了，也将持续加速发展。

上述3个问题组成的三环结合处，就是你的最佳职业选择。这和吉姆·柯林斯的刺猬理论三环图非常类似，可借鉴参考，如图16-1所示。

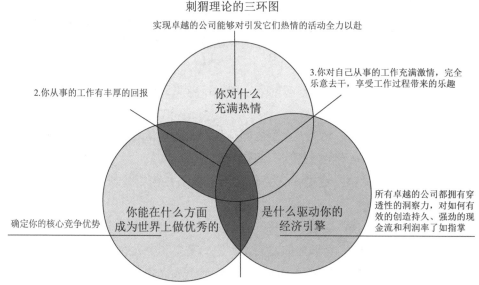

图16-1　刺猬理论三环图

了解了天赋优势和职业选择，我们还有必要了解一下自己擅长的工作方式。

5. 擅长的工作方式

在这方面，管理大师彼得·德鲁克也有自己的独到见解。他认为，很少有人知道自己平时是怎样把事情做成的。优势一样的两个人，工作方式却是不同的。

你是听觉型还是视觉（阅读）型学习者？你是在压力下表现出色，还是适应一种按部就班、可预测的工作环境？你是更适合当决策者，还是与顾问？你是作为团队成员工作更出色还是单独工作更出色？你是当教练和导师特别有天赋，还是直接自己上手最在行？这些有力问题的提出，都是德鲁克智慧的人生感悟，回答这些问题，会带给我们很好的启发。

» 案例 16-1：德鲁克对个人擅长工作方式的解释

你是听觉型还是视觉（阅读）型学习者？

首先要搞清楚的是，你是读者型（习惯阅读信息）还是听者型（习惯听取信息）的人。绝大多数人都没意识到这种分别，对自己的人生造成了很大的危害。

德怀特·艾森豪威尔担任欧洲盟军最高统帅时，一直是新闻媒体的宠儿。不管记者提出什么问题，他都能对答如流。十年后，他当上了总统，但当年对他十分崇拜的同一批记者却公开瞧不起他。他们抱怨说，他从不正面回答问题，而是喋喋不休地胡侃着其他事情。

艾森豪威尔显然不知道自己是属于读者型，而不是听者型。当他担任欧洲盟军最高统帅时，他的助手会确保媒体提出的每一个问题都在记者招待会开始前半小时以书面形式提交。这样，他就完全掌握了记者提出的问题。而当他就任总统时，他甚至连记者们在问些什么都没听清过。几年后，林登·约翰逊把自己的总统职位也给搞砸了，这在很大程度上是因为他不知道自己是听者型的人。他的前任约翰·肯尼迪是个读者型的人，搜罗了一些出色的笔杆子当其助手。约翰逊上任后留下了这些人，可是他根本看不懂这些笔杆子写的东西。

没有几个听者型的人可以通过努力变成合格的读者型——不管是主动还是被动的努力，反之亦然。因此，试图从听者型转为读者型的人会遭受林登·约翰逊的命运，而试图从读者型转为听者型的人会遭受德怀特·艾森豪威尔的命运。他们都不可能发挥才干或取得成就。

我如何学习？

所有的学校都遵循这样的办学思路：只有一种正确的学习方式，而且人人都得遵从。但是，对学习方式跟别人不大一样的学生来说，被迫按学校教的方式来学习就是地狱。实际上，学习大概有六七种不同的方式。有人靠写来学习，有人在实干中学习，还有些人以详尽的笔记来学习。例如，贝多芬留下了许多随笔小抄，然而他作曲时从来不看。当被问及他为什么还要用笔记下来时，他回答道："如果我不马上写下来的话，我很快就会忘得一干二净。如果我把它们写到小本子上，我就永远不会忘记了，也用不着再看一眼。"

在所有最重要的自我认识当中，最容易做到的就是知道自己是怎样学习的。当被问到："你怎么学习？"大多数人都知道答案。但是当问到："你根据这个认识来调整自己的行为吗？"没有几个人回答"是"。

我们必须明确对自己的认知：我是在压力下表现出色，还是适应一种按部就班、可预测的工作环境？我是更适合当决策者，还是当顾问？一些人作为团队成员工作更出色。另一些人单独工作更出色。一些人当教练和导师特别有天赋，另一些人却没能力做导师。明确自我，才能更好地与人合作，同时在学习中明确方向。

不管怎么样，不要试图改变自我，因为这样不大可能成功。但是，应该努力改进自己的学习方式和工作方式。

我属于何处？

少数人很早就知道他们属于何处。但对于大多数人来说，至少要过了二十五六岁才知道这点。只有知道自己的长处、工作方式、价值观是什么，才能够决定自己该向何处投入精力，或者能够决定自己不属于何处。

已经知道自己在大公司里干不好的人，应该学会拒绝在一个大公司中任职。已经知道自己不适合担任决策者的人，应该学会拒绝做决策工作。

知道上述这些问题的答案，也使得一个人能够坦然接受一个机会、一个邀请或一项任务。"是的，我将做这件事。但是，我将按照我自己的特点，采取这样的方式来做这件事，进行这样的组织安排，这样来处理当中所牵涉的关系。这是我在这个时间范围内应该会取得的成果，因为这就是我。"

成功的事业不是预先规划的，而是在人们知道了自己的长处、工作方式和价值观后，把握机遇水到渠成的。知道自己属于何处，可使一个勤奋、有能力但原本表现平平的普通人，变成出类拔萃的工作者。

如何对人际关系负责？

除了少数伟大的艺术家、科学家和运动员，很少有人是靠自己单枪匹马而取得成果的。不管是组织成员还是个体职业者，大多数人都要与别人进行合作，并且是有效的合作。

首先是要接受别人是和你一样的个体这个事实。他们会执意展现自己作为人的个性。因此，要想卓有成效，你就必须知道共事者的特征。这个道理听起来让人很容易明白，但是没有几个人真正会去注意。

一个习惯于写报告的人就是个典型的例子，因为他的老板是一个读者型的人，即使下一个老板是个听者型，他也会继续写着那些报告。这位老板因此认为这个员工愚蠢、无能、懒惰。但如果这个员工事先研究过新老板的情况，并分析过这位老板的工作方式，这种情况本来可以避免。

这就是"管理"上司的秘诀。每个人都有权按照自己的方式来工作。提高效率的第一个秘诀是了解跟你合作的人，以利用他们的长处、工作方式和价值观。

人际关系责任的第二部分内容是沟通责任。大部分冲突都是因为我们不知道别人在做什么，他们又是采取怎样的工作方式，专注于做出什么样的贡献以及期望得到怎样的结果。而不了解的原因是：我们没有去问。

人与人之间相互信任，不一定要彼此喜欢对方，但一定要彼此了解。

自我管理中面临的挑战看上去比较明显，其答案也不言自明。但是，自我管理需要个人做出以前从未做过的事情。历史上每一个社会，甚至是个人主义倾向最强的社会，都认为两件事情理所当然：第一，组织比员工更长寿；第二，大多数人从不挪地方。

如今，情况恰恰相反。工作者的寿命超过了组织寿命，而且他们来去自如。于是，人们对自我管理的需要在人类事务中掀起了一场革命。

6. 价值观

如果说优势或者才干是上苍给予你的，那么价值观则是后天成长过程中，个人和社会不断磨合的产物。价值观一旦形成，就具有很高的稳定性，成为我们在人生关键时刻内心做出选择的尺度。总体而言，随着经济深度全球化、数智时代的知识民主化所带来的普遍富裕程度提高、理性思维和科技知识的普及，在保留各民族独有价值观的基础上，人类社会的价值观越来越趋同。这些共识价值观包括：合作、协同、开放和包容。虽然受到民粹主义的短暂影响，但总体趋同趋势不变，这也是中国提出"人类命运共同体"的基础。千年以来，人类整体价值观主流层级实现了从物质、关系向更高层级的尊重、爱、存在、贡献的跃迁。

我通过在文化和价值观领域长达10年的研究，将价值观以"个体—群体"和"物质—情感—学习—心灵"的维度进行了划分。价值观是我们在某一方面的深层看法，所以它应该有范畴，具体内容如表16-5所示。

表16-5 个体和群体的价值观层次一览表

对象	Ⅰ身体（物质）	Ⅱ关系（情感）	Ⅲ心理（学习成长）	Ⅳ精神（思想心灵）
A 个体	生存、安全、健康、节制、整洁、独立、财富、适度	与人为善、真实、情感、开阔、快乐、满足	敬业、挑战、责任、慎重、勤奋、坚韧、探寻、成就、荣誉、成长、完美、寻求真相、自发、自尊、理性、成熟、目标、实践（行动）、学习（知识）、意义、适度、创新、成熟、勇气	节制、简单、智慧、敬畏、接纳、卓越、宁静、神圣（神秘）、信仰、意志、超然、合一、纯真、纯粹、存在、体验、永恒
B 群体	秩序、稳定、权利、地位、法治、富强	仁爱、礼让、尊重、宽容、诚信、感恩、正直、友善、和谐、坦诚、忠诚、亲密关系、平等、平衡、谦逊	创造、自由、协作、民主、贡献	仁爱、公平、正义、崇高、伟大、献身、文明

身体（物质）：该领域价值重点在身体、物质、财富等与生存主题有关的领域，这是基本。一个人应该投入很多精力去关注这些价值领域，但过度关注则会带来相反的效果：不仅无法在身体、物质、财富等领域获得更多，反而会过犹不及，变得自私，忽视了对周围人的关爱和对组织的贡献，同时也会伤及自身。物质、财富是一个人努力的结果，而不应该是一个人的最终目的所在。如果你的价值观以此为重，则会像《解放企业的心灵》一书中所说的那样："极度重视自己的领地，将生活视为战斗，视为为夺取自己想要的东西而不断进行的战斗。他们害怕变化，因为将未知的东西视为对自己的威胁。"如果一个人的目的价值观集中在这一领域，那么这个人是被生存的恐惧所驱动，时常陷入高度的紧张和焦虑情绪之中，脾气暴躁。

关系（情感）：该领域价值观重点在人际关系、情感方面。世界上有一半的人天生就对情感更为关注，而对逻辑理性则较为疏略。关系情感领域的价值观更多是在人类文明发展过程中形成的道德和伦理的规范，集中体现了人类的普遍美德，这个领域的价值观也是中国文化表现最突出的领域。**著名的人类文化学大师本尼迪克特研究了全世界范围内多数的人类种族，比较那些先进文明**

和落后残暴的种族，得出了这样结论：**是否具有"相互协作"的价值观，是先进和落后文明的最大的区别。**人们对情感和亲密关系的需求，就像对物质的需求一样必不可少，但如果我们过度地关注这种需求，而没有发展自身获得独立，就会始终陷入依赖阶段，就会为了关系而进入关系，失去了真诚和创造力，失去了勇气目标和自由意志，最后流于平庸。

心理（学习成长）：该领域价值观重点在自我心理建设、发展、成功与学习成长方面，属于今天这个时代的价值观。仅仅 100 年前，世界上绝大多数人都还处在争取温饱阶段，每天为生存而斗争。21 世纪人类社会普遍进入到知识经济时代，学习成长就成为人类社会普遍的价值主张和发展动力。人类社会的进化随技术进步加快也呈现出加速发展的趋势，我们在情感方面如我们一万年前的祖先一样古老，但在知识、学习和成长方面，则大大超过了以往任何一个时代。**这个领域的价值观，代表了一个人从依赖走向独立，从他人期待走向自我完善，人生动力不再由外界造成短缺的恐惧所驱动，而是由自己内在力量所驱动，实现了人生动力转换。**但学习和成长不会自动或轻而易举发生，这种转变总是伴随着个人对自我和世界的不断探索、理解和澄清，是一个不断蜕变和痛苦的过程。如果你拥有这样的价值观，则会享受这个"痛苦的蜕变"过程。

精神（思想心灵）：该领域价值观重点在精神、思想和心灵方面。以该领域价值观为重心的人，把是否具有健全而丰富的心灵视为一个人生命质量的象征。在古代，宁静而智慧的精神生活只属于极少部分人的专利，今天，只要你愿意，多数人都可以享有这一领域的富足。后人本心理学的发展、高质量网络心灵类视频课程的普及、企业内部"正念运动"的助推等这些与心灵相关的各类理念和运动在全球兴起。这个领域的价值观，代表着一个人富足和做贡献的状态，使人保持长久的宁静、纯粹的精神状态，更多体会到极度愉悦的"心流"体验。在领导行为中，这种状态就是真我、成熟和智慧的领导力风格。但如果没有持续的学习成长，没有其他层面的更多磨炼，过度关注这一领域，则可能会带来"自我催眠"的幻觉。真实的生活才是美好的生活。

上面表格中的概念所代表的价值观，几乎无法再用其他概念解释，它们本身构成了人类心智的底层体系，每一个概念展开，都堪称一部宏大的人类文明发展史。通过回答表 16-6 "时间线价值观自测表"问题，将有助于帮助我们清晰自己的价值观。

表 16-6 时间线价值观自测表

下面总共有 7 个问题，每个问题都会给你带来思考，根据问题对应写下和上面概念索引表对应的价值观，按重要性排序，其重要性分别对应 5、4、3 分值。

问题	价值观排序及分值					
	1	分值	2	分值	3	分值
12 岁之前，你从自己感觉最快乐的事情中获得最深的 3 个体会是什么？		⑤		④		③
当下你心目中的英雄具有哪 3 个品质？		⑤		④		③
最亲近的人评价你较多的是哪 3 个词？		⑤		④		③
你最讨厌的人身上有哪 3 种明显特征，这些反面特征对应的正向词汇是什么？		⑤		④		③
迄今为止给你带来最痛苦事情是什么？令你痛苦的原因是什么？		⑤		④		③
看着镜子中的自己，你期望看到一个什么样的人？		⑤		④		③
在你的墓志铭上，你希望人们因为什么而记住你？		⑤		④		③
用上面分值最多的 3 个词造一个句子：						

价值观虽然没有对错之分，但却决定着我们的精力、能量和时间分配，通过制定一个涵盖身体、关系、心理和精神 4 个方面的计划，将有助于我们在各方面取得均衡发展，让我们走得更远。

价值观其实就是你看重的是什么。最简单的测试办法被德鲁克称为"镜子测试法"，你每天出门照镜子看到自己时，自问一下：你想看到一个什么样的人？还有一个问题也很有力：去世后，你期望人们在你的墓志铭上留下什么评语？德鲁克 20 岁时，曾在伦敦的投资银行工作，工作得心应手，但后来还是放弃了，他说依照自己的价值观，更关心的是人，而不是钱财，他不希望自己的墓志铭写着"这是一个富翁"。将德鲁克的"镜子测试法"和"墓志铭"结合，就可以了解一个人的价值观，如表 16-7 所示。

表 16-7 价值观"镜子—墓志铭"测试表

问题	回答 3 个特征
你每天出门想在镜子里看到一个什么样的人？	
去世后，你期望人们在你的墓志铭上留下什么评价？	
总结提炼 3 个最多的价值观选项	

把墓志铭方法放在二三十年的时间跨度考虑，这个问题就变成：再过 20 年，你希望过一种什么样的生活。以我的一段经历作为例子可以很好阐释这个问题。

大约在二十多年前,当我看到自己所在单位比我年长十几岁的人每天过着那种慵懒、狭窄和日复一日的生活时,我意识到,尽管我不知道未来怎样,但目前这种生活方式,绝对不是我想要的,没过多久我就离开了。很多年后回顾自己的选择,我意识到,过一种自主决定、有创造、有追求的生活,才是我内心真正的选择。自由、创造、品质、追求卓越是我的价值观,一个人为了自己的价值观和理想,能够忍受不确定性风险、艰苦环境、失败及周围的冷嘲热讽等。

个人价值观和组织价值观需要良好的匹配。有些人喜欢在稳定、可预期、等级清晰的大企业或者政府机构工作;有些人喜欢充满风险、充满激情的创业型公司;有些人则更愿意做一个独立思考、专业的自由工作者。通常一个企业的价值观有明确的文字说明,但企业实际所表现出来的整体行为和领导者风格更应该关注,这比墙上的文字更能说明企业实际推崇什么、遵循什么原则。每一个组织都强调诚信,但为了上市或者股票增长,一些上市公司做假账的现象屡屡发生,更别说那些没有严格市场监管的众多小公司。"如果一个组织的价值体系不为自己所接受或者与自己的价值观不相容,人们就会备感沮丧,工作效率低下。"不仅如此,德鲁克也认为个人价值观对于事业同样重要,他说:"一个人的工作方式和他的长处很少发生冲突。但是,一个人的价值观有时会与他的长处发生冲突。一个人做得好甚至可以说是相当好、相当成功的事情,可能与其价值体系不吻合。在这种情况下,这个人所做的工作似乎并不值得贡献毕生的精力,甚至没必要贡献太多的精力。"

一个人的价值观尽管比较稳定,但还是会随着知识增长,年龄增长而改变。尤其在中年危机出现之后,那些年轻时形成的价值观和行事风格,会突然之间改变甚至反转。按照荣格的说法,随着中年的到来,人生从上山进入下山,生命中更多的自我和自性不断从无意识中冒出来,另一个"我"开始带给生活和工作巨大的困扰。原来那些主导意识的价值观,不断消退或为我们所厌倦和抛弃。如果说年轻时的价值观是个人所扮演的社会角色所应具备的,那么中年的反转,则是长期被压抑的"自性"的苏醒,我们将有机会深入探究内在的自己。一个原本权力欲极强的人,有可能忽然有一天会重视亲密关系、爱或者回归家庭;一个原本沉迷各种游戏和闲逛的人,有可能忽然要发奋努力、谋求事业上的成功。这是完整性体验在个体身上的体现,只有度过这个阶段我们才可以说拥有圆满的人生。"寻找属于你的神话"成为这一时期的主题,这个神话就在你的内部。这种发源于人生中段的内在探寻,很多时候是由于内在的严重冲突与寻求终极意义有关:死亡、宇宙、灵魂、信仰是这个阶段经常出现的概念。这种探寻,通常最终指向了某种现实的"超越性",这是一个人的终极梦想、生活激情和生命深处的神话。

第三节 激情与梦想

生活中只有一种英雄主义，那就是在认清生活真相之后依然热爱生活。

——罗曼·罗兰

1. 谁是你心目中的英雄？

"I think, therefore I am."上面有关自我认知的诸多问题，帮你探寻自己未知的潜能。宇宙的96%被暗能量暗物质占据，人类能够意识和探寻的潜能，也不到自身全部的10%。我认为有一个问题可以囊括如上天生性格、天赋优势、职业兴趣和价值观等内容，这个问题就是：**谁是你心目中的英雄**？

这个问题包含了所有已知的经历和未来的冒险，所有学习到的知识和未曾意识的潜能。每个人都是自己的英雄，而人类的英雄则是神话中宇宙的中心。对此，神话学者约瑟夫·坎贝尔有着深刻的认识，他的代表作《千面英雄》，成为当代科学语境下向人类古老神话和潜意识神秘力量致敬的非凡之作。他说："那个潜意识中有我们从来不曾在成年期实现的生命潜能，那正是我们自我的其他部分，就像依然有生命力的金种子。如果这失落的整体中的一小部分能够被发掘出来，我们的力量便能获得惊人的扩展，那是生命充满活力的复兴。我们将变得高大伟岸。"英雄正是生命潜能的化身，坎贝尔指出："神话中的逻辑、英雄和行为在现代依然有生命力。在缺少普遍有效的神话的情况下，每个人都拥有他自己的、未被识别出来的、不成熟的，但蕴藏强大能量的梦中的万神殿。俄狄浦斯最新的化身正站在第五大道和第42街的交叉口等红绿灯，准备续写美女与野兽的浪漫故事。"[11]

梦想激发潜能，英雄成就梦想。我们每个人年少时也都曾有过梦想，个人的梦想，对于个体而言就是一场史诗般的英雄凯旋的冒险。几年前美军虐囚事件发生后，心理学家菲利普·津巴多认为，在这样的情景下，保持一个正常人的善良是极其困难的。他给出的建议就是从儿童时期培养孩子的英雄意识，在他们长大后才能够做出对抗恶的英雄行为。英雄，需要一种"虽千万人吾往矣"的气概，也需要一种对自己理想的坚持。我们在成就梦想的道路上，不是一直没有行动，就是刚开始出发就知难而退了。而最可悲的一点，可能就是日复一日的例行公事和生活琐事，模糊了你的梦想，也熄灭了你的雄心，你却对此浑然不知。你或者也曾喝了碗"心灵鸡汤",那不过是短暂满足了你对自己当下窘境的安慰,而并非一个激励你不断前进、迈向终点的英雄梦想。英雄的梦想是向死而生,是深夜孤独的拷问,是在挫败生活中的担当。这梦想起始于一个人孤独的探寻,凭借着自由意志,审慎对待任何不经努力而获得的短暂快乐,然后全力以赴专注在实现梦想的路上。它最大的褒奖就是生命最后时刻的凯旋,这精彩无悔,而又满怀善良和爱的一生。正如杜拉斯所说:"爱之于我,不是一蔬一饭,肌肤之亲,是一种不死的欲望,是颓败生活里的英雄梦想。"

人类经过漫长的数百万年才进化而来,珍惜这短暂一生,才不辜负宇宙漫长演变所赐。大地脉动,万物各有其时,各得其所,"劳作—工作"成为人们与生俱来的根本需求和动力,我们有理由把这终其一生的努力,托付成一个英雄的梦想。现代知识社会,英雄梦想不是匹夫之勇,是知识、智慧、勇气和意志的结合。无论出生何地,无论你多么困苦贫穷,无论多少人指责你的无用和异想天开,无论年少年衰岁月无情,都别让这些碾碎了你的英雄梦想。一个典型的英雄之旅如坎贝尔所说:"一位英雄从日常的世界勇敢地进入超自然的神奇区域:在那里遇到了传奇般的力量,取得了决定性的胜利:英雄带着这种力量从神秘的历险之旅中归来,赐福于他周围的人。"

谁是你心目中的英雄?在这些英雄人物中,我们会发现自己所向往的生活、所看重的品质、所坚持的信仰和价值观、所适合从事的领域和行业。

2. 你有自己明确的人生目标吗?

如果没有也很正常。哈佛商学院 2010 届的 900 名 MBA 毕业生,这些商业精英多数也没有明确人生目标。"几乎没思考过他们的人生目标",这令他们的老师——"颠覆式创新之父"克莱顿·克里斯坦森感到非常震惊。他自 1979 年开始观察自己的哈佛商学院同学,发现每次聚会总会有一些人变得不快乐了,和家庭、孩子疏远等,克里斯坦森总结道:"因为他们在思考如何利用自己的时间、才华和精力时,并没有将人生目标放在首位。"

"你想什么,什么就是你",这是一句 20 世纪 80 年代的流行歌曲歌词,很准确地说明我们人生结局在很大程度上是由我们的目标决定。有一个练习"确定你的使命宣言",并将个人使命宣言视觉化。这种力量很强大,我记得很清楚,在我以为"个人使命宣言"是天方夜谭的幻想时,我的导师 Paul 博士对此一点都没表现出惊异或怀疑。他告诉我,你想着的,有一天会实现,对此你不要感到惊奇。高中同学聚会,看着每个人的状态,我常常想,他们现在过的生活,就是当年他们想要的生活。在《思考,快与慢》一书中有一个关于目标对于结局影响的强有力证据：1976 年进入美国名牌大学大约 1.2 万名学生的一份问卷调查，调查其对于"过上富裕生活"重要性的看法，分为"不重要"到"必不可少"4 个等级，20 年后再次对他们进行了调查，涉及了他们在 1995 年的收入水平和对自己生活满意度的总体评价。结果令人吃惊，那些希望过上富裕生活的人都实现了这个愿望，在 597 位心理和医学专家的样本中，人们对金钱重要性的观点每升高一个等级，收入就会增加 1.4 万美元。不工作的女性也同样如此，她们对金钱重要性等级每提高一个等级，所增加的 1.2 万美元就来自他们的丈夫收入。

目标不同，结果也会有很大的不同。史蒂夫·柯维号召人们付出时间去探索，探索他们在每一个重要人生角色上希望留下怎样的传承。这些角色代表了重要的关系和责任。下面的练习将帮助你发现你希望在每个重要角色上留下怎样的传承：①列出 7 个你认为最重要的关系（包括工作和生活上的），你也许需要将几个角色结合以免总数超过七个，比如，你可以将几个不同的家庭角色归纳为"家人"。②如果可能，请写出每个角色所对应的关系人姓名。③想象在你 80 大寿的生日宴会上，以上这些重要关系人都来到了现场。请在"祝辞/评价"一栏里写下你希望每个关系人如何评价你。

"认识你自己"，简单而又困难。终其一生，我们许多人把大量精力消耗在寻找方向、寻找突破、寻找黑暗中的解决之道上。在更深远更广泛的意义上，人是这个星球唯一可以明确愿景和目标的生物群体。树立明确的个人愿景，意味着一个人个体意识的觉醒，这种觉醒把生命带向一个更为广阔无垠的世界。每一个立足日常生活而又超越日常生活、仔细审视并认知自我的人，都在进行着一场生命的自我实验和英雄之旅。尽管这个过程绝非一蹴而就，伴随着碰撞、探索和痛苦，但我们都得继续前行。之前有个朋友曾说：我不是一个容易流泪的人，但当我在纸上写出"我是一个有梦想的人"的时候，我会热泪盈眶。

第四节　情绪觉察

"他们也许会忘记你说过什么，但永远不会忘记你给他们带来的感受。"
——卡尔·W. 布彻纳（Carl W. Buechner）

1. 感受当下

数年前，我带着父母和妻儿到上海一处风景优美的五星级酒店度假，一家人正心情放松,散步欣赏着酒店周围的小桥流水、绿草如茵的迷人景色时,父亲又唠叨起来,不断重复那几句说了无数遍的话,"你现在生活好了,还是要保持节俭呀""未来面对的事情还很多,能坐火车别坐飞机"(在他的概念里飞机票贵)"要向××学习,攒下的也是挣下的"。我默默地听了一会儿,停下来观察父亲的状态,发现父亲低着头,眉头紧锁,只顾唠叨,却对周围优美的环境全然不觉,我说:"爸,您看看周围景色怎样?"父亲这时才抬起头,看了看说:"挺好的,不过是花了这么多钱买来的。"我说:"您要是不关注当下,欣赏感受这美景,咱们花的这钱岂不是就白白浪费了吗?"那次全家一起的旅行度假,我最希望看到父亲快乐起来,感受到生活中真实的幸福,然而自始至终,他都保持着一贯的眉头紧锁、心事重重的状态。

我们如果不能感受每一个当下,岂不是浪费这绚烂的年华,辜负生命的恩赐了吗?生命中每一个当下,构成了我们的一生。当我们感叹时光不再时,时光就在流逝;当我们把全部的注意力都放在了过往的苦难回忆、对未来的担忧时,我们怎能把宝贵精力用来关注当下、关注你的心情、关注你周围的人、关注你的环境、关注你的生活和工作呢?20世纪80年代,丹尼尔·戈尔曼首次提出情商概念,认为在管理中其效能是智商的两倍,而且越往高层越重要。在2015年接受《哈佛商业评论》的一次采访中,记者问,从第一次提出并发现了情商的重要性后,近年来有什么重大发现?戈尔曼提出了"注意力"管理的概念。

美国劳工部有个调研数据:65%的人没在工作![12] 尽管他们在公司,看上去在工作,其实思想和注意力已经飘到不知什么地方了,飘向过去的某个场景,飘向即将到来的假期,飘向可能面临的不如意,他们担心家人,不喜欢团队和老板。然而当度假的时候又担心工作,当工作时又在想着度假,他们的思想和心灵、他们的专注力和身体不在当下,飘散在各处。身体在工作,思想却游走。无法专注投入当下,是幸福生活的敌人,也是个人和组织效能不高的重要原因。一个有名的禅宗公案,弟子问师傅悟道前后有什么差别,师傅说:"扫地、做饭。"弟子说:"有什么不同吗?"师傅说:"之前扫地时,想着做饭;做饭时,想着扫地。现在扫地时扫地,做饭时做饭。"

我们之所以不能愉快地投入当下,是由两个因素造成的:一是我们陷入自己编织的故事当中无法自拔;二是对此造成的不良情绪没有觉察。这两种因素结合引发的情绪能量,具有很大的破坏作用。

2. 编织故事

爱默生曾说:"对不同的思想而言,世界既是天堂,也是地狱。"人类的大脑善于自我欺骗和编造故事。好的故事成为激发人前行的力量,比如美好梦想、使命,而一些糟糕的故事则可能引发仇恨、憎恶、羞耻、愤怒等情绪,甚至引发严重的冲突、战斗或杀人。法国人勒庞在社会心理学开山之作《乌合之众》一书中对此深有洞察,他指出:"我们以为自己是理性的,我们以为自己的一举一动是有道理的。但事实上,我们绝大多数的日常行为都是一些我们自己根本无法了解的隐蔽动机的结果。"理性是我们头脑能够意识到的,而绝大部分人类的感知却深埋在潜意识中。潜意识不断地编织着各种故事,主导着我们的言语和行动,我们甚至没有意识到自己所编织故事的真假。近年来脑神经科学研究表明,我们只能觉察大约5%的认知功能,95%都游离于我们的觉察力之外,这些不曾觉察的潜意识活动在我们的生活中起着巨大的作用。《潜意识》一书指出:"我们日常的许多生活活动都遵循预先确定的心理的脚本,大脑潜意识填补空白,实际上是盲目、不由自主且缺乏个人意志的。"对于这一潜意识填补的最有力的证据,来自美国对目击证人所陈述"事实"的研究,发现大约2/3的证人言之凿凿的证据"事实"都是自己想象的,而这些"事实"从未发生![13] 人类的记忆不是摄像机,无法像取一张光盘那样提取;记忆也不是连续体,它是一些往事散落的元素,回忆时会"场景重构",人们会根据逻辑、此时的信念和假想来连接这些不连贯的碎片。这种场景重构(scene construction)的方式同样发生在我们对未来的想象,把散落的片段场景重构。这些人类头脑里的虚假记忆提醒我们,脑海中不断重复未来的想象画面,在未来即使没发生,但你可能会有一天坚持认为"它的确发生过"。

人类最后进化的大脑皮层,执行重要的思想功能,它负责记忆,是人类思考认知的物理基础。大脑重量仅占身体重量的3%,但它所消耗的能量却占到了人体能耗总量的1/6。人类这种伟大进化的代价之一就是理智的自负、知识的僭越,人们往往以自我为中心,坚信自己的判断。哈耶克对此深有洞察,他说:"如果从长远考虑,我们是自己命运的创造者,那么,从短期着眼,我们就是我们所创造的观念的俘虏。我们只有及时认识到这种危险,才能指望去避免它。"人们以自己的信念编织着故事,以自己的故事来投射这个世界、投射他人,当耳边传来你认同的声音时,头脑里有个声音说,这是对的;当传来你不认同的声音时,头脑里也有个声音说,这是错的。语言作为思想的载体,是人栖居之家,而"创造现在"是语言的主要功能。当你沉浸在现在的故事之家时,大脑关闭了可能性,一切不符合故事的都成了异端。宗教有着最为强大的故事编织能力,马克•吐温有一段话:"人是信奉宗教的动物。人是唯一信奉宗教的动物,人是唯一拥有真正宗教、而且有好几种宗教的动物,人是唯一爱邻如己的动物,但如果邻居信奉异教,他就会割断邻居的喉咙。人在竭尽全力地为自己的兄弟开辟通往幸福和天堂的道路时,却把地球变成了坟墓。"

如何跳出这种糟糕或破坏性的故事情节呢?一种办法就是转换,转换角度和思维,提供替代选择。哈佛幸福学教授沙哈尔说:"对幸福而言,人们感知世界的方式比客观环境更重要。如何转换?从空中观察,跳出圈外思考,'不识庐山真面目,只缘身在此山中。'""烦恼即菩提"就是转换思维最有力的语言,这是强烈的整体意识的体现,体现着中国古老而通俗的智慧:阴阳转换,祸福焉知。西方的宗教里也是如此,最神圣纯洁之城,也是最血腥肮脏之地,痛苦和杀戮的尽头,等待末日的审判,就是神的降临和人的重生。对于这种转换,肯•威尔伯的一体意识论述相当精彩,他说:"当一个人开始意识到生活的痛苦,他对生命中更深刻、更真实的现实的觉察就开始了。苦难常常把我们过去对人生中所抱的幻想击得粉碎,迫使我们在某种意义上保持警觉,让我们仔细去观察,深刻去感受,以一种通常回避的方式去触及自己与世界,苦难是荣耀的开始,我对此深信不疑。从某种意义上讲,受难之时几乎就是欣喜之时,因为它标志着富有创造力的洞见的产生。"14

学习和读书也是跳出糟糕故事情节的方法。本质上,学习和读书,我们可以看成是一种生活方式,没有别的所谓目的和目标,仅仅纯粹的读书和学习本身,就能带来极致思维的乐趣。而这种极致体验,就已经触及生命的秘密和意义了。"我们坐在这里,不是为了成就什么,只是表现我们的本性罢了,这就是我们的修炼,坐禅是我们真实本性的直接表达。"15 禅宗大师铃木大拙上面的这句话,我们如果把"坐禅"换成"读书",也同样合适。没有先贤圣者是天生的,他们只是把学习和读书当成了一种本性,一种使人类骄傲和满足的生活方式而已。我们今天可能在知识方面超越了过去的绝大多数人,但在思想的境界方面,则需要一个删繁化简、去忙求静的过程。读书和学习带来的思维转变同时也会带来人生的智慧,正如杨绛老先生所说,书读到最后,让我们宽容地理解,这个世界有多么复杂。

如何知道你此时是不是陷入"糟糕的故事情节"当中呢?方法很简单,就是去体会你的情绪,试着问自己:"我现在感觉如何?"如果你的回答是:"好极了。"那你肯定不在破坏性故事中,而当你的回答是"很糟糕"时,你要重新审视自己是如何看待当前发生的事情。

3. 身心觉察

想要觉察情绪，先要安静感受身体。"烦"是没有觉察的人的常态，用海德格尔的话说，"烦"是我们个人"此时此地存在"的显现的状态，这种"烦"在非本真的状态下表现就是"畏"，比如担心可能的意外、害怕失去的财富名誉、对权威的敬畏等。烦、畏通常紧接着引发焦虑、不满甚至愤怒，焦虑已经成为现代社会的特征之一，在北美，43% 的人经常使用调节心情的处方药。[16] 情绪的强度和不同年龄释放的荷尔蒙等激素水平有关：在忙碌的二三十岁，生活像在战斗，20 岁时我最喜欢的一句话是普希金的："生活就像沉重的铁锤，就这样粉碎着玻璃，锻造着利剑。"这种饱满的情绪给身体源源不断的能量。同样是摇滚乐，著名的滚石乐队年轻时认为，摇滚就是"能量、愤怒、焦躁和激情"，而当他们 70 岁时则说摇滚就是"节奏"。

我们也不必害怕各种情绪。生而为人，先天已具感受性，喜怒哀乐各种情绪表达再正常不过了。如同黑猩猩通过相互梳理毛发表达亲密一样，人类通过拥抱、微笑来表达亲密，建立信任关系，通过正面的对视表达挑衅和敌意，这种动物本能与生俱来。一个成熟的人，应该是一个感情稳定、可预测行为的人，一个能够控制自己不良情绪的人，一个能够敏锐感知他人情绪的人。一个无法控制自己不良情绪的人，常常会给周边的亲人带来痛苦。这种痛苦有其背后的物理基础，科学研究表明，由社会关系伤害所造成的疼痛与物理伤害造成的疼痛相同，都是大脑中同一个区域负责感知。社会疼痛和身体疼痛之间的关联说明了情绪和生理之间的联系。人是社会关系的总和，人的情绪大都由社会关系所引发。不良的社会关系，不仅仅导致了情绪上的痛苦，也影响了我们身体诸多生理活动。一项研究发现，排除了经济地位以及生活满意度等因素影响，9 年的时间里，在其他方面因素相等的情况下，**那些社交网络指数上评分较低的受试者的死亡率，是高分受试者的两倍。**

当你遇到难题时，身体会告诉你答案，而谁在告诉身体呢？就是情绪，情绪是潜意识传递给意识的信号，这可能是数百万年进化的结果。当身体感觉不适的时候，检查下是不是情绪出现了问题。安静，对于体会情绪至关重要。法国著名的数学家哲学家帕斯卡说："所有人类的不幸和灾难，都源于人不能在房间里静坐沉思。"忙碌的生活是我们感受情绪的敌人，也是幸福的威胁。哈佛大学幸福学教授本·沙哈尔总结道："一个坏消息，世界上没有什么魔法，我们只能简化忙碌的生活，才能享受幸福；一个好消息是，简化生活并不会影响我们的成功。"

有了深深的宁静，情绪就不再是困扰你的问题了，相反，没有情绪可能才是问题。理解人之为人，悲喜交集，才是人生之乐。这方面苏东坡给我们提供了一个人生范例，他代表了历代中国人所希望的完美人格：真实、自由、乐观而悲天悯人。他受到中国人的崇敬不是因为高官厚禄，恰恰是因为他在困苦中的乐观主义。他的一生难有安稳日子，几乎一直在流放。苏东坡从二十多岁和父亲、弟弟一起走出剑门之后，就再也没回过故乡眉山。他的身上集中体现了中国人对待人生的态度、乐趣和智慧，政治上的不如意和生活上的拮据、儿子的早逝，这些愁苦悲伤并未影响他成为一个"无可救药的乐天派"。林语堂这么概括："人生最长也不过三万六千日，但是那已经够长了；即使他追寻长生不死的仙丹露药终成泡影，人生的每一刹那，只要连绵不断，也就美好可喜了。他的肉体虽然会死，他的精神在下一辈子，则可成为天空的星，地上的河，可以闪亮照明，可以滋润营养，因而维持众生万物。这一生，他只是永恒在刹那显现间的一个微粒，他究竟是哪一个微粒，又何关乎重要？所以生命毕竟是不朽的美好的，所以他尽情享受人生。这就是这位旷古奇才乐天派的奥秘一面。"[17]

无论是父亲的烦恼，还是苏东坡的乐天，这两种心态区别的关键就在于如何对待当下。关注当下是现代社会的一种重要能力，可以从思维和情绪两方面来提升：每天抽出一些时间出离身体，觉察我们的情绪和思想是不是陷在自己编织的破坏性故事，或不良情绪中拔不出来。当你真正从自身身体抽离出来觉察当下时，你会深切感受到时间概念的假象："此时"也是一个空的概念，连同生命，都是延伸在你的记忆与想象中的故事。那些已经经历的过去，只存在于你的记忆；而那些未曾到来的未来，何尝不是你的幻觉呢？事实上，当你"俯瞰"当下，过去和未来均是幻象，而此时则是你存在的全部意义和无法否认的真实存在。空性即自在，这样我们即保持着对尘世生活的积极投入和美好感受，也摆脱了故事与想象幻灭后所带来的荒谬虚无感，从而带来身体、心灵和精神的合一。正如《当下的力量》所说："当你学会作为你的思维和情绪的观察者时，你会意识到你的内在很少真正地感受到自在与放松。"[18]

活在自己的故事和别人的期待里，是有我之小我；而活在当下的专注里，是无我之真我。

4. 亲密关系的自我教练

自我很重要，但不能无视他人感受和人际关系。积极心理学之父塞利格曼曾说，将幸福浓缩最简单的一个词就是：他人。人们在服务他人时，获得的深度幸福感，深藏在人的天性之中。以社会关系中最重要的婚姻关系为例，看看关系对人生的影响。心理学家米哈里·希斯赞特米哈伊调查了包括14位诺奖得主在内的77位卓越创新者，他们大都拥有稳定而美满的婚姻，但有的相伴四五十年，有的则再婚。说到他们的相同点时，米哈里说："富有创造力的个体对婚姻关系的叙述千差万别，不能证明任何观点。不过他们的叙述可以驳斥人们普遍持有的一种观点，那就是他们通常拥有复杂的人际关系，而且感情不专一、反复无常。真实情况似乎正相反：这些人很清楚，持久专一的关系能够更好地保障他们内心的平静，而这正是他们专注地进行富有创造力的事业所需要的。"简单的人际关系，平静的幸福，是那些最具创造力的人所追求的。如果婚姻中另一半能与之进行令人愉悦的交谈，则更可能带来创造力的迸发，其中一位受访的卓越创新者谈道："我发誓，对于婚姻来说，交谈比性更重要。"19

正是因为如此，关系尤其是亲密关系，应该成为人们面对压力的缓解器、进行创造时的放大器。尤其今天在知识、思想、科学、艺术以及商业领域，事业和个人创造力的巅峰往往推后到60岁左右，这种良好稳定的婚姻关系和家庭关系，就起到了保护性的平衡作用，可以让个人的创造力高峰尽可能往后延伸，也使得单位时间产出成果更加高效。得益于幸福而平静的婚姻，管理大师彼得·德鲁克真正重要的作品，都是在他60岁以后陆续写出的：64岁写就巨著《管理：任务、责任、实践》，69岁《旁观者》，76岁《创新与企业家精神》，86岁《巨变时代的管理》，90岁《21世纪的管理挑战》。这位被称为"大师中的大师"的管理学家，在96岁高龄去世前，依旧笔耕不辍，完成了《卓有成效管理者的实践》。

事实上，我们上面谈及的自我情绪觉察、注意力、亲密关系等，都可以整合在戈尔曼的情商理论之中。简单讲，戈尔曼将"情商"这一概念从"自己—他人"和"觉察—管理"两个维度解构，形成了四种实际应用：一是自我情绪的觉察，这是基础，上文已经提及；第二是自我情绪的管理，上文提及的认知转换、出离观照就是自我情绪管理的方法；第三是对他人情绪的觉察，这其中同理心最重要，善于察言观色，是一个人情商高的标志；第四就是积极影响和管理他人情绪，这需要在以上三点的基础上聆听、提问、反馈，引发对方的觉察。亲密中的冲突，是最常见的人际冲突，持久而具有破坏力，让人身心俱疲。情商理论可以很好地指导我们建立美好而持久的亲密关系，其中认知转换是常用的方法之一。这是因为亲密关系产生冲突的常见原因如下：我们拿自己的优点去衡量和评判对方的缺点，这样既掩盖了自己的缺点，也忽视了对方的优点。而你的期望是你的卓越所在，不是对方的。通过转换冲突中的认知，有助于相互理解、加深亲密关系。卓越性练习如表 16-8 所示。

表 16-8　亲密关系冲突觉察练习表

1	冲突	
2	期望 我想要他/她……	
3	为什么？ 6 个原因	1 2 3 4 5 6
4	我的 6 个卓越性	1 2 3 4 5 6
5	对方的 6 个卓越性	1 2 3 4 5 6

第五节　打造个人 IP

通过上面有关自我认知的梳理，我们对自己的优劣势、现状和目标有了更清楚的了解，此时我们就可以不断跟踪自己的成长，实现目标、达成愿景。我们也可以根据这些清晰的认知，刻意打造自媒体时代的个人 IP。如果你是一个领导者，打造个人 IP 其实就是在塑造领导力品牌。全球人力资源大师级人物戴维·尤里奇曾有这样一个领导力品牌等式：**领导力品牌 = 领导力密码（领导力核心要素）× 领导力差异**。尤里奇认为，给领导力加入品牌概念，紧密连接了客户的期望、员工认同和组织行为，组织中共同的领导力品牌所承载的印象和地位，有力促进了投资者、客户和员工对组织的信心。从乔布斯、马斯克、任正非等一流领导者身上，我们都发现了外部市场和组织内部对其领导力品牌的高度信任。上述等式中的领导力密码是领导者都应该需要具备的核心能力，尤里奇认为这可以用来解决 60%～70% 的领导力困惑；而领导力差异是将其与竞争对手区别开来的能力,可以将企业品牌转化为领导力差异,这部分可以解释和解决 30%～40% 的领导力困惑。

我的朋友张彤,在这方面有过深入研究,她曾经用 SWOT 和平衡计分卡等工具,在 2015 年帮我系统梳理过个人使命、愿景、价值观和优劣势,下面是我的案例,应该会对大家有所启发。

案例 16-2:个人 IP 敏行™咨询公司创始人

一、我的个人志向

我的个人使命

追寻内在的声音,做真正的自己,在宁静和从容当中,去寻找作为个体的人活于天地之间的意义。

我的个人愿景

我要用以下方式实现我的使命:

通过以下方面,成为一个独树一帜的有影响力的文化与领导力专家。

内部的视角

• 不断修习,深怀激情和平静之心,丰盛的感受和富足的心态,不断提升个人内在的力量和意志力。

• 迈向更高的意识层次,保持专注,时常在工作中达到涌流状态:一种空灵、愉悦的创造力迸发和高效的状态。

• 保持强健的身体和充沛的精力。

外部的视角

• 更多地贴近研究对象和客户个体,探求他们内心的真实声音。

• 不断向更高、更远和更深的领导力领域中探索,为客户和世界贡献更多的咨询方案和解决之道。

• 遵循"通过优势不断地积累而取得成功"的原则,稳健经营确保公司持续发展。

知识和学习的视角

• 在专业的人力资源测评、高管教练、21 世纪的管理和领导力领域更多地进行全球视野的研究。

• 在领导力相关领域进行广泛地学习:文化、哲学、经济和心理学等。

• 提高数据建模方面的技术。

• 提高多语言的综合能力。

财务视角
- 让财务不要成为实现愿景的障碍。
- 向更高的财务自由迈进。

二、关键角色

为了能实现我的使命和愿景，下面的角色有最高的优先级：

先生：我希望和妻子更和睦融洽、彼此支持。

父亲：希望自己能为孩子做健康幸福生活的模范。

儿子：希望和父亲母亲有更多的交流、孝敬他们。

咨询公司 CEO：希望给事业上的伙伴带来个人的成功和家庭的和谐。

我的个人品牌

我个人的 SWOT 分析

我的优势：

S1：富有激情而又能理性地思考。

S2：做事持之以恒、坚韧不拔。

S3：懂得欣赏生命中遇到的人和随处可见的风景。

S4：学会和自己独处。

S5：良好的直觉。

S6：有更宽阔的视野。

S7：经历很多，能够区分出工作和生活中什么最重要。

S8：积累了 15 年的管理和领导力领域的经验和知识。

我的劣势：

W1：事情较多容易造成精力分散。

W2：外语水平一般。

W3：系统研究的方法尚欠缺。

相关的机会：

O1：目前从事的咨询和培训工作就是做研究的第一手资料。

O2：整体外部环境呼唤与中国文化相匹配和适应的领导力。

O3：中国大型企业比以往任何时候都更全面地参与到全球竞争当中。

O4：以发展领导力和培养后备人才为核心目的的企业大学纷纷成立。

相关的威胁：

T1：个人的惰性。

T2：竞争更趋激烈。

T3：之前对此类研究有过10年以上的企业和个人，他们已建立的品牌和先发优势。

我的个人品牌目标：

- 内在之美，睿智而艺术，思想深刻、为人友善、富有内涵、勇气、担当和责任意识。
- 外在之容：时尚而品质，顶级品牌加休闲品质。
- 诗意栖居：山气日夕佳，飞鸟相与还，无都市喧嚣之噪，有山间自然之灵。
- 书诗为伴：数百平方米的书屋是工作的第一居所。

我的专长： 宽广的视野，强的创造力和敏锐的洞察力。

我的服务：

管理人员培训、测评和领导力提升。

我的五大优势属性： 睿智、激情、理性、坚韧、宁静。

我的主导优势： 探索的激情。

我的领域： 服务高层领导者，发展高潜质者，通过他们的领导行为的改变带来组织绩效的提升，带来团队幸福指数和整体意识层次的提高。

我的个人品牌的声明：

充满激情与能量，睿智于形，以从容宁静之心态去探索中国文化情境下的领导力提升解决之道，深入研究，为高层管理者提供"以人为本"的自然领导力理论基础和实际案例，从而通过领导者行为的改变，为更广泛的中国人带来平和幸福。

我的个人标志和口号： 无知，与复杂无关，对此我不屑一顾；简单，是对复杂的超越，对此我奋不顾身。

我的个人平衡计分卡

姓名：　　　　　　　　　　　　　　　　　　　　　　　　　　　　日期：

内 部 视 角

个人关键成功要素	个人具体目标	个人绩效评估标准	个人目标值	个人改进措施	进展	
					进展中	达到目标
内在能量：不断修习，深怀激情和平静之心，丰盛的感受和富足的心态，不断提升个人内在的力量和意志力	平静独处时的自我对话	每个月保留一些独处的时间	每个月给自己留2天独处时间	觉察日记和每天五条的丰盛日记；每月一次徒步远足	×	
专注：迈向更高的意识层次，保持专注，时常在工作中达到涌流状态：一种空灵、愉悦的创造力迸发和高效的状态	不间断地冥想练习及各种提高专注度的思维和灵性练习	每天坚持冥想练习	每天20分钟的冥想	持续不断地做冥想，记录收获，和朋友一起分享，找到朋友支持；参与思维的深度训练	×	
强健的肌体：保持强健的身体和充沛的精力	通过节制的饮食和坚持锻炼	耐力和每天锻炼的时间	平板支撑达到两分钟；每天不低于30分钟运动	1000米游泳每周三次；每天7锻炼	×	

续表

外部视角

个人关键成功要素	个人具体目标	个人绩效评估标准	个人目标值	个人改进措施	进展中	达到目标
以客户为中心：更多地贴近研究对象和客户个体，探求他们内心的真实声音	定期拜访关键客户，深度交流；调研问卷改编	拜访客户的数量和频率问卷调研的相关指标提高	在原有基础上提高20%至少每年3次这样的交流活动	增加微信、短信和卡片问候，客户频次增加面谈拜访机会	×	
专业主义：不断向更高、更远和更深的领导力领域中探索，为客户和世界贡献更多的咨询方案和解决之道	组织或参加业内最高水准的论坛或者交流主导著名企业的领导力相关课题研究	每年参加和组织的次数每年所做的课题数公司经营指标良好	每年至少有2个以上的高级别的课题	整理公司积累的领导力相关问卷放在网上和微信平台上组织人力资源论坛，增加和国内外同行的交流，每年发表论文两篇	×	
					×	
品牌：遵循"通过优势不断取得成功"的原则，地积累而美誉升高，公司的强化敏行®高质量服务的品牌内涵，稳健经营确保公司持续发展	敏行®品牌不断传播，美誉度升高，经营持续改善	品牌的美誉度不断提高	美誉度增长10%	建立开放平台式管理，微信论坛嘉宾扩展敏行®品牌	×	
公司CEO：希望给事业上的伙伴带来个人和家庭的和谐	在公司实践自然领导力的管理实践，做到知行合一	建立公司自然领导力管理理念、体系框架	关键经营指标年均增长20%；2015年自然领导力的理念成为公司所有人的共识并实践	招聘符合公司愿景的人才，扩大公司规模；行动包括：核心内涵讨论、每周所行之事自凝聚共识，每周所行之事自评	×	
家庭：希望幸福生活的模范健康幸福充满爱意和关怀	孩子的良师益友，家庭充满爱意和关怀	每周和家人在一起的时间和投入的品质	每周至少三天，100%投入，电话每月3次，每次20分；不表露坏情绪	有计划地安排时间	×	

续表

知识和学习视角					
个人关键成功要素	个人具体目标	个人绩效评估标准	个人目标值	个人改进措施	进展
					进展中 / 达到目标
研究：在专业的人力资源测评、高管教练，21世纪的管理和领导力领域更多地进行全球视野的研究	高管人员学习方式和成长路径研究	研究报告、笔记和文集	每年10万字的研究报告和笔记		×
读书：在领导力相关领域进行广泛地学习：文化、哲学、经济和心理学等	当代心理学基本了解欧美哲学英文版名著阅读	开展读书会读书数量和读书笔记	一年组织10次读书会每年30本，笔记10万字		×
技术：提高数据建模方面的技术	了解数据建模较高级别技术	完成数量	学习一次技术，完成两次建模		
语言：提高多语言的综合能力	提升英文能力	单词数、读书数目	个人单词量达增长8000；2015年原著5本	练习口语，记忆单词以及看英文原著	

财务视角					
个人关键成功要素	个人具体目标	个人绩效评估标准	个人目标值	个人改进措施	进展
					进展中 / 达到目标
让财务不要成为实现愿景的障碍	保持资产的稳定增长	通过公司的分红和个人的投资	每年保持资产20%增值	关注经济发展趋势和周期波动；平衡风险控制提前做出准备	
向更高的财务自由迈进					

对我来讲，无论以上最终目标能否达成，只要尽力做了便是一种幸福。人生就像一段段旅程，旅程的意义就在于旅程本身，当你怀揣梦想，踏上旅行之路时，你会渐渐发现，这趟旅行的过程才最值得经历、回忆和纪念的，过程也是目的！

当我们对自己有了充分了解之后，我们就需要了解环境、适应环境、改变环境，开始有意识地发挥自己的领导力，实现自己、团队和组织的目标。对于环境，我们终其一生最重要的课题就是认识并掌握所处的文化情境，这是一种非常强大、无处不在而又看不见的无形力量。

第十七章
情境领导力：东亚儒家文化的领导力原型

没有最好的领导形态，只有最适当的领导形态。

——肯尼思·布兰查德

人类发展的历史是一部文明变迁和文化兴衰的历史，也是一部领导力发展史。时至今日，有关领导力的话题依旧兴盛，领导力在个体成长、组织成功、国家兴盛和全球合作方面的作用与日俱增，其内涵和范式也发生了较大的变化。在普遍平等、讲究合作、注重创新和知识民主化浪潮下，人们对强制性和命令式的传统管控风格产生了厌倦和抵抗情绪，而那些欣赏优势、激发个人潜能、强调合作、着眼共同成果的领导力则广受欢迎。与此同时，随着组织呈现出自组织、液态化、生态化特征，领导力不再被核心人物或职位上的一把手独享，而成为团队共享的、每个人都应具备的时代能力，即本书第三部分所论述的"分布式变革领导力"的概念。

领导力无须严格学术概念，每天都在生活中发生，它是一种实践，检验领导力的有效性的标准就是实践的成果。对于普通人而言，有效领导力的经验感受就是：为了一个良善而激动人心的目标，率先垂范，带给周围人热情和积极的影响，从而引发更多跟随，共同努力实现目标。

第一节　领导力范式演变：变化与共性

从古至今，有关领导力方面的研究文章与书籍可谓"汗牛充栋"，举不胜举。中国古老的儒家典籍《论语》中有"其身正，不令而行；其身不正，虽令不从"及"恭、宽、信、敏、惠"的仁者论述；古希腊有"公正、智慧、节制、勇气"的4种美德论述，本质都是在谈论一位好的领导者应该具备的品质。从20世纪30年代开始，随着西方现代心理学、组织行为学以及管理咨询行业的兴盛，领导力作为一种源于实践的研究，其理论成果也得到了极大丰富，大体上经历了4种形态的相关理论：特质论、行为理论、权变理论以及新特质论。[1]

特质论关注的是"优秀的领导者所共有的品质",比如"魅力、勇气、热情"等。有研究者认为,领导者有6项特质区别于非领导者,这6项特质分别是:进取心、领导意愿、正直与诚实、自信、智慧、与工作相关的知识等。这一阶段特质研究比较简单,没有因果解释,忽视情境因素、忽视下属的需要以及各特质之间的相对重要性,同时特质论认为领导者的特质是天生。因此在20世纪40到60年代中期,有关领导者的研究偏重在行为和风格的考察。行为理论的研究让人们相信,观察优秀领导者的行为,通过后天的训练,人人都可以提升领导力。其代表性的观点是:领导行为可划分为员工导向(人际关系导向)和生产导向(任务完成导向)两个维度,演变成后来布莱克和莫顿(Black&Mouton)的"关心人"和"关心生产"的管理方格论。

行为理论的问题在于忽视了不同情境,而权变理论正是注意到不同情境下采取不同领导方式的有效性。权变理论有代表性的是费德勒(Fred fielder)的权变模型、保罗·赫赛(PaulHersey)和肯·布兰查德(Kenneth Blanchard)的情境理论。情境理论因为被《财富》500强很多公司如IBM、施乐等采纳而广为知晓,该理论认为:

第一,领导的效能取决于下属(或雇员)接纳领导者的程度。无论领导者的领导风格如何、领导行为如何,其效果最终是由下属的现实行为决定的。

第二,领导者所处的情境是随着下属的工作能力和意愿水平而变化的。下属的技能、能力与意愿水平是非均质的、多样化的;下属不愿意工作,往往是因为他们缺乏必要的技能和能力,或缺乏自信心和安全感。

第三,领导者应对下属的特征给予更多的关注和重视,根据下属的具体特征确定适宜的领导风格。例如,对于能力不足或缺乏自信的下属与对于技术熟练、工作能力强而且充满自信心的下属采取不同的领导风格。

该理论认为领导者的行为取决于3个方面:关系行为、任务行为和下属的成熟度。而下属成熟度又分为4个阶段,第一阶段为R1"没能力,没意愿并不安"的阶段;第二阶段为R2"没能力,有意愿或自信"阶段;第三阶段为R3"有能力,没意愿或不安"阶段;第四阶段为R4"有能力,有意愿并自信"阶段。对于下属的4个不同阶段,领导应采取4种不同的领导风格:S1、S2、S3和S4。当员工在第一阶段R1时,领导者要采取S1"告知式"来引导并指示员工;当员工在第二阶段R2时,领导者要采取S2"推销式"来解释工作从而劝服员工;而当员工在第三阶段R3时,领导者要采取S3"参与式"来激励员工并帮助员工解决问题;如果员工到了第四阶段R4,领导者则要采取S4"授权式"来将工作交付给员工,领导者只需作监控和考察的工作。

情景理论认为，除了考虑下属成熟度因素，领导人还应对工作行为和关系行为进行微调，来推动员工成熟度的提升。对处于R1、R2成熟度水平的员工，领导者要通过两个步骤来促使他们成长和发展：第一步是随着下属技能的提高，适量减少对他们的指示或监督，然后观察，如果下属的表现达到了领导人的预期，第二步就要增加关系行为的数量。这两个步骤不能颠倒，必须确定领导人的工作行为减少后，员工对此反应良好，才能进一步增加关系行为。此时，领导者的关系行为可以看作是一种对员工成长的奖励，奖励当然要在有令人满意的表现之后给予。而对于R3、R4成熟度水平的员工，领导行为微调的方向不同。随着人们的成长，主导需求会发生变化，就需要不同的激励方法。对低成熟度水平的员工来说，领导者增加关系行为是一种奖励；而对于高成熟度水平的员工来说，让他们独立承担责任的信任才是奖励。如果领导人对高成熟度员工强化关系行为，反而有可能被认为是对其不放心。所以，促进高成熟度水平员工的方法也分两步，第一步是适量减少领导人的工作行为，第二步则是根据员工表现来减少领导人的关系行为。在这里，高成熟度员工同低成熟度员工的需求恰恰相反，关系行为的减少可视为一种奖励。

新特质论是最近三四十年的主流观点，区别于旧特质论的领导者的先天性，新特质理论更强调后天可培养、可发展的领导特质，其理论代表人物有彼得·德鲁克、拉姆·查兰、史蒂芬·柯维、沃伦·本尼斯和吉姆·科林斯等。这些全球知名的研究者行走在管理（领导）思想和企业实践之间，参与世界上最成功的企业管理咨询，通过详尽的数据分析和观察，总结出一些成功企业和领导者的特质，并出版了一些历经时间和实践检验、影响全球的管理著作。影响力较大的有彼得·德鲁克《卓有成效的管理者》、拉姆·查兰的《领导梯队》、史蒂芬·柯维的《领导者准则》《高效能人士的七个习惯》、吉姆·科林斯的《从优秀到卓越》、沃伦·本尼斯的《领导者：掌管的五大战略》。这些研究成果脱离了以往领导力研究的理论弊端，更注重领导力的开发和培养，注重对领导者内在素质、动机、能力和个性的揭示。特别是沃伦·本尼斯，堪称领导力研究的开创者，他研究了90位美国领导者的行为和特征，得出了一个基本结论：他们或是左脑发达，或是右脑发达；高矮不等，胖瘦不一；他们的衣着不同，形象各异，但是他们都展现了对当时复杂环境状况的把握。领导是全方位的，领导的位置对所有的人都是敞开的。本尼斯认为成功的领导者都具有4项：注意力管理、意义管理、信任管理和自我管理。注意力管理的要点是有效的愿景，这一愿景是别人愿意共同享有的、能提供通向未来的桥梁；意义管理则要求领导者有能力成功地传达愿景；而信任管理对所有组织都是根本性的，其核心是可靠性或坚定性；自我管理意味着知道自己的技能并能有效地运用。沃伦·本尼斯认为，一个不断取得成功的领导者，其天才之处在于能感知环境的变化，所以伟大的领导者都是伟大的学习者。而产生信任是领导者的重要特质，领导者必须正确地传达他们所关心的事物，他们必须被认为是值得信任的人。

上面是有关领导特质的普遍原则，与新特质论相关的还有基于岗位的"胜任力"概念，可以看成最近20年各种领导力模型的基础。1973年，哈佛大学教授麦克莱兰（McClelland）首次提出了胜任力（Competence）概念，将领导力具体化。麦克莱兰认为，个人的行为品质和一些特征，比智商更能有效地决定人们的工作绩效。这一系列的行为品质和特征如果符合领导者在组织中的角色和岗位要求，就能够充分发挥其影响力。之后，他的学生丹尼尔·戈尔曼研究证明了情商的重要性，戈尔曼把情商概括为：自我认知、自我管理、了解他人和影响他人4个方面，之后"情商领导力"成为领导力研究和实践的热点领域，影响至今。

如果说领导力的新特质理论成立，那么库泽斯和波斯纳的《领导力》可以看成领导力的新行为理论宣言。领导力理论各异，模型千差万别，但有些因素则是有效发挥领导力时共同的必备要素，我认为至少包括3个：目标、行动和激励。目标是个人和组织存在的意义或理由，行动则是达成目标的根本，而激励则意味着领导者需要与他人携手前行，在过程中不断鼓励大家。我将其命名为敏行®领导力，三要素简单而重要，稳定而持久，如图17-1所示。

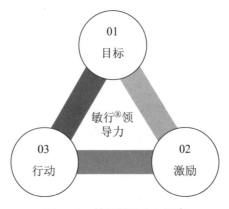

图17-1 敏行领导力三要素

领导者本质上是通过行为引领他人实现组织目标，而这种行为需要后天刻意培养。库泽斯和波斯纳持有类似的观点，他们通过对400多万领导者的个别访谈和大数据调查，总结出优秀领导者必须拥有的5项行动，分别为：以身作则、共启愿景、挑战现状、使众人行、激励人心。这5项行动可以称为领导力的基本范式，具有极强的实践应用性。库泽斯认为，领导是每一个人都可以做的事情。很多平凡的人，都可以干成不平凡的事情，这5项行动背后的领导艺术是可以被传授的，如表17-1所示。

表17-1 库泽斯和波斯纳的领导力5项行为

以身作则
领导者应该找到自己坚信不疑的信念，用行动为别人树立可以效仿和追随的榜样。领导者应该言行一致，用他们的行动和行为去赢得人们的尊重、信誉和领导力
共启愿景
领导者应该能够看到组织的未来，对这个目标的实现充满了激情。通过他们潜移默化的影响力，能使他人积极地自愿参与到组织的愿景中来。好的领导者能为愿景注入活力，让团队每个成员对明天充满期待和无尽的动力，加强团队凝聚力
挑战现状
没有任何一个组织通过安于现状取得成功，作为领导者就是要不断追求卓越精神，不断更新工作流程，寻找机会带来团队和组织的壮大和发展，并勇于承担风险。他们能够想到未来的各种可能性，勇于尝试，将挑战、不确定、混乱、改变和彷徨转变为积极的结果，积小胜为大胜，取得最终的成功
使众人行
在通往成功的道路上，我们不是孤独的旅行者，所有人的成功才是我们领导者真正的成功。好的领导要善于培育合作意识，培养团队的自信，让团队每个人都拥有强大的能力。要用团结合作的精神打造团队，让团队每个人都有归属感。要让团队共同参与决策、制定目标，建立良好的互动关系，建立一支高效执行力团队
激励人心
每个人内心都有被人认可的渴望，领导者就是能够认可团队中每个人所做的贡献，使他们充满激情，保持希望与决心，对工作充满了自豪与自信，让团队中每个人都觉得自己像英雄一样。这样才能够建立一种集体的认同感，强化人们的奉献精神，从而使一个团队做出杰出贡献，走向卓越

领导者古已有之，而各国历史文化和政治制度不同，也必然在上面这些优秀领导力共性特征基础上，涌现出适合各自文化和组织特点的领导力范式。东方儒家文化源远流长，区别于西方的基督文明，"内圣外王""修身齐家治国平天下"的思想深刻影响了东亚地区大型公司的领导风格。明代王阳明的"致良知"的心学主旨，被哈佛大学杜维明教授称之为东亚500年来儒家思想的源头活水，所以才会有稻盛和夫"敬天爱人""天人合一"的经营哲学思想的出现，并受到中国各阶层领导者的广泛关注和认同。当代中国又有着独特的发展历程和文化，相信中国社会也将会产生特有的领导力理论和模型。

第二节 仁爱的狮子：儒家文化的领导力原型

2011年至2013年，敏行咨询进行了多次领导力调查研究，其中有个问题，要求各级管理者从67项能力选出10项领导者的必备能力，出乎意料的是，选择人数最多的不是决策、创新等能力，而是"亲和力"。在选择人数最多的10项重要能力中，8项与情商相关。2014年国外的一项研究也证明了类似的观点：在一项针对51836名领导者的研究中，只有27位领导者的亲和力在排名最低的1/4内，同时整体领导力在排名最高的1/4内。换言之，一个极不受人喜欢的主管成为优秀领导者的概率仅为1/2000。亲和力之所以对一个领导者如此重要，其重要的原因在于它可以产生信任，正如担任过4任美国总统顾问团成员的领导力大师沃伦·本尼斯所说："产生信任是领导者的重要特质，领导者必须正确地传达他们所关心的事物，他们必须被认为是值得信任的人。"当代行为科学的研究证明，我们评价领导时，首先考察以下两个特质：他们是否可爱（亲和度、和谐度与信任感）以及他们是否可畏（力量、执行力或才干）。这些特质为什么如此重要？因为它们回答了两个关键问题："这个人对我的意图为何？""他（她）是否有能力实现这些意图？"一项针对哈佛EDP课程的高管调查发现，层级越高的领导者越有着更高的雄性荷尔蒙和更低的皮质醇，前者引发魄力勇气，后者意味着更低的压力水平，也就是更从容平静的心态。

在上面谈及为期3年的领导力调查访谈中，所有的被访者都认为文化情境对领导力效能有巨大的影响，影响的权重从40%～80%不等。提炼这些被访者对中国文化感受和认知，可以归结为3个词：人情、中庸和"度"。"人情"可以和上面提及的"亲和力"紧密关联，而"中庸"和"度"又特指什么呢？这里就涉及中国文化另一个非常重要的特征，就是霍夫斯泰德的文化比较研究指出的，"高权力指数"是中国文化最显著的特征。在中国传统文化中，权力受到尊重，也被大众认可，但领导者片面地强调权力则可能带来恐惧，此时"亲和力"就显得弥足珍贵。因此，我们将中国文化情境下的最为有效的领导力模式，确定为"亲和力"和"权威"的结合，一种讲究"度"或"平衡"的领导力，我们把它形象定义为：仁爱的狮子，这是在中国文化情境下获得个人和组织成就的秘密。正如深谙中国文化的李嘉诚先生所言：领导者要有狮子的力量、菩萨的心肠，用狮子的力量去奋斗，用菩萨的心肠去待人。仁爱的狮子型领导力如图17-2所示。

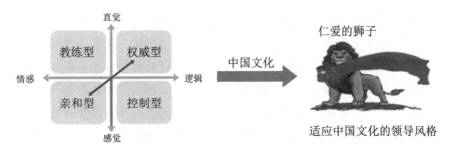

图 17-2 "仁爱的狮子"儒家文化领导力原型

"原型"一词来源于瑞士心理学家荣格对集体文化的解释,在这里我们将扎根于本土文化的有效领导力的基本模式也称为"原型"。在"仁爱的狮子"领导力原型中,"狮子"是主体,代表了领导者力量与权威的一面,表现在对待重大事情上所展现的勇气、远见和能力上;"仁爱"是修饰,代表了领导者柔软与亲和的一面,表现在对待人、对待团队中个体时所体现的尊重、包容和共情的能力。日本和中国均处于东亚儒家文化圈,对领导力也有很多相似看法。被誉为日本"经营四圣"之一的稻盛和夫认为,真正的领导人应该是"以大爱为根基的反映民意的独裁者",只有这样的领导人,才是在混沌纷乱的时代开辟生路、带领团队成长的真正的领导人。这种表述和"仁爱的狮子"领导力原型一致。

》案例 17-1:稻盛和夫关于领导力的思考 [2]

理想的领导人应该是什么样的?当我这样思考时,头脑里立即浮现出来的形象,是美国西部开拓时期篷马车队的队长——当年,篷马车队从北美大陆东部出发,以人迹罕至的西部大地为目的地,不少车队在中途便遭遇了挫折和失败,只有发挥了卓越领导力的队长率领的车队才能到达目的地。篷马车队队长发挥出的领导人的优秀资质是什么呢?

第一,具备使命感。美国的西部开发,其根源来自人们追求富裕的愿望。而篷马车队队长便处于这种强烈愿望的顶点。然而如果队长的强烈欲望中充满私利私欲,结果将会怎样呢?恐怕他们得不到周围人的协助,团队四分五裂,结果不可能达到梦寐以求的新天地。 在创办企业之初,企业领导人哪怕只有强烈的愿望也无妨,但是为了企业进一步的发展,领导人就必须提出团队能够共同拥有的、符合大义名分的、崇高的企业目的,并将它作为企业的使命。具备使命感,就是领导人首先必须具备的最基本的资质。

第二，明确地描述目标并实现目标。提出过高的目标，大家都觉得不可能完成，就不会真挚地付出努力。相反，提出的目标过低，很容易就能达成，大家又会觉得自己的能力被低估了，因而会漠视这样的目标。领导人必须找出全体成员都能接受范围的最高具体数字，把它作为目标，并将这个目标分解到组织中的每个单位，让目标成为每位员工的工作指针。领导人倾注热情向员工传递思想，把自己的能量转移到员工身上，从而调动全员热情，实现目标。

第三，挑战新事物。一部美国西部开拓史就是朝着未开发的土地不断挑战困难的历史。它教给我们挑战多么重要。我希望大家也能不断地向新课题挑战，开辟未知的领域，成为充满开拓者精神的领导人。领导人害怕变革，失去挑战精神，团队就开始步入衰退之路。领导人必须坚信"能力要用将来进行时"，创造一种挑战新事物的组织风气。能不能做到这一点，将会决定团队的命运。这么讲并不过分。

第四，获取众人的信任和尊敬。篷马车队是由若干小组和家庭组成的一支队伍，需要经过长达几个月的旅行。在旅途中，队长要保证大家的粮食和饮水，要分配合理。在时而发生的争执中做好仲裁，还要照顾病人和受伤者。总之，车队在旅途中发生的所有事情，都要以大家能够接受的方式解决。为此，领导人必须具备时时深入思考事物本质的深沉厚重性格，做到公正、有勇气、谦虚和乐观开朗，唯有如此，才能获得众人的信任和尊敬。

第五，抱有关爱之心。领导人必须具备真正的勇气，对团队进行严格的指导，统率团队向前奋进。但在另一方面，领导人又不能自以为是，要经常倾听团队成员的意见，汇集众人的智慧。这两个方面必须平衡，不能偏向任何一方。只强调发挥强有力的领导作用，或者只强调尊重部下的意见，都是片面的、不可行的。团队领导人要在心中怀有大爱，而不能依靠强权。

斗胆用一句话讲，真正的领导人应该是"以大爱为根基的反映民意的独裁者"。只有这样的领导人，才是在混沌纷乱的时代开辟生路、带领团队成长的真正的领导人。

第三节 亚文化领导力风格：时代呼唤意识不断向上变迁的领导者

虽然"仁爱的狮子"是符合中国文化的领导力原型，但是地域差异和亚文化的存在，也决定了基于"仁爱的狮子"原型基础上的不同地域的领导力风格不同。中国社会地理分布上的文化差异，从北到南依次分布着游牧文化、农耕文化、现代工业商业文明和互联网创业文化。每一种亚文化情境认可不同的外在的领导行为表现，没有绝对正确的领导力，只有适合和有效的领导力。

因历史演变过程、地域发展不均衡所带来的巨大的文化差异，决定了我们必须根据自己所领导的组织的文化特征，做一个内心坚持原则，外在适应变化的"外圆内方"的领导者。领导者可以心怀善意，但表现强势；也可以心有猛虎，细嗅蔷薇。中国文化在漫长历史演变进程中，总的趋势是民族大融合，但是一些地域特色的亚文化也保留至今，尤其在南北地理交界处，这种亚文化之间过渡的痕迹非常明显。前文所述，文化传播在东西方向速度很快，而在南北方向上，因为不同气候和大山大河的阻碍，出现了非常明显的亚文化地理带。中国从北向南，大体上有4个亚文化地理带，大致对应中国的边塞及关外地区、黄河流域、长江流域和珠江流域，4种亚文化带对应不同的领导力原型，其意识水平也处在不同层级，这几个要素之间的关系如图17-3所示。

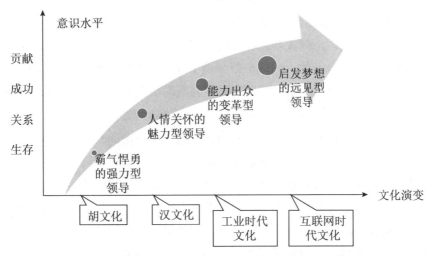

图17-3　中国不同地域亚文化的领导力原型及其意识水平对应关系

在上面的模型中，横轴是从北往南分布的4个明显不同的地理区域，纵轴是不同的意识层次，中间则是各种与之适应的领导力风格。总体而言，中国土地上的大大小小数以亿计的组织和个人，除了共同信奉儒家文化外，也都结合自己所在区域的阶段和特点，向现代工商业文明转变。而这种现代化转变尚未完成和稳定下来，万物互联和人工智能的时代就已经呼啸而来。中国复杂的区域不均衡现状，决定了各区域有效领导风格的差异性。

边塞及关外地区，至今保留着游牧民族某些文化特征。这个区域大多民风淳朴而尚武，重视实际利益，处于知识经济时代的早期阶段。传统上人们心目中的优秀领导者是一个具有强势风格、勇武善战的领导者。其典型的有效领导行为就是：公平分配、有效惩戒。

黄河流域尤其中下游地区，是中国文化诞生之地，属于典型的农耕文明。该地区具有明显的以关系为导向的汉文化特征，非常注重人情，其核心需求是关系意识。人们以礼相待，关系成熟，熟人社会的名声和门望是人们经常所看重的。该地区社群普遍非常认可充满人情关怀的魅力型领导者。典型的有效领导行为是：欣赏鼓励、信守承诺。

长江流域尤其江浙一带，是中国近代工业兴盛之地。该地区体现了百年以来中国传统社会向现代化转型的所有特征，既保留了传统中国儒家思想和士大夫家国情怀，又具备了现代工商业的商业伦理和契约精神。很多江南士大夫，在晚清存亡之际，以实业报国作为人生最高的理想。至今这种思想在江南一带依旧可见。该地区人们普遍具有公平竞争的市场意识和现代工商业特征，有明确的规则、流程、权力和利益分配机制，有明确的考核奖惩标准，其群体的核心意识是成就。而让人们认可的领导者是能力出众的变革型领导者，能够不断带领企业走向未来，走向成功。典型的有效领导行为：深入一线、目标导向。

珠江流域尤其今天的大湾区一带，属于典型的外向型经济，该地区在中国波澜壮阔的改革开放过程中，起到了举足轻重的桥头堡和试验田作用。在全球经济一体化浪潮中，该地区借助中国内地充足的劳动力、统一庞大的单一市场以及港澳台资金，建成了以电子工业为代表的全球制造业基地，形成了一个个各具特色的产业集群。该地区具有通常意义的小政府大社会治理模式，近代中国的民主思想和革命浪潮也从此区域肇始。从康有为、梁启超到孙中山，从改良到革命，广东这片土地上始终延续着思想自由的火种。历史上该地区属于距离中央朝廷较远的化外之地，而随着在"船坚炮利"的战争与威胁下卷入近代全球贸易，该区域成为晚清政府对外贸易的窗口。从大明王朝14世纪的"海禁"到晚清政府19世纪的口岸开放，从主动到被动，历史跨度500年。而这500年的此消彼长，正是造成此后中华百年屈辱的直接原因。在福建和两广一带，虽然对外贸易已被官方禁止，但是民间下南洋、到海外经商的习俗依旧顽强存在着，所以该区域属于交汇型商业文化，重视贸易，市场化程度最高，面向大海，内部也少有传统文化约束，群体也有着更高的个人自由和竞争意识。整个社会在看似混乱的百舸争流中实现经济繁荣，实现产业的突围。所以自由宽松的文化和外向型经济特征，再加上改革开放以来的经济特区先行先试、先探索再治理的政策倾斜，使得该区域四十年来始终立于中国经济转型潮头。即使在今天的人工智能时代，以深圳为核心的大湾区也不断涌现出华为、腾讯、大疆、华大基因等一批占据全球产业链顶端的高科技企业。其群体尤其引领创新性企业的核心意识是"自我实现"和贡献。人们认可那些敢于梦想、敢想敢干、具有很强行动力的领导者。典型而有效的领导行为：梦想感召、创新突破。

"仁爱的狮子"领导力原型及 4 种不同亚文化的领导力风格，提示领导者需要结合文化自身展现与之相适应的领导行为。而在今天知识民主化浪潮翻涌与人工智能蓬勃发展的时代，仅掌握上面的领导力原型与风格是远远不够的。今天，每一个成功的领导者，不管身处哪个层级，想要卓有成效，还需要遵守如下 6 个符合时代的原则。

第十八章
领导力六维准则

因为有原则做指导,你的自我就不会受到外在环境的威胁,即使在巨变之际,你仍能保持前瞻眼光和判断力,内在的力量使你不断增强。

——史蒂夫·柯维

第一节 直面现实,满怀希望

充满勇气、满怀希望地直面现实,是领导力的首要准则。勇敢而真诚地面对自己和组织的境况,是所有成功领导者迈出的最重要的一步,就像一个在森林中迷路的人,想要走出困境,首先要做的就是确定自己的状况和所处方位。商业经验无比丰富的 GE 前 CEO 杰克·韦尔奇卸任后,参与了众多企业的咨询和辅导活动,使其对公司经营有了更深刻的认识。他认为,当企业面临创伤时,如果想要尽快恢复元气,领导者第一个要做的就是"直面创伤"。

》案例 18-1:韦尔奇 6 条恢复元气措施[1]

1. 直面创伤。
2. 留住优秀人才。
3. 基于数据认真分析影响成本、业绩与增长的因素。
4. 重塑你的战略流程。
5. 根据现实检查你公司的社会架构。
6. 不作无谓的担忧。

探寻企业经营现状的真相,成了重中之重。韦尔奇对真相的极端重视,主要是因为在过去十多年间,很多曾经的巨无霸企业如诺基亚、MOTO、安然、施乐、HP、BP 以及柯达、微软等企业,对问题和危机的到来反应迟缓,甚至避而不见,从而导致企业衰落,退出历史舞台。韦尔奇指出:如果你曾经供职于一个遭到重创的公司,那么你肯定知道人们会做出什么反应,人们会关起门来,三三两两地聚在一起低声讨论谁会被解雇;经理们抱着一摞摞材料,神情忧伤地在会议室之间来回奔波，不与任何人进行眼神交流；公司的餐厅里也弥漫着一种恐慌和怨恨的情绪。在这种情况下，整个公司基本上陷入了内部瘫痪，大家的主要工作都变成了闲聊和到处发简历找下家。他通过实地辅导一家公司重新崛起，指出了企业面对危机时，领导者应该做出如下的举动。

案例18-2：直面现实案例

首先是经常宣传公司的使命，告诉下属应该采取什么样的行动。比如一家公司领导者总结的使命为：成就客户，创造价值。一遍一遍陈述，并提出了实现使命的SPIRIT为导向的行动模式，即服务（service）、业绩（performance）、正直（integrity）、尊重（respect）、创新（innovation）与团队精神（teamwork）。

其次领导者自发地为那些展现出这种行为模式的员工提供小额奖金作为鼓励。

另外还可以选择最佳的方法去重新点燃员工的激情。比如，一次有助于加强团队精神的活动，一位能够鼓舞人心的演讲大师等各种创意活动。而一家公司专门组建"冠军研究小组"用积极的态度来影响员工，重塑员工思想：研究历史上各行各业中最著名的"冠军"具有哪些共同特点，最后发现这些"冠军"的共同特点就是工作起来近乎疯狂，具有永不言败的心态和精益求精的激情。这家公司领导者要让每一个人问："雇那个人能帮助我们取得'冠军'那样辉煌的胜利吗？参加那个会议能帮我们取得那样辉煌的胜利吗？"研究"冠军"项目有助于终结自怨自艾的氛围，帮助人们反思如何变得更好。意识到自己可以拒绝失败。

对于企业创伤，韦尔奇总结道："事实上，任何规模的企业，从市值数百亿美元的企业集团到只有一个人的小店，都有可能遭遇创伤。这就是生活，这就是商业。请记住这一点，如果你将要遭遇创伤，要勇于面对，越挫越强。如果浪费这个自我反思的好机会，那着实是一件令人遗憾的事。"

直面现实，还必须是积极乐观，充满希望。4D领导力系统创建者查理·佩勒林认为真正的创新是在"基于现实的乐观"基础上，他引用心理学家威尔·舒尔茨关于真相的洞见："创造了解真相的气氛是人们很少尝试的一件事——然而，它却能使人精神饱满、活力四射，想方设法改变现状，从而提高各个方面的工作效率。"乐观积极地直面真相，有助于提高士气，创造奇迹。佩勒林举了一个案例，他曾与一位副总裁领导的提案团队合作，去争取一个数十亿美元的合同。这位副总裁盲目乐观，看上去自信满满，但这支团队士气低落，大家都很忧虑。他们进行了一次评估，发现该团队的获胜概率很低，只有20%左右。团队领导问查理怎么办，查理告诉他："你的问题是，你一直在宣扬毫无根据的乐观。你需要转到基于现实的乐观上来。想想你每天早晨的动员讲话吧，你告诉他们，这个项目就是他们的，不可能失去；他们一直处于领先，只要继续努力，胜利是毋庸置疑的。"他问："这有什么不对吗？""问题是，很少有人相信，你说的话大家都听腻了。你需要说出完全真实的情况。"查理继续说，"告诉他们，这次要赢非常难，他们没有得到所需要的资源，很可能位居第二。然后在直面现实的基础上发出倡议，这个倡议要给人以希望，能激发快乐的情感。告诉他们，管理层决心要赢得这份合同——这就是为什么你会在这里，你要为团队全力去争取他们需要的资源，并保证做到。"这位副总裁和他的团队接受查理的建议和辅导，并且每三周进行一次团队发展评估，进步明显，提升了获胜的概率，最终他们赢得了这个合同！ [2] 查理认为，创造你想要的项目，你必须做到下面几点，如表18-1所示。

表18-1　4D系统现实探究

目　的	下面的探究可以帮助你了解事实和方法
正视纯粹事实很难，逃避事实是人类的本性，但你必须从基于真相的纯粹事实开始。	a. 我们在哪儿？虽然我们跨越了某个里程碑，但是并没有真正达到所有要求。 b. 我们怎么到了这里？我们用PPT幻灯片迷惑了审查委员会，还欺骗了赞助者，看起来好像比冒着被取消的风险好些。 c. 为什么会有那么多新的技术要求
现在，你已经在面对现实，你想创造什么？	a. 我想利用现有资源创造一支精干、高效、积极的橙色团队，并且有足够资源把工作做好，除此之外，一分钱也不多花。 b. 我还希望我们的团队成员能够照顾好他们的家人
你如何才能实现这一切？	a. 创造一支高绩效团队。解雇项目管理人员将是我的最后选择，而且只有在理由充分的情况下才会做。 b. 首先，我们评估性格基础、文化背景和项目模式的一致程度，并按要求在这三个领域中采取行动，对所有组织机构进行团队评估，对所有关键人员进行个人评估。 c. 团队领导马上通知团队成员评估结果，包括分派任务，需要改变的个人接受教练指导。 d. 在适当的间隔时间，比如3个月，重新安排4D团队和个人发展评估。 e. 在每次艰难交涉前，我要使用背景转变工作表，这样，赞助者能听到他们需要提供给项目所需资源的事实，最终以最高效的方式完成任务

面对现实，应该对未来抱有希望，保持谨慎乐观而不是盲目乐观的态度。盲目乐观常常会导致最后希望的破灭，即所谓"斯托克代尔"悖论。斯托克代尔在越战战俘营被关押 7 年之久，他发现，那些盲目乐观的人，即抱着马上就可以出去的盲目乐观想法的战俘，最后基本都没能活下去。而只有那些认为此刻是最糟糕的状况、同时坚信未来充满希望的战俘，才有更大的生存概率。[3]

直面现实，即使某个时刻，现实像最黑的夜一样浓重，最终引导我们穿越无边黑暗的，是我们发自内心对生命的热爱，是对真相的探究和未来的希望。"强者自救，圣者渡人。"除了满怀希望地直面真相，我们还需要保持真诚和谦逊，这对于领导者而言尤其重要。

第二节　真诚谦逊，品格基石

将这两项品质放在一起，是因为这两种珍贵的品质相辅相成。真诚让你赢得人际的信任，而谦逊则维护这种信任并带来自身成长。

真诚或许是领导力当中最简单同时也被提及最多的一个品质，尤其在西方的文化情境下。真诚领导力包括诚实地面对自己、面对他人和组织，从而保持了自我和人际关系的和谐，带来可持续发展的高效状态。在《真北》一书中，两位作者开展了一项在当时来讲范围最广、最有深度的有关领导力方面的研究，他们采访了 125 位年龄跨度从 23 岁到 93 岁的领导者，这些领导者都以"为人真诚可信、做事高效"而著称。研究的结果令两位作者大吃一惊，那就是这些优秀的领导力缺乏可提炼的共同特征。在分析了 3000 多页的采访记录后，没有证据显示他们具有共同的性格、特点、技巧或者风格，真正重要的是，他们的领导能力来自他们各自独特的人生经历。两位作者意识到："在有意无意之间，他们不断通过在现实社会中的经历来检验自己，重新构建自己的人生，以便更深刻地了解自己。与此同时，他们发现了作为领导者的目的，并认识到坚持真诚如一使他们的工作效率更高。"[4]

据此两位作者提出了建立真诚领导力的步骤，重要的是从自己的人生经历中感悟和学习，问问自己内心，是否始终如一地坚持"真我"，不忘初心。这些其实是一个人生命底层的东西，无关中外，甚至无关乎是否是领导者，它正是我们在前一章节"自我认知"部分所谈及的内容。电影《无问东西》是一部感动心灵的作品，其中最令我震动的一个场景，就是米雪扮演的母亲和王力宏扮演的儿子沈光耀之间的对话，充满着高贵、从容的深情和对生命的热爱，以及对功名利禄等身外之物的淡然。沈光耀跪地趋前向母亲背诵家规第七条：

"负甲为兵,咋笔为吏,身死名灭者如牛毛,角立杰出者如芝草;故不得以有学之贫贱,比于无学之富贵也。"母亲则说出了一段深情而令人深思的话:"当初你离家千里,来到这个地方读书,你父亲和我都没有反对过,因为是我们想让你能享受到人生的乐趣,比如读万卷书行万里路,比如同你喜欢的女孩子结婚生子——注意不是给我增添子孙,而是你自己,能够享受为人父母的乐趣。你一生所要追求的功名利禄,没有什么是你的祖上没有经历过的,那些只不过是人生的幻光。"母亲最后流着泪对沈光耀说:"我怕,你还没想好怎么过这一生,你的命就没了啊!"影片中另一个场景也很精彩有力,陷入人生迷茫中的学生吴岭澜和清华大学"永远的校长"梅贻琦之间的一段对话,吴岭澜说:"我只知道啊,在这个年纪读书、学习都是对的。我何用管我学什么,每天把自己交给书本就有种踏实。"梅贻琦却道:"把自己交给繁忙,得到的是踏实,却不是真实,你的青春也不过只有这些日子。真实是你看到什么,听到什么,做什么,和谁在一起,有一种从心灵深处满溢出来的不懊悔也不羞耻的平和与喜悦。"

真诚不是说功名利禄这些外部性物质不需要追求,而是说要不时问问内心何谓"真实",以便在自己内心世界和外部世界之间建立一个平衡。这种平衡其实就是"中庸"的延伸之意,孔子就说"内思必心曰其中"。能够始终如一的真诚,这并非易事,人们通常到了五六十岁才能了悟。孔子也不例外,大概在五六十岁之后,他终于想明白也活明白了,人生最大的自由和快乐就是秉性而活,所以才会有"吾道一以贯之"。他的弟子解释说"夫子之道,忠恕而已矣""其恕乎,己所不欲,勿施与人",梁启超解读认为,恕就是如心,用自己的心去印证。那这前提就是要了解并忠于自己的内心,这就是"忠"。孔子说"知忠必知中,知中必知恕,知恕必知外",何为"中"?孔子接着说"内思必心曰其中",就是要探究自己的内心。《中庸》有云:"唯天下至诚,为能尽其性。"诚者自成也!

领导者需要借助他人的力量才能取得成功,而推己及人,通过认识自我找到人性共同点,才能理解他人,影响他人,这是真诚领导力的内在逻辑。德鲁克也认为,对于领导者而言,只有"真诚是不能学来的"。当我们仔细思考真诚时会发现,它几乎是人类所有美好品德之母,也是我们内在良知的策源地。

真诚的人会表现谦逊。人们通常会犯两种错误:无知之错和无能之错。"无知之错"是因为根本不知道事物的原委和发展而导致错误和失败,这难以避免,因为人类总是会有知识和思维盲区;"无能之错"则是尽管知道了方法原理、掌握了技术技能,却还是没有做好。避免两种错误,都需要保持谦逊和开放的态度。吉姆·柯林斯在研究"第五级领导者"时，发现了谦逊品格和意志坚定的组合：这些优秀领导者"表现出强烈的谦虚心态，回避别人的恭维，从不自吹自擂"。同样的结论来自霍尼韦尔前董事长拉里·博西迪的发现：为什么只有少数领导者能将组织的愿景变成现实呢？原因可能有很多，但坚强的神经和足够的谦逊非常重要，拉里·博西迪称之为"情感强度"，包含四个特征：真诚、谦虚、自我意识和自我超越。[5] 每一个人都是一个中心，唯有保持谦虚，才可以将我们的世界和他人的世界相容，才可以在亲密的关系里和另外一半相融。保持谦虚，不是故作姿态的虚伪，而是为了生命最深刻的体验，为了自我实现所必须拥有的一种可贵品质。保持谦虚，也常常使我们意识到自己的不足，从而开启了持续反思、自我成长之路。

第三节　自我反思，持续成长

在所有促进个人成长的因素中，人们通常认为学习最重要，而真正带来巨大转折和提升的学习方式，则是定期反思，尤其是从逆境中的反思。有"领导力之父"美誉的沃伦·本尼斯就认为："我们终其一生都在学习领导力，很想知道是什么造就了领导者。为什么有些人似乎天生就擅长激励他人，让人们充满自信、展现忠诚并努力工作；而另外一些领导者，尽管可能有相同的愿景和才智，却一次又一次遭遇挫败？"本尼斯说，"这是一个永恒的问题，没有简单的答案。但我们认为，这与人们处理逆境的方式有关。事实上，我们研究得出这样的结论：衡量真正领导力的最可靠指标和预测因素之一，是从逆境中发现意义、并从最残酷的考验中汲取经验的能力。"[6] 在三年时间里，他和研究小组采访了商界及公共部门 40 多名高管，惊讶地发现，形色各异的领导者，不管年长还是年轻，都讲出了一段"艰难的、常常是很痛苦的意外经历"。这些领导者认为，正是这些磨难的经历改变了他们，使得他们具有了突出的领导才能。

普通人也会经历磨难，关键的问题是不要浪费你所经历的失败、磨难和痛苦。如果没有反思成长，那磨难就是真正的磨难；如果能够从这种磨难和痛苦经历中得到深刻反思，磨难就是一笔难得的财富。我在 ICF 大师级教练郑振佑博士的教练课堂中，印象最深刻的一句话就是：和痛苦跳舞，直到你学到智慧。事实上，在听到这句话之前，我刚从事业的低谷中走出来，在惨痛的经历中反思到最深的一点就是：大并不意味着强，盲目追求外在规模并不能带来心理的安全，一个人真正的安全来自内心的宁静，世界从"心"出发。2014 年，

TED+X 演讲在上海东方艺术中心举办,这次演讲的"以蜕为进"主题打动了我,作为赞助者之一,我支持了这一活动,并在小册子中介绍了自己的故事。

▶▶ 案例 18-3:以蜕为进

43 岁,敏行管理咨询公司创始人,公司已成立 13 年,专注于人才测评与领导力发展。

人们不知道什么是最重要的,往往是因为他们不知道去感受痛苦。经历 3 次创业,一次失败,一次成功,一次在路上。成功的那次,在经历了 6 年的忙碌扩张后戛然而止。强者自救,圣者渡人。当安静地坐在自己家的阳台上喝一杯咖啡成为奢侈事情的时候,我知道该停下来想一想:人生难道就像安迪在肖申克的监狱里一样,在心灵的囚室和无望的劳作中走向终点?幸福的未来在哪里?谁是能够一生幸福的人?人生就是这样,探寻从来都不会晚,如果你一旦决定开始寻找,智慧总在不远处等着你。

三个人,他们的人生轨迹和思想改变我的人生方向。在跨越时空的对话中,我看到了一个"无可救药的乐天派"苏东坡,遭遇"乌台诗案"九死一生犹自吟唱:"竹杖芒鞋轻胜马,谁怕,一蓑烟雨任平生。"听到台湾佛光山星云大师的低语:"宽容不可以改变过去,但可以创造未来。"当我依着史蒂夫·柯维先生写下"我的使命宣言"后,阴霾散去,生命意图如此干净清晰。幸福人生也如此清晰,对于我,那就是深具乐观积极和宽容感恩的人生品质,为着一个有目的的人生进发。当下的我就在感受当下的幸福:享受人间的各种美好,享受带来快乐和财富自由的工作,感受健康而愉悦的身心,还有,今天女儿签证成功赴美留学,一切都刚刚好。

我想,每个人的人生都会遭遇深深的痛苦,此时我们能做的、应该做的就是真实地面对它,感谢生命,尽管平静而幸福的生活是我们所追求的,可谁又能说磨难不是一笔人生财富呢?和痛苦一起跳舞,直到你得到智慧,这就是"以蜕为进"!

真正的反思,是顿悟的过程,李连杰先生就是印尼海啸生死时刻的反思直接促使他创办了"壹基金"。这种反思的顿悟,未必一定是有关整个人生转向的,也可能是改变一种根深蒂固的成见或看法,比如产生对他人的欣赏。有一天你反思到,过去几十年当中,你一直在自我欣赏甚至刚愎自用,从来没有真正欣赏过周围的人,包括你的伴侣、孩子、父母、朋友或团队成员。

反思是至关重要的学习过程，但是有效的反思却很难发生。这是因为我们每个人都有思维定势，这些思维定势有些会促进我们不断成长、增强幸福感，有些则严重阻碍我们发展，有些则具有时限性和情境性，随着情境和时间改变，某些思维方式就应该摒弃。彼得·圣吉在《第五项修炼》提出的"推断阶梯—心智反应"循环，对我们如何进行有效反思提供了帮助。"心智模式"在彼得·圣吉所提倡的学习型组织中是一个非常重要的概念，是我们在成长过程中受成长环境、教育背景、生活经历等的影响，逐渐形成的一套惯常的、不加思索的思维和行为模式。决定和影响"心智模式"的是"推断之梯"，每个人的内心会沿着下面这个梯子，从下面起一层层搭建自己的心智模式大厦。

推断之梯[7]

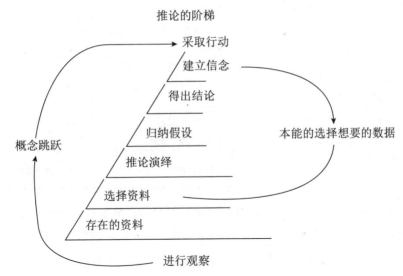

7. 采取行动

6. 建立信念：建立的信念（世界观）

5. 得出结论：根据逻辑推断出的结论

4. 归纳假设：所确立的假设（并非事实，属于想象、猜测的产物）

3. 推断演绎：为这些数据和现象添加的意义（该对象对信息的理解，以及对某种词汇、事物概念的定义）

2. 选择资料：被过滤后的数据和现象

1. 存在的资料：看到的数据和现象

自我反思最大的价值和真正要做的，就是对推断之梯建立信念，确定假设，对过滤后的数据现象的反思，阻断、削弱"推断阶梯-心智反应"的自我强化循环，从而实现自我超越。假如有这样一个经历："以前我尝试过一些事情，都失败了。"我们以这种现象开始，看看经过不同的推断之梯后，会采取什么不同的行动，具体内容如表 18-2 所示。

表 18-2　不同类型人依据推断之梯所采取的不同做法对照

推断之梯	第一种人	第二种人	第三种人
7. 采取行动	怨天尤人，消极处世，牢骚满腹	以变应变	坚持到底
6. 建立信念	躺平	不断应对变换，与时俱进就能成功	成功是一种习惯，需要坚韧不拔，面对压力时需要更加努力
5. 得出结论	这件事，做和不做一样，还不如什么都不做	这件事，我要进行创新，尝试新办法	这件事，是因为坚持不够
4. 归纳假设	即使我再努力，也只是碌碌无为	如果我换一种方法也许会成功	聪明 + 勤奋 + 坚韧 = 成功
3. 推断演绎	这样做、那样做，都没成功，看来就是不行	因为及时调整，才成功；相反，因为反应慢，就错失良机	因为聪明，还很努力还有持久力，就成功了
2. 被过滤后的数据和现象	以前我尝试过一些事情，大都失败了	以前我尝试过一些事情，有成功也有失败	以前我尝试过一些事情，大都成功了
1. 看到的数据或现象	过去的种种经历	过去的种种经历	过去的种种经历

对于"自我反思"，我认为有一句话特别有力：重复过去的旧方法只会得到旧结果。所以不管你是作为领导者还是普通员工，如果你想要开展新的事业，或者进入新的公司，或者想获得巨大的业绩提升，那就不要沉迷于过去的做法，而是反思一下，过去哪些重要的事情做错了？我看到过很多进入新公司的人员会说他们以前在上一家公司做得如何如何，通常我都会立即制止，让他们用现在或未来的方法重新思考如何做好这件事情。

但有时候不是方法的问题，而是一种根深蒂固的思维模式的问题。之前我们谈及了哈佛教授阿吉里斯的研究，那些聪明人在最需要反思学习的时候，反而停滞了。停滞原因大多不是因为方法，而是思维模式。

自我反思，可以是从磨难中历练，也可以是平凡普通日子里的定期反思。尽管磨难是一笔财富，但我们大多数人不会期望自己总是遇到磨难，所以日常工作和生活中的定期自我反思，就应该成为成长的常态。《论语·学而》中曾子曰："吾日三省吾身——为人谋而不忠乎？与朋友交而不信乎？传不习乎？"（我每天都要多次自我反省，替别人办事是否尽力？与朋友交往是否诚实？先生传授的学业是否复习？）在现代组织管理中，领导者也应该定期自省反思，短期比如季度、月、周甚至在敏捷工作方式中，可以每日进行，反思的内容是具体行为：哪些地方没做好，哪些做法需要改进？而较长周期的定期反思如一年、两年、三年，则涉及更深层的问题：商业模式是否有问题？目前的组织结构和人员是否恰当？公司的战略目标是否需要调整？罗伯特·卡普兰教授曾供职于国际著名投行高盛公司22年，后来转任哈佛商学院担任管理学实践教授，他发现，那些高管人员无论如何杰出，都会有偏离正轨的一段时间。他说："卓越的领导者都有一个重要特点，他们不会考虑怎样做才能永不犯错，而是会找到方法来发现自己工作中的失误，然后尽快重新回到正轨。"[8] 最好的方法就是定期反思，他列出了如下7个问题，发现很多人在回答这些问题时，常常会有惊人发现。我将内容略加改动，以一个带领企业实现数字化转型的领导者角色来进行自我反思，如表18-3所示。

表 18-3 数字化战略转型情境下的领导者反思自省 7 问

需要应对的领导力挑战……	自问的问题……	原因在于……
工作重点	我多久向员工阐述一次公司数字化愿景或当前转型工作重点	员工们都想知道公司的发展方向，以及自己工作的重点是什么，以推动公司的业务
时间管理	我分配时间的方式与我的工作重点一致吗	分配时间的方式与你的工作重点存在严重脱节，这让员工们不知道你的工作重点到底是什么
反馈与建议	我是否及时给下属直截了当的反馈，以让他们有机会改进	真实、直接和及时的反馈意见，这会使下属们的工作效率提高，也不会轻易跳槽
培养计划	我培养数字化转型方面的团队成员和梯队人选了吗	没有找到潜在的继任人选，这甚至会成为决策的瓶颈
业务的评估和调整	我能否不断评估公司数字化转型进程并调整团队的管理和运营方式	经常观察发生了哪些变化，获取新观点，并构想新的组织结构，决定如何让公司以最佳方式成长
沉着应对压力	我在转型压力之下表现如何	压力之下，管理糟糕的行为，避免无意中向下属发出一些错误的信号
保持真我	我的领导风格能真正反映出我的真诚	管理之路是一场马拉松，如果你采用的领导力风格与你的技能、价值观和个性不合适，最终就会筋疲力尽

华为创始人任正非有个非常好的比喻,如果没有总结反思,就像绳子形不成渔网一样:"人生就像一条条的绳子,只用绳子是抓不到鱼的,但是把绳子打一个结,是一个十字线,再打一个结就是网格了。每总结一次,其实就是打了一个结,如果你对这12年有12次总结,就形成一个小网,可以去抓鱼了。"接下来,我们就要确保抓鱼时像渔翁一样,聚焦鱼儿,保持专注。

第四节 聚焦重点,保持专注

史蒂夫·柯维的名著《高效能人士的七个习惯》中的第三个习惯为"要事第一",他建议人们将注意力聚焦于重要的事情上。正如歌德所说:"重要之事决不可受芝麻绿豆小事牵绊。"但人们常常忙于看似紧急的芝麻绿豆小事,柯维将其称之为"嗜急成瘾"。由于时间被挤占,那些真正重要的事情总是一拖再拖。柯维说:"我们从解决紧迫和重要的危机中得到了暂时的快感。然而,如果事情不重要,其紧迫性就成为非常重要的因素,我们就会不由自主地处理紧急事情,且一发不可收拾。人们期望自己忙碌起来,多干活。这已经成为我们社会的地位象征——如果很忙,自己就是重要的;如果不忙,我们几乎羞于承认这一点。我们从忙忙碌碌中获得了安全感。忙忙碌碌让人充实、讨人喜欢、使人愉悦,也是不用处理我们生活中首要事情的绝好借口。"曾经有过"穷人为何越来越穷"的探讨,其中一个重要的结论是:越穷的人注意力越短缺,穷人把大量的注意力(能量)流向了一些为每天生计操心的琐碎事情上,而忽视了子女教育、学习、成长等一些影响长远的要事上面。

那么什么是真正重要之事呢?柯维认为是一些亘古不变的"原则"和自己的使命宣言,这些原则包括诚信、责任、同情、共赢等普遍存在人类社会的一些基本准则;使命宣言我们之前已经论述过,它代表个体存在于人世间的意义和愿景。前面有个例子,1994年,吉姆·柯林斯就创办咨询公司的想法请教德鲁克,德鲁克的第一个问题是:"是什么驱使你这样做?"柯林斯说是好奇心和受别人影响。于是德鲁克说:"看来你陷入了经验主义,你身上一定充满了低俗的商业气息。"德鲁克建议最好只选一个,要么开咨询公司,要么做商业思想者。

有得就有失,选择也意味着失去,选择之后就要聚焦。我们总能在那些取得非凡成就的人物身上,看到这种聚焦一点而导致失去的例子。作为领导者,要做好某种牺牲的准备。苹果创始人乔布斯组建了自己的家庭,也非常爱他的妻子,但某种程度上他也放弃了普通人所能享受的天伦之乐。乔布斯几乎把全部精力都投入到一个个震撼人心的产品上,这也意味着部分牺牲了家庭生活。在知道自己得癌即将离世时,他担心孩子们长大后会对他有误会,就邀请著名传记作家沃尔特艾·萨克森给自己写传记,其中最大的一个心愿是:通过这本书,让孩子知道他在干什么,不会因为对他们少得可怜的陪伴时间而怨恨他。

86 岁高龄的彼得·德鲁克收到著名的心理学家、"心流"及积极心理学奠基人之一的米哈里·希斯赞特米哈伊的邀请,请他作为世界范围内健在的最具创造力的人,进行一项关于创造力的访谈,德鲁克拒绝了。他拒绝的理由很简单:不想受到一点点哪怕是几个小时的访谈干扰。他这样回复:"您 2 月 14 日的来信对我来说是莫大的荣耀与夸奖。多年以来我一直很崇敬您和您的研究,并从中学会了很多。但是亲爱的希斯赞特米哈伊教授,我恐怕不得不让你失望了,我可能无法回答你的问题。我被告知自己是具有创造力的,但我不知道那是什么意思……我只是在不断地辛勤工作……如果我说富有成效的秘密之一就是把所有的邀请,比如您的邀请,都扔进一个大大的废纸篓的话,我希望您不要认为我太自以为是或过于粗鲁。根据我的经验,提高生产效率的方式是不要做任何帮助他人工作的事情,而是要把所有时间都用于上帝让你做的事情上,并把它做好。"德鲁克这段话有 3 层意思:一生所有的时间只做一件事情;排除任何干扰和打断;辛勤努力。事实上,德鲁克已经回答了心理学家有关创造力的问题:聚焦与专注是具有创造力的原因。对于一个研究者、思想者而言,本领域的知识已经浩如烟海,更别说涉猎其他领域了。

时间对所有人而言,都是一个限制性因素,所以要想取得非凡成果,就得聚焦于所做之事,保持专注,勤奋努力。为了全力以赴投入到生命中热爱的事情上,那些卓有成就的人总是尽可能地将生活中各种干扰因素剔除,比如拒绝某些无谓社交和无益的对话,这些都让他们在世人眼中看起来很另类,显得特立独行,难以相处。

企业领导者同样如此,要根据企业的使命、愿景、价值观和战略目标来确定聚焦重点所在,保持专注,下面一些具体方法可以确保这一准则得到良好执行。

1. 一个时期只聚焦一个重点

确定重点后,专注于该重点领域的少数高杠杆活动。通常的做法如下:列出一个季度、一个月要聚焦的重点,可能列出五六个,再从五六个当中只选择一个作为重点,多个重点就没有重点了;贪多是人类的天性,懂得当下的取舍才是高手;然后在聚焦的重点方面,寻找高杠杆活动,管理其中一些常见的高杠杆活动如机制设计、企业文化树立、战略转型和目标制定、培训人员、关键时机介入辅导等。

说起来容易做起来难，面对市场各种诱惑，领导者需要顺应趋势，顺势而动，也需要在低谷时有勇气直面现实的挑战，更需要在拥有很多机会、资源和金钱的时候作出决断，有所取舍。很多时候，领导者能够预见到趋势和机会，却往往因为机会太多而面临险境。简单来讲，不是因为缺乏机会，而是因为贪婪导致失败。

《断舍离》原本是日本一位杂物管理咨询师山下英子写的一本书，倡导人和空间简单、自由的理念。其核心意思是：断＝不买、不收取不需要的东西；舍＝处理掉堆放在家里没用的东西；离＝舍弃对物质的迷恋，让自己处于宽敞舒适，自由自在的空间。"断舍离"的概念很适合"聚焦重点，保持专注"这个准则。

断，就是领导者绝不涉足那些不相关的领域，放置一道隔离墙，什么是要做的，明白清晰，其他的机会诱惑再多，也要抵制住，不贪大不勉强收购。今天已经是全世界最大房地产企业之一的万科，就能够做到"断"。在成为最大房企之前，创始人王石就坚决摒弃房地产以外的任何业务，甚至对极为相关的商业地产也坚决不涉足，2009年他甚至在中山大学的演讲中宣称："如果有一天万科不走住宅产业化的道路了，我即使躺在棺材里，也会举起手来反对。"很多时候，企业不是死在初始的资金积累阶段，而是有了一些积累之后，死在了什么都要做的阶段。从一开始保持"断"很重要，"断"让我们能够保持专注，人的一生很短，短得来不及做多少事情；一生也很长，长得可以真正最好一件事情。

舍，领导者要有勇气舍弃掉自己曾经投入巨大精力和金钱所获得的成果。然而，人们总是对自己拥有的东西，感觉其价值更高，比如我们写的一本书、开创的一个业务、完成的一个报告、做的一个贡献等。心理学称这种现象叫作"禀赋效应"，指当个人一旦拥有某项物品，那么他对该物品价值的评价要比未拥有之前大大增加，而往往在别人看来，实际并没有这样高的价值。如果进行交易，我们总是有一种心理，觉得别人给出的价格低于我们拥有东西的实际价值，这时就会带来一种感受到损失的情绪，而"损失厌恶"的情绪则影响了我们的决策，产生的后果就是：犹豫不决、该舍不舍、贻误时机，导致此后更大的贬值甚至完全作废，而那些曾经花费巨资和大量精力投入的，则变成了"沉没成本"。简单讲，因为过去的投入影响了我们现在的决策，情感代替理性作了决策，从而导致了更大规模的溃败。互联网时代更是如此，高科技企业都是轻资产公司，最重要的财务投入就是那些高昂的人员工资和办公场所，成果就是开发的代码和知识产权，一旦无法获得大规模应用，如果再无法被收购或者融到下一步发展的资金，那么那一行行软件代码的价值就等于零。

离，领导者要控制自己不断涌出的欲望，避免片面追求上市融资，保持创业、商业活动和个人生活的适当距离，给自己留出更多的空间和时间，或去遥远的地方旅行，或在落雪的冬夜思考、读书，在家里专心陪伴孩子家人，或做一顿丰盛的午餐、去疯狂一下玩玩极限运动。人生是一场且歌且看、徐徐而行的诗意体验之旅，不是只有功成名就终点处的那个结局。我们应该既能享受创业的乐趣，也能安静地享受无所事事的清闲。如果生命的闲暇时光都被工作、创业、改变世界的想法占据，这样的人生也未免太单调和无趣了。本质上，我们是想要成为更好的自己。这个时候问一下自己，完全不分工作与生活、没有空间时间界限，把自己陷入一个没有尽头的金钱欲望漩涡中，是真正想要的吗？终极意义的成功定义，就是一直做自己喜欢做的事。正如山下英子所说："从加法生活转向减法生活很重要，并不是心灵改变了行动，而是行动带来了心灵的变化。可以说，断舍离就是一种动禅。"把自己的房产、个人资产无限制抵押贷款用于可能存在的一线希望，这种事情，很多小微企业创业者都经历过。

2. 高度专注

高度专注会产生神奇的时间停滞和无我的"心流"现象，也是个人潜能得到最大发挥的时刻。"无保护独攀"，一种危险程度最高级别的攀岩活动，要求运动员不带任何绳子、铁环等安全工具和保护措施，一个人进行徒手攀岩。亚历克斯·汉诺尔德，是一位性格内向含蓄，甚至木讷古怪的美国加州伯克利大学辍学生，曾 12 年 7 次在无任何保护措施的情况下，独自徒手登顶月华拱壁。高度 366 米、笔直的月华拱壁是世界最难攀的大绝壁之一。他之所以能做到，就是保持整个攀登过程中难以想象的专注，期间任何分心都可能造成脱落而死。他说："心神完全专注于此，这就是当下生命中最重要的事情。""整个宇宙缩小为我自己和这块岩壁。""你不能想当然地对待任何一处岩点。"

在商业领域内培养专注的方法其实很简单，就是在一天时间中，上下午为自己各留出不受干扰、专注处理最重要事情的一段时间。如何集中精力完成一件重要事情？我通常的做法如下：根据工作量估算大致完成的时间，比如限定在两个小时内，然后我会选择一个起点时间，接着全力以赴投入其中，在感觉身体稍微疲惫时，活动一下，看看时间，大致过了一半，然后内心告诉自己，必须在接下来一个小时内完成。这时进度或快或慢，但当你确定无论如何也要在截止时间点完成的信念时，通常神奇的"心流"体验就会产生，也通常会按期高质量完成。我把这种方法称为"倒计时刻"。久而久之，持续训练，几乎每天都会产生创造力高峰的"心流"时间，"倒计时刻"包含3个要点：时间段和截止时间点；相信自己可以完成；中途根据情况，活动一下身体再投入。

后来我发现亚历克斯徒手无保护攀爬也几乎采用了这些要点，其中确信自己能够完成非常重要，有一种对自己不会脱落的坚定的确定性。他说当出错就意味着死亡时，你便不会出错。这似乎是一种深入亚历克斯身体的本能。[9]

3. 强大而有规律的作息时间

这一点似乎和聚焦重点、保持专注的准则有点远，其实不然，严格的作息规律，是确保聚焦专注的基础，可以对抗不必要的精力耗费。历史上那些取得非凡成就的杰出人物都养成了极为自律的生活规律，《哈佛商业评论》曾有一篇文章，研究了世界历史上那些伟大人物如：康德、贝多芬、牛顿和爱因斯坦等的作息规律，虽然他们的作息时间极不相同，但都非常有规律，每天他们都至少5个小时以上的专心创造时间，也有一个人或伴侣陪伴进行固定散步或放松时间，还留出几个小时进行阅读和学习的时间。他们的社交活动也限定在几个思想高度相同的朋友之间。61岁已经名满天下的米开朗基罗，依然每天仰着头工作10个小时以上，为西斯廷教堂创作《创世纪》壁画。

规律的作息时间，最重要的就是这种规律性，避免了无谓的干扰、来自自己和外部的干扰。当你自己对消沉、自暴自弃和自甘堕落进行合理化解释时，强大的作息规律能帮助你。最近几年的人体作息规律研究提出了晨型人（morning person）的概念。很多人都有爱睡懒觉的坏毛病：不到最后一分钟不起床，至少闹铃响两次才起。但是很多亲身实践过在早晨5点起床的人，刚开始以为自己做不到，实践后才感到："很快我便发现，为了实现宏伟目标而早起奋斗，（早起）是我这些年，乃至有生之年，在个人和事业方面作过的最伟大的决定。"《早起魔法》一书作者列了早起的十大好处，如有时间做好计划，并且有效地执行；完美的独处时间；持续高质量的睡眠状态；保持专注等。

以上有关"聚焦重点，保持专注"原则的论述，总结为表18-4供读者参考。

表 18-4 聚焦重点，保持专注自检表

事项	方法	起止时间
聚焦重点	第一个 第二个 …… 第六个	
	根据使命、目标等只选择一个	
	断：	
	舍：	
	离：	
	根据断舍离再从以上六个选择中重新选择一个	
	最后确定一个当下这一时期的重点	
保持专注	相信自己可以完成 中途自然根据情况，活动一下身体再投入 告诉团队伙伴，你的专注时间。	
强大的规律时间	你的"心流时间" 一天时间表	
你的感受		

第五节　快速行动，韧性征途

　　以行动为导向，是一种非常可贵的品质。"行胜于言""知行合一""君子欲讷于言而敏于行"等，在我们传统文化中，对于一个人强大的行动力给予高度的评价和赞扬。对于只说不做的人，孔子说："巧言令色，鲜矣仁。"

　　"我再也不想走进一个房间，然后将一份报告呈交给会议桌对面的人。我真正想成为的是会议桌对面的那个人，那个能作决策和采取行动的人。"这是当年从麦肯锡离职、去一家大型企业担任高管时郭士纳的想法。从那一刻起，他就明白他真正关注的对象应该是谁：客户。后来他拯救陷入巨额亏损的蓝色巨人IBM时，也是凭借着"快速行动""贴近客户"而获得成功。1992年，IBM创美国企业亏损之最，年度亏损近50亿美元。当时担任一家食品公司CEO的郭士纳，被IBM董事会挖来应付这个局面，担负起拯救"蓝色巨人"的重任。他第一次召集IBM高管开会，大家谈论了很多前景、问题，争论了各部门之间的利益、协同，谈到了IBM技术先进性，但没有一个人谈到客户。郭士纳发现IBM内部的官僚作风、内部争斗的程度远远超过对客户需求的关注程度。随后他做了三件事：第一，扔掉PPT，将所有的汇报材料精简成一到两页纸（这点和后来的乔布斯很像）。第二，让前 50 名高管在未来 3 个月，每人至少拜访 5 位重要客户。第三，全公司发起"熊抱行动"，拥抱你的客户，关注客户需求，改善客户关系。

当时客户对 IBM 抱怨颇多，价格高、反应慢、对接部门繁多，这些使得郭士纳认为，IBM 当下不是需要多么宏大的愿景，而是所有人必须聚焦于客户的行动，"IBM 的每件工作都将从聆听客户、提供符合客户期望的交付成果开始。"他说，"高管要去聆听，向客户表达我们的关切，落实还没有落实的行动。他们的每一位直接下属都要做同样的事（高管人数超过 200 名）。"[10]

"熊抱行动"使得郭士纳获得了真正的洞见：客户需要的是一个一体化的商业解决方案。在这方面，IBM 有主机、个人电脑和电子元器件制造，而在软件和商业服务咨询领域不足。郭士纳迅速大力投资商业咨询服务领域，先后斥巨资收购莲花软件公司（Lotus）以及智能管理软件系统公司（Tivoli），更在 2002 年以 35 亿美元收购普华永道的全球商务咨询和技术服务部门。

郭士纳成功变革 IBM 的故事成为世纪之交最成功的商业案例，之所以取得成功，除了熊抱行动、贴近客户、战略调整等因素外，重要的还和郭士纳本人的领导风格有关。从他离开麦肯锡的动机就可以看出，郭士纳是一个具有很强行动力并追求结果的人。"快速行动"应该作为领导力的普遍准则，是因为领导者的核心职责就是通过引领行动、打破组织巨大惯性，鞭策整个组织成员走出官僚化的舒适区，促使组织形成新的思维模式和组织习惯。

"快速行动"也意味着强调计划、组织、控制和激励的传统管理理论走到了尽头。今天的竞争对于企业领导者而言，是不断试错的过程。当你的详尽而完美的计划终于出台时，大概率的情况是"整个计划已经过时了"。完成比完美重要，这是互联网时代的重要认知之一。著名的 MIT 多媒体实验室主任伊藤穰一写道："人们要意识到，在快节奏成为新常态的今天，等待和计划的成本要比先实践后应对更高。"[11] 在过程中改进迭代，先完成一期满足那些占据 80% 常用时间的 20% 功能，这是互联网时代应对复杂性的敏捷开发特点。MIT 多媒体实验室有个宗旨：Deploy or Die，部署或者放弃。就是在不断试错过程中，决定哪些需要部署，哪些需要放弃。当然小样本测试，或者小范围实施，就成了避免押注整个组织资源而导致难以回转的有效方法。"从书桌上望世界是危险的。"这句话对于领导者尤其如此，再多的理论没有实践也就毫无意义，无论领导还是管理，本身就是一种实践而非理论。

仅仅"快速行动"还不够，还需要"韧性"。韧性这一品质，无论对于企业还是个人，都是取得成就的必备条件。在个人领域，想要成为专业高手，就需要"十年法则"或者一万小时的"刻意练习"才能达到。我们看"S"增长曲线，在迎来快速增长阶段之前，就是一段漫长的平台期，没有人知道还要坚持多久才能快速增长，但我们知道，只有不断努力，不放弃才能有机会突破。我将这种坚持称为"有远见的韧性"，也就是说"韧性"必须要有洞见和方向，你的努力必须方向正确，这就是"刻意训练"。韧性的背后是自律和毅力，心理学家塞利格曼构建了一个简单的成就公式：成就 = 技能 × 努力，你的努力可以用花在任务上的时间来表示，努力能成倍放大你的技能，而你投入任务时间的多少取决于自律和毅力。[12] 塞利格曼在《持续幸福》中记录了一个心理学测试案例：2004 年 7 月，进入西点军校的 1218 名一年级学生参加了一大堆测试，主办者试图通过心理测试预测其成绩，这些测试中包括毅力测试，是一个独立测试。毅力测试在预测谁能完成艰苦的夏季训练、谁会被淘汰方面，比其他任何测试都要准确，并且优于其他所有测试的组合。毅力测试也能预测美军特种部队以及房地产销售行业中的淘汰情况。

塞利格曼给出了一个简单的测试人员毅力的表单，如表 18-5 所示。

表 18-5　塞利格曼毅力测试表

参照下列评分标准，回答以下 8 个问题，将分数填在每道题前面的方框中。 1= 根本不像我，2= 不太像我，3= 有点儿像我，4= 大部分像我，5= 非常像我 注意：带 * 的项目是反向计分。 □ 1. 新的想法和项目有时会将我的注意力从那些旧的当中转移走。* □ 2. 挫折不会让我气馁。 □ 3. 我会在短时间内迷上一个想法或项目，但后来便失去了兴趣。* □ 4. 我是一个努力工作的人。 □ 5. 我经常设定一个目标，但后来会选择另一个不同的方向。* □ 6. 对于需要花费几个月的时间才能完成的项目，我觉得比较难集中精力完成。* □ 7. 无论我开始做什么，我都会坚持做完。 □ 8. 我很勤奋。 计算分数 1. 汇总 2、4、7 和 8 项的分数。 2. 汇总 1、3、5 和 6 项的分数，并用 24 减去得到的总分。 3. 将以上两步得到的分数相加，并除以 8。

韧性优于力量，这也是 MIT 多媒体实验室的创新原则之一。就像芦苇和橡树，在遭到大风暴袭击时，橡树被连根拔起，而芦苇被吹倒在地，在风暴过后恢复。所有的力量都是相对的，看似固若金汤的城堡，在地震、洪水或突如其来的大灾难面前，犹如建立在沙滩上的城堡一样脆弱而倒塌。规模再大的企

业，在诸如 2008 年金融风暴等重大危机面前，都可能会瞬间破产。我们有时只是在城堡里添加了更多的沙子，但却带来力量更为强大的幻觉。

第六节　成就他人，发挥所长

普通人能够成就自我就已经很了不起了，但对于领导者而言，除了成就自我，更要有成就他人之心和必要的技能。孔子曰："己欲立而立人，己欲达而达人。"马歇尔·戈德史密斯，被美国管理协会称为"80 年来对管理领域最具有影响力的 50 位最伟大的思考者和商业领导者"，是美国最为成功的企业高管教练，平均从每个客户身上赚取 25 万美元。他发现这些优秀的高管客户，都普遍存在一个问题：他们自己总想赢。马歇尔说："当你在组织底层时，必须不断通过做对的事情来赢，然后向上爬；当你爬到顶层时，需要靠不断的赢来证明自己是对的。但是作为领导者，其实你必须要给他人赢的机会。伟大的成就者关注自我，但伟大的领导者则关注他人，完成这种过渡很难。"

带领微软走向复兴之路的纳德拉，认为自己在中学时代就已经学到了这条领导力准则。中学时代，纳德拉是一个水平一般的板球击球球员，而在一场记忆深刻的板球比赛中，更擅长击球而不是投球的队长为了让他赢得比赛、重拾信心，甘愿担任投球手，最后为纳德拉赢得了比赛。纳德拉说："那时赛季刚刚开始，他需要我全年保持好的状态。他是一个有同理心的领导者，他知道如果我失去了信心，就很难再找回来。"他接着写，"这就是领导力要义，让每个人都展现出最优秀一面。这是一堂巧妙的、重要的领导力课程，告诉你什么时候该对个人和团队进行干预，以及什么时候该重建个人和团队的信心。"[13] 在纳德拉的感悟中，我们总结出"成就他人，发挥所长"这一领导力准则的 3 个要素。

1. 同理心

同理心的心理学解释是：从另一个人的角度来体验世界、重新创造个人观点的能力。它包括 3 方面内容，一是尝试采用他人观点，理解他人观点的背景；二是体会他人的情绪感受，是悲伤、沮丧还是恐惧或喜悦？三是真诚关心对方的福祉，关心对方所关切的。从纳德拉案例可以看出，同理心不是只有成年人才有的。事实上，同理心是人的本能，婴儿能够感同身受其他儿童的痛苦，看到其他孩子哭时也会哭。人类具有与生俱来的共情能力，有些人在这方面具有较强的遗传优势。不可忽视的是，后天的同理心培养也非常重要。我们教育孩子时，不应该单纯指责孩子的不对，而应该类似这样：因为你拿走了康康的玩具，看看他有多难过，如果有人现在拿走你的玩具，你会难过吗？研究表明，让孩子体验和管理令人沮丧的事情，可以帮助他们提高同理心，能够在以后的生活中更关心别人。

研究表明，对于成年人而言，认知复杂度和同理心紧密相关。认知复杂度是指人们对待问题和事情多方面、多维度思考的能力，复杂度高就意味着你能够从他人的视角看待这个世界，也就更能理解他人的行为。"枕头法"，是一个增强认知复杂度的简单工具，最初由一群日本小学生发展出来，把理解问题的不同观点看成 4 个边 1 个中心的"枕头"，如表 18-6 所示。

表 18-6 增强复杂认知的"枕头法"

立场三：双方都对、双方都错	立场一：我对你错	立场四：这个议题不重要
	立场五：所有的观点皆有真理	
	立场二：你对我错	

理解并不意味着接受，然而会使我们更多从他人立场看待这个问题，从而增强我们的同理心。

2. 了解所长

作为领导者，了解他人所长，就像在自我认知部分里了解自己所长一样，不容易但很重要。了解这个人员的性格特征、兴趣、价值观、优势及擅长的工作学习方式，这是一种费心费力的工作，必须引导下属人员一起完成，激发人们对自我了解的渴望，才能够真正发挥所长。这个过程不仅仅是领导者的责任，而是双方的责任。如果一个人不能够积极参与到这种互动中，意味着他尚未完成从小我向团队意识的转变，其内心坚硬的屏障阻挡了这种突破小我的努力，或未意识到这是一个难得的时机，或者被盲目自大的"骄傲"阻碍了自我认知。而"骄傲"的存在是因为背后隐藏的"自卑"，只有人格成熟的人会剥下自卑的假面具，开启自我探寻之路。总之，对于领导者而言，当下属像鸵鸟一样将自己的头深埋在沙子里的时候，领导者就该中止这种花费精力的互动活动。那什么时候是较好的时机呢？

3. 助推时机

你无法叫醒一个装睡的人。只有当一个人有了强烈的成长意愿时，比如渴望获得更多的收入、价值和成就时，才是最佳时机，会起到事半功倍的效果。

助推效果＝意愿强烈程度 × 助推力。

助推原本是"行为经济学"的专用名词，今天的经济学不再奉行市场原教旨主义，而是结合心理学的最新研究，发现人类因为非理性、信息和知识缺乏等，会做出事实上损害自身利益的行为，所以对于政府和组织而言，适时的干预就很必要。那么如何去干预呢，是强制还是保留对方的选择权利呢？后者就是助推，助推的真正含义就是在强制性手段不介入的情况下，在确保助推对象收获"最大利益"的同时，掌握属于自己的"自由选择权"。助推就是用智慧的方法、轻轻推动人们做出最优选择。公司规定员工上班时间禁止食用垃圾食品，这不算助推；把免费的新鲜水果呈现在员工视野之内，让人们主动地选择健康食品，才是助推。

借用行为经济学中"助推"的概念，领导者也应在恰当时机做出有利于组织和员工的"聪明"行为。时机的选择可以通过一个人成长的 S 曲线的 4 个点来把握。一个是刚入职的 0 点，一个是即将增长的 A 点冲刺，一个是即将进入平缓阶段瓶颈 B 点转型，如图 18-1 所示。

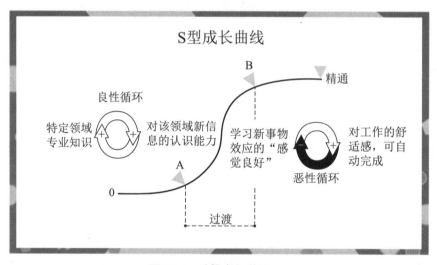

图 18-1　助推介入时机

0 点可以看成是新进员工刚进入公司，这是领导者介入的关键时刻。谷歌公司为了提升新员工入职表现，经理人会在恰当时间，一般是启动工作前一天晚上，发出一页半的简单明确的清单邮件，包括如下内容：

》案例 18-4：谷歌助推新人尽快融入公司的启动邮件

——进行一次角色与责任讨论；

——将新谷歌人与一位同事组成互帮互助组；

——帮助新人建立社交网络；

——新人来公司的头 6 个月，每月进行一次上岗情况检查；

——鼓励畅所欲言。

同样在新人培训中加入 15 分钟的强调积极主动的行动，鼓励新员工做出如下行为：

——问问题，问很多问题；

——筹划与经理的定期一对一会面；

——了解你所在的团队；

——积极寻求反馈意见——不要等待反馈意见；

——接受挑战（即敢于冒险，不怕失败……）。

两周之后，邮件跟进这些情况。

0 点时机很重要，有研究表明，此时新进员工对工作明晰的理解可以带来更高的工作满意度。谷歌内部统计数据表明，工作理解不清晰的员工第一年离职率是清晰的 5 倍。那些及时介入、采取行动的经理人，手下新人达到全效工作状态比对照组快 25%，而这仅仅花费 15 分钟和一封电子邮件。

另一个时机就是 A 点，根据人员的优势，将其和具体工作结合，并在其成长过程中予以反馈和辅导，这可以帮助人员提升某方面具体技能，在一些关键问题上给予建议。

第三个好的时机就是 B 点，经过一段时间的高速成长，人员发展进入瓶颈期，这个时候最重要的就是给予人员信心，激发潜能，鼓励员工进入新的领域去发展自己，具体方法我会在本书后面的"识人、用人和育人"章节谈及。

第十九章
10 年历练与跃迁：不同阶段的领导力发展

> 如果你因错过太阳而流泪，那么你也会错过群星。
>
> ——泰戈尔

《反脆弱》一书作者纳西姆·尼古拉斯·塔勒布，对那些没有经过实际操作、缺乏市场锤炼的学者，特别是常春藤盟校的大学教授，极尽讽刺挖苦之能事。他说："虽然身处不同大学的不同教学楼，但你会发现他们有一个共性，即他们一生中从未承受过真正的风险，或者更糟糕的说法是，他们从未真正生活过。"虽然此话有些过分，却表明了这样一个现实情况：在一个充满无序、混乱、动荡、压力的波动环境中，生存进化而胜出的，是那些反脆弱的人。每一次外界的波动、压力和挫折，强者都会从中受益，正像尼采所说："杀不死我的，只会让我更坚强。"

领导力的培养也须遵循"反脆弱"的基本理念。领导者需要在现实的环境中得到锤炼，沃伦·本尼斯将其称为"熔炉"。德鲁克也认为，卓有成效的管理者有一个共同点：他们在实践中要经过一段训练。一个人如果没有经历这些训练，则无论他有多大智慧、多大努力、多大想象力和多丰富的知识，也必是一位缺乏有效性的管理者。领导力的有效性来自于现实的历练。对此观点，学术界和企业界的高度认同，曾经拯救 IBM 的郭士纳就说："伟大的企业不是管理出来的，而是领导出来的。领导必须身先士卒，亲自参与解决问题，并且经常在一线出现。但对于领导来说，最关键的是具有追求成功的激情，这也是成功 CEO 的共同特质。"

一个人从初入职场的新人，成长为整个公司的高级管理人员乃至 CEO，需要经历长达 20 年的"熔炉"历练，而不同的阶段则因为年龄心态、自身经验和岗位内容的不同，需要重点培养不同的胜任能力。尽管每一位领导者性格不同、履历各异，但是他们也都具有共同特征。我们以一个大型企业的研究案例简要说明各个阶段的工作特征和能力素质，如图 19-1 所示。

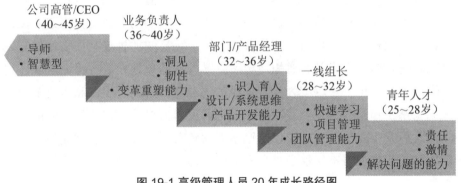

图 19-1 高级管理人员 20 年成长路径图

图 19-1 是某一公司五类人员的阶梯式领导力关键要素模型，各类人员对应着不同的职位和领导能力。青年人才及班组长是公司基层岗位，其岗位核心职责就是完成公司安排的具体任务，所以学习与完成任务的能力就非常重要；而部门经理、产品经理、业务负责人包括后备干部，他们的管理幅度迅速扩大，这时就需要他们从整个组织，或整个职能序列、产品条线的角度来分析问题，他们的领导力所影响的人员从几十人到几百人不等，这时识人用人和沟通协调就成为最重要的能力素质。从新入职员工成长为公司中高层管理者的后备力量，以目前的大型企业的平均速度，快则需要 10 年时间，慢则需要 15 年甚至更长时间。我们以新入职 10 年后的职业黄金时间为重点，探讨每一阶段应关注的重点和应培养的能力。

对于处在第一阶段的新入职青年人才来讲，经过 10 年以上的理论知识学习，其思维某种程度上已经固化。科学知识和社会规范需要确定性，对确定性过度追求，是青年人才之前所受教育的显著特征，而一旦参加工作，在完成具体工作时，则必须按照多变的现实情况灵活调整迅速完成。确定性和灵活性的矛盾，是新入职青年人才面临的困扰之一。很多人自始至终都没能处理好这个矛盾，完成这种从学校到工作的转换，尤其是那些在学校守纪律的规矩学生。这一阶段，工作职责重点体现在完成单项或多项任务上，而完成实际任务需要训练如下一些技能：制订计划、时间安排、报告编写等。另一个方面，对一个初进入组织的青年人才来讲，牢固树立责任意识非常重要，职业精神如果在工作最初三年期间没有培养起来，以后就更难培养。

第二阶段是成为一线班组长或团队管理者，这是从最初的自我管理到管理他人的开始。这个时候工作更多以一个个项目的形式出现，出色的项目管理能力成为其发挥领导力的关键。而项目管理能力则要求这些基层的领导者具有如下的技能：工作计划、会议管理、团队建设、分配任务、绩效评估、激励下属等。从此时起，管理活动作为一种不同于技术活动的专业工作将给人员带来全新的感受和认知，这对于初级管理者是一项严峻的挑战。如果他们还是按照既有的习惯、而不是有意识地学习并掌握这些软性技能，将无法胜任这一阶段的工作，也将难以成为一个称职的领导者。这个阶段，和职位及专业相关的大量新知识、新技能涌现出来，这就要求人员具备快速学习的能力，并将在此后养成终生学习的习惯，这一能力和习惯也会直接影响他们此后的职业生涯。此时学习不仅仅是指书本上的学习，更重要的是从实践中学、从他人身上学。

第三阶段是部门或产品负责人，包括一些大型企业的支公司负责人。其下属员工从一百多人到一两千人不等，营业额从几个亿到上百亿不等，此时他只能通过领导科级管理人员，也就是一线经理人员，发挥全局领导力。这个阶段主要的挑战就是对基层管理人员的选拔、任用和培养，他必须抽出大量精力对人员予以关注。另外他们也面临着各种关系、各种矛盾，如公司利益和地方利益的协调等问题，所以大量的协调工作也占据了他们很大一部分时间和精力。协调不是被动无奈，而是发挥影响力的双赢选择。想要达到双赢的协调结果，就需要具备聆听、有效表达等一些技能，需要有灵活而务实的观念。更为重要的是，这一阶段的领导者，开始独当一面，负责一方，他们需要具备一种称之为"担当"的素质，在关键时刻敢于拍板，才能充分发挥自己的领导力，否则，可能问题百出，难以掩盖。

从第三阶段向第四个阶段上升，是个人成长过程中最困难的挑战之一。经过第三阶段的历练，其中一些佼佼者会成为中高层领导者的后备力量。这时他们需要积极的态度和逐渐形成的大局观，为接下来更为复杂的管理工作做好心理和思想上的准备。

每个阶段大约需要三四年时间，这样经过大约10年多的历练，年龄也从25岁到36岁左右，逐渐走向成熟。这10多年的职业生涯，除了需要过硬的专业技术能力外，最主要的成长来自"社会智能"，具体表现在组织内外各种关系的处理上，标示着一个领导者的成熟度水平，和组织业绩正相关。满足这些外部各种关系的期待，是职业生涯前期的最大动力，就像马斯洛所说的需求金字塔下面的几个需求：安全、公司和团队归属感、价值和尊严、成就感。

第四层级及其后备，是经过组织人事部门选拔考核的公司中高层管理者。

他们所面临的挑战和压力日益加重，管理的复杂性日益增加，放在案头需要决策的重要事务，很多都处在两难选择的境地，此时明智的决断力和对未来的洞见就成为重要的能力。此层级及以上的领导者，思维的深度、广度，思考的清晰性，内心定力和智慧成为他们发挥领导力的核心要素。这个年龄阶段正好处于职业生涯的后半期，尽管这些领导者的人际关系处理能力已经很成熟，心态也比较平和，但还是需要提高情商，注意自己的焦虑和其他不良情绪，此时他们的语言、情绪和行为，对周围人的影响更大。不幸的是，这个阶段的领导者常有中年危机出现。如果说前十多年的职业成就是周围人的期待，是马斯洛的需求层级较低部分的实现所带来的，那么接下来的成长动力来自哪里呢？大多数领导者会就此却步，仿佛沉浸于人生的世俗娱乐而不可自拔，也有人继续向上，活出了创造性人生。心理学家卡尔·荣格的一句话最具启发性，他说："你生命的前半辈子或许属于别人，活在别人的认为里。那把后半辈子还给你自己，去追随你内在的声音。"追寻自己内在的声音，使得一些领导者能够实现动力转换，获得职业生涯后期的持续动力，这种动力转换的典型表现：从"要我"到"我要"，从组织赋予的责任向自我寻求的使命迈进，这就是马斯洛所说的"自我实现"。如果在工作中实现不了，很多人开始在职业之外的兴趣，或者其他领域开启另一段旅程。中国一家大型企业的负责人在总结 2005 年到 2015 年快速发展的 10 年经验时，总结说：使命和责任高于一切。

自我成长无止境，领导力也只能在实践中历练。凡是能走上管理和领导岗位的，除了技术能力本身过硬以外，他们的内心都有极强的成长与成就渴望，从而保持好奇心，不断探索未知领域并取得成就。而领导力发挥，不仅限于职位，更是通过实际效果来体现。每一个人都可以发挥自己独一无二的领导力，尤其在知识经济时代。正如德鲁克所说的，那些知识工作者，也可以看成是管理者。只要他们从事的工作在他们不断成长和自我实现的动力牵引下，取得卓有成效的结果，他们都可以被视为一个有着实际影响力的卓越领导者，而不在于他们身处何种级别的职位。而每个职位层级上的管理者，如果不能取得卓有成效的结果，就不能被视为一个称职的管理者，也无论他处于什么样的高位。从影响力和对组织的贡献来讲，显然前者更具有权威和力量，更应受到尊重。

下面我们逐一展开有关个人成长与领导力培养的 10～20 年历练画面。

第一节　第一阶段：责任、激情与解决问题的能力

对于一个新入职的青年人才而言，最初几年，可能身处一个大型组织的神经末梢，或者成为一个小型创业团队的重要一员，其最重要的工作就是在一线完成大量的直接产生效益和成果的经济活动。这个时候最该发展和培养的关键能力素质是：责任、激情与解决问题的能力。

1. 责任与激情

对于一个初进组织的青年人才来讲，树立牢固的责任意识非常重要，这是造就其未来工作伦理和职业素养的根基。中国文化中，有许多关于勤奋的论述，如"业精于勤而荒于嬉"，但对公司这种具有显著资本营利特征的组织，因其只有短短几十年的历史，我们的文化中还没有完全形成尊重个人所从事公司岗位的氛围，没有在全社会形成有关良好职业素养的强大社会习俗。这类人在实际工作中没有存在感，消极懒惰，但只要他一直指责上级管理者的一些缺点，比如只求业绩、不关心员工，那么在中国式的人情社会中，都会被同类看成代言人，受到同情和拥护。

公司这种现代组织形式，在西方资本主义国家已经存在了三四百年，其职业伦理观、对工作的看法已经和他们的信仰有机地结合在一起。正如马克斯·韦伯所说："基于天职观念的理性行为，正是现代资本主义精神乃至整个现代文化的基本要素之一。而这种理性行为乃是源于基督教的禁欲主义的精神。"对于一个新进青年人才来讲，对工作岗位负责，是基本素质，也是其职业生涯早期必须牢固树立的最重要的观念。我们对比一下国有企业五六十岁和二三十岁的员工，可以看出两代人对于工作和职业的观念是多么不同：今天二三十岁青年员工对于工作和职业非常尊重，有自觉的责任意识，这正是这 30 年来很多中国公司尤其是中央直管大型企业在走向一流现代化公司过程中的必然要求和成果。我们需要认识到，在一个企业牢固树立高度职业素养共识的过程中，公司领导者承担了非常大的压力，克服了巨大的群体惰性，展现出勇气和魄力，将人情世故的传统农业文明改造为绩效利润导向的现代商业文明。

新入职场的青年人，树立职业价值观伦理观，核心就是树立对团队、组织和工作的责任意识，这是迈出学校进入社会的第一课。这种以"责任"为核心的职业伦理观，如果刚开始没有得到培养和树立，就像婴儿在适当年龄没有

学会说话一样,可能会永久性退化,以后也很难再培养起来。我们在一项数年的研究中,在优秀的领导者身上发现,他们最大的共性特征就是"责任"。研究团队由四到五人组成,其中包括一位从业 15 年的心理顾问、一位同样资历的人力资源顾问和一位数据处理专家,在 2011 年至 2013 年,持续 3 年对某一大型央企的省级公司后备干部进行能力评价和追踪。研究方式采用了每人不低于 30 分钟的 BEI 行为访谈、无领导小组讨论和 MBTI 测试相结合。研究对象数量 2011 年 53 名,2012 年 29 名,2013 年 25 名,这些后备干部都是从数万人中选拔出来,作为未来独当一面的部门或区域公司的潜在领导人选。这些被挑选出来的优秀管理者,每个人优势能力各异,性格也不同,但他们都表现出了强烈的责任意识和对工作的高度尊重。北京人艺的"戏比天大"一词放到这些管理者身上,同样适用。我们的研究以 1-5 分代表每项能力或素质的分值,1 分最低,5 分最高。下面是前两年排名前三和后两位的能力项分数,第三年测评人员换了,25 名测评对象也分成了 4 类:生产类、经营类、技术类和专业职能类,但即使不同的专业人员测评,即使每个测评顾问可能对"责任"的概念理解不尽相同,即使对测评对象进行了分类研究,但"责任"这一项在各个类别中依旧一枝独秀,在 20 项重要能力素质中排名第一,如表 19-1、图 19-2、图 19-3、图 19-4 所示。

表 19-1 某公司青年后备三年 BEI(行为事件访谈)能力测试分值表

年 份	能力和分值				
2011	责任 4.45	自律 4.37	上司关系 4.36	组织灵活性 3.88	创新管理 3.8
2012	责任 4.45	主动积极 4.35	解决问题 4.31	激励他人 4.06	冲突管理 4.05
2013	责任 3.85	追求成就 3.70	道德与价值观 3.69	激励他人 3.18	创造力 3.17

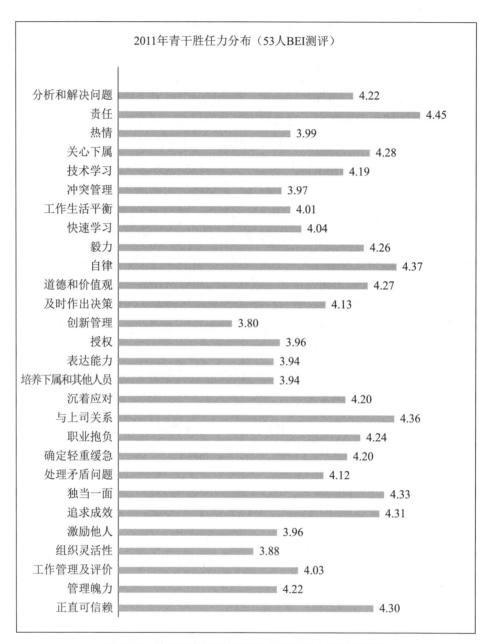

图 19-2　某公司青年后备 2011 年 BEI 能力测试分值表

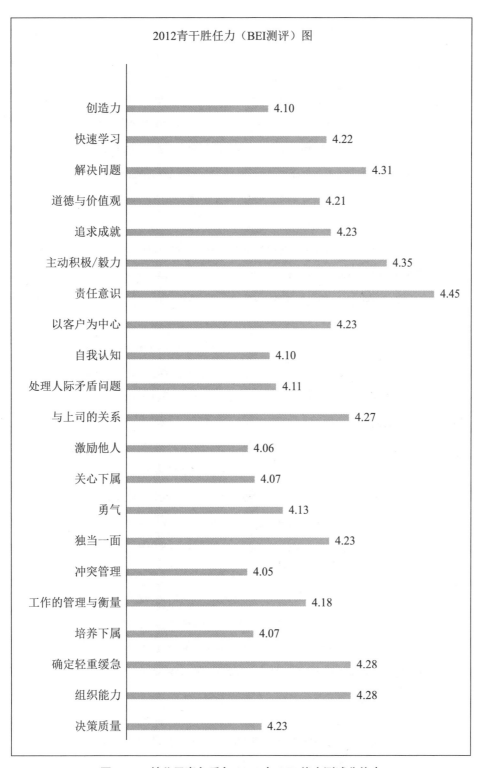

图 19-3 某公司青年后备 2012 年 BEI 能力测试分值表

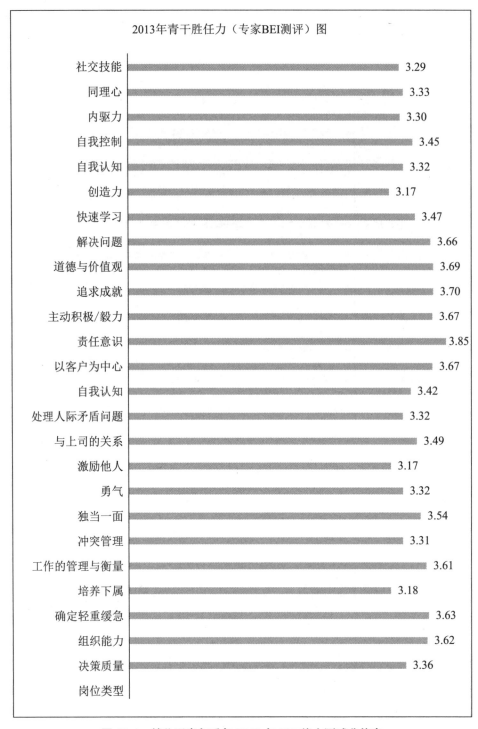

图 19-4　某公司青年后备 2013 年 BEI 能力测试分值表

从上面研究可以得出结论：对于这些从基层一步步成长起来的优秀管理者而言，责任是他们共同具备的素质。简单讲，责任能够更好地预测一个人未来的发展程度，责任和业绩成明显正相关。

责任如何培养？有先天性格因素，但更有后天因素。我们发现，对责任影响最大的就是组织文化中对责任的强调。上述研究中这家知名的大型企业，在 2013 年将过去 10 年取得的巨大成就总结为四句话：使命和责任高于一切；科学战略决定发展前途；改革创新是唯一出路；发展必须坚持以人为本。

除了企业文化这个最重要因素外，培养员工的责任意识还需要注意两点：一是领导者的"有限度信任"，二是了解和改变员工对职业的态度。

（1）上级的信任推动责任意识培养

具有责任意识的典型表现就是能够"忠于所托""靠谱"。培养责任意识的一个有效方法来自心理学：你对一个人表现出欣赏和信任，人们就会朝着你所期待的方向发展；反之亦然。麦肯锡公司有一个经典的故事：一位刚毕业进入公司的员工按照上级要求需要提交一份报告给客户，当这位新人完成报告后给上级提交，上级问道："这份报告我可以直接交给客户吗？"这位新人愣了一下，说道："我再修改一下。"第二次修改完提交给上级时，上级还是重复那句："这份报告我可以直接交给客户吗？"年轻人考虑一下又拿了回去修改，一连四次，等第四次提交时，上级问道："这份报告我可以直接交给客户吗？"年轻人自信回答："可以！"这位年轻人后来成长为一位高级管理者。他认为这是自己印象最为深刻的人生转折点。从这个小事上，他学会了对自己的成果负责。而这背后的推动力就是上级的信任，这位上级有意识培养了这位年轻人独立负责精神，并没有像多数领导者一样说："好了，放在这儿，有时间我会看看。"实际上，这是最糟糕的做法，这样的上级既没有抓住这个任务培养人员，同时也把"猴子"背到自己肩上，之后的事情不难预料，事情在他这儿形成了迟滞，领导者成为延误的"节点"。

上级的信任有助于责任意识的养成。我曾经访谈过一位经营者，他被集团公司派往一个年营业额三四个亿的合资企业担任总经理。当时集团公司面临改制，方向不明，人心惶惶，到处能听到人们的牢骚抱怨声。而在整个 40 分钟的访谈过程中，这位负责人却没有一句抱怨的话，始终保持对访谈问题的认真思考和回答，心态也很平静。我问道："是什么促使你取得这样不错的成果？"他略微一愣，思考了一下道："做工作，你就是要出业绩的，不然工作有什么意义？还有就是领导的信任和托付。他信任我，把我派到这个企业来负责，我得对得起这种信任。"这位总经理的话语中，除了上级的信任，还显示着另一种培养责任的方法——重塑职业态度，寻求工作的意义。

（2）在工作中寻求意义

尊重工作和职业的人，并不把责任作为一种不健康的压力，相反他们视其为一个人工作的意义。负责的人不仅对组织和上级负责，也对自己的工作成果负责。有一个隐喻故事：3个石匠在砌砖，有人路过问他们在干什么？一个人说在谋生，另一个人说在做全国最好的雕石工作，第三个人抬起头带着憧憬的目光，说自己在盖一座大教堂。这3个石匠的看法，就是人们对待工作的3种态度：任务、事业或者使命。第一个谋生的人只是在完成任务，盼着一天赶紧结束；第二个人则当成了事业，不断往上；第三个人则赋予了工作以意义，工作本身就是目标。对于初入职场的年轻人而言，想让工作达到使命和人生意义的层面，需要一个物质基础和心理建设的过程。通常只有在满足了基本的安全感、物质、人际尊重等需求后，人们才可能会追求一种长久的意义和人生价值。对于那些具有专业技能和远大抱负的年轻人而言，公司是实现他们使命和梦想的平台，各级领导者要帮助员工实现其梦想，达到员工和公司共赢的结果，才能留住优秀人才。

责任意识固然非常重要，但是一个公司和领导者如果过度强调责任，则可能会湮灭了员工的工作热情，可能会让创新之火渐渐熄火。原因在于长期过度强调责任，会给人员带来沉重的压力，加上保持组织的统一性所牺牲的个性会抑制人们在工作中体会到的快乐和自由，从而影响了工作热情，导致人员的创新能力不足。上面分析某大型企业的案例就是企业文化中责任分量过重，人员患得患失，担心出错。我们研究发现，那些优秀管理者存在自身心理能量不足的现象。关于心理能量的研究，我们采用了人格意象分解，通过对人格的不同侧面作具象化的分解，比如在放松情况下想象你在自己办公椅子看到什么意象，在心理学家引导下展示全貌。意象分解使个体的人格得到全面分析和展示，并且达到前所未有的全面、清晰和直观。同时它比传统的问卷法更能消除个体内心的防御，使测评结果更加有效、直接和深入。我们将后备管理人员分为两组，一组为测试组，是近3年获得重大的荣誉的一组（优秀组），另外一组为对照组（普通组）。有关心理能量分析的最初结果让我们很吃惊：尽管两组都存在心理能量不足现象，但那些更为优秀的管理人员普遍存在心力"透支"现象。一些测试结论如下：

心理能量（心理强大程度）方面：测试组和对照组的心理能量都不大，在本职岗位上能工作得很好，但要担任更重要的岗位，则需要变换子人格，提升心理能量。

心理健康方面：测试组明显存在着心力上"透支"的状况，付出、投入的比例大于吸收、进入的比例，长期发展下去，可能会出现一定的问题。

与下属关系：测试组的问题呈现得较为突出，在面对下级时，内心能量弱于对方，缺乏一定的灵活性。而对照组的状况要好得多，处事灵活，不执拗，根据现实情况而变化。测试组的意象中没有猫，而在对照组中最突出的是猫。猫的象征意义是聪明、敏捷、反应迅速、自我发展较好，有良好的直觉，具有两面性：一面是敬业的、认真的、全神贯注的，另一面是慵懒的、享受的、自我的。

测试组更为注重责任，从下面的一个测试结果就能看出：测试组在企业的短中期目标认同方面明显高于对照组26个百分点，差异巨大；而对照组存在着相当数量的目标不明确和无方向的现象，这也是其业绩不如测试组的一个重要原因。

整体而言，这项跨度3年的研究，也重新定义了责任：责任不仅仅是承担，更意味着自愿回应的能力，本质上它是个人的选择。被迫承担的任务是压力，伴随着组织行政命令、他人要求或者上级权威，这种"责任"其内在的驱动力不是"我要去做"，而是"要我去做"。所以对于责任，我们要区分两种表现形式，一种是"要我去做"的责任，这种形式的责任被害怕、恐惧所驱使，害怕失去，害怕被谴责、被冷遇、被训斥或者被排挤。当承担"要我去做"的责任时，人们仅仅是完成，而非精益求精不断改善追求卓越，也谈不上创造力和创新。事实上，创新正是我们这3年研究出的优秀管理者最应该提升的能力。责任的另一种表现形式是"我要去做"，它被自我内心激发出的热情所指引，在行为上就表现为积极主动、追求卓越。所以当我们说责任的时候，不能忘记热情，两者结合才是一个人在这个变革时代的驱动力。正如哈佛幸福学教授本·沙哈尔所说：人们对待工作的态度有3种：任务、事业或者使命感。对于把工作看成使命的人来说，工作本身就是目标。他们对工作充满热情，在工作中达成自我实现。工作对他们来说是一种恩典，而不是打工。

（3）从责任到热情

责任可以让你像上面案例里提及的后备干部一样达成优秀，但只有热情才能助你达至卓越。前文所述，稻盛和夫有一个人生成就公式。

成功方程式

人生·工作成果 = 人格理念 × 热情 × 能力
　　　　　　　　 $-100\sim100$　　$0\sim100$　$0\sim100$

其中重要的一项就是热情，成功因素有很多，但稻盛和夫认为，居于这些因素之首的就是热情，热情就是成功之钥。"没有它，不论你有什么能力都发挥不出来，热情是成功和成就的源泉。一个领导者的意志力和追求成功的热忱愈强，成功的概率就愈大。"稻盛和夫认为，"热情是一种状态——你24小时不间断地思考一件事，甚至在睡梦中仍念念不忘。事实上，一天24小时意识清醒地思考是不可能的。然而，有这种专注却很重要。如果真能这么做，你的欲望就会进入到潜意识中，使你无论在清醒时还是在睡梦中都能集中心志。"

》案例 19-1：稻盛和夫谈"热情"

①问：为什么热情很重要？

答：热情可以使你释放出潜意识的巨大能量。在认知的层面上，一般人是无法和天才竞争的。然而，大多数的心理学家都同意，潜意识的力量要比有意识的力量大得多。

一家小公司比方说刚刚创立的京都半导体公司，不可能梦想很快就能招募到一批奇才。但是我们相信，如果能发挥潜意识的力量，即使是普通人也能创造出奇迹。

②问：你所谓的"热情"是如何发挥作用的？

答：假设你现在失业了，需要一份收入来养家糊口，于是你决定摆摊卖热狗。很显然，你希望能从中获利。从一开始，你就应该避免这种失败者的态度：认为自己失去工作，也找不到另一家愿意雇用你的公司，才沦落至此。反之，你应该找一个进取的理由来鼓舞自己和家人。充满热诚和希望才能面对未来，并成为一个独立的企业家。把你的企图告诉家人和朋友，并解释你这样全力投入的理由。不要羞于说出自己的梦想。大胆一点！有远大的梦想并不是罪恶。但是，你也该为与你共事的人想想，考虑到他们的利益。当然，如果你的梦想对社会有益，那会更好。更重要的是要真诚，不管是对自己或对别人。若要真的做到客观，以事实为根据，你就必须做到真诚。

在你开始想象并让梦想飞驰时，以事实为着眼点是很重要的。你必须确立特定的目标，并想象达到目标的种种过程。例如，你可能想买一部二手货车，并动手改装成活动的热狗摊；想用丙烷气来烹调热狗，并安装一个饮料机。然后，你就上路了，前往几个最适合营业的地点。是大学宿舍旁？建筑工地？还是很多人用餐的地方？你必须亲自去查一查，并留意附近的交通状况。除此之外，也要考虑所有潜在的不利因素和困难。万一出现下雨了、车子抛锚了、热狗不受客人欢迎、货源不足等意外情况，应该怎么办？周末、假日照常营业吗？要是供货商无法把货送来呢？若是出现了竞争者，又该如何面对？要针对以上种种情况进行思考，想出解决之道。这样一来，你就能更坚强，以后遭遇问题时，才有勇气面对。寻找创新的方法来避免危险，并招徕客人买你的热狗，这是你日夜都可以做的事。运用脑袋不用花费一文钱，却能帮你省去日后的麻烦。

每天，甚至一两个月不断地计划，然后，你就能"预见"自己每天的销售量以及收入和支出的金额。把雨天和假日的营业额打个折扣来计算收益，好像你在经营一家企业一般。企业的发展像是一部电影在你的眼前呈现。这个企业似乎拥有自己的生命，而且流光溢彩。于是，你感觉到内在升起一股信心，使得计划成功，并开始对未来感到乐观。这时，就是你出发的时候了。我敢说，你的计划成功概率很大。一旦开始了，就要有决心和毅力坚持下去。不成功，绝不罢休。这听起来可能过于简单，但是如果你把这个故事里的热狗换成任何一种产品，原则还是一样的。

③问：你是如何想出以"热情"为核心的企业经营七大原则的呢？

答：在公司成长的同时，我们必须使我们的经理人发挥影响力去带动数以千计的员工。这些经理人若不能胜任，员工就会受苦。因此，我必须绞尽脑汁把管理哲学浓缩成几个重要的概念，并要求所有的经理人一定要做到。最重要的几项就是：利润（Profit）、野心（Ambition）、真诚（Sincerity）、力量（Strength）、创新（Innovation）、乐观（Optimism），以及永不放弃（Never Giving up）。这些词语的第一个英文字母合起来，就是热情（P.A.S.S.I.O.N.）！（END）

稻盛和夫将热情描述为一种状态，全球第一高管教练马歇尔·史密斯将这种状态称为MOJO（魔劲），他在《魔劲》一书中描述了一个令人印象深刻的故事：他和一位银行家朋友去一个餐厅吃饭，他们俩都注意到一位女服务员玛丽，玛丽能够同时照顾到几乎所有的顾客，有的人点餐、有的人上菜、有的人结账，每一次她出现的时候总是恰到好处，不断提醒和招呼，给每个人非常舒适愉快的就餐体验。史密斯说，好像她背后长着眼睛，心里洞察每个客户的状态，就在你等待稍微有点不耐烦时，她就恰好出现在你面前。史密斯将这种全然投入当下工作的状态称之为"魔劲"。他那位银行家朋友和这位女服务员交谈，想挖她去银行工作，薪水会比餐厅服务员多上几倍，然而令他吃惊的是，玛丽直截了当地说，你付不起我的薪酬。她的工资不高，但客人给的小费却很多。这位银行家大致估算了一下，吃惊地发现，这位女服务员的收入甚至比他自己的还要高。这位餐厅女服务员之所以能做到如此卓越，正是体现了史密斯对MOJO的定义，一种对自己当下做的事情所抱持的由内而外散发出来的积极精神。[2]

2. 在实践中发现、分析和解决问题的能力

除了责任和激情，另外一项在初入职场3年内要重点培养的技能就是分析和解决问题的能力。对于年轻人而言，尤其在中国的现行教育模式下，灌输、单向性和确定性，导致学生思想较为单一固化、崇拜权威、凡事需要被安排、创造力较弱、在实践中动手能力差。马克·吐温有句名言："我从来没有让上学这件事干扰我的教育。"在实践中培养社会智力，在现实问题的不确定性中求解，是初入职场的年轻人必须要完成的一次思维认知层面的重大转变。正如列纳德·蒙洛迪诺在《潜意识》一书中指出的："我们通常以为人的首要特征是智商，但真正的首要特征是社会智商。"[3]

从学校到社会，从理论到实践，这中间有着巨大的屏障，能够快速跨越这屏障的才是适应环境的优秀选手。青年员工尤其是那些高学历背景的人才，想要高绩效产出，需要认识到这样一个事实：生活和工作中再也没有现成的答案供你选择填空，之前无论纸上设计得多么完美的方案，理论看上去多么无懈可击，都得在实践之中不断改进完善。尤其在涉及公司制度、体系等一些软科学领域，如果青年员工抱着寻求确定性的观念，在追求所谓的"严格"和"科学"，把大量的精力花费在没有任何成效的纸面"改进"上（因为如果不付诸实践解决问题，其实也就无法证明其改进是否是真正的改进，还是画蛇添足或者闭门造车），不仅会造成组织资源的大量浪费、重大事情的耽误，同时也使其成为组织当中的障碍和堵点，而不是组织整体变革和绩效的推动者。很多组织管理者和那些有见地的青年人才已经充分认识到"纸上谈兵"的弊端，在我们一次针对新进青年员工的问卷调查中，"工作实践总结"在各种人才成长方式中排在第一位，如图19-5所示。

正如彼得·德鲁克所说："只有工作才是自我成长的最好工具。我从来没有遇到过一个'天生'的卓有成效的管理者，他们都是通过不断地实践，最终将卓有成效变成了一种习惯。今天的组织，需要的是由平凡的人来做不平凡的事业。这个目标并不高，我们只要'肯'做，就一定'能'做到。"

那么如何在实践中分析和解决问题呢？下面5个要点供读者参考。

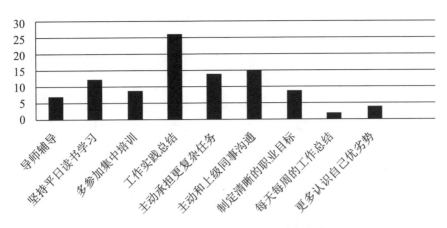

图 19-5　哪种方式能够更好地满足成长需求？

（1）先不要着急去解决

遇到问题时，不要立即去解决。为什么呢？至少有两个原因，一是容易陷入不良情绪中，导致问题扩大，解决效果不佳。几乎所有的问题都会给人造成或大或小的压力，如果立即去解决，就容易带着情绪，容易感情用事，降低个人的理性分析能力；第二个原因就是如果立即去解决，就没有时间认真思考问题的实质，没有充分分析造成问题的根本原因，就会头痛医头、脚痛医脚，选择直线型而非创造性解决方法，问题在解决之后还会接二连三发生。

无论从情绪上还是认知上，我们都必须重新认识问题。当问题发生时，即使再紧急的问题，也需要留出认真思考的时间，平复情绪和重构认知。事实上，每个问题都是披着外衣的机会，每个问题在失控前或未造成大的破坏性损失前出现都是一个警示信号，提醒我们系统在某一方面出了问题，需要注意。这是一个改进系统的机会，就像身体的警示信号，当你体检的时候，某一方面的指标偏高，但没有明显症状，这个时候你就得注意；而当身体表现出明显症状、带来痛苦时，这时你应该意识到，必须系统提升、整体改进，否则下一次可能就是系统崩溃。当问题影响到情绪时，我们往往会形成偏见，就会对问题有关的人产生抱怨和看法，从而带来糟糕的沟通，而无助于问题的解决。

所以，对待问题，不要采取"先开火，后瞄准"的策略。往往在你头脑中产生的第一个想法，并非最佳方案，还有第二个、第三个解决办法。

（2）"鱼刺图"要素分析

在所有分析和解决问题的步骤当中，分析引发问题的原因和要素是至关重要的一步。只有弄清楚这些要素及带来的后果，我们才知道该从哪里下手，设计解决方案。常见的方法就是运用"鱼刺图""逻辑树"或"思维导图"等方式寻求问题的原因和要素。

在原因和要素分析当中要注意，我们不可能穷尽所有的要素。要找到那些关键的少数，然后下功夫解决，这就是80/20原则。在任何特定的群体中，重要的因子通常只占少数，而不重要的因子则占多数，因此只要能控制具有重要性的少数因子即能控制全局。与其穷尽搜寻各种因子，不如寻找用20%的努力就可得到80%的效果的领域，然后集中精力，用创造性思路尝试解决少数重要因素，而不是针对所有因素。

（3）遵循解决问题的一般流程

对于问题，如何确保在有限的时间和信息情况下作出最佳决策呢？传统的问题解决五步骤依旧有效，如图19-6所示。

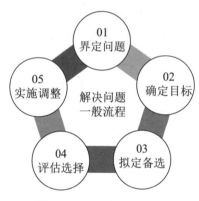

图19-6　问题解决五步骤

第一步：界定问题。确信你看到的是问题本身而非仅仅是问题的一个表象，并确信你对问题的理解。这个时候至少可以做两件事，一是向上寻求在更大范围内、从整体上理解问题，即了解问题发生的背景；二是向下连续问5个为什么，从寻求造成问题的根源是什么开始，这样就能清晰界定问题的边界和实质。比如我们可以就一个"公司不能及时发放工资引发员工不满情绪"来连续提问：为什么公司不能及时发工资？因为月底账上资金总是不充足。为什么月底账上资金不充足？因为公司的销售模式基本上是前半年立项、实施，后半年付款，周期跨度一年。为什么是这种方式？因为要结合客户的项目储备、立项、开展和结账周期。为什么客户结账周期如此？因为我们大部分客户都是执行严格预算的大型企业，需要进行系统内各个层级的审批、预算、立项等程序，所有项目只有验收后才能付50%的结余款项。为什么我们的客户是这些大型企业客户？我们能改变什么解决这个问题？5个为什么，问到这儿，问题的解决办法可以选择如下措施：改变客户及项目类型；公开透明地向员工解释回款周期；临时资金的预先安排等。

第二步：确定解决问题时要达成的目标。明确要取得什么样的目标结果。有效的方案能够带来怎样的利益和效果。需要为解决方案设定一个最优目标和底线目标。注意往往求上得中，求中得下，《孙子兵法》云："求其上，得其中；求其中，得其下，求其下，必败。"

第三步：拟定备选方案。发动团队一起群策群力找到了解决问题的不同方法。第一个方案往往不是最优方案，有第一个就有第二个、第三个、第四个。备选的方案在3到5个为宜，每种方案对应不同的资源和条件。

第四步：评估备选方案并选择最佳方案。系统地研究每一个备选方案，确定能够最好地满足决策目标的最佳方案。重复旧的做法只会得到旧的结果。在此过程中，我们需要评估问题是否是一再发生的重复性问题，如果是，就不能用以往的办法，而要采取完全不同的策略甚至逆向思维，才能从根本上解决这个问题。卡尔·波普尔有句话可以用在这里："真理的对立面，可能是谬误，但更多时候，却是另一个更大的真理。"

第五步：实施、监督、调整决策方案。实施所选定的方案，并考察在实施过程中，评估进度和达成目标的程度，根据实际情况加以调整或纠正，以求最大限度地满足目标和结果。这一步骤说起来容易做起来难，甚至可能是解决问题当中最难的部分。因为实施过程中会受到自身、团队惯性力量及思维认知的局限，难以按照当初设想那样进行下去。我们都知道每天早起早睡、规律作息对身体健康大有益处，但如果之前没有养成早睡的习惯，很难坚持。

（4）不遗余力寻求创造性解决问题的方法

过去数十年，产生了很多启发个人和团队的创造性的方法、工具，比如6项思考帽、头脑风暴、思维导图、团队学习等。在分析和解决问题当中，最常见的创造性解决问题的方法就是头脑风暴法。头脑风暴法充分利用了人类的创造性天性，鼓励人们海阔天空地畅所欲言，尽管有很多研究并不认为头脑风暴法有助于创造性活动，但事实是，我们一群人在开放式讨论时，只要气氛良好、流程把控得当，一些令人眼前一亮的想法就会出现。实际操作中，我通常采用"聚焦—发散—收敛—目标"的流程来产生群体创意。首先在开始时，大家聚焦一个问题，主持人清晰阐述这个问题的背景和内涵，然后团队开始讨论，号召大家运用扩散性思维，提出各种创造性想法。这个过程往往在刚开始时比较困难，但随着讨论的深入，越来越多的想法冒了出来，此时主持人或领导者要尽量避免一言堂，或批评压制团队成员的想法，同时还要把控时间进度。如果在发散阶段，大家的讨论难以形成高质量的创意，那么可以转换场景，或者让每个人在纸上写下 3 到 5 点创意。第三步就是把刚才讨论的解决办法进行收敛、归纳和分类，合并剔除，利用已有的知识和经验，把在上个阶段产生的众多创意进行逻辑梳理，形成几个较为完备的备选方案。最后一步，再次回到问题本身，"关注目标，而非问题"，看看我们整理的方案，如果得到很好落实，能否实现我们的目标和成果。有一个经典的案例，权当笑话一听：钢笔在太空中因为处于失重状态，墨水不能流到笔尖和纸面上，因此宇航员用钢笔在飞船上写不出字。为此美国 Fisher 公司耗资 1200 万美元为航空航天局研制出一种太空笔，在零重力下，从 -45℃ 到 200℃ 都能正常使用。而俄罗斯宇航员在太空中一直使用铅笔。

创造性想法其实并不像人们想象的那样困难，"太阳底下没有新鲜事。"不同要素的排列组合就是一种非常实用的创新方法。本书前面论述过的"蓝海"战略，就是各种要素不同排列组合的经典理论。

（5）择优实践，给结果留出时间

当我们选择了最佳方案付诸实施后，要有耐心等待结果的发生。

尤其在管理领域，往往一个考核制度、激励机制、质量体系等若想取得良好效果，除了设计的科学性、合理性之外，还需要具体执行过程中的艺术、时机等因素配合。很多方案的效果，只有经过较长一段时间认真执行后，才能看到。好的医生都明白一个道理：一种病，同样的药，不同的剂量和用药时间，会产生截然不同的效果。这点对于青年员工尤其那些从事技术、管理类岗位的员工来讲，尤其重要。

新入职场青年员工面临的第一关，就是尽快完成从"分数"智商向"解决问题"的社会智商转变。完成这种转变需要通过实际工作中一个个具体任务来实现，从而通过分析和解决大大小小的问题赢得自身在职场中的初步声誉。而在校时的考试分数像过往的空中楼阁，不必留恋也不能留恋，生活的热流滚滚向前，对于初入职场的年轻人而言，真正的生活已经开启，你无法继续躲避在象牙塔里自我陶醉，人生的机会披着问题的外衣，等待你一一解决。正如荣格所说："人需要困难，这对健康来说是必须的。"用你的责任和热情去主动承担更多任务，去解决一个个问题，这不仅不会消耗你，反而会让你更加富足，我们的技能、视野、能量、思维都在此过程中获得了巨大成长。正如一位教育家所认为的那样：到最后，我们这个社会会有两套教学系统，一套属于富人，一套属于穷人。穷人的教学系统教学生如何应试，遵照标准课程，让你获得基本知识，进而胜任工作；而另一方面，富人的教学系统则强调解决问题、创新和培养探索新知的能力。[4]

第二节 第二阶段：快速学习、项目管理与团队管理能力

> "我相信，每一个愿意学习的人一定会像孩子学走路一样使自己获得信仰。"
>
> ——艾瑞克·弗洛姆

经过3年左右历练，青年人员的社会智力迅速提高，从陌生到胜任，这时他将被组织赋予更大的责任。面对的工作半径、事务分量和问题复杂程度也随之成倍增加，而之前在学校学习的知识、在短短3年实践中所积累的经验，都不足以支撑这些挑战。此时，他必须掌握快速学习的能力，掌握项目管理和团队管理的技巧。

1. 快速学习能力

这个阶段对快速学习能力的掌握，如同前一阶段责任意识的培养一样，伴随一生，终身受益，也会直接影响此后的职业生涯。美国社会学家本杰明·巴伯曾说："我不会将世界两分成弱和强，或者成功和失败……我会将世界分成好学者和不好学者。"（《哈佛商业评论》）有一篇《为什么你需要终生学习》文章，文中认为教育水平与终身收入之间有显著的关系。教育是一项必要的经济投资：拥有大学学位的男性和女性比只有高中水平的男性和女性一生中分别能多赚65.5万美元和44.5万美元，拥有研究生学位的人赚得更多。当然，我们这里的学习不仅仅是从书本上、从正规教育中学习，更重要的是从实践中、从他人身上学习，所学习内容不仅限于相关专业领域，还包括建构自己完整的知识体系及思维模型。通过这一阶段的快速学习，一个人的成长就像雨后的禾苗一样，"嗖嗖"地以看得见的变化显著增长。

人类，是唯一被赋予学习能力、创造能力和智力发展能力的物种。学习本身就意味着快乐。有研究表明，那些专注于学习并保持好奇心的人，几乎总是比其他人更快乐，在社交和职业发展中也更受人喜欢。学习也有益于身心健康。

阅读，一种最普遍的学习形式，哪怕只是很短时间的阅读，都能显著地降低你的压力水平。[5] 下面我来分享一下创办"敏行读书会"这些年来有关阅读的心得体会。

(1) 博观而约取

如果说在大学、研究生阶段以及工作最初的三年是本领域的专业学习，是从书本知识到经验技能的转变，那么在接下来的时间里，无论你是继续在本专业领域发展，还是在其他领域发展，都需要广博的阅读作为基础。这就是"T"型阅读，一横表示阅读的广泛性，一竖表示专业性。

以德鲁克为例，22岁时他已经获得了法兰克福大学法学博士学位，而由于自幼受家庭环境熏陶，也已经深度涉猎了经济学和政治学。青年时期的德鲁克曾担任过哲学教授和经济学教授，之后也曾在大学里讲授过宗教和神学，其知识的广博性可见一斑。所以我们在他的著作中，到处能够看到他信手拈来的各方面案例，比如他说教皇格里高利一世是通过书信沟通的高手，以此来进行广泛联系，发挥教皇的影响力。尽管德鲁克被公认为"百科全书"式人物，但他被人称道、广受敬仰的，则是他作为现代管理学开山鼻祖所做出的贡献。德鲁克一生虽然从未创办或管理过一个组织，但这不妨碍他通过观察社会和组织提出有深度的问题，并给出独到的见解。德鲁克如此，斯蒂格利茨也如此，人们知道他是获得诺贝尔奖的知名经济学家，但却很少有人知道，他24岁时已经获得了麻省理工的哲学博士学位。

上一个阶段，我们通过分析解决问题，形成经验的直观知识，这种知识不断积累形成个人经验。随着经验的积累，我们加快了我们工作的效率，大脑在遇到相同问题时消耗的能耗更少，从而能够为新的未知领域和更为高级的创造性活动储备更多的能量。也就是说，这种由经验而形成的技能使得大脑变得越来越有效率。索尔索在2001年对比了画家和新手的大脑激活情况，同样对于画人面孔这一画家很熟悉的活动，仅仅激活了画家大脑很小一部分，却激活了新手大脑的许多区域。[6] 这点给我们的启示就是，练习对于我们熟练掌握一项技能很重要，而新的领域的学习，则能激活不同的大脑区域，可能产生新的神经连接，产生更多的创意。在今天知识衰减速度加快的时代，快速学习，更新知识储备，比之前任何一个时代都更为紧迫。那么如何建立自己的"T"型知识结构呢，上面的横杠应该先从阅读经典开始。

(2) 阅读经典原著

大约在2018年，美国数据库项目"开放课程"（The Open Syllabus Project）收集了各大学过去15年来超过100万项课程和图书阅读信息，公布了美国大学学生的阅读书目数据，结果发现经典政治学、哲学成为美国高校学生的主流阅读书籍类别。10所美国顶尖大学综合阅读排名前10的作品分别是：①《理想国》柏拉图；②《利维坦》霍布斯；③《君主论》尼可罗·马基亚维利；④《文明的冲突》塞缪尔·亨廷顿；⑤《风格的要素》威廉·斯特伦克；⑥《伦理学》亚里士多德；⑦《科学革命的结构》托马斯·库恩；⑧《论美国的民主》亚历克西斯·托克维尔；⑨《共产党宣言》马克思；⑩《政治学》亚里士多德。

这份书单曾被称为美国顶级高校的"必读"书目，以这些书目为基础的课程，也是最近15年来美国10所顶级高校讲授最广泛的课程。其实无论是不是"必读"，这份书单都能帮助学生在浩瀚庞杂的书籍海洋中，提供一份极具价值的指引。

移动多媒体时代，人们把主要精力都投放在诸如短视频、噱头文章一类的文化快餐上，这类快餐投入快速，注意力流失也快，无法形成深度思考。马克·鲍尔莱对Facebook等社交媒体深恶痛绝，他对那些迷醉于社交网站的年轻人说道："你们要明白每天发生在自己身上的99%的事情对于别人而言根本毫无意义，你们需要在自己的生命中保留一个空间，可以与历史、与艺术、与公民理念相遇。"一个人如果想要获得长久而深度的阅读愉悦，想要让自己在繁杂的时代保持清醒，想要成为人格趋于完善、成熟而独立的个体，自然会追根溯源到人类不同文明的思想源头。上面的书目就是西方思想源头的奠基之作，阅读这些书籍，可以帮助我们理解文化和思维差异，了解这些思想是如何塑造了今日世界文明的格局和面貌。中国也有自己的经典。思想无国界。中国的《孙子兵法》《道德经》及禅宗的很多教义，也为西方各阶层学习。

我把书籍或阅读分为两种：一种是"有用的"，比如现代科学知识体系，它是现代人谋生的本钱；另一种是"无用的"，和谋生无关，它以形而上思考为基石，拷问世界的真相和人生的意义。上文我曾把人的成长分为"被构""解构"和"建构"三部曲。以现代科学知识为主体的学校教育就是"被构"过程，是一个有素养的现代文明社会的人不得不承受的"蒙蔽"；而广博的经典阅读则为获得个体独立意识，对存在和思考本身进行再思考的"除蔽"和"解构"的过程。就像一句话所说："一个人成熟的标志就是把自己以前深信不疑的东西吐出来。"经过"解构"过程，"吐出来"之前的东西，重新"建构"属于自己的体系。

(3) 建构主义学习（深度阅读的技巧）

比尔·盖茨说过，人和人的生命曲线是很不同的，突破人生局限的最好办法是读书。他一年会读 50 多本书,在 2017 年接受采访时,分享了自己读书的 4 个习惯。

》案例 19-2:比尔·盖茨读书经验分享

1. 在页面的周围做笔记

在阅读时要确保精力集中,尤其是阅读非虚构作品时,全神贯注保证自己在吸收新知识,和旧的知识联系思考。在页面周围做笔记能帮助认真思考书籍内容。

2. 不看读不完的书

比尔·盖茨有一个很严格的规矩,那就是读不完的书他坚决不读。

3. 纸质书 > 电子书

这个习惯比尔·盖茨认为自己应该尽快改过来。每次出门他都会带上大包小包的书籍。

4. 专门腾出 1 小时

最好是每次静坐,认真读 1 个小时书。比尔·盖茨说:"如果你像我这样读书的话,你会想一次坐上 1 个小时。因为如果时间太短,你就很难集中注意力,你会在这里待 5 分钟,那里待 10 分钟,一会儿看看杂志,一会儿刷刷视频。"

比尔·盖茨更愿意阅读纸质书,这其实是一个老派的阅读习惯,实际上,电子书的标注、复制、重点重读功能和便利性要好于纸质书。

在创办敏行读书会的 5 年中,我每年的阅读量超过了 50 本,每年分享 12 本精读书目,也可以在一个多小时内快速浏览一本近 20 万字诸如《引爆点》的书籍。在盖茨 4 个读书习惯的基础上,我分享一下自己总结的几点阅读技巧。

第一是制订年度读书计划。我会根据自己下一年度的研究方向,或者令我困惑想要弄明白的领域,或者之前未曾涉猎的领域来制订年度读书计划。

第二是选择相关书籍。根据计划所要涉及的领域和目标,接下来就是挑选书籍。这个环节很重要,一部不好的书籍既浪费时间,又可能会将你带偏。尤其在思想未达到辨识真伪的程度时,选择好的书籍就显得非常重要。我一般会在年末花两三周时间,看看各大书评,翻阅一下电子书样章,去好一些的实体书店浏览一下纸质书,然后先确定月度精读的 12 本好书,再选择其他可以快速阅读的书目。

第三是定好完成期限。当开启每一本书的阅读时,要定好完成期限,比如在 8 月 25 号之前完成。同样在每天的阅读开始时，心中也可计划阅读时长和进度。每月读书会分享是我必须完成的任务，所以我强迫自己在分享前读完，并留出一定时间整理回顾。阅读分享这项任务是我给自己强加的，是一种有意识的自我训练。

第四是回顾标注重点。完成阅读之后，切勿匆匆开启下一本书的阅读。尤其当你阅读的书籍是一部该领域的经典时，更应该再次复习、回顾一下本书的章节逻辑和重点内容。此刻你在阅读时做的笔记，如写于旁边空白的感想或者重点句子的画线、重点内容的折页就显示出重要价值。再次回顾这些重点内容时，你常常会得到和初读时不一样的收获。

第五是变成你的智慧。当你阅读完一本书并回顾重点后，此时可以从历史背景的层面，分析作者的动机、风格和思维逻辑。以你的语言对这本书再次诠释，将书中知识纳入你的知识体系之中，变成你的智慧。我们经常看到不少名著的注解本就是对经典的再诠释，如《论语》《道德经》等注解本。我们不必对每本书进行如此详尽的诠释，但需要从总体上把握书中某些观点背后的思想。不要盲目接受，也不要轻易放过。好的书籍，说情时，会在人性的幽微之处用细节打动你；论事时，会用严密的逻辑、数据、理论和案例相互印证说服你。通过你用自己的思想和语言再诠释，就完成了知识转移，将原作者思想纳入到自己的思想体系。必须完成这种转移智慧产生的过程，否则就只是知识的"复读机"。过程如图 19-7 所示。

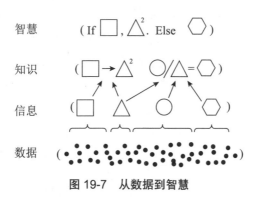

图 19-7　从数据到智慧

第六是分享或者撰写书评。诠释后就可以和周围人分享。我通常都会用自己的结构来重新布局一本书，比如在分享罗素的《哲学简史》时，我将罗素的西方哲学史和同时期的中国的思想史作了简单对比，这样更具乐趣和意义。分享时要点如下：按照你的布局，用你的语言讲解，不要复制粘贴，精彩处引用书中原句。

第七是建构主义学习。人的遗忘非常快,德国心理学家艾宾浩斯(H. Ebbinghaus)通过研究人脑对无意义音节的记忆,描绘出了记忆遗忘曲线。最初的记忆在 20 分钟后仅剩下 58.2%,此后逐渐转慢,一天后剩下大约 1/3 的记忆,两天后大约仅有 1/4 的记忆被保留。我们阅读的目的之一,就是在头脑中形成庞大的知识库,使我们在面对工作和生活中各种新出现的难题时,可以迅速进行搜索、判断和决策。一些人读了很多书,也标记了很多,甚至也能分享,但就是无法将这些转换成具体的实践,思维认知和行动决策都还是停留在阅读之前的水平。摆脱这种局面最好的方式就是建构主义阅读。

建构主义的阅读,是以当下面临的问题,从阅读者自身目的出发,将书中知识纳入到自己整体知识框架中,并将其中一些思想和工具在小范围内试验,成功后迅速推广,重建或扩充自己的知识、能力和思维结构。我将《这就是 OKR》和《敏捷革命》这两本书读了好几遍,将书中一些思想和工具深度运用到实际工作中,不断融合形成新思维、新观念、新能力。建构主义阅读比通常的培训更有效力,这种学习方式是用新的知识检验旧的经验,在探寻、理解的层次上,产生新的经验和认知,覆盖旧的经验和认知。

(4) 360°反馈学习

反馈学习就像一面镜子,我们通过他人的眼睛来认识自己的不足。2001 年《美国管理季刊》第 4 期刊载的一篇研究文章指出:"一旦管理人员知道了关键的管理行为是什么,同时又知道下属人员将会对自己作出评价,这两点似乎就足以促使他们不断改进自己的管理行为。"所以即使你的公司没有展开 360°反馈,你也应该积极向你的上级、同事和下属寻求他们对自己的真实反馈意见,并将此视为自己接下来发展的重点领域。360°反馈适合从一般员工到高管人员的学习。戈德·史密斯正是通过 360°匿名反馈来辅导公司 CEO 改进他们的盲点。360°反馈不应该被视为用于绩效考核、与工资奖励挂钩的工具,而是应该被当作员工发展的高效工具。

表 19-2 就是 GE 在杰克·韦尔奇时代的经理人 360°评估表。

表 19-2 经理人 360°评估表

特　　点	行 为 标 准	经　　理	同　　事	下　　属	其他人员
远景					
关注客户/质量					
诚信					
责任/承诺					
沟通能力/影响力					

续表

特　　点	行 为 标 准	经　理	同　事	下　属	其 他 人 员
共享无边界					
团队建设/授权					
知识/专业能力/智力					
主动性/速度					
全球化思维					

等级标尺：需要重点提高的 1　2　3　4　5 出众的长处

（5）从最好的客户那学习

这一点我是从全球第一高管教练戈德·史密斯那里学来的，他的教练服务收费很高，采取的收费模式也很有意思：先服务，后收费。当《哈佛商业评论》采访他时，问他为什么敢于采用这样的模式，戈德·史密斯说："我也许并不是世界上最好的教练，但我拥有最好的客户。我和很棒的人共事，他们努力、聪明、专注和寻求改进。如果拥有这样的客户，你很难不成为最好的教练。我常常和客户说，我拿钱不是因为我是好教练，而是因为你是好的客户。所以这件事和我无关，和你有关。"

戈德·史密斯正是通过向这些聪明而努力的客户不断学习不断发展而取得成功。他的例子给我们带来这样的启示：放下你的傲慢，优秀的客户不仅能够带来金钱，还会给你带来从书本上、从自己经验范围内学不到的东西，甚至他们和周围人交往时所表现的成熟睿智的态度、正直诚实的品格都会潜移默化影响你。我很庆幸自己在进入这个行业之初所遇到的几位兄长般的客户，他们大都具备成熟完善的人格，不因甲乙方之间的关系而表现傲慢。在和他们合作期间，我自己也学习了很多，获得很大的成长。当你希望自己做出探寻、改变、进步时，要做的重要事情之一就是梳理自己周围的圈子，重新建立高质量的朋友和客户群体关系，然后谦虚地从他们身上学习。

总体而言，这个阶段的快速学习，就是将工作中不断出现的新课题当成研究对象，从书本、他人和实践3个途径学习，获得各方面的提升。这一阶段的学习至少应该达成3个目标：建立体系化的知识框架和多模型思维；养成终生学习的习惯；提升自己所从事的专业领域的创新思考和实践能力。正如科尔布的学习周期理论所认为那样，真正的学习是一种经历。我们要做的就是反思这种经历，感受这种经历，并将所感悟的成果，创造性地应用到我们的工作和生活中去。科尔布认为人们为了吸取经验，必须经过一个学习周期，必须经历4个层次：完成任务的层次、思考的层次、理解的层次和创新的层次。如果错过了某个层次，那么就意味着学习过程被抑制了。四个层次如图19-8所示。

图 19-8　科尔布学习周期

二十七八岁的年轻人就像海绵一样，根据工作和生活的需要，快速吸收着各种经验、知识，掌握着各种技能，不断建构着自己的思维认知模式。在而立之年到来时，他们通过这一阶段的快速提升，有可能被组织赋予独立承担重大项目的重任。因此，学习和掌握复杂项目的管理能力就非常必要，甚至可以看成未来他们领导企业的开端。

2. 项目／团队管理能力

经过几年发展，青年人才将有机会被提拔到管理岗位，领导几人到十几人不等的小型团队，这些团队存在的目的就是完成一个个项目或重要产品。所以我将项目和团队融合在一起，就是因为项目是以团队形式来展开而非个人，团队也只有在项目实施中才有其价值。从这个时候开始，管理职能作为一种不同于原来的技术性工作而显现出巨大的价值。这对于第一次走向初级领导者岗位的人员而言，是一项严峻的挑战。如果他们还是按照以往习惯，不是有意识地学习和掌握一些领导技能，将无法胜任这一阶段的工作。这些必须掌握的领导技能包括：工作计划、会议管理、团队建设、分配任务、绩效评估、激励下属等。

拉姆·查兰在《领导梯队》中将这一转变称为"从管理自己到管理他人"的转变，重点是从自己做事转变为带领团队做事的工作理念转变。尽管拉姆·查兰的理论研究源于信息工业时代的 GE 等企业，而不是今天站立潮头的数字化人工智能企业，但他关于领导者每次跃迁都需要完成三方面的转变这一看法，在今天依然具有借鉴意义。这三方面分别是：领导技能——培养胜任新职务所需要的新能力，提升领导力；时间管理——重新配置时间精力资源，决定如何高效工作；工作理念——更新工作理念和价值观，让工作聚焦重点。

领导技能容易学习和掌握。比如主持会议技能，只要根据一个固定流程和会议表格，多主持几次即可提升该项技能。最难的是工作理念和时间分配上的转变，尤其工作理念的转变最为重要。在时间分配上，作为项目经理的年轻人员，要把一部分时间用在诸如计划、评估、考核等管理工作上；在工作理念上，要重视管理工作，需要通过团队成员完成任务，而不是事事亲力亲为。很多初任经理人，忽视与团队成员沟通的重要性，不愿意花时间去倾听团队成员的意见，当团队成员遇到困难时，经理不是辅导他如何完成，提高其胜任力，而是自己动手来做，这样就失去了培养和激励团队成员的好机会。拉姆·查兰总结类似这种现象有如下几种：把下属提出的问题当成是障碍；补救下属工作失误，而非教会如何正确去完成挑战性工作；拒绝与下属分享成功，逃避对下属的问题和失败；没有给予足够的支持和建立员工的文化价值观。[7]

团队是这个世界运转的主要力量，包括高层政治领导团队、政府、企业各层级团队、深入社会基层的网格化服务团队等。但今天基于团队开展的项目管理和以往有很大不同。传统项目管理的解决思维和办法，是基于可预见的、线性逻辑的机械化思维，一步步将项目分解成若干活动，然后设置流程和时间节点，使活动看起来可控和可预测，它的典型代表就是甘特图。这些看起来完美的项目计划图，设计时需要花费大量时间精力，然而在现实中几乎很少按照计划完成。这种方法僵硬而缺乏弹性，强调了效率，牺牲了结果，忽视了复杂多变的现实情况。其实人们并不善于预测和计划，正如杰夫·萨瑟兰在《敏捷革命》这一划时代的杰作中所指出的：人们预计的工作量和实际工作量的差距最高可达 16 倍，实际工作量可能是最初预计的 4 倍，也可能是 1/4。[8] 图 19-9 "不确定性圆锥"就是这种情况的直观反映。

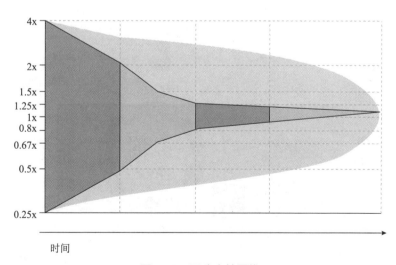

图 19-9　不确定性圆锥

VUCA 时代，项目管理的关键不在于计划是否完美，而在于以结果为导向，以创造出"增量"价值为标准，在执行过程中进行灵活的调整和改进。敏捷项目开发团队成员包括3种角色：产品负责人、敏捷主管和团队开发成员。产品负责人是来自"客户的声音"，其目标是促进团队为客户提供更好的服务，或者确保开发的产品价值最大化，其主要工作内容是将客户需求转化为团队内部的具体待办事务。敏捷主管就是根据团队成员特点，分配具体任务，带领团队将这些待办事务在项目周期内完成；促进团队沟通、不断检测和提升团队激情和良好氛围，也是敏捷主管的重要工作内容。当你担任敏捷主管时，你需要具备良好的人际沟通能力，而在我看来，沟通的确需要一定的技巧，但是良好的情绪把控和认真做事才是沟通的关键。正如德鲁克所说，当你着眼于贡献时，你就会拥有顺畅的沟通和良好的人际关系。更多的有关领导者的沟通技能会在下节"识人用人育人"中阐述。

项目团队成员应该各自具有特点、技能互补。成员人数少于3人时，成员之间没有足够的互动，协同效应不会很突出。但超过9人时，团队就会花费过多时间用于协调沟通，也会得不偿失。研究表明，随着团队规模的扩大，团队产出并没出现相应的增长。组织心理学家阿德里安·弗恩海姆写道："科学论证商业界的人士必然在疯狂使用头脑风暴式的小组学习。如果你的员工才华横溢并且积极进取，那你就应该在创造性和效率为上的任务中，鼓励他们独立工作。"

冲刺是敏捷项目开发流程的核心，一次冲刺以一个时间周期为单位，可以是一周或者两周、甚至一个月，冲刺的目的就是全力以赴完成周期内确定的阶段性成果。一个完整的项目开发冲刺如图19-10所示。

图19-10　完整的项目开发冲刺图

在敏捷项目管理中，一个完整的冲刺包括 4 个环节：一是冲刺规划会，主要内容就是确定冲刺要完成哪些待办事务，才能实现阶段性成果。冲刺规划会的成果就是建立团队的全部待办清单列表。二是每日例会，每日例会的目的是跟踪每天的冲刺进度，确保团队目标和行动的一致性。每日例会时敏捷主管会引导大家回答 3 个问题：你昨天做了什么去帮助团队完成冲刺？今天你打算做什么？什么因素阻碍了团队的前进之路？如果遇到问题，相关人员在会后进一步探讨解决。需要注意的是，不要把每日例会开成工作流水账式的汇报，能短则短，并争取在 15 分钟内结束。第三个重要环节是冲刺评审会。评审会在一个冲刺即将结束时举行，是对这段时间的冲刺活动进行评审，评审内容主要包括：待办清单是否都已完成，阶段成果是否达到，用户的反馈是什么？第四个重要环节是冲刺回顾会。回顾会在冲刺评审会结束之后，下一个冲刺规划会议之前举行，目的是回顾整个冲刺过程，寻求进一步改善。回顾会主要内容包括：回顾上一个冲刺中的有关人员、氛围、方法、设备和环境，依照优先顺序逐个制定针对性改进方案，用在下一个冲刺活动中。在敏捷项目管理中，一段冲刺就是一段"完成"，"完成"的定义就是可以交付的产品、服务、项目的阶段成果或最终成果。迭代开发是敏捷项目管理的一个重要理念，而每一次迭代都会有一个"增量"产生。在迭代开发过程中，每一次冲刺完成的"增量"，确保了项目不断优化升级，带给客户更好的体验。

》案例 19-3：敏捷 Scrum 实施步骤

1. **一位产品、服务或用户负责人**。这个人必须知道自己带领的团队需要做什么、制造什么产品以及取得什么成果，必须全面考虑到风险与回报，考虑什么具有可行性、什么能做以及他们对什么富有热情。

2. **一个团队**。真正做事的是谁？这个团队必须能够落实产品负责人的愿景。团队规模宜小不宜大，一般 3～9 人较为合适。

3. **一名 Scrum 主管**。主管为 Scrum 过程负责，负责培训团队其他成员，确保 Scrum 得到正确运用，帮助团队消除一切障碍。

4. **拟定待办事项清单，并确定优先顺序**。这个清单高屋建瓴地列出为了落实产品负责人的愿景而需要完成的所有事项。在整个过程中，这个清单一直存在，并有所演变，相当于产品研发的"路线图"。无论在任何时间，要想知道一个团队要做的所有事项（按照优先顺序排列），待办事项清单都是唯一具有决定性的参考依据。待办事项清单只有一份，意味着产品负责人从头到尾必须不断地对优先顺序加以调整。产品负责人应该与所有利益相关者和团队进行协商，以确保产品待办事项清单既能反映用户的需求，又不会超出团队的能力范围。

5. 改进和评估待办事项清单。 让负责实际工作的团队对待办事项作出评估，是一个至关重要的环节。团队应该审视每个事项，看看是否切实可行。但要完成这些事项，现有的信息足够吗？该项目是否细分到了可以评估的程度？团队是否具有了每个成员都能接受、用于评定一个事项已完成的标准？一个事项能否带来显著的价值？各个事项在完成后必须产生能够用来展示的成果，如果这个成果能交付给客户试用会更好。不要用所需小时数去评估，因为人们根本不擅长作出这么精确的评估。要用相对难度去评估，比如，难度是小、中或大。更好的方式是采用斐波那契数列的数字（1、2、3、5、8、13、21、…）。

6. 冲刺规划会。 这是第一场 Scrum 会议。团队成员、Scrum 主管以及产品负责人坐到一起，规划冲刺的内容。冲刺周期一般是固定的，不超过一个月，大部分是一至两周。团队要从待办事项清单的顶端着手（即从最重要的事项着手），看看一个冲刺阶段中能完成多少。如果团队已经开展过好几个冲刺，那就记录下每一个冲刺完成的事项的"点数"。这个数字相当于团队的速度。Scrum 主管与团队成员应努力在每一个冲刺阶段中提高这个数字。团队成员和产品负责人也可以借助"点数"确保每个人都能了解待办事项对于落实最终愿景的作用。对于冲刺目标，即在这一冲刺阶段完成哪些事项，所有人都应该形成共识。Scrum 的基石之一在于，产品负责人告诉开发团队他需要完成产品订单中的哪些订单项；开发团队决定在下一次冲刺中他们能够承诺完成多少订单项。在冲刺的过程中，没有人能够变更冲刺内容。团队必须在冲刺阶段自主工作。

7. 工作透明化。 在 Scrum 中，最常见的做法是准备一块白板，上面分成三栏：待办事项、在办事项、完成事项。把待办事项写到便笺纸上，随着进度的推进，将相应的便笺纸转移到其他栏目。让工作透明化的另一个工具是燃尽图。在这张图中，一个轴代表工作量，另一个轴代表时间。每天，Scrum 主管都会记录待完成的剩余点数，而后画在燃尽图上。理想情况下，该图是一条向下的曲线，随着剩余工作的完成，"燃尽"至零。

8. 每日例会。 这是 Scrum 的活力源泉。团队每天在固定时间进行内部沟通，时间一般不超过 15 分钟，且站立进行，Scrum 主管向团队成员提出下列问题：（1）你昨天做了什么去帮助团队完成冲刺？（2）今天你打算做什么来帮助团队完成冲刺？（3）什么因素阻碍了团队的前进之路？Scrum 主管要问的问题就是这么多！整个会议的内容就是这么多！如果会议时间超过 15 分钟，那就说明开会的方法存在问题。这样做的意义在于让整个团队清楚地知道在这一个冲刺周期内各项任务的进展。所有任务都能按时完成吗？有没有机会帮助其他团队成员克服障碍？团队的任务都不是自上而下分派的，而是自主决定、自主完成的，也不需要向上司作详细的汇报。Scrum主管负责消除团队面临的障碍。

9. **冲刺评估或冲刺展示**。在冲刺结束前，给产品负责人展示成果，也就是展示哪些事项可以挪到"完成事项"那一栏，并接受评价。这是一场公开的会议，任何人都可以是参与者，不仅仅包括产品负责人、Scrum主管及开发团队，还包括利益相关者、管理人员与客户。团队应该只展示那些符合"完成定义"的事项，也就是全部完成，不需要再做工作就能交付的成果。这个成果或许不是完整的产品，但至少是一项完整的、可以使用的功能。

10. **冲刺回顾**。团队展示之前冲刺中创造的成果，也就是展示已完成的事项，看看可以为顾客传递哪些价值，并征求反馈意见，大家就会坐下来想想哪些事执行得很顺利，哪些事应该做得更好，以及在下一个冲刺阶段中可以做出什么改善。那么，如何发现流程中的哪个环节需要改善呢？让这个冲刺回顾过程有效，团队需要相互信任。必须记住关键的一点，即大家不要从团队中找一个人当成责备的对象，而是要将注意力集中在流程上，认真分析以下几个问题：为什么会发生那件事？为什么我们当时忽略了？怎样才能加快工作进度？作为一个团队，大家要对自己的流程和结果负责，要集思广益，共同寻求问题的解决之道。这一点是至关重要的。与此同时，团队必须有勇气把真正的障碍摆到台面上来，这样做是为了解决问题，而不是为了指责某个成员。团队成员必须能认真探讨问题，并虚心接受他人反馈的意见和建议，以便寻求问题的解决之道，而非只想着为自己辩解。然后就进入了关键环节。团队确定一个最值得改善的地方，将其设定为下一个冲刺阶段的首要任务，当然，改善的结果必须通过"验收测试"。你如何证明自己成功地完成了改善？你需要用具体的、可操作的方式界定什么是"成功"，这样，在下一个冲刺回顾会议中才能很快判断出是否已完成改善。

11. **上一个冲刺阶段结束之后，立即开始新的冲刺阶段**。利用之前的冲刺过程中，团队在消除障碍、改善流程方面积累的经验。

传统强调计划的项目管理方法，已经难以适应今天这个多变时代的要求，敏捷项目管理于是成为主流。在敏捷项目管理中，团队而非个人，是项目的承担主体。那么什么是一个好的团队呢？如果说敏捷化的项目管理主要关注流程和方法等事情层面，那么团队建设则重点关注文化和协作等人的层面。

团队不同于群体，它是少量人的集合，这些团队成员技能互补，有共同目的、绩效目标及方法，并作出承诺，彼此负责。在谷歌公司内部，曾经有过高绩效团队专门研究"亚里士多德计划"，之所以起这个名称，是对亚里士多德名言"整体大于部分之和"的致敬。通过对内部 180 个团队的绩效研究，最重要的发现是不是团队成员是谁，而是他们如何互动，才是影响团队绩效的关键所在。项目负责人指出："虽然收集了很多数据，但是没有任何迹象表明特定的人格类型搭配、技能或背景导致团队与众不同。人这部分看来并不重要。"研究人员得出结论：理解并改变群体规范是提升谷歌团队效率的关键所在。什么样的群体规范是一个高效团队的群体规范呢？研究人员发现，所有好的团队大体有两个共同的行为模式：一是成员发言的机会均等，研究人员称这种现象为"发言机会分配均等性"。有些团队每个人都会发言，还有些团队的领导会由成员轮流担任，无论哪种，一天结束后，每个人发言次数大体均等。研究人员指出："只要每个人都有机会发言，那么这个团队就会表现不错；但如果只有一个人或一个小圈子一直发言，那么群体智力就会下降。"好团队第二共同行为模式是"一般社交敏感性"更高，也就是说他们善于从他人的语气、表达和其他非言语暗示知道别人感受。透过眼睛看内心的测试是测量社交敏感性最简单的方式之一，即通过向观看者展示别人眼睛的照片，问询照片上人的所感和所想。这两种高绩效团队的共同行为模式，被统称为"心理安全"。研究指出：在一个心理安全感高的团队中，团队成员会敢于在队友面前去冒险。因为他们确信，团队中没有人会因为承认错误、提出问题或提出新想法而让大家感到尴尬或受到惩罚。

除了心理安全，"亚里士多德计划"还发现下面 4 个要素决定了一个团队的表现：[10]

①结构和清晰度：团队的目标、角色和执行计划是清晰而明确的。

②工作意义：我们正在从事一项对每个人都很重要的事情。

③可靠性：成员能够按时高标准完成各自工作。

④影响：成员发自内心认为所做的工作是真正有意义的并创造变化。

以上工作意义和影响具有一定的重合度。事实上，在研究团队众多的理论中，都提到了几个重要因素：团队清晰目标愿景；领导者；彼此信任；一致的承诺；互补的技能；外部支持等。但谷歌的"亚里士多德计划"的特别之处在于，在众多影响团队绩效的因素中，将基于心理安全的信任关系放在极为重要的位置，并给出了两种行为模式。这一点值得管理者认真思考。

三十多年来，麻省理工学院媒体实验室的教授米奇·雷斯尼克 (Mitchel

Resnick)一直致力于技术教育与创新学习模式。他倡导4P模式：项目(projects)、同伴(Peers)、热情(Passion)、玩耍(Play)。作为领导者，挑选志同道合的同伴，不仅事关项目成败，而且对组织长期持续发展都至关重要。

案例19-4：奈飞八条打造高绩效团队文化的准则

有一份被Facebook首席运营官谢丽尔·桑德伯格称为"硅谷最重要文件"的132页PPT，在美国大量企业中流传。这份文件就是《奈飞文化，自由与责任》（*Netflix Culture: Freedom & Responsibility*）。其中，8条打造高效企业文化的准则最为重要。

第一，只招"成年人"。令人不可思议的是，公司允许同事自己决定什么时候休假，完全自己说了算，只需要跟直接领导说一声。奈飞就是相信员工会对自己的时间负责，而前提是相信员工是一个有能力安排好工作和休息的成年人。成年人还有很多特质，比如不会只是抱怨问题，而是会自己解决问题，且懂得纪律的重要性等等。

麦考德说："伟大的团队是，每一位成员都知道自己要去往何方，并愿意为此付出努力。伟大团队不需要靠激励、程序和福利待遇，靠的是招聘成年人，渴望接受挑战的成年人。"

第二，要让每个人都理解公司的业务。如果员工做了愚蠢的事情，要么是未被告知相关信息，要么是被告知了错误信息。高层管理者以为分享业务遇到的麻烦会加剧员工的焦虑感，但其实更让人焦虑的是对信息一无所知。尽量告知员工他所处环境中的所有信息，然后由他来判断怎样行动是最合理的，而不是只告诉他你认为他需要的信息，让他严格按照指令来行事。

第三，绝对坦诚，然后获得真正高效的反馈。商业领域最有价值的洞见之一，就是礼貌而诚实地告诉员工真相并非一件残忍之事。奈飞的文化支柱之一，是要开诚布公。如果某个人对另一名同事有意见，最好的方式就是当面沟通。既然是成年人，就应该有能力听真相。

第四，只有事实才能捍卫观点。观点当然可以人人都有，但是事实是什么就是什么，在大多数情况下却没有观点那么多样。在奈飞，员工可以有自己的意见，也可以为自己的意见辩护，但意见要始终以事实为依据。没有事实支撑的意见，就是没有价值的。商业上的一个巨大危险就是：有人因为自己强大的"说服力"赢得争论，而不是依靠合乎事实的观点。为什么这是巨大危险？因为商业是最讲究用结果说话的，而不是看谁赢得辩论。

第五，从现在开始，组建未来需要的团队。也就是要面向未来，思考自己需要什么样的团队成员，而不是眼下缺什么样的人，才去找什么样的人。奈飞对招聘高度重视，面试的重要性要高于任何已经确定好的会议。面试也是奈飞的高管可以缺席高管会议的唯一理由。这是为了表达对人才的尊重，应聘候选人在评估你，就像你在评估他们一样。此外，虽然奈飞的人力资源部很强大，但最终作出决定的是用人部门的领导者。因为，是他的团队要对最终绩效负责。麦考德提出：员工的成长，只能由自己负责，管理者不要把自己当成是员工的职业规划者。管理者最应该做的事情，是确保公司能够生产出好产品，以及服务好客户。所以，就有必要不断搜寻人才，重新配置团队。

第六，员工与岗位应该"高度匹配"，而不仅是匹配。奈飞的人才管理理念中，最基本的是这三条：1.招聘优秀人才和辞退人的主要责任在管理者身上；2.每一个岗位都要招聘一个高度匹配的人，而不仅仅是一个匹配的人；3.如果一个人的技能与岗位要求不再匹配，即便是非常优秀的人才，也要说再见。留住人才并不是团队建设的目标，而能否建立一个高度匹配的、面向未来的团队才是关键指标。

第七，支付市场最高薪酬是高绩效企业文化的核心。如果你的员工是卓越的，那么要按照员工带来的价值付薪酬。谷歌曾给奈飞员工开出了两倍的工资，这名同事的团队成员和上司都要求麦考德涨薪以留下这名同事，麦考德很生气，但冷静下来，认为这名同事的确值得挽留，结果她不但挽留下这名同事，还给团队中做同样工作的员工涨了一倍薪水。在某些工作上，奈飞人创造了专业性和稀缺性，如果严格遵照内部薪酬标准执行，实际上会损害那些最优秀贡献者的利益。

第八，离开时好好说再见。要好聚好散，要让员工离开之后仍然觉得它是很伟大的公司。麦考德希望在奈飞建立一种双向流动的团队。一方面，公司不会停止搜寻市场上最优秀也跟奈飞最匹配的人，另一方面，她也不会强留同事。

把公司比喻成球队，而不是家庭。球队的目的是要取得胜利，能否赢得比赛是衡量球队成功的唯一标准，因此，教练会及时换掉没有办法创造出最好成绩的选手，甚至当教练自己不再合适团队的时候，也会被换掉。否则，球队中的其他人和球迷都会很失望。

第三节 第三阶段：识人育人、设计思维和产品开发能力

随着岗位领导能力的增强，工作成绩也越来越出色，管理复杂度也越来越高，第二阶段一些优秀人员从基层团队管理工作走向一个独立运作公司的领导

岗位，员工规模从100多人到一两千人不等，营业额从几个亿到上百亿不等。这个时候，他只能通过领导一线经理人员，同时还需具备系统能力，才能有效领导。

1. 识人、育人和用人能力

"我大约把1/4的时间用于招募人才。"

——乔布斯

2021年我们对一个公司中高层管理人员进行了问卷调查，在286份有效问卷中，有49.7%的人员认为"识人用人"能力对其职业生涯具有决定性影响，47.6%认为有"很大影响"，如图19-11所示。

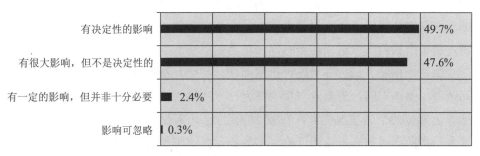

图 19-11　识人用人能力对干部职业生涯的影响

之所以把有关人员的识别、甄选、培育和安排的能力放在第三阶段，是因为这是一种与经验、阅历紧密相关的能力。一个初出茅庐的年轻人不可能拥有很好的识人用人能力，他只有在实际工作中，与数百名人员打过交道、有意识地去提高辨识人员的技能，才会发展出这项能力。识人、育人和用人能力，既是这一阶段管理工作的需要，也只有在这一阶段才能培育出来。

本书第三部分已经系统介绍了如何从组织的角度去招聘选拔、培养人才，下面我们从领导者个人的角度来阐述，如何通过一些技巧和工具，提升自己在这方面的能力。这项能力对于所有管理者尤其中高管理层而言，都是一项不可委托他人的关键能力。

（1）识人

三国时曹操第一谋士郭嘉，38岁去世，曹操在赤壁大战失败途中叹曰："郭奉孝在，不使孤至此。"起初郭嘉依附袁绍，但他观察袁绍之后，发现袁绍虽然想要效仿周公礼贤下士，但却缺乏用人的智谋。郭嘉评价袁绍："多端寡要，好谋无决，欲与共济天下大难，定霸王之业，难矣！"于是离开袁绍阵营，经荀彧推荐和曹操谋面一谈天下事。对话之后，曹操大喜曰："使孤成大业者，必此人也。"郭嘉也由衷高兴赞叹："真吾主也。"

一流人才与领导者之间，是双向选择的。关于曹操和郭嘉那次决定两人是否搭班的谈话内容，历史并没记载。但我们可以设想，对于曹操而言，这是一次成功的约谈面试；而对于郭嘉而言，这是一次决定终生的军师职位的应聘。对于领导者而言，选拔合适的人才是无法委派他人完成的极少数关键事务，甚至是一个成功领导者的第一要务。如何选拔到合适的人才？这个问题不仅令专业的人力资源管理人士头疼，也令很多经验丰富的企业领导者备受困扰。谷歌曾为了寻找一位合适的首席人力资源官，把创始人拉里·佩奇折磨得说干脆找个律师事务所的专业人士算了，只要确保不犯政策和法律错误就行。

（2）面谈

面试约谈，是领导者识人常用的方法手段，也是一项需要长期不断训练才能较好掌握的技能。如果你有志于创建一个长久的公司，成为一个优秀的领导者，那么面试约谈，这项耗费时间和精力的事情，绝对值得你认真投入。

每一次招聘、选拔和考核评价的面谈，都会耗费管理者和相关人员大量时间精力。面谈期间，需要双方集中精力，专注投入地进行一场关于工作甚至生活等全方位的个人情况交流。在我20年的经营企业和咨询顾问生涯中，经历了上千次的面试和客户访谈，绝大多数谈话都遗忘了，而那些令人印象深刻、眼前一亮的对话和访谈对象，则随着时间的流逝，反而更加清晰，如在眼前，令人难忘！面谈时，至少有两类问题可以提问，一类是基于过去的关键事件，一类是面向未来的畅想，如表19-3所示。

表19-3 识人选人典型问题类型

问题类型	典型问题	考察要素	评分
BEI关键行为事件访谈	1.在过去一年中印象最深刻（最成功/最失败）的一件事情是什么？ 2.你在其中担任什么角色？ 3.做了哪些具体工作，最后成果怎样？ 4.过程中面临的困难是什么？你是如何思考和克服的？	分析、解决问题能力 领导能力 沟通协调能力 思维表达能力 驱动力或动机 价值观 学习能力	
面向未来的问题	1.如果你成为销售总监，你会怎么展开工作？ 2.估计会遇到什么障碍？你会如何克服？ 3.10年之后的你，会给今天的你什么工作建议？	目标制定和战略能力 深度思考能力 自我反思学习能力	
建议和评估			

一些想要考察的能力则可通过提问一些针对性问题来观察，这些能力和典型问题如表 19-4 所示。

表 19-4　常见能力及对应问题表

姓名		职位		年龄		性别	
年度工作主要目标：				岗位主要工作描述：			
访谈评估的主要内容	素质能力简要描述	提问问题顺序		要点记录		分值	
开场良好气氛营造		您好，最近工作怎样？看的什么书呢？最近可以分享令人愉快的事情是什么？				不评分	
1. 敢于担当		去年哪些"急难险重"任务印象比较深刻，你是怎么应对的，请给我们介绍一下？		观察他是否直面困难和现实			
2. 以身作则		在上面你所举事情的关键时刻，你具体采取了什么措施？你当时在哪里？何时进入"风暴中心"？		是否关键时刻一线指挥：			
3. 视野与洞察力		当时你是如何分析这个事情的？为什么？现在回头看是否有新的发现？		看问题的角度、深度及分析的条理性等：			
4. 坚持原则		在处理事情的过程中，有没有发现一些人员有违规现象发生，违反组织纪律和工作制度等现象，这些事情是如何解决的呢？					
5. 成熟度		如何平衡事情中的人情和原则？你如何评价自己的各项绩效（能力）表现？你觉得自己的最大优势有哪些？最需要提升发展的有哪些？		自我认知是成熟度的重要体现，而圆滑则不是：			
6. 求真务实		在你所谈及的上述关键事件中，做得好的地方是什么？失败教训是什么？如果复盘一下，你会和以前有什么不同思路和做法？我们回顾一下，你对自己今年工作目标完成情况有怎样的看法？		实际成绩和自己的看法有无差距：			
7. 组织发展		过去一年带领部门（公司）都取得了哪些方面的重大发展？对于明年（下季度）有什么主要目标和期望的重要结果？现实障碍有哪些？如何克服，达成目标和重要结果的路径有哪些？具体行动计划能否简要谈一谈？					
总分合计							
总体评估意见：							
签署人：				日期：			

面谈期间，下面一些事项需要注意。

交谈过程中遮遮掩掩、言辞闪烁、模棱两可的值得警惕。在人员访谈中，被访者谈话的真实性应该是第一原则，这体现了被访人员清醒的认知、自我剖析的勇气，以及面向未来的成长。可以这样说，真实性，是所有管理有效性和领导力的源头。没有了真实性，一切就无从谈起。越是高层管理者，越需要真实性，失真的高层管理者造成的决策失误对企业来讲，是一场灾难。

泛泛而谈过往典型事件的，通常都应该值得警惕。好的管理者，一定是关键细节和最终结果并重的管理者。当通过过往典型事件了解被访者时，一定要把问题深入下去，在当时情境下，被访者有哪些关键行为？当时是怎么思考的？团队还有谁，如何一起配合工作？收获是什么？教训是什么？这些问题，被访者无法作假，如果泛泛而谈，那就是被访者未曾亲身经历或深度参与。

对自己各方面评价很高的人值得警惕。当访谈者用一些从 1 到 10 的量表数据，询问被访者如何对自己的各项能力进行打分时，通常自我认知较好的被访者能够直面自己的问题，很少有特别高的分数，更不会是平均 8 或 9 分的评分，而是有高有低的能力曲线。有些能力他们会评到 6 分以下，即使是自己最优势的能力，也很少自我评分为满分。这是因为优秀的管理者都是一个自我认知清晰的管理者，他们在工作中善于发挥自己优势，也能够意识到自己的短板。他们深知一个人的精力有限，只有尽最大努力去发现潜能、发挥优势，才能带来卓越。对于自己的短板，他们也有清醒的认识，在工作中尽量提升、弥补使其不至于拖工作的后腿，并通过团队中擅长这方面的其他成员来弥补，也更强调团队智慧，而不是个人全能。

对未来缺乏想象的被访者可能创造力不高。访谈最后通常是对未来的展望。许多被访者即使在我一再鼓励其不要受到资源所限、尽可能畅想未来时，无论生活还是工作方面，他们依然表现出缺乏对未来的想象。对于缺乏想象，被访者的解释大多是因为工作繁忙。对未来缺乏想象，就无法通过愿景感召来激发团队成员，在工作中也因为想象力枯竭而缺乏创造力。而缺乏创造力、缺乏群策群力的创造性解决方案，可能正是造成他们看起来繁忙、工作疲于奔命而又缺乏成效的主要原因。他们可能会是一个认真负责的个人工作者，而不是一个好的管理者。

和上面这些相反，优秀人员也有一些共性，在我们对一家大型企业的分公司进行大范围双盲访谈的过程中，我们发现了优秀管理人员的一些共性：直面现实、聚焦重点和责任在我。

直面现实。这是一种自我认知的能力，也是一种勇气。那些最优秀的只占20%的领导者，他们对自己的能力素质评价绝不会出现满分一说，而且其中有几项刚及格或低于及格线。这说明几点：优秀的领导者寻求真相，敢于直面现实；他们绝不是事事觉得很好的自大者，而是有非常清醒的自我认知；意识到不足，他们将面向未来，自我成长，通过学习实现自我超越，优秀的领导者就是一个好的终生"学习者"。

聚焦重点。在谈到印象深刻的具体事务时，他们总是能在日常纷繁复杂的工作中，抓住关键事情的关键环节，详述生动。

责任在我。优秀的管理者是一个成熟而积极的人，他们会坦诚地指出问题，主动承担责任，而很少泡在情绪中抱怨和指责。不同地域、不同文化、不同组织的个人绩效相关性研究均指明，责任心这一要素，是影响人员未来在组织绩效表现最重要的因素。诸多人格分类中，只有大五人格对人员未来的绩效表现具有很好的预测性。主要原因是大五人格（即宜人性、开放性、责任、外倾性、神经质）包含了责任这一维度。责任一项，也是本章第一阶段所认为的最重要的职业价值观和态度。

（3）旅途细节观察

识别一个人，除了"听其言"，更需要"观其行、察其心"。一个自称善良的人，不会在行为上表现得对人冷漠，对同事背后中伤甚至当面谩骂。行为，而不是言论，更是一个人内在价值的测量仪，行为也直接决定着工作成效和业绩。库泽斯经过三十多年的研究，发现"以身作则"排在所有领导力准则的第一位。他认为领导者应该言行一致，用行动为成员树立可以效仿和追随的榜样，用行动去赢得人们的尊重。我们需要通过一些行为细节来观察一个人的能力和背后的价值观，比如通过一个人对待钱财的态度和做法，看其是否能够赢得客户和团队信任。通常一个过于看重自己利益、斤斤计较的人，既不能将其已经得到的扩展到更大范围，也大概率会失去已经得到的。一次我和两名团队成员一起出差，两位女孩都比我小10~20岁。行程匆忙，我们决定在杭州火车站吃点便餐，3人落座后，谁去点餐端饭为3个人服务呢？此时她俩的选择就是彼此心理活动的真实写照。最好的办法就是两人一起去，共同完成点餐和送饭过程。然而实际情况却只有一个人去行动。我们刚一落座，一个叫小郭的女孩主动承担起走到点餐台点餐送饭的责任，而另一位比她年龄还小的小张，则理所当然地坐在桌上等待。这种细微事情虽小，但给我带来的印象却非常深刻：一位女孩乐于贡献，一位女孩自顾自个儿。虽然我们不能通过一次一个小小行为对一个人作出定性的评判，但其中微妙的心理活动则表明一个人下意识的惯常行为。这位小郭后来成为公司的高管，表现出很强的团队意识和凝聚力，成为一个很好的领导者。如果我将上面这个观察视为"出差测试"的话，那么谷歌前高级副总裁乔纳森·罗森伯格有相类似的"机场测试"方法。他说判断一个人是否有趣、成熟，是否愿意招进团队，就想象一下，如果你们一起出差，因为飞机延误而不得不在机场里一起共度 6 个小时，这个时候你是否能和他开心地聊天打发时间？你享受这段时光吗？还是没过多久就拿出行李箱中的电脑，以此为挡箭牌避免和他更多交流？

上面简要地谈了识人选人的一些方法，实际上，掌握这种能力要远比你想象的艰难，唯有不断训练，才能熟练掌握。乔布斯认为一位出色人才能顶 50 名平庸的员工，他说，"我大约把 1/4 的时间用于招募人才。"他一生参与过 5000 多人的招聘，可以说，乔布斯不仅是产品大师，更是一位识人的大师！

2. 育人

识别和选拔优秀人才是人才培养至关重要的一步，而接下来的培养也不可或缺。在培养人才方面，需要注意几点：一是发挥所长，二是轮岗，三是给予挑战性任务，四是指定内部或者外部教练，给予其重要成长阶段的辅导反馈。

（1）发挥所长

我们通过第四部分个人自我认知的内容，了解了如何去识别一个人的优势特征。领导者需要具备帮助下属清晰认知自己的能力，借助本书个人自我认知的各种工具，引导下属觉察其性格特征、价值观、优劣势和职业梦想，如表 19-5 所示。

表 19-5 人员特质综合识别表

人员基本信息：		
自我范畴	采用工具	结果
性格特征	MBTI 或者 4D	
价值观	价值观问题量表或镜子法	
优势才干	盖洛普优势测评或回馈分析法	
职业理想	梦想情景描述或职业锚	

（2）轮岗

对于高潜力人才的培养而言，轮岗尤其适用。何谓"高潜力人才"，拉姆·查兰描述了这类人员的特征：高潜力人才敢于构想大格局、勇于突破不可能、善于构建生态圈，他们能够快速适应变化、拥有多元社交网络，并且梦想着改变环境世界。轮岗培养模式的成功，首先在于选人，即如何尽早地识别具有潜质的人才；然后才是培养，即通过量身定制的工作安排，帮助这些"好苗子"快速成长。领导者必须认识到,培养公司优秀后备人才是其重要的工作职责之一。只有这样,通过轮岗培养模式,才能把公司打造成人才辈出的"黄埔军校"。传统培养和轮岗培养的区别如表 19-6 所示。

表 19-6 传统培养模式与轮岗培养模式的区别

传统培养模式	主要差别	轮岗培养模式
注重投入,如培训课时、经费、企业大学建设等	模式注重	注重产出,如是否培养出了公司需要的领导人才
主要是费用	资源需求	现任领导的关注和精力
过度分散,撒胡椒面式的	资源分配	聚焦到小部分高潜力人才身上
由人力资源部门负责	负责部门	上级领导是主力,人力资源部门负责监督、支持、协作
对所有人使用整齐划一的要求	潜质要求	因人而异,根据每个人才的特点,如领导才能、技巧及特质,制定不同的要求
按部就班,循规蹈矩晋升	晋升模式	特殊培养,偶尔破格提拔,工作难度大幅攀升、有时也会平行调动
强调课堂培训和工作经历多样性	培养重点	在工作实践中激发内驱力
标准化职业发展路径,等出现职位空缺时再进行轮岗	轮岗安排	针对每个高潜力人才的成长需求,为其量身选择最适合岗位,必要时调整现有岗位,甚至打造新岗位

(3) 挑战性任务

挑战性任务是工作本身赋予的重要价值之一,尤其对那些具有雄心、不甘平庸、勇于担责的潜力人才而言,是否接受挑战性任务、是否能够全力以赴完成挑战性任务,是检验其"成色"的试金石。

在上面提及的 2021 年一项优秀中高层管理人员调研中,286 份有效问卷显示 68.5% 的领导者会经常设立高挑战性目标,激励下属创造高绩效;12.6% 的领导者总是设立高挑战性目标激励下属,两项合计达 81.1%,如图 19-12 所示。

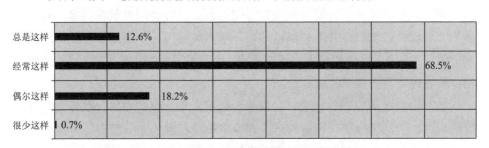

图 19-12 通过设定挑战性目标激励下属的领导人员比例

（4）实施教练辅导

一个好的经理人就是一位好的教练。谷歌的"氧气"项目，最初是为了证明经理的存在没有太大意义，最后却证明优秀的经理很重要。通常员工不是离开公司，而是离开糟糕的经理。2002年，高度追求平等自由的谷歌公司曾一度废除了经理职位，结果不到6周时间，就又恢复了经理人职位。如何检验经理人是否优秀，谷歌内部发起了一个称为"氧气"的项目，意思就是："一名好经理至关重要，就像呼吸一般。如果能使经理变得更好，就好像带来一缕清新的空气。"优秀经理的第一条就是"做一名好的导师"，"氧气"项目研究结果包括下面8条：[11]①做一名好的导师；②给团队授权，不随便插手下属工作；③表达出对团队成员的成功和个人幸福的兴趣和关心；④高效的结果导向型；⑤善于沟通——聆听和分享信息；⑥在职业发展方面助力团队；⑦对团队有清晰的愿景和战略；⑧具备重要的技术技能，可为团队提供建议。

通过上面8条，就能识别经理人员是否优秀。谷歌内部的向上反馈清单，就是这样一个工具，具体内容如表19-7所示。

表19-7 向上反馈的清单

问题	是	否
我的经理给我可行的反馈意见，帮助我改善绩效表现。		
我的经理不会随便插手我的工作（例如介入不应由其负责的细节问题上）。		
我的经理会从人性角度出发体谅我。		
我的经理使团队将注意力集中在最重要的目标结果/工作成果之上。		
我的经理定期分享他/她的上级经理和领导给出的相关信息。		
我的经理与我就过去6个月的职业发展情况进行过有意义的探讨。		
我的经理会明确向团队说明目标。		
我的经理具备高效管理团队所需的专业技术能力（比如，技术部门会编写代码，财务部门懂会计学）。		
我愿意向其他谷歌人推荐我的经理。		

那么如何成为一个好的导师或教练呢？前文已经介绍过教练技术，领导者成为一名优秀的教练，并不神秘也不难，重要的是谨记3个原则：保持没有评判、关注当下的正念觉知和中心状态原则；欣赏激发而非评判批评对象的原则；相信教练对象能力具足的原则。

第一个原则需要领导者从日常事务中跳离出来，保持安静、仁爱而没有评判的状态，这是领导者作为教练角色辅导下属成长时的第一原则。但想要达到这种"中心"状态并不容易，需要我们每天进行正念活动，保持觉察，这种状态才能够长时间保持。"中心"状态最好的学习方式就是体会，体会大脑和身体没有判断、不为过去成见和将来担忧所困扰的状态，全然关注当下。《大学》里有一段话："知止而后有定，定而后能静，静而后能安，安而后能虑，虑而后能得。"这种关注当下、没有评判的中心状态，就是上面这句话中的"定、静、安"。快速进入"中心"状态的方法之一就是调整呼吸，"人生就在呼吸之间。"郑振佑博士发明的"爱的中心练习"能够很好地调整状态，可以每天练习。

案例 19-5：爱的中心练习

引导词（声音轻柔一点）：

请坐在自己的座位上，闭上眼睛……慢慢地把你的意识回到你的身体里……让你的身体离开椅背，挺直身体……放松，慢慢放松，放松你的身体……放松你的身体……

好，我们来做 3 个深呼吸，用鼻子呼吸，慢慢用鼻子吸入，慢慢吸入到喉部，到胸部，到腹部，再由腹部回到胸部到喉部呼出，就这样做，再来一次；深呼吸，用鼻子呼吸，慢慢地用鼻子吸入，慢慢地吸入到喉部，到胸部，到腹部，再由腹部回到胸部到喉部呼出……再做一次……

好，我们一起来感受一下你的右脚，用你的右脚去踩一下地面，去感受这个地面的硬度和软度，去感受你的脚趾与袜子、鞋子之间的距离；感受你的左脚，用你的左脚去踩一下地面，去感受这个地面的硬度和软度，去感受一下你的脚趾与袜子、鞋子之间的距离；去感受一下你的右手，感受右手的温度与湿度；去感受一下你的左手，感受左手的温度与湿度；现在同时去感受你的右脚、左脚、右手、左手这四个点，它们如何呢？

接下来，我们来做爱的中心练习，深呼吸，说 8 次"爱"，每次说"爱"都比上一次的声音小 50%。大家先和我说一次：爱……爱……爱……爱……爱……爱……爱……爱……对就这样做；再来一次；爱……爱……爱……爱……爱……爱……爱……爱……大家默念……

保持深呼吸，10 分钟之后……

接着引导：大家跟我一起说

在所有人肯定我们之前，我们已经被肯定；

在别人爱我们之前，我们已经被爱；

在月亮升起之前，我们已经闪耀着光芒；

在太阳升起之前，我们已经充满了能量；
也许，有人说，没有希望了，
我们可以成为他们的希望；
也许，有人说，我们对别人没有责任，
我们却知道，我们却要负起责任；
我们生来是为了爱与尊重。

继续说8次爱……

好，慢慢动一动你的肩膀，摇摇你的身体，睁开眼睛，回到当下。

（注：如果不是引导团队一起做，自己就直接从3个深呼吸开始。）

教练辅导的第二个原则就是欣赏和激发对象。领导者运用倾听、提问和反馈技巧，引发教练对象的自我觉察，激发其愿景和动力，支持鼓励他用真实的行动去实现梦想。这就需要领导者掌握3种基本教练技能：倾听技能、提问技能和反馈技能。

倾听技能

同理心倾听就是站在对方的立场来理解对方，而教练式倾听则更进一步，除了同理心感受对方的情绪、理解对方的观点之外，还需要倾听对方真正的意图。郑振佑博士作为亚洲少数几个获得国际教练协会认证的大师级教练，发明了"3F"倾听，要求教练在整个倾听过程保持没有评判的状态，倾听对象所谈的事实（Fact）、事实背后的情绪（Feeling）和情绪背后的意图（Focus）。在一段教练式谈话中，真正倾听到的是这3个层次的内容。

在事实层面上，我们常犯的错误，就是把自己的判断当成事实。而这种判断常常会带来负面情绪，情绪具有传染作用，就会引发一系列激烈的情绪反应。这种事情在我们日常工作生活中也屡见不鲜。而当我们彼此都陷入情绪当中进行争论辩解时，对话双方都可能会走向失控状态，从而偏离谈话的真正目的。这就是"3F"简单模型的巨大威力所在，它让我们时刻保持对这三者的关注：事实、情绪和意图。我们下面举几个例子，看看哪些是事实，哪些是我们的判断。大家可以在右边一栏写下你的答案，然后和下面的答案对照，看看错了几个，如表19-8所示。

表 19-8　事实和判断练习表

句　　子	是事实还是判断
1. 开会时 A 先生总是迟到。	
2. 王先生很没有礼貌。	
3. 陈先生，今天的会议你迟到了 30 分钟。	
4. 昨天我的老板无缘无故地冲我发火。	
5. 李先生在开会的时候一直都忽略我。	
6. 刘洋开会的时候没有问我的意见。	
7. 儿子经常不刷牙。	
8. 张先生跟我说话的时候一直在抱怨。	

（上面只有 3 和 6 是事实，其余全是你的判断。）

倾听如此重要，所以一些重要的谈话最好当面或者在电话中进行，而社交软件的文字信息会将身体语言过滤掉，留下生硬的文字，非常不利于双方对彼此意见的理解，所以人们普遍使用了表情包。心理学家艾伯特·梅拉比安博士研究，在沟通时 55% 的信息通过身体语言传递，38% 通过声音语调的信息传递，只有 7% 才是语言文字的传递。也就是说，你不仅通过言辞，还通过你的语调、身体姿势、手势和面部表情来进行人际沟通。你无法拒绝交流，有些信息是在你一言不发时传递出去的。在我的经历中，一些破坏性的沟通都是仅有文字沟通的结果，而一旦面对面交流时，相互理解就很容易。"一个表情包胜过千言万语"，下面是一个糟糕的案例，Z 先生是 G 女士的上级，Z 先生没有运用"3F"倾听，而是一直陷在自己情绪和判断中出不来，最后导致对话戛然而止。

≫ 案例 19-6：破坏性沟通实例

Z：她把公司和产品设计这件事看得轻了，这样的人不要合作了。或者我们本身沟通有问题，值得反思这件事。

G：我觉得他们肯定货比三家，然后选择的。

Z：出尔反尔，我是不信了。随她吧。

G：是呀。

Z：你别理她，给她太客气了。

G：就如同我们找供应商不是也会货比三家吗？

Z：可以货比三家，但是仅仅价格吗？谁低给谁？质量她也没让我们提交，要么信任关系没建立，要么她过于随意。关键的问题是重复事情不能发生两次，要么是我们的问题，要么是她的问题。

G：其实前几天就有不合作信号，说你们先别开展工作。

Z：那就应该想办法，或者跟紧，或者别太热乎。

G：我们需要和有决策权的人沟通建立关系，是我沟通的问题。

Z：我们没有赢得她的尊重和认可，没有相互尊重，就没有双赢关系。

G：是的。

Z：对尊重你的人回报更多尊重，这是持久对等关系。

G：是的，没有尊重就没有双赢，有的地方都是这种风气。

Z：风气是风气，个人是个人。我们要让他们懂得如何尊重人，尊重专业，尊重合作方。

G：好的。

Z：这点就是我生气的原因。

G：我知道。

Z：不能无原则。

G：慢慢去改变。

Z：这件事你不应该介入。好心没办成好事，你让应该负责的人自己想办法。

G：下次知道了，你说是不是我的问题呢？

Z：是的。

G：下次我不介入了。

……十分钟之后

G：以后有项目我不参与了，如果你觉得我不能胜任工作，我可以换工作，我觉得这不是我人的问题。对于这个合作事情，我基本都是听取你们的意见。

提问技能

在了解对象所发生的事实、情绪和意图的基础上，可以通过强有力的提问，让对方觉察自己的处境和状态，是陷在指责别人的愤怒情绪中、还是陷入不断评判之中。总之，提问的过程就是帮助辅导对象不断清晰地觉察自己的状态、寻找到解决方案的过程。提问的类型如表19-9所示。

表19-9 赋能（激发）式提问

目的举例	问题举例
激发热情	如果奇迹发生，你希望是什么？为什么？ 为了奇迹发生，这个月你可以做什么？ 在现实生活中，有什么东西阻碍你吗？ 尽管如此，你仍有可以实现目标的三个方法吗？选择一个。

续表

目的举例	问题举例
探索新的可能性	请讲述你新近体验的事情或新认识的人。 因那件事（人）你有了怎样的变化？ 通过那件事，你领悟到了什么？
投身新的领域	你想尝试什么？最近有什么新体验？ 那种体验具有什么意义？达到什么状态你会满意？ 实现那个愿望的方法是什么？
拓展最大努力	至今为止付出的努力有所成就吗？ 你愿意百分百投入将要落实的行动计划吗？
增加信任感和亲密感	你愿意分享的一个深处的秘密是什么？ 谁是你共事过最好的同事？ 职业生涯或生活最自豪的时候是何时？
重要认知觉察	最近有什么难办的事或困难吗？ 你对何种状态会满意？ 你觉得现在的状态能得几分？ 成功后可预想到的三个变化是什么？

有一类问题，可以迅速建立更为信任亲密的关系，这是有效辅导和沟通的基础。心理学家阿瑟·阿伦在一个实验中发现，参与者通过在一小时内分享他们内心最深处的感觉、信念或者故事，可以产生需要花数周、数月才能形成的信任感和亲密感。[12]

反馈技能

一项元分析研究表明，对个人和团队的有效反馈，能够使其业绩提升25%左右。[13] 反馈技能就是确认双方达成一致，提出改进意见或者开始下一阶段的行动计划。当然反馈既有过程中的反馈，也有最后的总结性反馈。过程中的反馈，更多是通过提问帮助对象清晰，不断将问题收窄，从开放性到封闭式，围绕谈话主题，确定行动方案。过程反馈就是不断确认意图和主题，在过程中保持身体、语言和表情的一致性，确认对方接收到来自你的积极的反馈信息，我们可以不断点头、微笑、使用"嗯"等语气词，保持辅导过程顺利进行。而最终的反馈则是达成意见一致的支持和跟进。

好的反馈犹如醍醐灌顶，一语惊醒梦中人。实际上，现代企业中的教练辅导有点类似中国古代的禅宗。很多禅宗公案，就是一个个教练式对话。

≫ 案例：19-7 过河

河岸边，有两个和尚，一个师父一个徒弟正要渡河，这时岸边有位姑娘也要过河。河水虽然不深，但水流湍急，姑娘想要过去恐怕也不容易。这时师父就说："姑娘，这河水很急，就请让我背你过河吧！"姑娘一听，点头道谢后，就让师父背她过了河。随同着小和尚也一起过河。小和尚满脸通红，看着师父背着一个姑娘过河，想起庙里的清规戒律和师父的"不近女色"的教导，满怀困惑和不解。等过了河，师父轻轻将姑娘放下，姑娘感谢后离去。满腹狐疑的小和尚和师父继续前行，走了一段时间路程，实在忍不住问师父："师父，出家人怎可亲近女色呢？刚刚您怎么可以背着姑娘呢？"师父听了，笑笑说："我早已放下了，怎么你还没放下呢？"

反馈活动分不同场景，比如 360°反馈、季度绩效反馈、定期项目进度反馈或者月度例行反馈等。360°反馈是非常好的自我提升、学习和教练辅导的工具，领导者可以运用这一工具帮助人员提升和改进，我们在学习能力已经提到过。对于一般性的反馈，可以借鉴的模型有 SBII 技巧，如表 19-10 所示。

表 19-10 SBII 反馈技巧

SBII	具体内容
Situation 情境	具体描述何时何地你观察到了行为的发生
Behavior 行为	客观描述你看到的或听到的，没有判断或者解释
Impact 影响	分享这个行为对你以及团队产生的影响
Invite and Improvement 邀请改进	邀请改进。这对你有帮助吗？你的感受如何？有什么行动的想法吗？需要什么建议和支持吗

对于祝贺或者表扬类的正面反馈，可以采用所谓的五步表扬法，反馈的核心依然是具体行为以及行为带来的影响，如图 19-13 所示。

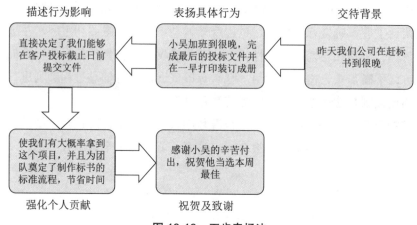

图 19-13 五步表扬法

如果是负面反馈，可以采取"三明治"原则，即"赞扬—批评—以积极话题结束对话"。这种反馈方法，尤其在一些大型企业中适用。大型企业层级较多，关系复杂，官僚习气严重，不像小型企业那样坦诚直接，如果过于严厉或者直接批评，会导致受批评者丧失颜面，下不了台。这时可以采用"三明治"原则进行负面反馈，如表 19-11 所示。

表 19-11 "三明治"反馈

过　　程	注 意 的 点
赞扬	• 赞扬具体行为 • 描述行为影响 • 强化个人贡献
批评	• 承上启下顺利过渡 • 指出具体不当行为 • 语气委婉—聚焦建设性建议 • 启发自我发现和认知—态度友善
以积极话题结束对话	• 总结 • 以积极状态结束 • 始终聚焦目标

上面谈及的反馈技巧中，总体的原则就是：**描述具体行为和行为产生的影响，态度友善，始终聚焦于反馈的目标**。聚焦目标正是第三代教练运动的关键。第一代教练运动聚焦改变行为，依据是科学管理，遵循标准的流程，规范的动作，认为严格的奖惩带来绩效；第二代教练运动聚焦情绪觉察，这得益于情商理论的发现，戈尔曼认识到情绪的巨大力量，情商对领导力的影响占到 80%；第三代教练运动聚焦于过程和目标，着眼于优势发挥，是积极心理学在企业教练领域的应用。第三代教练运动强调了通过教练谈话激发梦想，从而产生持久的内驱力。内驱力就是"我做什么，我决定"。丹尼尔·平克说道："为什么一个迸发自由和创意的 24 小时被称作'联邦快递日'？为什么谷歌每年的新产品中竟有一半是在 20% 的完全自主时间内诞生的？这个时代不需要更好的管理，而需要自我管理的复兴。我们天生就是玩家，而不是小兵；我们天生就是自主的个体，而不是机器人。"

GROW 是一个经典而好用的教练对话模型，G:Goal 目标，R:Reality 现实，O:Option 选择，W:Will 意愿。一个基于"GROW"教练模型产生的内驱力对话内容摘要如表 19-12 所示。

表 19-12　GROW 教练辅导示例

步骤	提问与反馈	回　　答
1	你的目标是什么？	提升人际关系
2	你的困难是什么？	交际能力很差
3	为什么提升人际关系对你来说很重要？	因为我想成为好的领导
4-1/2/3	为提升人际关系，你的三个选择是什么？	1 多沟通 2 送礼物 3 微笑
5-1	选择一个？	送一位同事一个礼物
5-2	你的三个监督者是谁？	老板，同事，朋友
5-3	你什么时候可以和他们报告你的满意度分数？	下周三晚上 7 点

遵循"先人后事"原则，当领导者甄选到合适的人才并着手培养后，需要将着眼点放在团队所做的事情上，区别于上一阶段的项目，这时他需要上升到整个组织和系统的层面，审视所行之事。

3. 系统思维

这一阶段领导者需要从项目管理能力上升到更为全面的系统思维和体系建构能力。大数据人工智能时代，这种能力最为常见的表现形式就是产品开发和运营能力。将"产品当作企业"这一表述就是典型的互联网思维，很多企业称呼产品经理为产品领导，很多企业正在改组公司，把焦点放在产品管理上。

系统思维不会在职业生涯初期形成，初期重要的成长焦点在于形成有关职业的热情、负责的态度、快速的学习能力和专业知识。个人职业生涯的早期需要做到专精，中期则需要知识与技能、广博的人脉，成果就是形成系统思维。重要的创新常常发生在各种学科的交界处，所以跨界创新有助于在专业领域研究遇到瓶颈时，实现根本性突破。系统思维就是逐步摆脱了专业壁垒，从点到面形成了更高层级、更广范围的思考，有助于洞见的产生。事实上，本书正是系统思维的成果：生命型组织的系统跃升，企业组织系统的 12 个维度，个人成长罗盘等。今天的系统思维正以"复杂性研究"的面目出现，系统思维强调系统大于部分之和，而复杂性研究则希望用纯数学知识探究一个复杂系统持续运作的"公式"。在本书第三部分组织规模一章中，曾提及生命规模标度率是复杂系统的常量。系统思维和相关技能也被认为是今天这个时代最需要的技能之一。

对于领导者而言，应该以系统思维去思考、设计并改制你的团队、产品和组织。本书第三部分就提供了这样一个全方位的生命型组织系统，包括 12 个主要维度。当前所有的组织领导者都在关心一个问题：如何让组织或产品像生命那样具备持续的进化能力？从系统的角度而言，需要具备下面 6 个特征，这 6 个特征给我们提供了有关组织或产品决策时的系统思维，如表 19-13 所示。

表 19-13　生命系统六特征

6 个特征	简 要 解 释
相互依赖	组织内的所有方面都能有机结合在一起
多样化（自我增值）	内部根据自身结构成长
能量转化	团结一切可以团结的力量
多用途	良性循环结构
功能性	满足生命体的功能性要求
多赢	多样性和差异性意味着创造

互联网时代最能体现系统思维威力的就是平台型产品和生态型企业。从生命的 6 个特征去思考产品，产品就具有了生命力。

下面我们从 6 个方面来阐述下开发一个具有生命力的产品该如何考虑。

产品的功能性是产品存在的基础。冰箱厂做最好的冰箱、汽车厂做最好的汽车，就叫功能性。一款有生命力的产品会满足客户的一个主要需求，对于企业客户而言就是产品的功能能很好解决客户的"痛点"。"微信之父"张小龙认为不能仅仅依靠传统的市场调研、分析和测试等复杂的过程来感知用户需求，一是因为这样的市场调研时间较长，二是因为根据调研的结果开发的产品未必能够满足客户需求。正如乔布斯所说，在你把产品放到客户面前之前，他们不知道自己需要什么。张小龙认为一个好的产品经理感知用户需求，需要直觉。而直觉的可靠性则是长期沉浸钻研的结果。一个一万小时训练出来的"异类"，只花半小时就可以在草稿纸上画出产品的主要功能模块。

多样化是生命的本质，生命依靠多样化实现了自我增值，生生不息。好的产品也同样，通过多样化形成了意想不到的后代"繁衍"。无论是"all in one"还是"one more thing"理念，[14] 都是多样化的体现。在苹果手机尚未出现之前，全世界的手机基本都以通话功能作为核心功能，当然也因为当时数据传输速度的局限，一些想法无法实现。但是乔布斯在 2007 年推出的 iPhone 开启了智能手机元年。iPhone 内部的多样性和外观一样令人着迷，爱不释手。后置 200 万像素的摄像头可以日常拍照，其他诸如音乐、邮箱和上网功能等，则通过软件实现。iPhone 最成功的多样性体现在 APP 上，它多达 150 万个应用程序，今天已经成为苹果公司的第二大收入来源。而截止到 2021 年 1 月，每天有 10.9 亿用户打开微信，3.3 亿用户进行了视频通话，有 7.8 亿用户进入朋友圈，1.2 亿用户发表朋友圈，有 3.6 亿用户读公众号文章，4 亿用户使用小程序。[15] 支撑微信成为"一种生活方式"的，正是其多样性，包括微信支付、企业微信、微信读书、搜索等功能，以及众多创作者、开发者的生态多样性。

多用途也是生命自我支持系统的重要体现之一。一棵树的树叶掉落后，逐渐形成厚厚的腐殖层，滋养根部。汽车工业史上最成功的产品之一就是 SUV（sport utility vehicle，运动型多用途汽车）。SUV 概念车型最早是由克莱斯勒公司开发的切诺基，它兼顾了野外高通过性的越野性能和城市交通的舒适性，集越野、城市、储物、旅行、牵引多种功能为一体。另外一个有关产品多用途的经典案例就是畅销世界百年之久的瑞士军刀。维氏瑞士军刀中的旗舰产品被称作"瑞士冠军"，它有 33 种功能，一刀在手仿佛有了一个万能的工具箱。除了功能，其精巧设计和上乘质量也是其备受欢迎的原因。"瑞士冠军"仅重 185 克，被纽约现代艺术博物馆和慕尼黑实用艺术博物馆作为"工业设计精品"收藏，如图 19-14 所示。

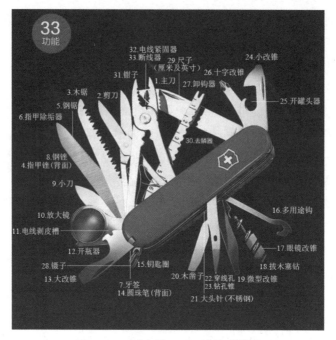

图 19-14　瑞士冠军军刀功能示意图

能量转换是生命得以维持的根本。植物的树叶通过光合作用将太阳能转换成葡萄糖，在细胞生长时，生命体则将体内葡萄糖氧化释放能量。一款有生命力的产品同样如此，最典型的能量转换就是将"关注度"转换成"购买力"。"流量"成为很多网络产品的先决指标，但很多有着大流量的产品在最后时刻倒下，说明能量有正负，很多产品经理并未管理好这种能量，并没注意到能量瞬间转换造成的冲击。在产品设计阶段，产品经理应该对异常现象和离群值给予更多关注，应该对客户的抱怨感到"高兴"，这正是重要的转换时刻，耐心倾听客户抱怨，正是提升产品的绝好时机。

产品发布阶段通过各种手段营造的高关注度，也是能量转换思维的体现。每一次苹果公司的新品发布，都像一场万众期待的盛宴。乔布斯非常重视产品发布，一次次台下演练直到完美。鲍勃·迪伦的歌曲中蕴含着巨大能量，乔布斯懂得将这种反抗能量转换成一场有关科技、人文、情感和艺术的"爆炸式发布会"。1984年1月24日 Mac 电脑发布会现场，乔布斯先以朗诵鲍勃·迪伦《时代在变》的歌词开场："此刻的失败者终将胜利/因为时代在变。"紧接着已经成为亿万富豪的乔布斯以反主流文化的形象出现："如今到了1984年。IBM 想占有一切。苹果被视为唯一能够与之抗衡的希望。……我们能让 IBM 主宰整个电脑产业吗？我们能让 IBM 控制整个信息时代吗？乔治·奥威尔的描述会成真吗？"话音未落，整个发布会现场开始沸腾，观众从喃喃低语到热烈鼓掌，人们站立起来疯狂欢呼。会场变暗，大屏幕上出现 Mac 电脑的广告，当广告结束时，全场起立，欢声雷动。发布会的精彩还在后头，乔布斯走向一个小桌子，揭开了 Mac 电脑的布包，演示了电脑的功能。展示结束后，该是"one more thing"的时间，乔布斯按下鼠标，让 Mac 电脑自己介绍自己，依旧保持反抗者的角色，电脑以人格化形象，发出可爱而低沉的声音："我还不习惯公开演讲，但我想要和大家分享第一次看到 IBM 大型机时的感想。千万不要相信一台你搬不动的电脑。"[16]声音结束之后，欢声再起，人们喊着叫着，疯狂挥舞着拳头，掌声持续了5分钟。

巨大的能量蕴藏着深深的情感，这正是 Mac 电脑近40年经久不衰的秘密。1997年被任命为新董事的拉里·埃里森态度激昂地说："我从1984年就开始使用 Mac……苹果是电脑行业唯一的生活方式品牌，也是唯一让人能充满激情的公司。你知道，我的公司甲骨文是个大公司，IBM 是一个大公司，微软是一个大公司，但是没有人会对我们的公司有难以置信的感情。只有苹果才是真正的生活方式品牌。"事实上，一个好的产品就是一个好的人类社会能量引导器，能量存在于情感之中，所以一个好的产品首先应该唤起或者带动了一种强烈的情感。"共情力"因此被很多人认为是设计一款好产品的核心能力。

天文学家开普勒曾说过："自然喜欢简洁与统一。"这条原则也适用于产品开发。将内部丰富的多样性有机结合，形成相互依赖、简洁统一的产品正是工业设计的方向。"至繁归于至简"是第一本苹果手册所宣称的产品信条。乔布斯认为，追求简洁不是要忽视复杂性，而是化繁为简。他说，"要把一件东西变得简单，还要真正地认识到潜在的挑战，并找出漂亮的解决方案，这需要付出很多努力。"[17]"少而优"是产品的王道。这条原则不仅适用于每个产品的设计和开发，也适用于公司的每一条产品线。乔布斯复出之后，曾对苹果公司整个产品线进行了评估,很快他就砍掉了其中的70%,他认为公司不应该把时间浪费在他称之为"垃圾"的产品上。很快,在一次大型产品战略会议上,乔布斯画了一个2×2的矩阵,一个维度是"消费级—专业级",一个维度是"台式—便捷",这样就形成了一个方形4个表。他认为,现在开始,苹果公司就做4个伟大的产品,每格一个。[18] 自然界中,生命体各器官之间的相互依存程度令人震惊,每一个生命都是上帝创造的"杰作"。好的产品在设计开发时同样如此,产品经理除了需要仔细思考流程和各要素之间错综复杂的连接关系,还要确保产品的外形、界面、功能甚至包装之间的完美匹配。一个相互依赖、有机结合的完美产品,除了设计工作,还需要工程师、产品开发人员等各方通力合作。乔布斯把每一件产品都当成一件艺术品,即使产品无人可见的内部细节之处也要求完美。开发Mac的团队每一个人都被要求将他们的名字签在Mac电脑的内部。除了维修电脑的人,没人会打开电脑看这些排列完美的内部线路以及上面乔布斯和45名开发人员的签名。

4. 设计思维

　　DMI(美国国际设计管理协会)的一项研究指出:以设计为驱动力的企业在过去10年间的商业表现力,以及在资本市场的受认可程度,比处于标准普尔指数平均值的企业高出228%。"设计思维"是最近10年来管理领域最热门的概念之一。到底什么是"设计思维",很多人在接触了很长时间之后依然一头雾水。这是因为一方面"设计思维"看起来并没有多少特别新鲜的内容给人留下深刻印象;另一方面是因为"设计思维"较为抽象和跳跃的概念、流程和工具,以及令人感到困惑的复杂性。实际上"设计思维"并不是一个很新的概念,我们可以想象一下建筑设计师、服装设计师、工业设计师的工作方法,就能大致明白"设计思维"的基本原理。只不过之前它很少进入管理者的视野,一直被认为是设计专业人士的工作,直到乔布斯将设计视为产品乃至整个公司的生命时,"设计思维"才被整个企业界所重新认识。在苹果公司,是设计师而不是工程师决定产品和公司的方向。乔布斯复出之后,乔纳森·艾夫领导的设计部门成为苹果最有权势的部门,可以在一小时之内决定其他公司在几个月内都决定不了的事情。设计是苹果公司的成功之道,而不是软件开发。"设计思维"实质上就是从人性的角度出发,以高度视觉化的方式,将产品的功能性、舒适性、智能性等有机融合为一体的艺术加工过程。下面我从人性角度、视觉化艺术和互动整合3个方面简单解释一下。

　　我们在介绍人的需求时曾经指出,符合人性的需求其实包括三个层面:功能层面、情感层面和精神层面。功能层面和情感层面是从设计者所面对的问题或想达成的愿望出发，设计一套具有洞察力的解决方案。**而一个伟大的设计就像一个伟大的艺术品，它超越了使用功能、情感乐趣的层面，成为人们心中的精神向往之地**。乔布斯身上那种混合了反抗、优雅、简洁和追求生命深层意义的精神，同样赋予了 Mac、iPhone、ipod 和 iMac 等产品。早在 1983 年阿斯彭设计大会上，乔布斯就对外宣称："我们的设计思想就是，极致的简约，我们追求的是能让产品达到在现代艺术博物馆展出的品质。我们管理公司、设计产品、广告宣传的理念就是一句话——让我们做得简单一点，真正的简单。"一直到他 2011 年 10 月 5 日去世前，这个理念都没改变过。

"设计思维"第二个特征就是高度视觉化。视觉比文本更能吸引人，这也是在"设计思维"的今天"注意力"经济崛起的重要原因。产品在未生产之前，以高保真原型的视觉形象出现在用户面前。乔布斯在视觉方面有着无与伦比的才华。苹果前首席设计师乔纳森曾经说过，那些用计算机辅助设计看起来没有问题的模型，一旦制成现实的模型，乔布斯就能够通过眼睛亲自感受这些模型，迅速辨别它们是否是垃圾。设计不仅关乎产品的外观，而且能够反映产品的精髓。乔布斯曾经说过："但是对我而言，'设计'一词绝无任何引申含义。设计是一个人工作品的灵魂，并最终不断地由外壳表达出来。""设计思维"强调视觉感受，就像一本书的封面很大程度上决定人们是否购买一样，一个产品的外观和所有外在表现，也在很大程度上影响了人们的购买欲望，即使包装也同样如此。乔纳森曾经说道："我很享受打开包装的过程。一旦拆包被设计成一种仪式般的程序，产品也就变得特殊起来。包装就像一座剧场，它能够制造故事。"[19] 世界顶级创意公司 IDEO 公司 CEO 蒂姆·布朗认为，并非只有具有绘画才能的人可以进行视觉化呈现，实际上我们每个人在孩童时代都画画，只是在逻辑、语言导向过程中忘记了这一基本技巧。但这一技巧对于我们通过"设计思维"来解决问题很重要。他认为，尽管文字和数字可以表达想法，但是借助视觉和图形，我们才能同时精准表达出想法中所具有的功能特征和情感内涵。在解决问题和同事讨论时，他都必须在手边准备一个白板或草稿簿，他说，"除非能用视觉方式解决，否则我就会陷入僵局。"

互动性技术整合实现是"设计思维"的第三大特征。设计过程会涉及复杂的材料、环境、技术、色彩、管理、心理、工程等大量不同学科的整合及细节工作。为了某种理想的颜色，电子产品的设计师会研究并整合彩色泡泡糖的某些技术。乔布斯为了营造苹果店的内部氛围和外观美感，觉得使用超大尺寸而非小尺寸组合的玻璃更好，为此还专门研究了玻璃制造工艺。技术整合在设计环节，涉及产品的流程和功能实现等大量细节性工作，这些细节性工作的目的是为了提升产品互动体验，给用户带来极致感受。在数字产品领域，随着人工智能时代来临，便捷性和互动性成为设计关注的焦点，按钮放在左边还是右边，图标是实的还是虚的，等等，这些都会影响客户体验。腾讯邮箱原本在腾讯体系内是一个非常边缘化的产品，内部一直做不好用户体验，当马化腾看到张小龙团队开发的 Foxmail 时，眼前一亮，于是在 2005 年将其收购。事后张小龙回忆说："为什么说 Foxmail 的体验做得特别好呢？我自己是做软件的人，觉得就应该这么做，后来进入腾讯，才渐渐知道并不是所有做软件的人都知道该怎么做。而我在做 Foxmail 的时候，不自觉地模拟了用户行为，只是当时不知道这叫用户体验。"后来张小龙带领团队重新设计 QQ 邮箱，最开始两年并不顺利，主要原因是他放弃了自己作为首要的产品体验角色，而是定位为一个团队管理角色，结果出了大问题。之后他回到一线，全程参与到每一个功能细节和产品体验中，最终极简风格的 QQ 邮箱以其大容量和良好互动性，迅速崛起，超越网易邮箱，市场排名第一。

当然，以上 3 点并非完全独立，而是紧密相连，互动性技术整合需要满足功能需求，通过视觉呈现。"设计思维"可以用保时捷 911 跑车设计者费迪南德·亚历山大·保时捷的一句话来概括："设计必须具备功能性，而功能又不可脱离视觉美感，好的设计决不能有任何难以理解的成分存在。"他认为，优秀的设计作品无须多余的装饰，杰出的设计理念应当只凭借形式便能征服他人。如果将技术整合实现和互动体验分开，"设计思维"可以用我创造的 IFTV 模型体现，如图 19-15。

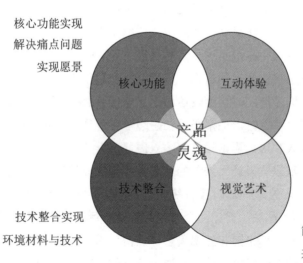

图 19-15　IFTV 设计思维模型

"设计思维"不仅仅是一种思维模式,也是一种能够创造性解决实际问题的有效方法。世界著名设计公司 IDEO 将"设计思维"确定为 5 个简单步骤:理解 - 观察并分析—可视化原型—评估优化—实践。

第一步,理解任务、市场、客户、技术、限制条件、规定以及最佳标准;第二步,观察并分析真实用户在真实场景下的行为,并将其与特定任务联系起来,行为洞察是"设计思维"的核心之一;第三步,可视化最初的解决方案:包括 3D、建模、原型、图形、手绘等形式;第四步,评估优化可视化解决方案,比如原型,以一连串快速、连续、重复的方式,经过不断检测和迭代,获得更好的想法,确定即将进入开发阶段的原型;第五步,实践要在现实条件下进行,通过市场历练,敏捷迭代,不断更新。

这 5 个步骤与之前介绍的传统问题解决步骤很相似,都会呈现出思维的不断发散和收敛过程,如图 19-16 所示。

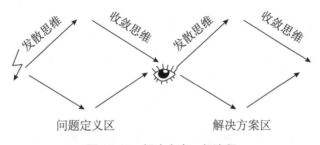

图 19-16　解决方案一般流程

而"设计思维"和传统解决问题模式的区别之一就在于,"设计思维"从产品的角度出发,以可视化原型和互动性体验进行测试,很大程度上避免了产品正式推出时可能面临的巨大失败。斯坦福设计学院则将上述的"理解"和"观察"合并为"发展同理心",说明了"同理心"或者"共情"在产品开发过程中极为重要的作用。下面是谷歌设计冲刺的一个简述,能够让我们更清楚了解"设计思维"如何落地。

》案例 19-8:谷歌 Design Sprint 流程方法

Design Sprint 的整个流程是一个支持发散思维(自由创意、头脑风暴)和收敛思维(归纳、逻辑思维)的框架。与基于灵感乍现的设计方式相比,已能够有效地降低设计的风险,也更加适合团队协作。同时,Design Sprint 针对每一个阶段的目标,都提供了数个经过实践的方法。

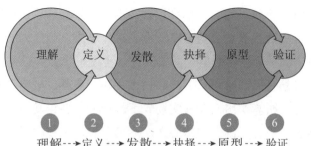

整个 Design Sprint 过程共包含 6 个阶段：理解：理解要为用户解决的问题；定义：明确产品策略；发散：探索实现方案；抉择：确定设计方案；原型：构建产品原型；验证：验证产品原型。

冲刺前

1. 制定主题：这次大家要围绕什么内容进行设计创新？记住这 3 点：和团队目标密切相关 / 启发大家灵感的 / 围绕目标用户或者市场。

2. 选择和邀请团队成员：一定记住这是一个混合背景的团队，设计师 / 工程师 / 原型制作 / 冲刺导师 / 研究员，等等。每个小组 5～8 个人。如果有 100 个人，那就拆分成若干个 5～8 人。不同职业背景的人，看问题的角度不同，才可能碰撞出不一样的火花。

3. 审查当前的产品设计：这样做的目的是通过了解更多的信息去确认你选择的主题是不是正确。采访关键利益相关者，比如项目领导的意见 / 查看现有文档 / 查看现有的用户研究资料 / 走查现有的设计 / 查看核心的用户案例。

4. 准备工作：常用工具 4 件套，N 次贴 / 投票贴 / 白纸和笔 / 计时器。更重要的是做时间计划的准备和选择合适的过程方法。

第一步 理解

第一步只讨论问题，不提解决方案，定义好为谁解决什么样的问题。需要准确理解问题：本次创新设计的用户需求 / 商业需求 / 技术能力。为了更好地理解问题，可以快速地讨论一些商业目标和技术挑战，进行用户访谈、实地观察、利益相关者分析和竞品分析等。

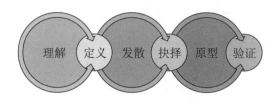

内容
- 用户需求
- 商业需求
- 技术能力

方法
- 商业目标/技术能力的快速访谈
- 用户访谈
- 实地观察
- 利益相关者图（Stakeholder map）
- 竞品分析

1. **快速访谈**：PMleader/老板5分钟阐述商业目标和成功标准；程序员5分钟阐述技术能力和挑战；用户研究员5分钟阐述用户研究的结论。

2. **竞品分析**：选相似产品分析，并分享分析的结论。

3. **用户访谈+实地走访**：用户是最终评判产品好坏的人，倾听用户很重要，了解他们的喜好和厌恶。除了听，观察更重要，去到他们真实使用产品的环境发现问题。

4. **利益相关者地图**：用30分钟去做利益相关者优先级的划分和需求挖掘；10分钟列出这个产品相关的利益方都有谁；2分钟去做一个聚合分类，把相似的归类；剩下时间去选择到底为哪个利益相关者做设计，优先级是什么；最后围绕核心的利益相关者做需求挖掘的讨论。

5. **总结发现和初步的idea汇总**：用N次贴去记录刚才所有的要点内容、想法和观点。将这些内容聚类，每类都会有个主题。理解环节就做完了，这个过程是综合理解，寻找机会点。

第二步 定义

定义阶段可以包含用户体验地图的整理，设计原则的确立，以及一句话定义产品。回到设计场地之后，将用户调研的问题整理成用户体验地图。

1. 主要用户旅程：一个产品，用户从小白用户到专家用户是有一个体验探索过程的。思考一下中间经过哪些过程，接触点是什么。

2. 定义设计原则：试着用3个词去描述产品。把重要的设计原则列出来，设计过程中围绕这个气质去设计。在做出原型之后也好重新回过来，让用户去体验你的原型，试着描述几个关键词，看是否可以匹配上当初的设计原则。验证设计是否奏效。

3. 一句话定义产品：用140个字去描述你的产品核心策略。想说的肯定很多，但是只用140个字，让核心更聚焦。

这个定义的过程，被归纳为聚焦核心，避免跑偏。时间有限，需要更加清晰明确自己追求的是什么。

第三步 发散

理解定义好问题之后，接下来就是想解决方案了。首先是发散思维，要在这个环节发散出尽可能多的点子。有4个方法：头脑风暴/5分钟8个点子法/5分钟1个大点子法/5分钟1个故事板法。

1. 头脑风暴：1张N次贴写1个点子，能写多少写多少。然后开始大家共同分享点子。在白板上的评估表中找到合适的位置贴上，并且做聚合归类。评估表的纵轴是用户价值，横轴是技术可行性。近似或者相同的点子可以贴到一起。大家都分享完毕后，可以开始自由发言。有新的想法，尽情补充。

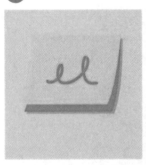
① 个人头脑风暴

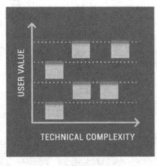
② 分享分类点子

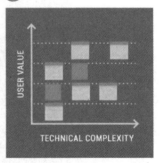
③ 团队补充点子

2. 5分钟8个点子：1分钟A4纸折3折。1分钟酝酿下情绪，展开纸准备写；剩下的3分钟，各位8个格子里每格写/画1个点子。

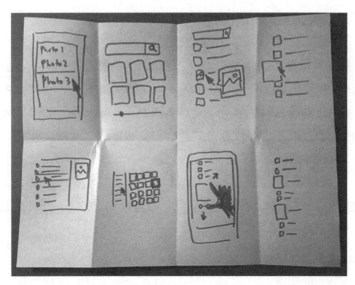

3. 5分钟1个大点子：从刚才的8个点子里，选一个觉得最好的。继续完善这1个大点子，5分钟深入这一点。

4. 5分钟1个故事板：继续想一下刚才的大点子，5分钟描绘一下用户的关键步骤。

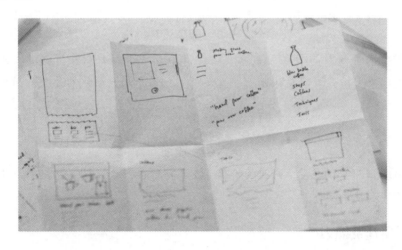

第四步　抉择

前面发散部分是团队中每个人单独想自己的idea，互不沟通。发散环节之后，所有团队有几个成员就会有几个idea。那么接下来怎么定用哪个方案呢？可以通过以下方法：投票，团队评价，以及思考帽子法。

1. 投票：每个人把自己的点子组织归纳一下，然后在白板上分享自己的点子。全部分享完，开始投票。

2. **团队复查&决定哪个作原型**：结合刚才的投票结果，大家一起讨论作决定。

3. **思考帽子**：这是一个看问题更加全面综合的思考方法，适合新团队或者容易有偏见产生的团队使用。分给每个人一项思考帽子，每个帽子代表一个观点和角度，比如持乐观态度的/悲观态度的/从技术角度出发/用户角度出发……角度越多，观点越全，看问题越综合，作决定越准确。

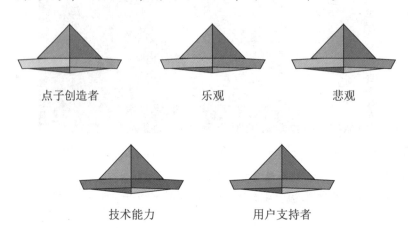

点子创造者　　　　乐观　　　　悲观

技术能力　　　　用户支持者

第五步　原型设计

对于大部分产品而言，原型可能是App或者微信公众号，或者网页。其实也可以更灵活，可以是视频，甚至是话剧。做个用户测试的原型，用于后续的用户验证。

第六步　验证

要验证用户的感受/商业的价值/技术可行性，验证环节包括用户测试、股东反馈和技术反馈。

5. 产品开发能力

处在这一层面的管理者，需要具备"设计思维"以及相对应的产品开发运营能力。这是一种复杂能力，除了具备"设计思维"之外，还需要培养以下的素养：**潮流敏感性、像一个社会学家一样观察并分析人的行为特征、亲自进行互动体验、好奇心以及艺术辨识力**。这些素养，在超级产品经理、微信创始人张小龙身上体现得淋漓尽致。

（1）潮流敏感性

潮流敏感性是产品经理必备素养之一，好的产品经理能够引导潮流，一个称职的产品经理至少能够敏锐感知潮流的变换，比如简洁设计、色彩、空间结构等。2012年7月，张小龙在腾讯内部进行了一场长达8个小时的演讲。围绕着"微信背后的产品观"主题，张小龙系统阐述了自己的产品开发经验，他将其总结为5点，其中"敏锐感知潮流变化"排在首位，其他还包括：用户需求感知、海量的实践、

博而不专的积累和负责的态度。对于潮流敏感性，张小龙指出："移动互联网产品会从相对匮乏时代进入相对富足时代，用户可以选择的产品会随时日流逝而日渐增加，产品终将成为一种时尚业。产品经理若是沉溺于各种新鲜玩意儿之中，追逐新奇，很可能错过真实的时代潮流，无法把握人群的真实需求。"

（2）观察并分析人的行为

敏锐观察并分析人的行为，以便产品能够符合人们的习惯，帮助人们提高效率、获得灵感或满足舒适性要求等。人的行为不仅仅受到自身情绪、精神、性格和习惯的影响，也同时受到环境的影响，这原本是社会学或经济学研究的范畴。谷歌公司广受优秀工程师喜欢的原因之一就是内部工作环境的设计，其中一个例子就是在不同部门交界处放置美味可口的工作餐点，其原因正是设计者观察到人们会在喝咖啡时进行短暂而轻松的交流，而这几分钟的交流则可能会产生"跨界"的创新点子。在腾讯滨海大厦，设计师观察到午餐时间一些健身锻炼的设备被十分频繁地使用，从而将主要的社交场所如健身房、图书馆、餐厅等安置于办公楼之间的连接处，而不是按照传统将这些场所安排在塔楼的低层，从而提供了更多团队活动产生创意交流机会，以此来激励员工。类似的是，阿里巴巴杭州西溪园区四期的设计中，为了鼓励员工在放松间隙接近自然，所有员工的工位距离户外绿化空间的步行时间被限制在一分钟之内。作为产品经理，要有这样的洞察力去寻找人们行为的深层原因，方法之一就是连续问5个"为什么"，还有下面一些成型工具方便运用。

》案例19-9：上瘾框架

上瘾框架（hook framwork）由艾利克斯·考恩提出，他认为人类的习惯由4个连贯的要素组成：触发、行动、奖赏和投入。

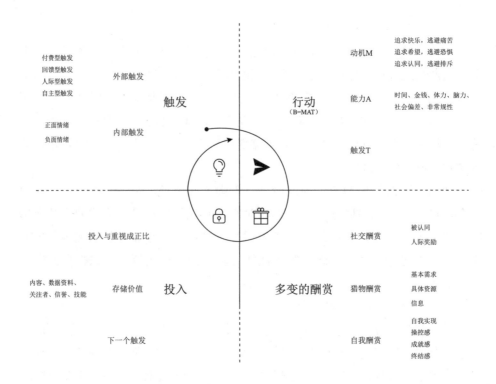

案例 19-10：待完成框架 [20]

待完成框架（jobs-to-be-done framework）因奶昔的案例而闻名。那个熟悉的问题陈述是：奶昔的销量如何提高 15%？按照传统的思维，你会想改变产品的特性也许能够解决问题，比如考虑加一个不同的配料，换一种口味，或者改变杯子的大小，但最后你发现这一切递增式的创新都是徒劳。待完成框架会更加聚焦在行为改变或顾客需求上。以奶昔案例来说，我们会发现有两类顾客在快餐店购买奶昔。核心问题是：顾客为什么购买产品？换句话说就是：除了奶昔本身，顾客在为什么埋单？

结果：

第一类顾客开车上下班，往往在早上进来买一杯奶昔当作早餐，并把它当作开车时的消遣。而咖啡因为太烫或太凉并不适合，且是液体也容易溅出来。理想的奶昔是容量大、营养丰富且浓稠的。所以在这个奶昔案例中待完成的就是：开车去上班时的早餐代餐和消遣。

第二类顾客通常是妈妈带着孩子在下午过来。孩子嚷着哭着要去吃快餐，妈妈则希望买一些健康的食物，于是会买一杯奶昔。这种情况，奶昔就应该是小包装的、稀释的、液态的以及低卡路里的，这样孩子可以喝得很快。所以在这个奶昔案例中待完成的就是：满足孩子的同时让妈妈感觉很好且没有担忧。原则上，对任何产品来说，不管是软件还是硬件，你可以问：为什么一个顾客要买我的产品或服务？

（3）亲自进行互动体验

这是打磨好产品的关键一步，不可委托他人。产品经理把自己当成"傻瓜用户"，反复体验产品，打磨细节直到完善。之前在腾讯内部有一个"10/100/1000法则"：产品经理每个月必须做 10 个用户调查，关注 100 个用户博客，收集反馈 1000 个用户体验。和"10/100/1000 法则"相比，产品经理自身的体验更为直接。马化腾认为，发现产品的不足，最简单的方法就是天天用自己的产品。他告诫管理者："不要因为（自己试用）工作没有技术含量就不去做，很多好的产品都是靠这个方法做出来的。我们的领导不仅仅安排下面的人去做，而且一定要自己做。这些都不难，关键要坚持，心里一定要想着'这个周末不试，肯定出事'，直到一个产品基本成型。"无论微信还是 iPhone 的开发，本质都是张小龙、乔布斯和设计团队反复体验的结果。在微信 1.0 问世之前，张小龙会亲自反复体验每一个细节，直到他满意为止。互动体验可以通过绘制一个虚拟客户的"体验历程图"来呈现，这个"体验历程图"模拟了一个客户从开始接触到结束的每个阶段。绘制每一个接触点的可以改进的地方，而每个接触点的改进，都在始终围绕一个主题：为客户创造价值。

（4）保持孩童般的好奇心

好奇心不断引领产品创新。张小龙在 2021 年《微信 10 年的产品思考》演进中提到："做产品其实是个验证想法的过程。如果你脑袋里突然冒出一个想法，可能很不靠谱，但又似乎有意思。然后继续往深里去想，如果能经过很多次选择，最终能变为现实，就会体会到做产品的乐趣。"他说他经常会有一些异想天开的想法。比如，如果在微信里拍一下一个人的头像会怎么样？比如朝跟你聊天的朋友扔一个炸弹在屏幕上炸开吓他一跳会怎么样？还有，你在听一首歌的时候能看到其他听歌的人眼前的画面会怎么样？你失眠的时候也能看到其他失眠的人然后大家一起数羊会怎么样？甚至他说，如果给一个画布，每个人上去画一个点，如果有 1000 万人轮流去依次画一个点，到最后会不会形成一个图案？如果在没有组织的情况下，1000 万人居然画出来一个图案，那又意味着什么？所有这些在他看来都是有趣的事情，这些突发奇想都是基于好奇心、探索的乐趣而不是理性，这些想法即使只有少数行得通，就已经非常好了。

（5）艺术辨识力

艺术辨识力是优秀产品经理成功的另一个关键要素。你可以把产品功能不断累加，但是依旧保持着简洁美学需要深厚的积淀和功力。从包豪斯风格到苹果至简之道，极简设计数十年来一直成为众多设计师和产品经理追求的美学风格。极简不意味着单一或粗糙，而是将诸多功能集成一体的复杂工作。

保持极简美学风格并非易事，背后是长期、顽固甚至有点偏执的艺术修炼。张小龙认为一个好的产品经理，应该始终是一个文艺青年，音乐、戏剧、电影、绘画、书法、建筑这些看似和产品无关的领域，都会潜移默化影响产品经理的审美。分类是人类大脑的识别模式，也是化繁为简的方法之一，产品经理每天的功课之一就是思考如何让事情更有条理。微信底部只有 4 个 TAB，而微软的视窗系统黄蓝红绿四方块标志，也是一种简洁美学的隐喻。张小龙在 2021 年提到他的审美观，他将简洁作为美观、实用、合理、优雅的代名词。他在一次演讲的最后中讲道："简单是很美的。从一个物理公式到一个日常用品，往往是简单的是更好的。实现同样一个目标，有 1000 种方法，但只有最简单的方法是最美的……10 年来，微信加了很多功能。我很庆幸的是，现在的微信，还几乎和 10 年前的微信一样简单。虽然比 10 年前多了非常多功能，但这些功能，都已经是用的最简单的办法了，所以增加的复杂度会小。"对于产品开发者而言，最精炼的概括也许是乔布斯的那句名言：站在科技与人文的交界处。

一个优秀的产品经理一半是天生性格所具有的，一半是长期训练的结果。对于天性部分而言，很多时候一个优秀的产品经理是 MBTI 16 种人格类型中的 NT 类型，有可能 INTP 会更多一些。

》案例 19-11：马化腾对产品经理的理解

关于"核心能力"——

任何产品都有核心能力，其宗旨就是能够帮助到用户，解决用户某一方面的需求，如节省时间、解决问题、提升效率等。核心能力要做到极致。要多想如何通过技术实现差异化，让人家做不到，或通过一年半载才能追上。

很多用户评论 QQ 邮箱时说用 QQ 唯一的理由是传文件快、有群，那这就是我们的优势，我们要将这样的优势发挥到极致。比如离线传文件，以邮件方式体现就是一个中转站，即使是超大的文件也不困难，关键是要去做。虽然真正使用的用户并不一定多，但用户会说，我要传大文件，找了半天找不到可以传的地方，万般无奈之下用了很"烂"的 QQ 邮箱，居然行了，于是我们的口碑就来了。

谈到核心的能力，首先就要有技术突破点。我们不能做人家有我也有的东西，否则总是排在第二第三，虽然也有机会，但缺乏第一次出来时的惊喜，会失去用户的认同感。这时候，你第一要关注的就是你的产品的硬指标。在设计和开发的时候你就要考虑到外界会将它与竞争对手作比较。

要做大，你首先要考虑的是如何让人家想到也追不上。这么多年在互联网数据中心上的积累我们不能浪费，比如高速上传和城域网中转站，接着可能又会发现新的问题，如果不是邮件，在 IM 上又该怎么实现。我们的目的是要让用户感到超快、飞快，让用户体验非常好，这些都需要大量技术和后台配合。

产品的更新和升级需要产品经理来配合，但我们产品经理做研发出身的不多。而产品和服务是需要大量技术背景支持的，我们希望**产品经理是非常资深的，最好是由做过前端、后端开发的技术研发人员晋升而来**。好的产品最好交到一个有技术能力、有经验的人员手上，这样会让大家更加放心。如果产品经理不合格，让很多兄弟陪着干，结果发现反向错误，这是非常浪费和挫伤团队士气的。

关于"口碑"——

个性化服务，并不是大众化服务，也是要取得口碑的。

一个产品在没有口碑的时候，不要滥用平台。我们的产品经理精力好像分配得很好，50% 产品、50% 营销，当然，如果你在基本环节控制得好，这样当然可以。但多数情况下我们的人第一点都做不好。如果你的实力和胜算不到 70%、80%，那么就把精力放在最核心的地方。当你的产品已经获得良好口碑，处在上升期后再考虑这些。

产品经理要关注最最核心、能够获得用户口碑的战略点，如果这块没做透，结果只能是让用户失望，然后再花更多的精力弥补，这是得不偿失的。当用户在自动增长（用户会主动推荐朋友来使用我们的产品），就不要去打扰用户，否则可能是好心办坏事。这时，每做一件事、每增加一个东西都要慎重地考虑，真的是有建设性地去增加产品的一个口碑。当用户口碑坏掉后，再将用户拉回来很难。

增加功能，在管理控制能力上也要有技巧。在核心功能做好后，常见的功能是要逐步补齐的。产品在局部、细小之处的创新应该永不满足。作为一个有良好口碑的产品，每加一个功能都要考虑清楚，这个功能给 10% 的用户带来好感的时候是否会给 90% 的用户带来困惑。有冲突的时候要聪明，分情况避免。每个功能不一定要用得多才是好，而是用了的人都觉得好才是真正的好。

做产品开发的时候需要有较强的研发机制保证，这样可以让产品开发更敏捷和快速。就算是大项目也要灵活。不要说等3个月后再给你东西看，这个时候竞争对手已经跑出去不知道多远了。

做产品要做口碑就要关注高端用户、意见领袖关注的方向。从前，我们的思路是抓大放小，满足大部分"小白"用户的需求。但是现在来看，高端用户的感受才是真正可以拿口碑的。

关于"体验迭代"——

产品经理要把自己当成一个"最挑剔的用户"。我们做产品的精力是有限的，交互内容很多，所以要抓最常见的一块流量，用量最大的地方都要考虑，要规范到让用户使用得很舒服。要在感觉、触觉上都有琢磨，有困惑要想到去改善，如鼠标少移动，可快速点到等等。

开发人员要用心来思考产品，而不是公事公办的态度。你要有责任心去主动完成。不能说等到产品都做好了，流水线一样送到面前再做。40%～50%的产品的最终体验应是由开发人员决定的。产品人员不要嫉妒有些工作是开发人员设计的，只有这样才是团队共同参与，否则出来的产品一定会慢半拍。

关于"细节美学"——

像邮箱的"返回"按钮放在哪儿，放右边还是左边，大家要多琢磨，怎么放更好，想好了再上线测试。对同一个用户发信，在此用户有多个邮箱的情况下如何默认选择最近用的一个账号，这些需求都很小，但你真正做出来了，用户就会说好，虽然他未必能说出好在哪里。

开发的产品要符合用户的使用习惯，如更多人在写邮件的时候有使用键盘拷贝东西的习惯，虽然实现起来有些技术难度，但也是可以解决的。还有对鼠标反馈的灵敏性、便捷性等方面也是一样。

在设计上我们应该坚持几点：

——不强迫用户；

——不为1%的需求骚扰99%的用户；

——淡淡的美术，点到为止；

——不能刻意地迎合低龄化；

在产品的总体构架运营上，则可以采用下述的策略：

——交互功能："Don't make me think!"

——美术呈现："尽可能简单。"

——产品设计："让功能存在于无形之中。"

——运营要求："不稳定会功亏一篑！"

——总体要求:"快速,稳定,功能强,体验好!"
——发现需求:勤看 BBS 和 Blog。

第三阶段的挑战最为严峻,它是一个分水岭,大多数平庸的管理者会止步于此。此一阶段的磨砺涉及重要的人和事,事关企业成败。然而这也是一个卓越领导者成长的必经之路。在人员方面,正如尤里奇研究所指出的那样,领导者需要把 20%~25% 的时间用于管理领导力和人才,需要对自己在人才甄选、识别、使用和培育方面的能力进行刻意培养。而在事情或思维方面,需要具备企业是一个生命系统的观念认知,在系统建设能力、设计思维和产品开发方面进行大量地学习和练习。

经过此一阶段,接下来,领导者将承担起全面负责公司某一主要业务的重要职责。

第四节 第四阶段:洞见、韧性与变革重塑能力

此时你已经 35 岁左右,各方面逐渐成熟,可能千钧重担集于一身。你的下属和同伴或者在高效完成事务,或者在某一领域、某一市场开疆拓土,而你像一个舵手一样,牢牢把握着整个业务条线的航向,领导着一个事业部甚至整个公司。你需要根据天气环境、未来变换、船的特点和洋流变化,不断调整舵轮,确保巨轮稳健而快速地航行。在此阶段,领导者对未来的洞见、韧性、变革并重塑组织的能力就必须得到提升。

1. 不断成长为一个启发梦想的洞见型领导者

人工智能时代,就海量的知识储备和数据分析的效率,机器比人厉害百倍,而超越逻辑推理的洞见,则是人类的独特之处。积极心理学之父塞利格曼认为,人类获得智慧、知识和美德有 6 种途径,最基本的是好奇心,再依次是喜爱学习、思想开放、创造性、情商,而洞察力是人类展示智慧最成熟的形式。

2017 年 5 月,腾讯、阿里频频刷屏,两者境外股票大涨,各自市值接近或者超过 3000 亿美元。截至 2020 年 6 月 29 日,腾讯和阿里的股票市值均已超过 6000 亿美元,短短 3 年增长一倍。按 2020 年 6 月 29 日腾讯最新市值 4.64 万亿港元计算,当时相当于 4.2 万亿人民币,2.4 个工行、4.6 个美团、5.8 个中石油、6.2 个拼多多、14.3 个百度或 15 个中信证券。在 2017 年,腾讯、阿里各自的市值依旧相当于同时期的 1.4 个中国移动、3 个中石化、4.4 个建设银

洞见
领导力跃迁
数字化时代

行、10个万科、10个格力电器。市场估值不是根据公司当前业绩，而是未来的可能性，市场充斥着持有大量现金的投资人，他们看好腾讯和阿里的未来。未来，首先由领导者启动，今天各种大小的组织，都在呼唤具有洞见的领导者！

未来已来，无论我们个人愿不愿意，我们都已经身处科技巨变的风暴中心。就像每一次技术革命一样，这场以万物互联、人工智能、大数据和云计算为特征的科技浪潮，也将深刻地改变着我们每一个人的生活和工作方式。

以大规模生产为特征的工业时代已经过去，以智能和共享为特征的人工智能时代已经来临，这个时代，需要拥有全新的互联网思维模式！没有传统没落的行业，只有陈旧过时的思维。工业时代的汽车巨头如通用、福特、大众，没有一个成为今天的滴滴、优步；工业时代的银行如工行、建行，也没有一个成为今天的支付宝；工业时代的电视机制造商如长虹、创维甚至SONY，没有一个成为今天的生态化的小米公司。中国那么多的自行车生产商，为什么没有一个率先采用共享单车的模式走在摩拜的前面呢？很简单，在工业时代的巨大惯性下，他们没能形成全新的互联网思维模式，核心问题是，最高领导者和高层团队，没有持续学习进化成为一个远见型领导者。无论是几十万人的大企业还是三五人的小组织，领导者必须具备对未来的洞见和超越当下的远见。

作为一个组织的领导者，当你日复一日年复一年地辛苦劳作，但一到年底结算时，却仅仅能勉强维持甚至亏损，你应该警觉，不是社会、环境和技术出了问题，而可能是你的思维模式出了问题，你的思维模式可能还停留在以资源稀缺性为特征的游牧、农耕或工业化时代。

今天的中国，资金不缺、信息不缺、物质不缺，最缺的是优秀的人才和对优秀人才的有效领导。不合格的领导者，连现有组织的基本维持和管理都做不好；好一点的领导者能够在平均水平上波动和适应，在企业现有基础上"守成"；而优秀的领导者，则是时代的领导者，他们能够引导组织"破局"，不断向上发展变动。没有永久的企业，只有时代的企业。美国上市公司平均寿命只有30年。适应这个时代，引领这个时代，才是一个好的企业领导者。今天这个时代，云、人工智能、万物互联等技术已经改变了人们的工作方式和生活习惯。组织和个人更注重速度，要求即时满足；更关注品质、体验而不仅仅满足功能需求。个人和组织的核心需求是成长、自我实现和社群贡献，人们对那些具有远大理想、着眼全球、致力于通过科技造福人类的洞见型领导者充满期待。

洞见型领导者常常能够看到事情发展的本质，那么如何成为一位启发梦想的洞见型领导者呢？我总结了6点修炼的方法：学习最新技术，成为专家型领导者;时刻保持思想开放性、现实性与合理性;深刻理解"时代概念",升级认知;刻意训练,培养直觉,捕捉灵感;打造能够产生创意的工作与生活场景;真诚地倾听客户心声。

(1)科技即思想,成为专家型领导者

技术领导力至上,或者"技术+商业"领导力,是对传统理论的颠覆。尤其在今天低代码开发时代,了解并掌握技术趋势,是优秀领导者必备的能力。以往管理理论认为,处在基层、中层和高层的领导者,分别应该掌握的核心技能是技术技能、人际技能和概念技能,并对不同层级管理者三种技能的占比作了分析。

能力 层次	技术能力	人际能力	管理能力
上层管理者	18%	35%	47%
中层管理者	27%	42%	31%
下层管理者	47%	35%	18%

上表的分析中,对于高层领导者而言,概念技能更多表现为战略整合能力,而不必了解具体技术。但在今天,不能敏锐而深刻地把握技术走向的高层领导者,几乎不可能带领企业在数字化时代走向成功。微软的比尔·盖茨、苹果的乔布斯、谷歌的两位创始人、脸谱网的扎克伯格、亚马逊的贝索斯、百度的李彦宏、腾讯的马化腾、字节跳动的张一鸣,这些目前全球市值最高的企业的领导都,几乎都是技术或产品经理出身,他们时刻考虑如何用技术赋能业务。但这并不表明以往那些强调品格、人际、教练、情商等经典的领导力概念已经过时了,而是说,即使拥有这些传统能力素质,也无法应对数字化时代。上述的情商和教练式领导力理论,从提出至今已经过去二三十年,均已成为优秀领导者的标配,而今天这个时代最优秀领导者的核心能力已经进化。

软银的创始人孙正义20世纪80年代去美国拜访比尔·盖茨,他提及盖茨早年参加的一次日本大学联考惊人的800分满分,表达了对盖茨这种惊人能力的折服,而比尔·盖茨的回答则令他终生难忘:"其实,拿了满分也不是值得骄傲的事情,我一直认为死记硬背不是最重要的,可贵的是具有先见之明的洞察力。"从此,孙正义始终把对行业未来的预见当作成功最珍贵的因素。

比尔·盖茨无疑是这个世界最聪明的人之一,但他的聪明和天才之处,不仅仅表现在考试成绩这类测试上面,更是一种穿过时空对未来的洞察。早在1999年前后,他在《未来时速:数字神经系统和商务新思维》一书中就预见了今天数字化移动互联网时代的出现,预见到数字化办公、社交和电子商务时代的全面到来。同样,我们在阅读凯文·凯利的"科技三部曲"时,会有这样一个很深的体悟:**科技前沿是人类思想和智慧所能企及的最高高度,这里聚集了人类最聪明的大脑、最睿智的观点**。今天,在资本力量的推动下,世界一流的科学家不再满足于安静地坐在实验室里进行研究,而是纷纷创业,将科研成果产品化,或进入高科技企业成为首席科学家。美国麻省理工教授库兹韦尔,被称为21世纪最伟大的未来学家和思想家、爱迪生继承人,就曾经担任谷歌的首席科学家,同时他也是4个公司的创办者。

人工智能、云、大数据、生物科技、软件等形式的产品或服务,不仅仅是一些代码和数字,它背后其实是基于人性的深刻洞察。人类在过去数千年习惯了语言文字成为思想表达的载体,却还没很好理解数学、算法和一行行代码背后所承载的思想。今天一些炙手可热的技术像虹吸效应一样,吸收了世界上最聪明的大脑。**这个时代伟大的思想家,不再是坐在书斋里瞭望世界、写写文字的人,而是那些用积极行动、用科技力量让世界变得更加美好的伟大梦想家、发明家和企业家**。伟大的前提是对这个世界的善意,正如谷歌的信条:不作恶。在阿里巴巴公司成立18年"因为相信所以看见"的主题年会上,马云真诚地说:我们可以失去一切,但不能失去理想主义。即使对一些千百年来争论不休的哲学问题,如关于思维和意识、关于人性善恶的问题,这些技术领导者也比一流大学的学者有着更非凡的洞见。在回答人工智能是否有人的"意识"、"奇点"何时来临这些问题时,库兹韦尔直截了当地指出:当机器说出它们的感受和感知经验,而我们相信它们所说的是真的时,它们就真正成了有意识的人。

我们可能不愿承认这样的现象发生:这个时代一流的思想家不再来自人文社科领域,而是那些伟大的企业家或技术领袖。我们根深蒂固的"偏见"正面临着技术高速发展的冲击。东西方文明不约而同从公元前500年左右开启,从孔子到柏拉图,一代代伟大的思想家都在独立的学园、书院、大学、研究所完成理论思想体系。在中国数千年的文化传承中,也把读书人在书斋的自得和清高视为一种精神象征。然而,今天我们有关世界的思考、写作和思想表达,不仅仅在书斋里,其实无处不在:群里发言、微信朋友圈、视频、各种数字平台的自媒体。数字化时代个人思想的充分表达,是个体普遍的存在方式,而这种方式离不开大大小小的屏幕和各种智能搜索查询。事实上,每一次我们对科技的应用,都使得科技变得更加聪明,更符合我们的需求,也使我们更离不开这种机器智能。科技更像人类自己塑造的一个无所不知的"老师"。

互联网是一个永不停歇、无处不在的复印机,我们每一次朋友圈炫示、浏览、使用、互动、点评、点赞或发红包，包括旅行、读书、课题研究、论文写作等，都会被一一记录下来，跟踪并汇集到 7×24 小时不间断运行的云端。这些数量惊人的庞大数据，使得由数百亿台各种智能终端连成的科技生命体变得更加聪明。用凯文·凯利的话说，不管我们愿不愿意，我们都将在这个生命体中展开人生的旅程。不止于此，信息技术呈加速回报趋势，提出这一定律的库兹韦尔预计：2029 年，是一个奇点到来的时刻，这一年，具有情感和意识的人工智能将出现。1999 年他曾用此定律对 2009 年作了 147 项预测，事后显示仅有 3 项预测是错的。

很多不了解技术的人，知识已经老化，他们至今依旧对数字科技抱有成见：他们对工具没有好感，认为软件就是科技时代的蓝领工人从事的事情，没啥思想内涵；他们认为扎克伯格、马斯克、马云、马化腾和李彦宏等新锐互联网企业家，其实也没啥思想，他们的成功靠的是国家政策、忽悠和运气成分。然而如果我们了解更多，就会得出不一样的结论和看法。科技领域是思想的密集聚集地，今天一流的思想更多源于企业内部的技术领袖、设计师和企业家。伟大企业的成功，就是人性需求和科学技术相结合的成功。

无论哪个行业，包括企业和个人，必须和科技结合起来，这事关生死。正如马化腾所说："未来所有企业的基本形态就是，在云端用 AI（人工智能）处理大数据，这是一个大方向。过去把用电量作为衡量一个工业社会发展的指标；未来，用云量也会成为衡量数字经济发展的重要指标。"总之，随着数字鸿沟进一步扩大，对于领导者而言，你必须了解最新的科学技术成就，关注人工智能趋势，这是数字化时代获得洞见的基础。

1989 年，18 岁的我第一次坐火车出远门到省城，参加军校入学体检；而今天我的孩子飞行的足迹已从东京到纽约，从纽约到巴黎。短短 30 年，一代半中国人，实现了从黄天厚土的农业社会，到工业社会，再到人工智能社会的跨越。数千年未有之变局，这短短 30 年的跨度之大，要求我们的思想认知也要以一种指数级变化升级迭代。巨变时代，扑面而来！

除了学习、了解并掌握最新的技术之外，开放而务实的思想对于产生真正的洞见而言，同样重要。

（2）保持思想的开放性、现实性、合理性

谦逊和开放这一项领导力准则，我们已经在准则部分进行了阐述。对于身处高位的领导者，这一项尤其重要，因为**持续的成功会削弱你对即将到来的危险的警惕。**

从 2008 到 2018 年，这 10 年发生了一个大转折，世界上市值最高的公司由科技取代能源和金融公司,到 2022 年依然如此,如图 19-17 所示。

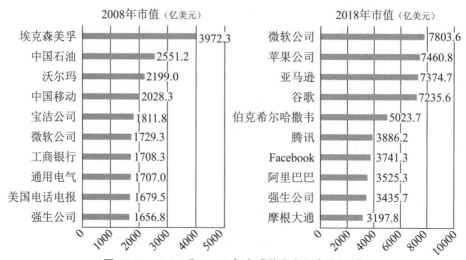

图 19-17　2008 和 2018 年全球前十大上市公司对比

图 19-17 总结为一句话就是:科技超越资本和能源,成为压倒一切的力量。原来占据榜首的能源、金融企业,其实没有做错什么,只不过世界的风向变了,赛道换了。就连高盛这样的华尔街金融巨头,也宣称自己是科技公司:高盛有超过 1/3 的人员是科技研发人员,研发人员数量超过了 Facebook。在今天 AI、云和大数据时代,具有洞见的领导者首先需要一种态度:**随时做好修正自己以往固有成见的准备,准备以新的角度和方式去认识、接受、发现和再创造。**

任何一个企业,无论过去多成功,都可能随时会死去。腾讯今天获得的巨大成功,并非偶然,而是其文化体系从封闭到开放转变的结果。在 2017 年 9 月 6 日的一次清华大学演讲中,马化腾坦言:"腾讯这五六年已经完全大变样,更开放的和生态化的思想已经形成,我们是往这个方向走的。但竞争不可避免,国内几个商家的竞争一定程度上反而促进中国的移动互联网发展。我们的战略就是半条命,另外半条命交给合作伙伴。很多同事说这个不让做,那个不让做。我说是,要做你就自己出去做,我可以投资你。很多东西我们内部不做,尽量做能发挥自己核心优势的事,其他都交给合作伙伴,占小股就行,这样他们更有活力。"这次演讲的对象,很多是腾讯投资的生态合作伙伴,是一些独角兽企业的 CEO。这些独角兽企业 48 个,当时总估值超 890 亿美元,包括摩拜单车、知乎、商汤科技、富途证券、云知声、Wecash 闪银等。腾讯的迅速扩展,正是摒弃了以往封闭体系的做法,通过大量投资和收购生态企业的结果。

一些伟大的企业家如乔布斯、盖茨、任正非、马云等,现实的企业生存压力,让他们必须抛掉乌托邦式的梦想，要求这些领导者的思考和行动更具现实性、开放性及合理性。现实性是指，他们的思考思想可以超前很多年，但落脚点必须是当下的科技水平、社会背景和文化环境等，必须从企业的实际能力和资源出发；开放性是指，他们必须不断修正、迅速吸收其他思想和成功经验，从而指导企业发展；合理性是指，成功的企业都符合一定的规律。自从基于经验的"摩尔定律"发现以来，这个时代优秀的企业家似乎就不得不更新自己的认知速度，以便跟上摩尔定律，从而走在不断淘汰"过去自己"、否定"今日自我"的路上。简而言之，想要获得洞见，就需要认知升级，摆脱以往固有成见的束缚。

（3）认知升级，先从概念转换开始

认知升级，先要语言体系升级，而语言体系升级，先从拥抱时代的概念开始。智者不要浪费时间和精力去证明，今天的概念其实就是昨天不同概念的组合或翻版。每一个时代的关键词语和概念，之所以广为接受，其实就是这个时代相关范式的高度总结，比如绿色、共享、平台等概念。"共享"概念并不新鲜，以前中国社会很多思想和实际做法如大灶食堂、人民公社，其实就是"共享"概念的实践。不过物质匮乏时代的"共享"和今天的"共享"内涵完全不同，今天因为知识、信息和数据随时可取，使得"共享"概念演变为富足资源的最大化利用，而非贫穷的"零和效应"。另外有关"平台"概念，有朋友认为今天所谓的"平台战略"，其实不是竞争战略，而是选择业务的种类，竞争战略依然离不开之前的差异化、聚焦、成本优势等经典理论。我认为今天之所以有"平台战略"的提法，是因为对企业而言，它们已经从差异化、成本优势等竞争战略中熏陶出来，这种战略选择成为所有企业经营的常识问题。而在全新的产业格局面前，每个企业都必须面临二选一的问题：是选择垂直领域的深度切入，还是建立平台形成生态群落。这的确是数字化时代企业家考虑的首要问题，也决定了企业所要投入的资源。比如在知识付费领域，有些是垂直知识付费逻辑，有些则是知识平台逻辑。总而言之，关于时代涌现出来的一些新概念，我们既要了解其概念背后保持不变的实质，也要清楚概念的新的时代内涵。

一个时下广为传播的概念具有潜移默化的强大力量。现代语言学开山鼻祖索绪尔提出了有关语言的"共时性"和"历时性"特征："共时性"就是那些不随年代变迁而藏在概念背后共同的东西：如神话、英雄历程、情绪、情感等，"历时性"就是每一个时代各自具有的特征。普遍存在的人性是"共时性"的来源，从《荷马史诗》到斯皮尔伯格的科幻电影《头号玩家》，人类几千年来各种故事的背后，其实就是相似的英雄冒险历程；而科学技术则是"历时性"来源，航海时代的帆船和今天的人工智能被截然不同的技术制作出来，遵循完全不同的规律。而能将"共时性"与"历时性"结合得好的领导者，就能创建时代的优秀组织者。"语言是人存在之家"，这意味着语言的双重作用，既是我们文化自洽性的源泉，也是阻碍我们前进的坚硬外壳。对于后者，意味着我们需要超越过去的语言体系才能进步。然而人类捍卫自己的语言，常常将其上升到人格尊严甚至生命意义的地步。

领导者不要偏执于"内在直觉"，被其盲目吸引。当你的努力配不上你的欲望，"内在直觉"不过是合理化当前生活的借口。我们还不是肯·威尔伯，没能在23岁时写出《意识光谱》；也不是约瑟夫·坎贝尔，没能写出震撼人心的《神话的力量》；也没有经过1万小时的刻意训练，勤奋也远不及东哥甚至京东的快递员，所以我们的"内在直觉"空空如也，没有洞见，只有对于懒惰而平庸生活的自我安慰，这不是荣格和坎贝尔所说的"追随直觉之路"的直觉。直觉蕴含洞见，但浅尝辄止者例外。面对外部世界激烈竞争时的惊慌失措，让我们回到内心深处去寻求安宁，然而，"概念的我执"里没有安宁，只有画地为牢的"囚徒"。

（4）直觉灵感，刻意培养创造力

直觉是洞见、创造力的催化剂，那么直觉在什么时候可以相信呢？简单讲，就是你经过1万小时训练成为"异类"后可以相信。格拉德威尔总结专家级别的"异类"，遵循"十年法则"，在某一领域经过艰苦的1万小时的刻意练习，即每天3个小时以上，长达10年的辛勤耕耘。"刻意"就是有意识地提高，接受即时反馈，进行细微调整，不断改进。而想要成为一个超越"异类"的大师，仅仅在本领域耕耘是不够的，还必须抽出大量的时间在领域之外进行学习研究。因为本领域的某些思维定势，在到达一定高度后就会成为创新的障碍。所以**那些做出开创性贡献的大师，都是跨界高手，他们站在不同领域的交界处，创造非凡。**

直觉带来的灵感只是创造力展现的一个环节。心理学家米哈里·希斯赞特米哈伊在《创造力》一书中作了实证研究，他将一个创意的产生分为5个阶段：准备期、酝酿期、洞悉期、评价期和精心制作阶段。准备期从有意或无意沉浸在一个或一系列能引发兴趣的问题开始。在酝酿期，让众多想法在潜意识里翻腾。而洞悉期则通常发生在完全放松没有用力的时候，比如散步、开车，让理性后退，一刹那某个或某几个灵感进入头脑，思想的火花开启超级链接模式。不要以为在洞悉期获得灵感后就大功告成，这才是下一轮辛苦工作的开端。之后的工作一点也不轻松，需要大量研究、进一步细化和验证，进入到创意评价阶段和精心制作阶段。

创造力每个阶段都需要。但随着承担起整个公司的重任，领导者所展现的创造力以及塑造一个创造力的环境，对企业、家庭和自身而言，都非常重要。

（5）场景艺术化，塑造有利于产生洞见的环境

无论外部环境是顺利还是恶劣，洞见者都能让生活符合自己的目标，而不会让外界力量支配他们的命运。 希斯赞特米哈伊写道："那些富有创造力的人与众不同，他们都能赋予环境一种个人模式，这种模式与他们的思想及行为习惯产生共鸣。"也就说，这些卓越创造者，都是改变环境为我所用的高手。

从创造力和洞察力的角度来讲，"日常生活"是一种沉沦。琐事和例行公事占据了日常生活的大部分时间，日常生活的场景大多是家里、超市、菜市场、亲朋好友聚所等，交流的语言大多是符合场景的日常用语和符号，也都是一些习惯性的主题和不假思索的反应。如果这时候能有一个检测器来跟踪神经系统回路的链接，研究者将会发现，这些链接都是旧的固有回路，大脑皮层所参与的高级认知活动极少。

日常生活即使能够给我们带来舒适和享受，我们依然需要警惕这种舒适。这是"创造性"人生一种永久的矛盾：我们的动物脑要求我们远离危险恐惧，选择快乐与舒适；而我们人类进化出来的大脑新皮质，从思维层面则要求我们不断挑战、建立新的认知和链接，正如乔布斯在斯坦福大学所作的《保持饥饿，保持愚蠢》的主题演讲，以及中国"生于忧患，死于安乐"的古训。对于这种矛盾，库兹韦尔曾说："至于究竟是旧脑当家还是新脑做主，人脑中仍在进行斗争。旧脑通过控制快乐和恐惧经历来定好议程，而新脑则一直尝试着理解旧脑相对原始的公式并力图控制自己的议程。"[21] 对于世界上那些最具创造力和洞见的人士而言，他们将这两者结合得很好。做法很简单，他们将矛盾关系转化成相辅相成关系。即把设计一个舒适稳定的关系和场所，当成其创造性思考的重要外部条件。这点对于那些智力创造者而言尤其如此。

我们需要对日常生活场景进行艺术性构造，并在亲密关系和工作伙伴等重要人群中设置安静时刻。在一个使人放松而感受美好的场景中，平静下来就会容易产生灵感。比如在工作场所或家庭中，设置2到3个小时的安静时刻。在安静时刻，成员各自集中精力专心做自己的事情。这样通过空间的艺术化和关系中的安静时刻，就把原本处于"沉沦状态"的日常生活，打造成一个产生激发灵感的场景。希斯赞特米哈伊把这样的场景称为"有灵性的环境"。他提倡用代表自我的象征物布置家里："在家里我们需要一个具有支持作用的象征性生态环境，这样我们才会觉得安全，放下防御，继续完成生活的任务。在某种程度上，家的象征物代表了自我最本质的特点和价值观，它们有助于让我们变

得更独特。一个家如果没有个人化的格调，缺少指向过去或导向未来的东西，就会变得没有生机。充满意义的象征物的家很容易让它的主人知道，他们是谁，他们应该做什么。"而他本人，家里的象征物就是两只彩色的木头鸭子。22

那些具有非凡洞察力的创造者，为了免受干扰，总是离群索居，同时作为社会和文化里的成员，他们又极度关注自己周围和世界的问题，心系社会。对那些具有非凡洞见的领导者而言，创造和挑战极限让他们感受到生命的意义，而享受工作、家庭中幸福平静或旅游的时光，则成了他们灵感闪现和洞见启发的时刻。

对于企业领导者而言，倾听客户心声，从客户那里获得洞见，才是根本。

（6）倾听客户

真诚地倾听客户心声，对于任何组织、任何层级的人员都适用，只不过在这个阶段，越是处在公司高位的领导者，越有信息失真和闭塞的危险。而领导者身上责任重大，此时应该亲临一线，及时听取重要客户的心声，获得对未来的洞见。

上文提及IBM转型成功的经典案例中，郭士纳所发起的"熊抱行动"，正是从"倾听客户"开始。郭士纳仅仅在上任3周后，就对这个陷入困境的"蓝色巨人"作出了明确诊断：公司有着雄厚的基础，但在经营上存在重大问题；公司失去了顾客的信任，盲目地追求事业部分权，难以形成跨部门的协作，绩效体系混乱等。之所以他能如此迅速准确地切中要害，与他曾经是IBM的客户有直接关系，他知道客户想要什么。这些诊断清晰了IBM变革的方向。郭士纳说："我们实际上一直是行业里唯一的完整服务提供商，但客户告诉我们，他们需要IBM成为一家提供完整解决方案的公司。我们将逐步加强这方面的工作，并发展相关的技能。"

拉姆·查兰在《成功领导者的八项核心能力》一书中讲述了一个富兰克林柯维公司的故事。2002年，这家受人尊敬的公司陷入增长停滞、巨额亏损的境地，怎么办？公司聘请了惠特曼担任新的CEO。她上任伊始，就带领高管拜访了62位公司客户，发现了一些问题所在。当时公司客户采购培训的模式变了，原来由人力资源部统一采购，而现在是各业务部门可以自行决定，人力资源部门负责一部分。而对于业务部门而言，尽管那本著名的《高效能人士的七个习惯》也很好，但无法满足他们当下对于业务增长的要求。业务部门的一线经理，普遍需要一种工具，可以帮助他们分析、测量、改善和提升团队整体绩效。这个工具到底是什么呢？惠特曼和她的团队分析后认为，就是帮助一线业务部门实现目标的工具。这就促成了该公司后来推出的《高效执行4原则》

等系列工具书籍的开发。惠特曼在三四年时间里，拜访了234位客户领导。这场倾听客户的行动带来了公司一系列变革：关闭零售店，提高培训和咨询业务比重，把非核心的21项业务外包。变革取得成功，公司从2002年亏损1亿美元，到2005年实现盈利2000万美元。[23]

倾听客户如此重要，我想一个具有良好的倾听客户能力的高管人员，应该至少从3个方面衡量倾听的成效：

一是站在客户的位置，你将拥有一个最重要的外部视角，这决定了你对内部的取舍。从采购、生产、营销到服务，哪些是企业应该加强的，哪些是应该外包的，哪些是该放弃的，哪些是该新建的？这就是德鲁克所说的"外部性"，成果来源于外部世界，是组织对于社会的贡献，而非内部。

二是向最优秀的客户学习，与时俱进，一起成长。世界排名第一的高管教练马歇尔·戈德史密斯的秘诀之一，就是服务于最佳客户。他认为自己从客户身上学到的东西10倍于对方从自己身上学到的。

三是从"倾听客户"产生"服务他人"的精神，这是企业的宝贵财富，将带给企业和个人更高层面的成就感和幸福感。人们在真诚服务他人时，会获得深度幸福感受，这深藏在人的天性之中。这也是那些一流领导者能够激发世界最聪明人的原因之一。

"倾听客户"一个反面的案例，就是迷信以"定位"攻占客户心智的做法。这是迄今为止商业史上最令人厌恶的理论和操作。那些采用攻占"客户心智"曾经成功的品牌和企业，虽曾风光一时，但最后几乎都衰落下去。这是因为背后文化"失道"所导致的后果。在2017年八九月，我参加一个有关"定位"的论坛，台上一位自诩为特劳特公司的全球总裁发表了一番"高论"，核心词就是"攻占"，其对待客户的态度充斥着傲慢和偏见。这位高管开场先讽刺了雷军和乔布斯之后，亮出了"定位"理论的三板斧：以品类形象占领顾客的心智位置；集中火力在少数重点区域建立所谓高势能；然后提高价格带来高的销售额。他引以为傲的成功案例，就是今天已经淡出公众视野的加多宝和王老吉凉茶。当时台上还有一位上市公司东阿阿胶的董事长，这位董事长与其一唱一和，感叹"补血"和"东阿阿胶"之间的成功定位，给东阿阿胶带来了业绩巨大提升。这位董事长当场表示，未来会把东阿阿胶做成保健品的奢侈品，价格还要从每斤两三千元提升到六千元。这种荒谬言论大行其道，以至于一位听众问道："众所周知，保健品是个暴利行业，效果从来未被科学证明，为何还要大幅加价销售？！"东阿阿胶董事长从《黄帝内经》找些只言片语，当成证明东阿阿胶口服液所谓"气血双补"的法宝，只字不提东阿阿胶对消费者身体健康的科学跟踪和检测研究。不倾听客户，就会被市场抛弃。两年之后，东阿阿胶被客户抛弃，其夸大的宣传受到一致谴责，股价从2017年10月的64元跌到2020年7月的35元，2020上半年亏损8000多万元，在上市公司医药行业垫底。而被那位"定位"总裁贬低的小米和苹果，依旧高速增长。事实上，小米模式的成功是必然的，小米受到粉丝的追捧，恰恰是"定位"理论致命的地方：小米以善的目的，为消费者和客户创造了一个用得起、买得起的高科技、高品质产品，它要打造的是科技界的无印良品。小米创始人雷军誓言要将"性价比"进行到底。雷军就是人格化了的小米公司，他所代表的精神正是互联网的本质特征：平等、参与、挑战、高科技、买得起、在身边。

倾听客户，无论怎么强调都不过分，尤其对一个企业的高管人员而言。而影响他们倾听的，是成功后的傲慢。很多的创业者在早期尚能接触客户、了解客户并服务客户，随着一步步成功，他们逐渐沉浸在权力营造的幻觉之中，沉浸在对营业额、市场份额和规模的盲目追求中，他们不再接触客户，反而把自己封闭在办公室里，站在中国地图和世界地图面前，高谈阔论、指点江山，制定战略，发动一个个所谓的战役。无论对于个人还是一个企业，再也没有比这更危险、更自大也更无趣的事了。今天对于人数越来越多的以提供智力为商品的自由职业者而言，道理也一样：你是谁很重要，但客户或周围人感受到你是谁更重要。我们再次回顾一下，彼得·德鲁克的有力而经典、历久弥新5个最重要的问题，如表19-14所示。

表19-14 德鲁克经典五问

Q1：我们的使命是什么？
Q2：我们的顾客是谁？
Q3：我们的顾客重视什么？
Q4：我们追求的成果是什么？
Q5：我们的计划是什么？

当我们从上述各个环节中获得洞见后，一场事关企业生死存亡的战略性变革就开始了。

2. 变革力：勇气、节奏、引爆点、韧性与文化刷新

这个时代，战略执行比战略本身更为重要！相对应的，聚焦重点比全面开花重要；敏捷比计划重要；节奏比快速重要；韧性比雄心重要。领导者想要带领组织走向未来，就会处在持续的变革之中，无始无终，永续前行，这需要领导者锻造一颗强大的内心，面对这无尽的旅程。而每一次变革都会涉及整个组织体系，这体系就是我在本书第三部分所详细解释的内容。但每一次变革却不能够也不应该变革组织所有体系的所有方面，只能在紧紧把握第五代管理范式的基础上，变革那些严重制约新战略执行的因素。从点到面，找到关键领域、寻求那些具有先导性质的引爆点，从而整体把握组织的变革节奏。与此同时，领导者需要意识到，变革不会短时间完成，两年、三年、五年甚至十年，久久为功。这个时代韧性比雄心重要！

不是每一家企业都像谷歌那样在一片新的产业领域开疆拓土，大多数企业都是在旧有基础上面朝未来，他们面对过去的各种羁绊，不得不做出坚决地斩断，同时以时代新的范式思考并制定战略，选择新的赛道或航道，带领那些具有新思维和新能力的创意人才，聚焦少数关键领域，坚定不移落实到日常工作中，展开先导行为，持续执行和快速调整，从而在新的竞争中赢得未来。这就是这个时代变革的内涵。今天这个时代最成功的企业变革成功案例，就是萨蒂亚·纳德拉带领微软的复兴。在这个案例中，我总结了成功变革所需的5要素：坚定的勇气；把握变革节奏；通过引爆点撬动"大象"；有远见的韧性；"同理心"文化刷新。

5个要素中的逻辑关系如下：领导者以极大勇气开启组织变革的重生之路，在过程中把握好节奏，并通过特殊的人和事引爆变革在公司内进一步扩展。而当变革面对巨大阻力时，领导者需要保持有远见的韧性和同理心，刷新文化，让文化这种软性的深层力量护驾组织变革成功。5个要素及关系如图19-18所示。

（1）"从0到1"变革的坚定勇气

如果你站在新旧时代的门槛处，重要的不是变革，而是有勇气发动一场"从0到1"的变革，并将这一场变革努力坚持直到成功。

工业化时代后期的全球化，更多时候不是提供一个创造性解决方案，而是在原有基础上的复制，全球制造业的东南亚转移就是一例。20世纪最后20年，是西方工业化社会巅峰及全球化扩张的时代，因强烈主导企业变革而被称为"中子弹"的GE前CEO杰克·韦尔奇，开启了工业化时代多元化扩张之路，带

来 GE 市值大幅上升，这一现象成为工业电气化时代"量的变革"的最后一抹夕阳。这使很多大企业误以为，像 GE 一样的变革同样适用于自己，于是摩托罗拉、诺基亚、阿尔卡特以及爱立信等，一个个走上变革之路。而变革大多以失败告终。

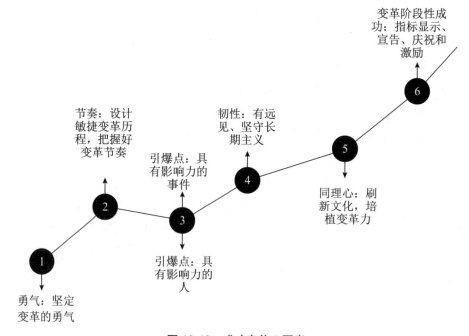

图 19-18　成功变革 5 要素

为什么工业化后期提出的变革概念，倡导的变革领导力大都没有成功呢？最主要原因在于：这些领导者带着旧有的思想，奔向了新的时代。这种变革和变革型领导力，想要在一个庞大官僚企业内部实现流程、文化和业务的"革命性转向"，然而尾大不掉，只能面临轰然倒塌的命运。成功的变革只有在旧的死去的躯体上，才能诞生新的生命。

约翰·科特，这位当年哈佛大学史上最年轻的教授，被称为"领导变革之父"，是领导与变革领域的权威。他认为："（变革）唯一的出路在于摒弃旧观念，寻找新视角，以不懈的变革来开拓新的生存空间。"这新的视角就是上一节所说的洞见，一个时代的企业必须在一个时代的范式下起舞。本书第三章已经系统阐述了时代的组织范式，其典型特征就是：**基于廉价的计算能力，组织和世界的扁平化、知识民主化和传播的链式反应，一个小型团队和微组织，从颠覆性产品入手带来强大的破坏性创新**。微信、脸书、支付宝、抖音等无不如此。当初引领潮流的 360 免费杀毒软件，搅得杀毒软件行业天翻地覆。改写了行业原有格局的团队，最初只有 4 个人，而同期的金山杀毒、瑞星等规模都在上千人和六七百人左右。同样，2010 年，张小龙带领不到 10 人的小团队在 70 天内开发了改变移动互联网竞争格局的微信。

传统变革型领导是"从 1 到 N"，工业时代的全球化就是这样的体现；而洞见型领导则是关闭过去，开创一个全新的未来，"从 0 到 1"，数字化时代"破坏性创新"就是这样的体现。数字化时代最优秀的人才带来的收益是平均数的 1000 倍甚至 10000 倍。幂律分布是数字化时代的思维特征。而杰克·韦尔奇的"活力曲线"则是一个顶端 20%、中间 70%、末位淘汰 10% 的正态分布，正态分布是大工业化时代的思维特征。

"从 0 到 1"的变革总是意味着巨大的内部阻力，所以变革之初，领导者首先要有足够的勇气表现你自己。萨蒂亚·纳德拉引领微软变革复兴，当他第一次站在媒体和微软全体面前时，就鲜明表达了自己的主张。区别于两位前任，萨蒂亚·纳德拉展现了自己共情而坚定的性格。在第一次大会上，他宣布了微软新的使命和文化：重塑生产力，助力全球每一个用户，成就不凡。同时宣布了微软新征程：移动为先云为先，在混合现实、人工智能和量子计算三大领域持续发力成为领导者。

正如约翰·科特说他已经记不得有多少次听到人们把"领导"和"管理"混为一谈，每一次都快把他逼疯了。他认为管理是一种流程，如计划、预算、人员配置等，人们常常低估管理的复杂性；而领导是关乎愿景、人才引进的，更为重要的是，约翰·科特认为领导是关乎变革的。

如果说 10 年前组织成长大于个人成长，而 3 年前则相反。当一个组织变革的体系刚刚稳定，它实际上就开始表现出阻碍个人和组织成长的一面。所以，今天时代的最大特征之一就是不稳定，变革一直在路上，动态是一种新常态。和不稳定相适应的"灰度管理"也就成为时代特征。这种模糊、混沌、不确定性会带给人们产生群体性焦虑，反对变革，甚至让变革窒息都会发生。因此，引领变革的领导者要有勇气面对这种压力，并让公司所有人意识到，我们不必对混沌过度反应，应该接纳这种模糊和混沌，正如格鲁夫奉为圭臬的一句话："让混沌丛生，然后掌握混沌。"

以"执行"著称的前霍尼韦尔国际公司总裁兼 CEO 拉里·博西迪，将领导者这种变革的勇气称之为"情感强度"。他说："（如果没有这一点）你根本就不可能诚实地面对自己，也无法诚实地面对自己的业务和组织现实，或者对人们作出正确的评价。你将无法容忍与自己相左的观点，而这一点对于一个组织的健康发展其实是非常必要的。如果不能做到这一点，你就不可能建立起一种执行型文化。"拉里·博西迪认为"情感强度"来自于自我发现和自我超越，一个能够长期成为领导者的人一般都有一套自己的伦理标准，这正是使得他拥有足够的力量来完成甚至是最艰难任务的源泉所在。这样的人绝对不会放弃自己的信念。这种性格已经远远超越了我们通常所说的以诚待人的道德范畴，它已经成为那些卓越领导者所共有的伦理规范。

（2）节奏："你甭想把整个海洋煮沸"

在微软从传统利润大户office单机版向云端office360转变时，遇到了很大的阻力。纳德拉明白，向云转变，是微软变革的必经之路和关键一步。但在具体操作中，面对原有利益部门的重重阻力，他没有一下子强力推进，而是兼顾个人、团队或部门利益和公司整体战略，以传统版权和云端相结合的分步走方式，推动转变。

变革总是和创新紧密联系在一起，涉及整个系统，所以在这方面把握节奏至关重要。借用麦肯锡顾问的一句话：你甭想把整个海洋煮沸。乐高，这个总部位于北欧丹麦、爷孙三个木匠创立80年的创意公司，在2003年面临严重亏损。在行将分拆倒闭之时，董事会更换了决策层，实行变革，重新回归积木。变革创新踏准了之后10年的节奏，一跃成为全球玩具三巨头！乐高的变革与复兴之路及前后对比，对我们了解变革节奏很有意义。

企业资源有限，项目先后有次序，要想保持长青基业，就得"吃着碗里，看着锅里，想着田里"。谷歌处理这三者的比例为70-20-10，即70%资源分配给核心业务，20%分配给新兴业务，剩下10%投入到全新产品上。这就是把握节奏的原则。而乐高从激进创新的死亡线上挣扎着生存下来时，头两年一直是90-10-0的资源分配，几乎不再投入资源开发全新产品。2003年之前乐高公司在一个"冒着蒸汽"的平台上，多个运行着的看似很好的大型创意项目失败或者入不敷出，公司遭遇80年历史上最大的亏损。这一切看似好像发生在一夜之间，没有任何征兆，之前整个公司都在充满热情而无界限的创新和想象中运行。到底哪里出了问题？事后复盘，历史性亏损的主要原因是因为乐高四面开花，投入了过多不受约制的创新项目，这些严重消耗了公司资源。致命的是，这些高消耗的创新项目成功甚少。2003年后，新的CEO开始变革，他信奉"一个领导者必须看到事情的本质，而不是你希望看到的样子"。他带领乐高回归积木搭建的乐趣，回到"只有最好才是好的"的基础价值观，回归业绩导向的企业文化，回归客户，"最珍贵的客户会告诉你这个品牌应该怎样发展。"新任CEO把企业文化再造和关注客户作为公司创新活动的基石，他说："世界上最有创意的公司同时也是最有原则的公司，你必须对所有的基本原则有绝对控制力,然后才能真正开始创新。"

认真务实、讲求商业回报是创新的前提。没有业绩回报的激情只会毁掉一个财务健康的公司。因此,"为激情降温"成为新任 CEO 的首要任务。这似乎违背了大多数人信奉的理论,因为创新需要激情。但在 2003 年时,乐高最大的问题是"生存或者死亡"。在企业最困难的时候,丢掉幻想,面对现实,务实最重要。"削减大家的信心,因为我们一直太过自信,需要回到现实。"新任 CEO 坚持认为乐高需要一个生存计划而不是战略,然后开始聚焦核心产品,在有限的空间内创新会枝繁叶茂,少即是多。"持续的盈利增长来源于公司面向清晰的客户群,只专注于相对较少的产品。如果在过短的时间内从事过多的项目,结果则很可能不尽如人意。"乐高创意从本质讲是关于积木的。创意是顾客认为乐高的独特品质,如果乐高降低积木质量,顾客就会抛弃这个品牌。[24]

乐高的案例表明,变革创新不是一直向前的单纯的"创造性破坏"或者"驶向蓝海",而是应该根据企业资源,根据公司固有的基因,"在原来的基础上发现自我!"这需要花很长时间,乐高新任 CEO 得出一个结论:持续的创新需要一定的程序和节奏。

(3) 通过引爆点撬动"大象"

之前微软每年一次的高管会议,大家都很放松,内容多是无关紧要的规定性事务和按部就班的流程。但是新任 CEO 纳德拉做了两个大的改变,一是将微软新收购科技公司的创始人招入高管年会。在这之前,不要说这些年轻的创始人,即使他们的主管、主管的主管都难以参加这个全球最高级别的会议。事实上,之前的高管会议已经变成了微软僵硬官僚文化的象征。而这些年轻高科技创始人的到来,给原本沉闷的高管会议带来了新的视角、理念、技术和活力。纳德拉第二个改变就是把这些高管分成十几个小组,在会议期间拜访客户。从客户那里获得启发,然后讨论。原本纳德拉以为大家回来感觉筋疲力尽,讨论会应付差事。但是各个小组回来后,却是压抑不住的兴奋,他们从客户那里反馈得到对微软的期待,不断谈论他们新的使命、文化和前景。

萨蒂亚·纳德拉上述行动就是变革引爆点,在重要事件、重要人物身上,以引爆点撬动变革。引爆点的概念借用马尔科姆·格拉德威尔的同名著作。书中格拉德威尔分析了在一个社会和群体中,为何一种现象或产品会广为流行。他认为有 3 种因素:一是个别人物法则,二是附着力法则,三是情境威力法则。个别人物法则意味着流行最初是从一个有影响力或标志性的人物开始。这些人物的特征是:他们既是群体中众多人的联系员,也是内行,同时也是最好的推销员。第二个因素是附着力法则，人们总是对普通的信息或观念熟视无睹、左耳进右耳出。但如果在信息或观念的措辞、表达上做一些简单修改，就能在影响力上收到显著不同的效果，比如理论课变成对身体健康等切身利益的讲座，就会增加信息的附着力。附着力的启示在于：在适当情况下，总是存在一种简单的信息包装方法，使信息变得令人难以抗拒，比如将公司变革理念浓缩为一句朗朗上口的口号"夯实移动基础、决胜AI时代"的百度战略就是一例。第三个因素就是情境威力法则，人对自己周围环境的敏感程度比他们所表现出来的更为强烈。想要发起大规模的流行潮，就需要在一定范围内发起许多小规模的流行潮。无论是畅销书的朗诵会，还是企业生产的基本单位，发起小规模流行的团队有效人数最好不要超过150人。格拉德威尔的流行爆发三原则同样适用于企业变革中，像纳德拉那样在高管会议上，让高管走出去接触客户然后分享，就是"个别人物法则"。当然，"个别人物"法则也需要把一些坚决抵制变革的人员从队伍中清除出去。"附着力法则"和执行四原则中的"引领性指标"很类似。简单讲，业绩提升、利润增加这些重要成果是附着在一些诸如"每次给顾客摆出4双鞋子供挑选""一周完成5个客户拜访"日常行动中的。

　　克莱顿·克里斯坦森是"颠覆性技术"理念的首创者，他有一次在和英特尔CEO安迪·格鲁夫研讨时，格鲁夫问他："你觉得我们应该怎么做？"克里斯坦森认真回答道，英特尔应该成立一个部门，这个部门有单独财务系统和销售目标，专门应对低端处理器市场的挑战。格鲁夫的生硬回应让他终生难忘："您真是个天真的学者！我问你怎么做？你却告诉我应该做什么。我知道自己应该做什么，只是不知道怎样做才能做好。"克里斯坦森回忆说，他当时恨不得找个地缝钻进去。回到哈佛之后，他曾想改变研究方向，发展一套"怎么做"的理论体系，但后来还是放弃了。事实上，格鲁夫后来发展出一套"怎么做"的体系。在前文多次提到的《给经理人的第一课》中作了全面阐述，其中有一项活动就是提高"管理杠杆率"，他认为领导者应该将精力放在最能促进整个组织产出的活动上。决策、会议、培养人员等都是"高杠杆率活动"。领导者要通过"高杠杆率活动"引爆变革，促进变革氛围和做法在整个公司中流行。格鲁夫变革的做法可以总结为：第一步是聚焦少数关键目标，就是OKR；第二步是发现和执行引领性活动或指标，对领导者而言就是"高杠杆率活动"，格鲁夫区分了诸如收入、利润的滞后性指标和引领性指标；第三步就是不断评估和衡量，格鲁夫指出OKR系统"就好比给你一块秒表，让你随时可以诊断自己的表现。它不是一份基于绩效评估的法律文本"。

　　不只是经理人，每个岗位都会有"高杠杆率活动"。"高杠杆率活动"是将战略目标转换为日常行动的关键。前文所说的富兰克林柯维公司，根据众多客户反应执行难的问题，开发了"执行四原则"体系。4个原则分别是：原则1：聚焦最重要目标。要事第一，全神贯注。原则2：关注引领性指标。分解目标，落实行动。原则3：坚持激励性记分表。记分衡量，一目了然。原则4：建立规律问责制。实时跟进，贯彻始终。

何为"引领性指标"？研究发现有两个显著特征：一是引领性指标具有预见性，二是具有可控性。"预见性"意味着一旦引领性指标发生变化，可以预见那些滞后性指标也会发生变化。"可控性"的意思是说，引领性指标的完成可以在领导者的带领下，全员靠自己所采取的引领性行动就能够达成。[25] 这些引领性行动其实就是"高杠杆率活动"。找到这些引领性指标和引领性行为非常关键，需要领导者带领团队成员进行分析，尤其从各个岗位中业绩最好、最优秀的人员身上发现他们某些做法的不同，从而发现引领性指标和引领性行为。在这些引领性指标和行为方面持续投入，就是变革成功的关键。比如一个专业顾问公司需要提升年度收入，分解到咨询部就是咨询人员确保项目质量和交付速度提高30%；分解到销售部门就是客户拜访次数和有效项目交流数量提升30%；对于销售顾问而言，引领性指标和行为就是A类客户的每月项目交流次数；这些就是"高杠杆率活动"。

然而要让引领性活动成为一种新的习惯，最关键的问题就是挑战组织固有习惯和舒适区。就像纳德拉改变每年一次的微软高管会议。固有习惯的背后，潜藏一个隐形敌人：日常事务。关乎重大战略的关键目标往往需要做一些全新的事情，而我们每天需要处理大量的日常事务，两者会不停地发生冲突。作为领导者，你需要从繁杂的日常事务中抽身，确定一些对于变革而言重要的引领性指标和与之对应的关键行动，这是执行成败的关键，也是战略性变革取得初步成效的引爆点。

（4）有远见的韧性

一个没有耐心和韧劲的领导者不可能变革成功，纳德拉个人生活经历就充分体现了这种韧性。他有个孩子先天发育不良，纳德拉需要每天去医院照顾这个孩子，几十年如一日。生活打磨了他，塑造出他的强大同理心和心理韧性。自2014年上任以来，他带领微软积极转型，3年时间使微软市值翻番。

约翰·科特曾在1995年之前的10年间，研究过100多家试图通过变革大幅提升自身竞争力的公司，而从最后实际结果来看，只有少数公司的变革非常成功，少数公司一败涂地，大部分公司介于两者之间，都不太成功。他总结出变革成功的两大普遍原则：一是变革之路需要非常长的时间，过早宣布变革成功,最容易导致变革失败;二是变革过程不能落下每一个环节,一旦落下,到后来就会演变成灭顶之灾。我将其总结为"有远见的韧性"。亚马逊创始人杰夫·贝佐斯也表达过类似的观点:"只要延长时间期限,你就可以做许多正常情况下无法企及的事情。亚马逊喜欢做 5～7 年才有回报的事情。我们愿意播下种子,让其生长。在这一点上,我们是非常固执的。"他将其总结为,"我们在愿景上固执己见,在细节上灵活变通。"26

(5)刷新:同理心重塑文化

正如我们前面看到的,一个领导者变革企业,首先从重塑文化开始。但新的企业文化不是一下子就能形成的,它是通过口号、引爆点行为、一些个别有影响力人物的做法、引领性活动的计分、激励和问责等体现出来。

文化重塑首先需要领导者以身作则,改变旧的思维模式和习惯,这对于高管人员而言,是一个非常巨大的挑战。所以在一些有着百年历史的知名大公司中,通常有这样一个 CEO 接班规则:**选择和你不一样的人担任下一届 CEO**。作为通用电气的第七任总裁,雷吉·琼斯是一位性格内向的英国"绅士",之所以选择韦尔奇接任,是因为他坚信"挑选继承人的首要原则是,千万不要寻找和你一样的人",而另一条是:"你最好留心观察一下将来的局势……(并且)找出能够适应那个环境的人,而不是让继承人适应你所处的环境。"虽然在写本书时,曾经市值第一的 GE 已经衰落,但当时琼斯选择韦尔奇,被证明是其执掌通用电气 8 年时间里最英明的决定。

微软新任 CEO 萨蒂亚·纳德拉,也和上一任 CEO 鲍尔默的强势风格截然不同。纳德拉展现了自己强大的同理心,他上任时微软面临严峻的局面,发展已经停滞,经常有竞争对手挖墙脚。微软背负过去辉煌成就的包袱,公司每个人都在试图证明自己在所处的领域有多正确和聪明能干,但却没有人清晰地知道未来在哪。纳德拉写道:"我们的文化原本是固定死板的。每一名员工都需要向其他人证明自己无所不知,证明自己是屋子里最聪明的人。责任担当,也就是按时交付和完成数字目标,是压倒一切的。会议是正式的。开会之前,一切都必须安排得井井有条,不能出任何差错。跨级别的会议基本是不可能的。……层级体系和啄食顺序是第一位的。如此一来,自发性和创造性也就受到压制。"有 40 年历史的微软也不可避免地染上了大企业官僚病,如同很多人认为的那样:这家公司已经失去了灵魂。作为新任 CEO,萨蒂亚·纳德拉将文化重塑列为自己的高优先目标。他认为 CEO 中的字母 C 就是文化。27

在重塑微软文化的过程中,他强大的同理心起到了至关重要的作用,具体体现在 3 个方面,第一是鼓励倾听。他对员工说:"如果一家公司的文化是鼓励去听、去学，并以使命为导向激发个人的热情和才华，那么没有什么是不可能的。"纳德拉认为建立这样一种文化是 CEO 的首要职责，无论何时在何种场合，他都会利用各种机会，鼓励团队去倾听、多学、少说。第二个就是个人赋能。纳德拉认为"文化变革的关键是个人赋能"，无论 CEO、副总裁、中层还是一线人员，人们对变革抗拒的根本原因在于对未知的恐惧。领导者就是要鼓励人们大胆实现他们的想法和理想。为此他在微软确定了 3 条领导原则：向共事的人传递明确信息；领导者要产生能量，不仅在团队之中，而且在整个公司之中，不仅在顺境，而且在逆境，更需要激励大家乐观、创造性、共同承诺和进步；找到取得成功的方式。[28]

体现纳德拉同理性的第三个地方是在微软倡导"成长型思维"。"成长型思维"也是本书的核心观点。萨蒂亚·纳德拉作为 CEO，他通过引入 3 种方式来训练微软的"成长型思维"：向客户学习，以客户为中心；积极寻求多元化和包容性；一个公司，一个微软，而不是各自为政。

同理心的确在萨蒂亚·纳德拉重塑微软文化时帮助了他。成员内部、供应商和合作伙伴之间，都因此加深了理解，凝聚了全体成员共识，推动了微软从封闭、强硬走向开放和友好。正如他所说，同理心是这是世界共享的价值。

第五节　第五阶段：向导师与智慧型领导者迈进

"伟大的成就者关注自我，但伟大的领导者则关注他人，完成这种过渡很难。"

——马歇尔·戈德史密斯

具有第四阶段能力的领导者，是一个卓越的领导者，但可能还不是一个伟大的智慧型领导者。成为一个优秀的导师，在本书前面领导力六维准则中的"成就他人，发挥所长"和领导力技能第三阶段"识人育人"章节中已经作过详细论述，但这些都是技能层面，下面我着重讲一下此阶段领导力的智慧层面。简单讲，我认为此一阶段的智慧型领导者，具备了足够的有关复杂世界的整合性认知，无论是涉及整个公司的战略，还是某一个重要事情的处理，他们都具有深刻的洞见，绝不人云亦云。在人员方面，他们具有引导人员深度觉察的能力，同时岁月的历练和磨难非但没有增加他的抱怨和戾气，相反，最终在身上有一种"光"，有他的场合，就会给周围人带来无形的能量。

1. 整合性认知

认知整合，是智慧领导者的一大特征。过往所有的探寻、思考和实践，都将浓缩在一个清晰而简单的框架中。"澄明引导万物"。海德格尔曾将复杂世界浓缩为"天、地、人、神"的四重奏中，而在商业领域，我则借用肯·威尔伯的四象限整合模型：个体内在，个体外在，群体内在和群体外在，形成一个重新建构后的整合图像，如图19-19所示。

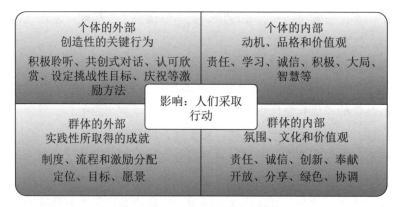

图19-19　个人与组织整合图式

这幅图像也是一个健全的商业社会中，作为个体的人最为基本的存在哲学，下面简要将这幅图像的4个象限介绍一下。

个体内在即"我"，最鲜明的特点是成长型思维。个体内在就是持续学习、理性探索、情绪感受和灵性觉醒，也因此形成了独一无二的丰富性个体和价值观。笛卡尔的"我思，故我在"可以看作个体内在最好的概括。成长是人的不竭动力，每个人内心深处都藏有成长的需求。问题的关键在于方向和路径，是盲目探索还是有章可循？人类的成长史中，那些达到人类成长顶峰的人群都具有一些共性特征，不因知识、年代和种族而有所差别。

个体外在即"他"，最鲜明的特点是创造行为。个体外在包含了我们习得的各种技能、能力、爱好。它受到我们内在影响，也会影响我们内在。它必须具有创造性特征，不然虚无、厌倦和了无生机就会占据生命。弗洛姆在《爱的艺术》中关于爱的能力描述可以看作对这一现象的概括："爱不是一种与人的成熟度无关，只需要投入身心的感情。如果不努力发展自己的全部人格并以此达到一种创造倾向性，那么每种爱的试图都会失败。"无论广义的爱还是亲密关系之爱，爱都是一种行为，具有创造倾向性特点。

群体内在即"我们"，鲜明特征是多样化的组织文化。群体内在包含了每个人生活在不同的群体中的制度、规范、风俗、价值观等群体文化。正如马克思所说："人是社会关系的总和。"列纳德·蒙洛迪诺在《潜意识》一书中的这段话最能代表"我们":"我们选择了自己想要相信的事实,同样也选择了我们的朋友、爱人,不仅仅是因为我们感知他们的方式,也是因为他们看待我们的方式。"

群体外在即"他们",鲜明特征是协同的世界连接。群体外在包括显现出来的规模、结构、品牌、产品、服务、宣传、财务数据、成就,这些都是组织的外部成果。人类社会的经济活动正是以一个组织的外部成果和其他组织交换而产生。正如德鲁克所说："只有外部世界才是产生成果的地方。"成果来源于外部世界,是组织对于社会贡献,而非内部。

而将"我—他—我们—他们"连接在一起的,则是每个人的实践,实践是个体感知自我、建立关系和取得成就的根本途径。在螺旋式不断上升的实践中,我们通过和外部世界的互动最终又回到自身内在世界之中,不再心存偏见。正如纪伯伦所赞美的那样:"当你达到生命的中心的时候,你将在万物中甚至于在看不见美的人的眼睛里,也会找到美。"

无论如何,探寻到上面简单而清晰的整合认知图像并不容易。这既是智慧的象征,也会带来智慧。当具备了有关世界的整合性认知之后,智慧的领导者就像拥有了源源不断的知识与力量,可以像禅者一样,随时开启我称之为"共创式"对话,启发与激励周围人员。

2. 共创式对话

共创式对话就像搭梯子的模式,引导者不断根据对象的情绪、所谈内容和主题,将对话沿着可控的阶梯,不断引入到更高、更宽的层面,从而给对话者带来视野扩大与身心愉悦的多重感受。一场成功的"共创式对话"就像一场没有时间概念而又极度愉悦的"心流"体验,是双向的赋能过程。

领导者开启"共创式对话",依旧需要警惕之前提出的有关"语言"的问题,需要警惕自己一成不变的语言环境和概念。一成不变的语言环境有可能摧残你努力取得的点滴进步。这是因为语言本身意味着思维过程和思考框架,我们需要通过自己语言的不断变迁来强化学习思考的过程。如果一直用同一种语言风格说着某些书中观点、他人观点、或各种信息渠道所获的观点,那么这不过是一种有害的信息堆积,而非智慧的增长。智慧的增长应来自于思维模式的不断变迁,既然是变迁,它就一直在过程中。你的智慧可能无法定义,但它就在你的语言变迁过程中闪现。

内心欣赏认可—递话题—保持极度专注—不断产生创意—不断启发相互觉察，这些都是"共创式对话"的特征，也是"共创式对话"的流程。首先，你要发自内心爱你眼前对话的人，做不到这一点，就很难开启一场高质量的对话。欣赏认可对方身上的卓越性，就是"爱"人的表现。如何发现卓越性，可以依靠观察、依靠直觉，也可以通过提问发现面前对象身上的卓越性（具体问哪些问题，在本书认知自我部分已经详细介绍，此处不再赘述）。如果你不能做到发自内心欣赏谈话的对象，那就没必要浪费时间和精力开启一场"共创式谈话"。有了欣赏认可的基础，就开始展开主题对话，主题通常围绕企业经营各个方面、当前面对的困境、个人下一步的发展等。主题由谈话对象提出，也可以是领导者和谈话对象分析协商后确定。"递话题"通常以这样的句子开始："嗯，没错，太好了！这样也意味着更多的可能性，比如……让我想起……。"不断在对方谈话的内容和主题上抬升。如果你进行过无与伦比的对话，你就知道如何"递话题"，还会体会到对话过程中极度专注产生的时间停止、非常愉悦的感受。随着对话不断深入，在"心流"状态下，各种创意一个接一个，层出不穷。对话双方都对这一段时间的高质量产出感到惊奇，当对话结束时，双方意犹未尽，而又收获满满。觉察到有关主题的困扰、迷惑或解决办法，有了很清晰的觉察。事实上，乔布斯很多伟大的创意，都是和苹果的设计师乔纳森一起通过"共创式对话"获得的。

能够开启"共创式对话"并不是件容易的事情，在你的生活中也并不会常常遇到，可遇不可求。在今天的中国，像马歇尔一样充满智慧的高管教练依然稀缺。高质量的"共创式对话"除了需要双方欣赏和认可之外，最好在精神层阶、视野开阔程度某些方面相匹配。当然，如果你是一位智慧型领导者，可以"向下"兼容你的谈话对象，这正是你的卓越之处。关于"共创式对话"，领导者需要知道，对话的目的往往不在于说服对方，不在于无论如何也要坚持自身观点的正确性，而在于通过对话，进行了共同创造。这种创造绝不是自我辩护式、自说自话、简单的肯定或否定，而应该建立在真诚倾听基础上的提问、再思考，从而完成思想或认知的层层递进。这种"共创式对话"，既是思想认知上的极大收获，也是一场心灵的愉悦共舞。

处在第五阶段的领导者需要主动担任"共创式对话"的发起者，同时自己也应当保持和自己内心对话的习惯。一场真正的自我内心的对话，当以长久的沉默来回应，过滤掉都市嘈杂和平常压力，感受寂静。这种沉默不是无语，而是明锐地思着、观着、感受着内心，静静看待自己心头每一个升起的念头，以及念头背后的背后。这种自我对话式的静坐，久而久之，持之以恒，就会进入

"定"的状态。慢慢你会觉察到心灵的宁静，感受到四周和万物的空性，利他之心，关怀之心，爱人之心自然而然就会产生。

3. 你是那道"光"

马歇尔·戈德史密斯，他被美国管理协会称为"80年来对管理领域最具有影响力的50位最伟大的思考者和商业领导者之一"。他是美国最为成功的企业高管教练，平均从每个客户身上赚取25万美元。他何以能够成为世界上最好的管理导师呢？这其中有很多的因素，包括他始终保持着谦逊的态度，具有禅定的心态和高情商。还有他通过不断学习和思考获得的深刻洞察力，以及他的专业精神和技能。

马歇尔是哲学意义上的佛教徒，曾有一位著名的学者盛赞他拥有禅宗智者般的神奇能力，说他总能发掘人们身上最美好的一面，在谈笑间让人领悟到极富洞察力的远见，而这正是伟大导师的典型特征。马歇尔的客户群还有其他共同的特点，就是他们对自己和企业的成长保持着一种渴求。如何成长？马歇尔给出的答案很简单，就是自律。他说，**我们需要通过自律来塑造行为。人们认为幸福不需要自律，其实不然。如果你想做成某事，必须努力和自律。**

马歇尔的例子道出了这一阶段领导力的本质：成就他人。当你走到最高领导层，带领企业走向未来未知之境时，最令你恐惧的不是外部环境的多变和竞争对手的紧逼，而是环顾左右，无人可用。商业世界并非只有竞争，无论企业内外，既有竞争，又有合作。这个阶段的领导者需要认识到，一种高度精神层面的协作"合一"的商业思维才是企业的灵魂。单纯竞争的哲学就像个体意识中的"小我"一样，是被外部世界投射内心所造成的恐惧情绪和匮乏思维所驱动，而竞合、"合一"的商业思维则是超越"小我"，根植于内心深处的平静，根据企业禀赋，充分激发内在巨大潜力的富足心态和服务意识。"竞合"是自然界中富有活力的生态群落特征之一。生态型企业需要生态型企业家，这是时代领导的智慧所在，这也是萨蒂亚·纳德拉带领微软走向另一个巅峰的关键所在。这一商业智慧，被米哈里·希斯赞特米哈伊以"商业灵魂"一词进行了描述。他认为这是优秀领导者的出众之处，蕴藏着成就他人和"大我"合一的智慧：[29]

或许解释"灵魂"一词含义的最佳方式是，无论一个系统多么复杂，如果其全部能量都只用于维持自己的生命力与其增长，我们就会认定这一系统没有灵魂。我们认为，如果一个实体除了为自己服务之外，还能用一部分能量接触并关怀其他生命，这个实体便具有灵魂。根据这一准则，没有灵魂的银行家除了自己的目的之外，其他一切都不关心，而我们却认为可卡犬忠诚而无私……

因此当一个系统利用自己的部分剩余能量关注身外之物，并投入另一个系统中，参与到比自身更宏大的实体中，我们便推断这一系统具有灵魂。在人类层面，求知欲、同理心、博大的胸怀、责任感和慈悲之心是部分值得注意的表现。

在实际行动中，灵魂最常见的例子是，一个人不仅关注一己私利或者一般而言的物质目标，还关注他人的需求或者我们认为一定主宰着宇宙的力量……

在许多方面，寻找"影响或意义"，超越个人物质存在的生活是灵魂的主要愿望。意识到自身局限性的人恰恰会感受到这种需求，正是这种需求驱使我们加入某种更宏大、更长久的事业。如果一名领袖能以令人信服的理由说明为其组织工作是有意义的、这种工作能将工作者从寿命有限的躯壳中解放出来、让他们与更有意义的东西相连，其愿景就能产生力量，人们会自然而然地向往加入这样的公司。

这样的领导者，就是你所在的组织的那道"光"，长久地照亮组织前行之路。即使他们已经不在世间，但其智慧、故事和精神则长存，影响着一代代为组织做出贡献的人们。

附　录
领导力开发行为清单

今天的组织，需要的是由平凡的人来做不平凡的事业。这个目标并不高，我们只要"肯"做，就一定"能"做到。有效管理者的自我提高，是个人真正的发展。这种发展应该包括从技术性细节到工作态度、价值观、品格等各方面。（管理）有效性虽然人人可学，但却无人可教。有效性不是一门课程，而是一种自我训练。

——彼得·德鲁克

领导力自我开发的正反馈循环：目标、行为和评估

彼得·德鲁克曾经对管理人员开发提到如下的真知灼见："管理人员开发的重点在于人，其目标是使一个人最充分地发挥其能力，并使之取得个人成就，就是追求卓越。没有人能够促使一个人进行自我开发，相应地，这种动力必须来自一个人的内部。"他坚决反对那种人员开发只是人力资源的观点。他深刻意识到，如果管理人员没有内驱力，这种开发只能浪费钱财、流于形式。对此德鲁克警告道："开发总是以自我开发的形式表现出来，这是因为：由企业来承担一个人的开发责任，只是一句空话。责任在于个人，在于其能力和努力。没有一个企业能够代替个人的自我开发努力，更不用说必须代替自我开发了。如果那样的话，不仅是没有依据的家长制，而且是一种愚蠢的自高自大。"

成年人很少是因为知道而采取行动，而是相反地，迫使自己采取行动，才能卓有成效、改变固有认知。领导力尤其如此，詹姆斯·M.库泽斯研究数十年领导力，得出的感悟是："在我们所期待和欣赏的领导者特质研究中，我们一次又一次地发现，人们最想要的是一个可信的领导者，信誉是领导力的基石。领导力的第一法则是，如果你不相信传达信息的人，你就不会相信所传达的信息。追随者会被你的行为所影响。行动是一位领导者的信誉证明，说到做到（do what you say you will do）。"领导者身处一个组织之中，他的影响力

绝大部分的来源，不是他的所思所想，而是他的所作所为。人们倾向于用自己的想法来评价自己，用他人的行为来评价他人。而在一个组织中，想要取得成就，就必须持续不断地付诸行动，不断完善、持续改进，才可能产生效果。当我们倡导在组织内实施"标准化"时，领导者首先做的就是检点自己的行为，对照每一项工作中的行为习惯，是否和整个公司的"标准化"要求违背，违背的就要予以修正。"以身作则"是领导者发挥影响力的关键。《论语》里面有句话："其身正，不令而行；其身不正，虽令不从。"说的就是领导者自身行为端正，就会产生让人跟随并采取行动的感召力。管理大师彼得·德鲁克说过一句极具洞察力的话："管理是一种实践，其本质不在于知而在于行，其验证不在于逻辑而在于成果。其唯一的权威就是成就。"

领导力多来自后天培养，虽然人人可学，但却无人可教。只能通过实践练习养成卓越领导力的习惯。我综合了一些有效的做法，提出了设定目标、关键行为和不断评估三个环节，形成以培养行为为中心的ACL（Action Central Leadership）正反馈循环模式，如图附所示。

图附　以行动为中心的领导力开发

设定目标，就是让我们在不断改善提高的过程中，设定一个个可以短期达到的里程碑。目标的召唤和激发力量是巨大的，人们在改变过程中持续不断地努力付出，而最大的回报则是实现目标的深度满足感和成就感。有过长跑或者其他长期训练的人，都会有这种体验。这种自我成就的驱动，是个人生命中最为持久而深层的动力，从童年一直伴随到老。需要注意的是，目标设定要合理，不能空泛、不能太容易达成，必须具有一定挑战性，这样才可以起到激励人的作用。

关键行为的持续习得，就是自律。目标设定好后，就需要付诸行动。而某些行动则是关键性的、带动性的，比如在创新活动中，对于领导者而言，其中一个关键性的行为，就是保持没有预判的倾听；对于项目管理来讲，一个关键性的行为可能就是每周一次的项目进程通报和每天15分钟的"立会"；对于学习而言，一项关键行为可能是每周5000字的读书报告或工作日志；而对于一个有效团队建设而言，一个关键性的行为可能是对和你意见不一致的人，表达出真诚的欣赏和认可。

不断评估、及时庆祝所取得的点滴进步。任何一个旨在提升现有认知水平和能力的体系，都需要对当前进展作出真实的评估。一旦我们将评估视为一种自我提升的手段，而不仅仅是和利益分配挂钩，那么这种周期性评估，就会给领导者带来思维认知和能力方面的显著提升。不断评估，刻意训练，改变了领导者的关注方向，吸引了领导者的能量流向，"关注所在，力量所在。"同时对这种不断提升所取得的成果，及时庆祝和奖励，即使仅仅语言上的表扬，也会产生很大的激励作用。

化繁为简，行动清单

《清单革命》一书作者认为在人类所从事的社会化活动中，有两种类型的错误：一是"无知之错"，这类错误是因为我们没有掌握相关的知识而产生；另一类是"无能之错"，这类错误不是因为我们没有相关的知识，相反，而是有充足的知识，但还是会犯一些低级错误，这是因为我们没有正确地使用这些知识。"无知之错"可以被原谅，这代表了人类普遍的知识和科技水平；而"无能之错"则不被原谅。导致人们犯下"无能之错"的原因，人们常常将其归结为执行力的问题，其实"无能之错"背后还有知识过载、人们注意力耗费等关键原因。知识过载早已让我们不堪重负，未能足够关注也会使我们犯错；无论我们开展多么细致的专业分工和培训，一些关键的步骤还可能会被忽略，一些错误还是无法避免。清单管理是一场有关人类战胜自身注意力局限的革命，清单管理中的"关键点"比"大而全"更重要。

对于领导力提升，我也建议在每一个阶段根据工作重点，化繁为简，抓住关键，使用下表的行动清单，不断评估自己、持续提升。

准则与能力	问题或行为清单	你的答案或自评分（1～5分）
自我认知与管理	• 你是否了解你的天性？ • 你是否了解你的优势？ • 你是否了解你的价值观？ • 你是否了解你的人生使命、梦想和当前的目标？ • 你是否总能觉察到自己和他人的情绪？	
六维准则	• 你是否勇于直面现实？ • 你是否保持真诚谦逊？ • 你是否定期自我反思？ • 你是否持续聚焦重点？ • 你是否韧性快速行动？ • 你是否诚心成就他人？	

续表

准则与能力	问题或行为清单	你的答案或自评分（1～5分）
责任与激情	• 你是否将责任视为终生最重要的职业素养？ • 你是否尽全力充满能量地充分投入每一天？	
分析和解决问题能力	• 你是否将遇到的问题视为成长的难得机会？ • 你是否全身心投入实际工作中，耐心细致，精益求精地完成任务？	
快速学习能力	• 你是否养成快速阅读、向高手请教、在实践中改进的学习习惯？ • 你是否定期反思自己一段时间的得失？	
项目及团队管理能力	• 你是否了解每个项目成员的优缺点？ • 你是否采用敏捷迭代的方式推进项目快速实现交付？	
识人育人能力	• 你是否将重要岗位的招聘和人才培养视为自己的重要工作？ • 你是否根据结构化的面谈、测评和数据结果而非自己的感觉识别人才？ • 你是否用人所长，并运用教练的积极倾听、提问和反馈技术帮助其不断成长？	
系统构建的能力	• 你是否深刻认识到公司各个系统的之间的协调一致？ • 你是否构建了一个人文生态而非机械的系统？	
洞察力	• 你是否花费大量时间在客户一线获得敏锐感觉？ • 你是否持续保持大量学习和深度思考的习惯？	
变革领导力	• 你是否把握了变革的文化、战略和节奏？ • 你是否有魄力和耐心将变革持续推进？	
导师	• 你是否真心真意付出精力帮助高管人员更进一步，取得成就？	
智慧	• 你是否常常保持觉悟状态、知行合一？	
马歇尔6个问题	• 我有没有尽力设定清晰的目标？ • 我有没有尽力实现这些目标？ • 我有没有尽力发现意义？ • 我有没有尽力过得开心？ • 我有没有尽力构建积极的人际关系？ • 我有没有尽力充分参与、完全投入这一天？	

参考文献

第一章

[1] 彼得·德鲁克. 人与绩效 [M]. 北京：机械工业出版社，2018.

[2] 斯科特·凯勒，科林·普拉思. 超越绩效 [M]. 北京：机械工业出版社，2017.

[3] 斯科特·凯勒，科林·普拉思. 超越绩效 [M]. 北京：机械工业出版社，2017.

第二章

[1] 艾伦·格林斯潘，阿德里安·伍尔德里奇. 繁荣与衰退 [M]. 北京：中信出版社，2019.

第三章

[1] 彼得·德鲁克. 21世纪的管理挑战 [M]. 北京：机械工业出版社，2014.

[2] 彼得·德鲁克. 21世纪的管理挑战 [M]. 北京：机械工业出版社，2014.

[3] 埃里克·施密特，乔纳森·罗森伯. 重新定义公司：谷歌是如何运营的 [M]. 北京：中信出版社，2019.

第四章

[1] 乔纳·莱勒. 想象 [M]. 杭州：浙江人民出版社，2014.

第五章

[1] 埃德加·沙因，彼得·沙因. 组织文化与领导力 [M]. 北京：中国人民大学出版社，2020.

[2] 理查德·巴雷特. 解放企业的心灵 [M]. 北京：新华出版社，2005.

[3] 埃里克·施密特·乔纳森·罗森伯. 重新定义公司：谷歌是如何运营的 [M]. 北京：中信出版社，2019.

[4] 埃德加·沙因，彼得·沙因. 组织文化与领导力 [M]. 北京：中国人民大学出版社，2020.

[5] 阿里巴巴迈向数字时代，发布"新六脉神剑". 阿里巴巴集团 (alibabagroup.com).2019.

[6] 埃里克·施密特，乔纳森·罗森伯. 重新定义公司：谷歌是如何运营的 [M]. 北京：

中信出版社，2019.

[7] 萨提亚·那德拉. 刷新 [M]. 北京：中信出版社，2018.

[8] 彼得·蒂尔. 从 0 到 1[M]. 北京：中信出版社，2015.

[9] 埃德加·沙因，彼得·沙因. 组织文化与领导力 [M]. 北京：中国人民大学出版社，2020.

[10] 埃德加·沙因，彼得·沙因. 组织文化与领导力 [M]. 北京：中国人民大学出版社，2020.

第六章

[1] 拉斯洛. 博克. 重新定义团队 [M]. 北京：中信出版社，2019.

[2] 斯图尔特·克雷纳，戴斯·狄洛夫. 领导力的本质 [M]. 北京：中国人民大学出版社，2017.

[3] 斯坦利·麦克里斯特尔. 赋能 [M]. 北京：中信出版社，2017.

[4] 斯图尔特·克雷纳，戴斯·狄洛夫. 领导力的本质 [M]. 北京：中国人民大学出版社，2017.

[5] 斯坦利·麦克里斯特尔. 赋能 [M]. 北京：中信出版社，2017.

第七章

[1] 戴维·拉克尔. 公司治理 [M]. 北京：中国人民大学出版社，2018.

[2] 查尔斯·汉迪. 第二曲线：跨越"S 曲线"的二次增长 [M]. 北京：机械工业出版社，2019.

[3] 查尔斯·汉迪. 第二曲线：跨越"S 曲线"的二次增长 [M]. 北京：机械工业出版社，2019.

[4] 洪涛，林伟强. 全食超市 (Whole Foods Market) 精品超市的运营之道.〔文章/格隆汇/搜狐财经〕，2017.

[5] 加里·哈默，比尔·布林. 管理大未来 [M]. 北京：中信出版社，2008.

[6] 文丽颜，张继辰. 华为的人力资源管理 [M]. 北京：海天出版社，2012.

[7] 戴维·拉克尔. 公司治理 [M]. 北京：中国人民大学出版社，2018.

[8] 戴维·拉克尔. 公司治理 [M]. 北京：中国人民大学出版社，2018.

[9] 戴维·拉克尔. 公司治理 [M]. 北京：中国人民大学出版社，2018.

[10] 戴维·拉克尔. 公司治理 [M]. 北京：中国人民大学出版社，2018.

[11] 戴维·拉克尔. 公司治理 [M]. 北京：中国人民大学出版社，2018.

[12] 彼得·德鲁克. 管理：使命、责任、实务（责任篇）[M]. 北京：机械工业出版社，2015.

第八章

[1] 斯科特·凯勒，科林·普拉思. 超越绩效 [M]. 北京：机械工业出版社，2017.

[2] 史蒂芬·平克. 当下的启蒙 [M]. 杭州：浙江人民出版社，2018.

[3] 理查德·佛罗里达.创意阶层的崛起[M].北京：中信出版社，2010.

[4] Ulrich, Dave,Brockbank, Wayne,Younger, Jon.Global HR Competencies[M].McGraw-Hill，2012.

[5] 拉斯洛·博克.重新定义团队[M].北京：中信出版社，2019.

[6] 拉斯洛·博克.重新定义团队[M].北京：中信出版社，2019.

[7] 拉斯洛·博克.重新定义团队[M].北京：中信出版社，2019.

[8] 拉斯洛·博克.重新定义团队[M].北京：中信出版社，2019.

[9] 拉斯洛·博克.重新定义团队[M].北京：中信出版社，2019.

[10] 拉斯洛·博克.重新定义团队[M].北京：中信出版社，2019.

[11] 约翰·科特，丹尼尔·戈尔曼，马库斯·白金汉.团队竞争力[M].北京：中信出版社，2016.

[12] 吴志明，孙健敏，武欣.人事测评的理论与实证研究[M].北京：机械工业出版社，2018.

[13] 拉斯洛·博克.重新定义团队[M].北京：中信出版社，2019.

[14] 埃里克·施密特，乔纳森·罗森伯.重新定义公司：谷歌是如何运营的[M].北京：中信出版社，2009.

[15] 拉斯洛·博克.重新定义团队[M].北京：中信出版社，2019.

[16] 布莱恩·贝克尔.重新定义人才[M].杭州：浙江出版出版社，2016.

[17] 王昆等.团队学习法[M].北京：机械工业出版社，2019.

[18] 约翰·科特，丹尼尔·戈尔曼，马库斯·白金汉.团队竞争力[M].北京：中信出版社，2016.

[19] 萨蒂亚·纳德拉.刷新[M].北京：中信出版社，2018.

[20] 拉斯洛·博克.重新定义团队[M].北京：中信出版社，2019.

[21] 查理·佩勒林.4D卓越团队[M].北京：中华工商联合出版社，2014.

[22] 查理·佩勒林.4D卓越团队[M].北京：中华工商联合出版社，2014.

第九章

[1] 尤瓦尔·赫拉利.人类简史[M].北京：中信出版社，2017.

[2] 张小龙.微信十年的产品思考.〔专栏/知乎〕，2012.

[3] 杰服里·韦斯特.规模[M].北京：中信出版社，2018.

第十章

[1] 斯科特·凯勒，科林·普拉思.超越绩效[M].北京：机械工业出版社，2017.

[2] 彼得·德鲁克.管理：使命、责任、实务（责任篇）[M].北京：机械工业出版社，2015.

[3] 德内拉·梅多斯.系统之美[M].杭州：浙江人民出版社，2012.

[4] 凯文·凯利.失控[M].北京：电子工业出版社，2016.

[5] 伊藤穰一，杰夫.爆裂[M].北京：机械工业出版社，2017.

第十一章

[1] 安迪·格鲁夫.给经理人的第一课 [M].北京：中信出版社，2017.

[2] 阿里研究院安筱鹏，宋斐.转型之路：从数字化到数智化丨数智洞察.〔文章／阿里研究院〕，2020.

[3] 阿里研究院安筱鹏，周剑，李君.数智化先行者做对了什么？丨数智洞察〔文章／搜狐微博〕，2020.

第十二章

[1] 吴晓波.腾讯传 [M].杭州：浙江大学出版社，2017.

[2] 克劳迪奥·费泽，返僵化 [M].北京：中信出版社，2017.

[3] 吴晓波.腾讯传 [M].杭州：浙江大学出版社，2017.

[4] 杰夫·萨瑟兰，敏捷革命：提升个人创造力与企业效率的全新协作模式 [M].北京：中信出版社，2017.

[5] 杰夫·萨瑟兰，敏捷革命：提升个人创造力与企业效率的全新协作模式 [M].北京：中信出版社，2017.

[6] 杰夫·萨瑟兰，敏捷革命：提升个人创造力与企业效率的全新协作模式 [M].北京：中信出版社，2017.

第十三章

[1] 斯科特·凯勒，科林·普拉思.超越绩效 [M].北京：机械工业出版社，2017.

[2] 拉斯洛·博克.重新定义团队 [M].北京：中信出版社，2019.

[3] 瑞·达利欧.原则 [M].北京：中信出版社，2018.

[4] 约瑟夫·格雷尼.影响力大师 [M].北京：机械工业出版社，2018.

第十五章

[1] 大卫·R.霍金斯.意念力 [M].北京：光明日报出版社，2014.

[2] 亚伯拉罕·马斯洛人性能达到的境界 [M].北京：世界图书出版公司，2019.

[3] 老子.道德经 [M].北京：作家出版社，2016.

第十六章

[1] 彼得·德鲁克.21世纪的管理挑战 [M].北京：机械工业出版社，2014.

[2] MBTI人才测评工具.〔文章／百度文库〕人才测评工具—MBTI - 百度文库 (baidu.com).2021.

[3] 瑞·达利欧.原则 [M].北京：中信出版社，2018.

[4] 查理·佩勒林.4D卓越团队 [M].北京：中华工商联合出版社，2014.

[5] 吴志明，孙健敏，武欣.人事测评的理论与实证研究 [M].北京：机械工业出版社，2018.

[6] 大卫·R.霍金斯.意念力 [M].北京：光明日报出版社，2014.

[7] 亚伯拉罕·马斯洛. 人格与动机 [M]. 北京：中国人民大学出版社，2007.

[8] 塞利格曼. 真实的幸福 [M]. 北京：万卷出版公司，2010.

[9] 彼得·德鲁克，旁观者 [M]. 北京：机械工业出版社，2011.

[10] 马库斯·白金汉. 现在，发现你的优势 [M]. 北京：中国青年出版社，2016.

[11] 约瑟夫·坎贝尔. 千面英雄 [M]. 杭州：浙江人民出版社，2016.

[12] 查理·佩勒林. 4D 卓越团队 [M]. 北京：中华工商联合出版社，2014.

[13] 列纳德·蒙洛迪诺. 潜意识 [M]. 北京：中国青年出版社，2013.

[14] 肯威尔伯. 意识光谱 [M]. 沈阳：万卷出版公司，2011.

[15] 铃木大拙，弗洛姆. 禅与心理分析 [M]. 北京：海南出版社，2012.

[16] 查理·佩勒林. 4D 卓越团队 [M]. 北京：中华工商联合出版社，2014.

[17] 林语堂. 苏东坡传 [M]. 长沙：湖南人民出版社，2010.

[18] 埃克哈特·托利. 当下的力量 [M]. 北京：中信出版社，2009.

[19] 米哈里·希斯赞特米哈伊. 创造力 [M]. 杭州：浙江人民出版社，2015.

第十七章

[1] 斯蒂芬·P. 罗宾斯，组织行为学 [M]. 北京：中国人民大学出版社，1997.

[2] 稻盛和夫. 活法 [M]. 北京：东方出版社，2019.

第十八章

[1] 杰克·韦尔奇、苏茜·韦尔奇赢 [M]. 北京：机械工业出版社，2018.

[2] 查理·佩勒林. 4D 卓越团队 [M]. 北京：中华工商联合出版社，2014.

[3] 吉姆·柯林斯. 从优秀到卓越 [M]. 北京：中信出版社，2018.

[4] 比尔·乔治，彼得·西蒙斯. 真北 [M]. 广州：广东经济出版社，2008.

[5] 拉里·博西迪，拉姆·查兰，查尔斯·伯克. 执行 [M]. 北京：机械工业出版社，2021.

[6] 丹尼尔·戈尔曼，吉姆·柯林斯. 什么造就了领导者 [M]. 北京：中信出版社，2015.

[7] 彼得·圣吉. 第五项修炼——实践篇（下）[M]. 北京：中信出版社，2018.

[8] 彼得·德鲁克，克莱顿·克里斯坦森，罗伯特·奎因. 自我发现与重塑 [M]. 北京：中信出版社，2015.

[9] 亚历克斯·汉诺尔德. 孤身绝壁 [M]. 北京：中信出版社，2017.

[10] 郭士纳. 谁说大象不能跳舞 [M]. 北京：中信出版社，2018.

[11] 伊藤穰一，杰夫. 爆裂 [M]. 北京：机械工业出版社，2017.

[12] 马丁. 塞利格曼，持续的幸福 [M]. 杭州：浙江人民出版社，2012.

[13] 萨蒂亚·纳德拉. 刷新 [M]. 北京：中信出版社，2018.

第十九章

[1] 马克斯·韦伯，新教伦理与资本主义精神 [M]. 北京：北京大学出版社，2012.

[2] 马歇尔·古德史密斯，马克·莱特尔. 魔劲 [M]. 深圳：海天出版社，2011.

[3] 列纳德·蒙洛迪诺. 潜意识 [M]. 北京：中国青年出版社，2013.

[4] 伊藤穰一，杰夫. 爆裂 [M]. 北京：机械工业出版社，2017.

[5] 约翰·科尔曼. 所谓一本万利的投资，真的只有"终身学习".〔文章/哈佛商业评论〕所谓一本万利的投资，真的只有"终身学习"，哈佛商业评论 (hbrchina.org).2017.

[6] 罗伯特·斯莱文. 教育心理学 [M]. 北京：人民邮电出版社，2016.

[7] 丹尼尔·R. 托宾，玛格丽特·S. 佩廷格尔. 领导梯队 [M]. 北京：机械工业出版社，2014.

[8] 杰夫·萨瑟兰. 敏捷革命：提升个人创造力与企业效率的全新协作模式 [M]. 北京：中信出版社，2017.

[9] 杰夫·萨瑟兰. 敏捷革命：提升个人创造力与企业效率的全新协作模式 [M]. 北京：中信出版社，2017.

[10] 约翰·杜尔. 这就是OKR[M]. 北京：中信出版社，2018.

[11] 拉斯洛·博克. 重新定义团队 [M]. 北京：中信出版社，2019.

[12] 里德·霍夫曼，本·卡斯诺查，克里斯·叶. 联盟 [M]. 北京：中信出版社，2015.

[13] Tomas Chamorro-Premuzic. 二流团队也能成为神一般的梦之队.〔文章/哈佛商业评论〕. 二流团队也能成为神一般的梦之队，哈佛商业评论 (hbrchina.org).2015.

[14] "One more thing"是乔布斯的名言。2010年6月7日WWDC大会：乔布斯隆重地介绍了苹果新一代iPhone4手机，此次发布会的"One more thing"则留给了iPhone4的Facetime功能。他在发布会现场演示了Facetime功能，与苹果设计总监Jonny Ive进行视频对话。All in one字面意思是整合一切，意指那些融合各种功能和多样性为一体的产品或解决方案。

[15] 张小龙. 微信十年的产品思考.〔专栏/知乎〕. 原文摘抄1："张小龙：微信十年的产品思考". 知乎 (zhihu.com).2021.

[16] 沃尔特·艾萨克森. 史蒂夫乔布斯传 [M]. 北京：中信出版社，2014.

[17] 沃尔特·艾萨克森. 史蒂夫乔布斯传 [M]. 北京：中信出版社，2014.

[18] 沃尔特·艾萨克森. 史蒂夫乔布斯传 [M]. 北京：中信出版社，2014.

[19] 沃尔特·艾萨克森. 史蒂夫乔布斯传 [M]. 北京：中信出版社，2014.

[20] 迈克尔·勒威克，帕特里克·林克. 设计思维手册：斯坦福创新方法论 [M]. 北京：机械工业出版社，2019.

[21] 库兹韦尔. 人工智能的未来 [M]. 杭州：浙江人民出版社，2016.

[22] 米哈里·希斯赞特米哈伊. 创造力 [M]. 杭州：浙江人民出版社，2015.

[23] 拉姆·查兰，徐中. 成功领导者的八项核心能力 [M]. 北京：机械工业出版社，2014.

[24] 戴维·罗伯逊，比尔·布林. 乐高：创新者的世界 [M]. 北京：中信出版社，2014.

[25] 瑞·达利欧. 原则 [M]. 北京：中信出版社，2018.

[26] 埃里克·施密特，乔纳森·罗森伯. 重新定义公司：谷歌是如何运营的 [M]. 北京：中信出版社，2019.

[27] 萨蒂亚·纳德拉. 刷新 [M]. 北京：中信出版社，2018.

[28] 萨蒂亚·纳德拉. 刷新 [M]. 北京：中信出版社，2018.

[29] 弗雷德·考夫曼. 清醒 [M]. 北京：中信出版社，2017.